智能电动车辆·储能技术与应用系列

电池智能制造手册

数字化的力量

[德] 凯·彼得·柏克（Kai Peter Birke）
[德] 马克斯·韦伯（Max Weeber） 编
[德] 迈克尔·奥伯勒（Michael Oberle）

吴川 赵然 白莹 译

机械工业出版社
CHINA MACHINE PRESS

随着车辆电动化的发展,向电动出行的转变需要更高质量的电池大规模生产。为了成功和可持续地运营锂离子电池超级工厂,需要高质量的电池生产工艺和系统。本书将基本电化学电池研究和电池生产方法结合起来,对包括扩大电池生产规模在内的智能电池制造过程的各个方面进行了全面而结构化的分析,并结合了许多使用集成生命周期视角实现电池产品和制造系统数字化的有指导意义的实例。本书可供专门从事电池制造的行业从业者和研究人员阅读参考,也可作为电气、化学、机械工程和电池专业本科生和研究生的参考书。

Copyright@2022 by World Scientific Publishing Co Pte Ltd

All rights reserved. This book, or parts thereof, may not be reproduced in any form or by any means, electronic or mechanical, including photocopying, recording or any information storage and retrieval system now known or to be invented, without written permission from the Publisher.

Simplified Chinese translation arranged with World Scientific Publishing Co Pte Ltd, Singapore.

简体中文译本经世界科技出版公司(新加坡)授权,由机械工业出版社出版。此版本仅限中国大陆地区(不包括香港、澳门特别行政区以及台湾地区)销售。

北京市版权局著作权合同登记 图字:01-2023-2329。

图书在版编目(CIP)数据

电池智能制造手册/(德)凯·彼得·柏克
(Kai Peter Birke),(德)马克斯·韦伯(Max Weeber),
(德)迈克尔·奥伯勒(Michael Oberle)主编;吴川,
赵然,白莹译. ——北京:机械工业出版社,2024.9.
(智能电动车辆·储能技术与应用系列). ——ISBN 978-7-
111-76503-5

Ⅰ.U463.63-62
中国国家版本馆CIP数据核字第2024JN3999号

机械工业出版社(北京市百万庄大街22号 邮政编码100037)
策划编辑:何士娟　　　责任编辑:何士娟　徐　霆
责任校对:樊钟英　薄萌钰　封面设计:张　静
责任印制:常天培
固安县铭成印刷有限公司印刷
2025年3月第1版第1次印刷
184mm×260mm · 19.5印张 · 468千字
标准书号:ISBN 978-7-111-76503-5
定价:169.90元

电话服务　　　　　　　网络服务
客服电话:010-88361066　机 工 官 网:www.cmpbook.com
　　　　010-88379833　机 工 官 博:weibo.com/cmp1952
　　　　010-68326294　金 书 网:www.golden-book.com
封底无防伪标均为盗版　机工教育服务网:www.cmpedu.com

编者介绍

凯·彼得·柏克是德国斯图加特大学的物理学家、材料科学家和全职教授，主要研究领域为电能存储系统，包括新型储能电池材料和技术、先进锂离子电池和 Power-to-X（电能的转化）。他于 1998 年在德国基尔大学获得材料科学（导电陶瓷）博士学位。1999 年，他加入了德国伊策霍的弗劳恩霍夫硅技术研究所，致力于开发具有新型、功能化陶瓷隔膜的锂离子层压混合固态电池。他还联合创立了两家衍生公司，将这项技术投入生产。

柏克教授曾在瓦尔塔公司（VARTA）担任领导职务 5 年（2000—2005），参与软包锂离子电池（PoLiFlex）的开发和生产，并于 2005 年加入大陆集团混合动力电动汽车事业部，担任储能系统高级专家和项目负责人。随后，他成为电池技术高级技术专家和电池技术团队负责人，并于 2010 年被任命为电池模组和机电的主管。2013 年，他加入 SK-Continental e-motion（韩国 SK 与德国大陆集团的合资企业），担任高级开发主管。他是这家公司的先驱之一。2015 年，柏克教授成为斯图加特大学光伏研究所（IPV）的全职教授，担任电能存储系统负责人。自 2018 年以来，他还领导了德国弗劳恩霍夫制造工程与自动化研究所（IPA）的电池制造中心，重点关注电池生产和数字化。

马克斯·韦伯专注于制造工程和可再生能源系统。2013 年，他开始在德国弗劳恩霍夫制造工程与自动化研究所担任研究员。从那时起，他与工业界和科学界的合作伙伴一起进行了数个项目的研究，包括资源效率、数字化、电池制造和回收。他的研究重点是利用数字化、仿真和优化工具提高制造业的可持续性。他是 30 多个同行评审出版物的作者和合著者。2018 年，他受委托与凯·彼得·柏克教授一起建立了 IPA 电池制造中心。如今，他的研究小组专注于推进模拟和优化方法及其在电池设计和制造中的应用。

迈克尔·奥伯勒是一位从事智能制造领域的计算机科学家。他于 2012 年获得新西兰奥克兰大学硕士学位，并加入德国弗劳恩霍夫制造工程与自动化研究所，在制造业数字工具能力中心担任研究员。他最初专注于半导体行业的制造控制，自 2014 年起开始领导关于电池制造数字化的项目。他的主要成就之一是在 IPA 电池制造中心建立了完全联网的云控制电池制造试验生产线。如今，他领导着面向数字生产的数据和应用服务团队，专注于数据驱动和事件驱动的生产控制服务。

 **安德烈亚斯·艾切尔** 德国弗劳恩霍夫制造工程与自动化研究所的研究员，研究针对当前工业问题的质量管理方法以及实践应用。

 **萨布里·巴祖齐** 2020年加入了德国弗劳恩霍夫制造工程与自动化研究所担任研究工作。他的研究项目涉及电池系统和电池生产的循环经济等。

 **托马斯·鲍恩汉斯尔** 自2011年9月起担任德国弗劳恩霍夫制造工程和自动化研究所主任。他还是斯图加特大学工业制造与管理研究所（IFF）所长。他的研究方向为生产组织、工厂规划、节能生产、表面工程、自动化和工艺工程以及数字化和生物转化。

 **戴维·勃兰特** 德国弗劳恩霍夫制造工程与自动化研究所科研人员，善长数字电池制造IT系统领域的数据库和Web开发。

 **安娜·巴斯** 德国弗劳恩霍夫制造工程与自动化研究所的研究员。研究领域为柔性制造系统。

 **朱利安·格林** 德国斯图加特弗劳恩霍夫制造工程和自动化研究所的研究员。他从事工业能源系统规划相关工作，当前研究领域为数字孪生。

 **约阿希姆·多普勒** 波士顿咨询集团的管理顾问，从事汽车、工业和能源领域。

 **艾拉·埃芬伯格** 德国弗劳恩霍夫制造工程与自动化研究所在斯图加特的"机器视觉和信号处理"部门的集团经理，弗劳恩霍夫IPA网络认知智能中心（CCI）的副主任。

 **大卫·恩斯林** 材料科学博士，2009年加入瓦尔塔微电池，目前担任V4驱动业务部门的研发经理。

 **萨沙·加特纳** 德国弗劳恩霍夫制造工程与自动化研究所的研究员，研究领域为生产数字化工具。

 **西蒙·格洛泽-查胡德** 博士，卡尔斯鲁厄理工学院（KIT）工业生产研究所（IIP），"可持续价值链"研究小组的负责人。

 **托马斯·希尔茨布里奇** 弗劳恩霍夫的分支机构plus10的联合创始人，该公司正在为全自动和复杂的生产线开发提供自学优化软件。

编者介绍

 **彼得·格吕宁格** 物理化学博士，弗劳恩霍夫制造工程和自动化研究所研究人员，目前的研究重点是功能材料。

 **桑德拉·赫斯特** KIT工业生产研究所（IIP）研究员。她是DeMoBat项目团队的一员，研究电池的工业拆卸。

 **克里斯托夫·哈尔** 弗劳恩霍夫制造工程和自动化研究所工厂规划和生产管理部科学家，主要研究基于数据的不同制造过程的工艺优化以及工艺规划任务的自动化。

 **艾哈迈德·伊萨** 德国斯图加特弗劳恩霍夫制造工程与自动化研究所的高级科学家。他的研究重点是数字化转型、工业4.0、创新管理和中小企业支持生态系统。

 **西尔克·哈特利夫** 弗劳恩霍夫制造工程和自动化研究所助理研究员，研究领域为电池生产的精益化和以需求为导向的数字化。

 **杜伊古·卡拉贝利** 电化学博士，现在弗劳恩霍夫制造工程和自动化研究所图宾根（德国）的生产基地担任CUSTOMCELLS®工艺工程主管。

 **卡罗琳·赫尔米奇** 弗劳恩霍夫制造工程和自动化研究所研究助理，研究方向为可持续电动交通的解决方案，重点是电动汽车和自行车。

 **斯蒂芬·基梅尔** 弗劳恩霍夫制造工程和自动化研究所"可持续价值创造系统管理"工作组的项目负责人。

 **扬·科勒** 弗劳恩霍夫可持续制造项目组的高级项目经理，德国拜罗伊特大学制造和再制造技术专业的小组领导，专注于循环经济的主题，特别关注再制造。

 **巴勃罗·梅耶** 弗劳恩霍夫的分支机构plus10的联合创始人，该公司正在为全自动和复杂的生产线开发提供自学优化软件。

 **英加·兰德维尔** 德国斯图加特弗劳恩霍夫IPA的储能电池专家课题经理。她的研究重点是电极生产工艺，特别是超级电容器和锂离子电池相关研究。

 **多米尼克·内梅克** 弗劳恩霍夫研究所分散技术中心的负责人，研究重点是分散技术的工艺链，包括从科学基础的发展到工业应用，以及浆料生产和用于电池生产的电极制造工艺等。

 **乔纳斯·利普斯** 弗劳恩霍夫IPA的研究助理,主要研究方向为储能电极干涂工艺优化。

 **奥利弗·厄克塞尔** 弗劳恩霍夫可持续制造项目组的团队经理,他专注于再制造以及循环和线性价值创造系统的设计、优化和管理。

 **安塞姆·洛伦佐尼** 工业4.0和公差管理领域的博士,德国斯图加特科倍隆股份有限公司Battery Extrusion和化学应用的销售经理,还管理和协调公司全球运营基地的电池浆料连续挤压课题。

 **马丁·赖辛格** 弗劳恩霍夫制造工程与自动化研究所工业能源系统部门的研究小组负责人,研究重点是混合动力系统和能源数据分析。

 **弗洛里安·迈尔** 弗劳恩霍夫制造工程与自动化研究所的研究员,负责生产中的IT和物联网结构,特别是工业4.0、数据可视化和人机交互组件。

 **君特·里辛格** 弗劳恩霍夫IPA"工厂计划和生产管理"部门的项目经理,主要研究领域是生产系统的可视化、仿真和优化,以及生产环境中数字化和技术。

 **索尼娅·罗森伯格** 专业是供应链管理、生产和物流,她在工业生产研究所(IIP)参与了几个国家和国际研究项目后加入了DeMoBat项目。

 **克劳斯·舍贝尔** 瓦尔塔微电池的效率和数据管理主管。

 **布兰登·赛** 弗劳恩霍夫制造工程与自动化研究所自主生产优化研究小组领导人,研究领域是生产系统的行为模型。

 **弗兰克·舒尔特曼** 德国卡尔斯鲁厄理工学院(KIT)工商管理教授、工业生产研究所(IIP)和法德环境研究所(DFIU)所长,澳大利亚阿德雷德大学复杂项目管理教授。

 **玛蒂娜·希弗** 德国弗劳恩霍夫制造工程与自动化研究所(IPA)的研究员,研究重点是供应链管理和生产计划与控制。

 **伦纳德·西拉夫** 弗劳恩霍夫制造工程与自动化研究所(IPA)可持续生产和质量部门的研究助理,负责工厂和维护管理。

编者介绍

安德烈亚斯·施勒雷斯 弗劳恩霍夫 IPA "数字生产的数据和应用服务"小组研究员,研究领域包括电池制造中工业物联网平台的概念和实施,以及为企业和市场实现能源柔性平台。

苏米亚·辛格 德国斯图加特弗劳恩霍夫制造工程与自动化研究所电池制造中心的一员,研究领域为电池和电芯制造的模拟和优化,以及数字孪生概念在电池行业的应用。

克里斯蒂安·施耐德 德国弗劳恩霍夫制造工程与自动化研究所的科学家,研究重点是能源效率和脱碳措施的优化选择和优先排序。

弗里德里希-威廉·斯佩克曼 博士,德国弗劳恩霍夫生产工程与自动化研究所电池制造中心的项目经理。从事氢技术的开发,特别是在制造过程的过程模拟和建模。

迈克尔·特里尔韦勒 弗劳恩霍夫 IPA "工厂计划和生产管理"部门研究助理,是"装配规划和数据驱动优化"研究小组的一员。

罗曼·韦纳 德国斯图加特弗劳恩霍夫制造工程与自动化研究所的研究助理,从事生产计划和控制方面的各种研究课题。

约翰内斯·万纳 德国斯图加特弗劳恩霍夫制造工程与自动化研究所电池制造中心的一员,从事电芯测试、合成以及电池制造中的电芯质量问题。

奥赞·耶西柳特 德国斯图加特弗劳恩霍夫 IPA "数字生产的数据和应用服务"小组的研究员。研究领域包括数字电池制造的 IT 系统前景的概念和实施,以及制造公司使用 AGV 电池实现能源灵活性。

致　　谢

本书所阐述的工作由德国研究项目 DigiBattPro 4.0、DeMoBat 以及 S-TEC ZDB 支持。

上述项目获得巴登-符腾堡州经济事务、劳动力及住房部的经费支持，基金编号为 017-100035|B7.R|（DigiBattPro 4.0）、L7520101（DeMoBat）以及 017-102830（S-TEC ZDB）。

本书的编者对巴登-符腾堡州的支持深表感谢。

译者序

随着电动汽车产业的不断发展和对可再生能源需求的增长，电池行业尤其是锂离子电池市场正迎来迅猛扩张，预计未来 10 年全球市场规模将增长 10 倍。然而，这一增长给原材料供应链、环境影响、能源消耗和效率、产品质量保障及电池废弃物回收等带来了一系列的挑战。数字化作为最具变革力的科技力量，已在众多行业中展示了其深远的影响。电池的制造可因数字化而变得更为智能和灵活，能够根据需求即时调整生产、技术整合、资源利用并降低废品率，对各种干扰因素进行更好的应对。本书旨在介绍电池智能制造的关键技术和未来趋势，为读者提供全面的视角并引发深刻的思考。

然而，在复杂的市场环境中，成功实现数字化电池制造需要考虑多方面因素。现在的关键问题不仅仅是电池行业是否需要数字化，更重要的问题是企业如何确保数字化带来切实的价值。在面对数字化的巨大潜力和其伴随的不确定性时，企业与相关技术开发人员必须全面掌握数字化与传统电池制造生产技术，用以综合分析研判未来发展方向。本书较全面地介绍了电池智能制造过程中的前沿技术和创新方法，在介绍电池生产工艺的基础上，特别关注先进控制理论和智能制造技术的应用。

本书通过全面介绍分析电池智能制造的前沿技术，为读者展示了未来电池智能制造的发展方向以及技术特征，深入探讨了电池制造业在数字化转型过程中的挑战与机遇。本书强调了通过数字化技术，如工业 4.0、人工智能、区块链等，在优化生产流程、降低成本、提高效率和产品质量方面的重要性。同时，电池回收和循环经济理念对于实现可持续发展至关重要。在电池工厂的规划与实施方面，本书指出了信息流通、协同合作和项目监控的重要性，并提出了采用数字化工具，如建筑信息模型、虚拟现实、增强现实和数字孪生等，来提高规划的准确性。本书还强调了建立统一的数字化核心架构，以确保数据的可用性、一致性和交换性，从而推动电池制造业的数字化转型和长期竞争力。本书旨在为电池制造领域的专业人士、工程师、研究人员及学生提供实际应用方面的指导，可作为能源材料、化学电源等学科方向的研究生教材，全面地促进电池技术的创新和发展，为实现更高效、环保的能源存储做出贡献。

本书由吴川、赵然、白莹共同翻译。在本书翻译过程中，感谢王亚辉、张安祺、韩晓敏、杨菁菁、胡志凡、吕梦歌等博士研究生为书稿整理及校正提供的帮助。

由于译者水平有限，书中难免存在疏漏之处，恳请各位读者包容指正，以便后续修正。

目　　录

编者介绍
致谢
译者序

绪论　迈向可持续、高质量的电池制造　// 1

第一部分　电池制造中的智能制造

第1章　电池制造过程概述　// 12

1.1　锂离子电池的兴起　// 12
1.2　电池制造的现状与挑战　// 13
　　1.2.1　电极制造　// 14
　　1.2.2　电池组装　// 17
　　1.2.3　最终步骤　// 17
　　1.2.4　模块和电池组装　// 18
　　1.2.5　航空电动化的现状　// 21
1.3　电池制造的成本因素　// 28
参考文献　// 29

第2章　实现智能制造的技术　// 32

2.1　概述　// 32
2.2　制造业数字化转型的定义　// 32
　　2.2.1　生产和制造的定义　// 32
　　2.2.2　数字化与自动化　// 33
　　2.2.3　整体数字化转型　// 33
　　2.2.4　电池生产的数字化转型概述　// 34
2.3　生产中数字化转型的技术和推动因素　// 34
　　2.3.1　信息物理系统　// 34
　　2.3.2　云计算　// 35
　　2.3.3　移动通信标准——5G　// 35

    2.3.4 人工智能 // 36
    2.3.5 区块链 // 37
    2.3.6 数字孪生 // 37
    2.3.7 增强现实和虚拟现实 // 37
    2.3.8 机器人和自动导引车（AGV） // 38
 2.4 总结与展望 // 38
 参考文献 // 39

第 3 章 电池制造的数字化现状 // 42

 3.1 概述 // 42
 3.2 方法 // 42
    3.2.1 研究现状——科学文献分析 // 43
    3.2.2 制造业现状——招聘广告分析 // 44
 3.3 评估与解读 // 46
 3.4 结论 // 48
 参考文献 // 48

第二部分 电池制造业的数字化规划

第 4 章 电池工厂的数字化建设规划 // 50

 4.1 数字化工厂的规划重点 // 50
 4.2 工厂规划框架和制订者 // 51
 4.3 规划电池工厂的侧重点和挑战 // 53
 4.4 支持工厂规划的数字技术 // 55
 参考文献 // 58

第 5 章 电池制造中的建模与仿真——概念与应用 // 60

 5.1 多尺度生产模拟 // 60
    5.1.1 材料尺度上的模拟 // 61
    5.1.2 电池尺度上的模拟 // 62
    5.1.3 系统级仿真 // 66
    5.1.4 过程层面的模拟 // 67
    5.1.5 生产链模拟 // 68
    5.1.6 工厂建筑及其技术设备模拟 // 71
 5.2 建模和仿真的分类 // 72

XI

        5.2.1　模型的分类　// 73
        5.2.2　工业 4.0 中的仿真方法　// 76
    5.3　多尺度模型耦合和交互　// 79
        5.3.1　产品级多尺度模拟　// 79
        5.3.2　过程级多尺度仿真　// 81
    参考文献　// 84

第三部分　运行电池生产线中的数字化工具

第 6 章　完全可追溯性——在数字影子的框架内建立智能制造的基础　// 92

    6.1　概述　// 92
    6.2　数字影子的理论背景　// 93
        6.2.1　理论概念、差异化和采用　// 93
        6.2.2　一般结构概述　// 94
    6.3　锂离子电池生产背景下的挑战　// 95
        6.3.1　可追溯性系统　// 95
        6.3.2　锂离子电池的具体单元可追溯性　// 96
        6.3.3　锂离子电池生产中通过使用可追溯系统减少成本　// 97
    6.4　电池生产的可追溯性概念　// 98
        6.4.1　电池生产中的追踪物　// 99
        6.4.2　鉴定技术和形态学分析　// 99
    6.5　采用数字影子的可追溯性概念　// 102
    6.6　识别技术的实施概念　// 104
        6.6.1　第 1 组：浆料混合　// 104
        6.6.2　第 2 和第 3 组：电极生产——涂敷和切割（线圈和副线圈部分）　// 105
        6.6.3　第 4 组：电池组装　// 106
        6.6.4　第 5 组：最终加工　// 106
    6.7　总结　// 106
    参考文献　// 107

第 7 章　经典 IT 系统架构实现数字化的电池组装　// 109

    7.1　概述　// 109
    7.2　IT 系统架构演变　// 110
        7.2.1　自动化金字塔　// 110
        7.2.2　工业 4.0 服务导向架构　// 111
    7.3　电池组装　// 112

7.3.1　常规电池生产过程中的电池组装　// 112
　　　7.3.2　电池制造中心——电池制造的实验室环境　// 112
　　　7.3.3　电池制造中心电池组装操作顺序　// 112
　7.4　服务导向型IT系统架构　// 113
　　　7.4.1　方法　// 113
　　　7.4.2　概念　// 116
　　　7.4.3　实施　// 116
　7.5　讨论　// 120
　7.6　总结　// 120
　参考文献　// 121

第8章　电池制造供应链管理的数字化理念　// 122

　8.1　概述　// 122
　8.2　数字化供应链管理的一般概念　// 123
　　　8.2.1　计划流程数字化　// 125
　　　8.2.2　来源流程数字化　// 125
　　　8.2.3　生产过程数字化　// 126
　　　8.2.4　交付流程数字化　// 127
　　　8.2.5　返回流程数字化　// 127
　8.3　原材料质量控制数字化　// 128
　　　8.3.1　概念框架　// 128
　　　8.3.2　原料质量特性　// 130
　　　8.3.3　整合供应商信息　// 130
　　　8.3.4　进货检验和过程监控　// 130
　　　8.3.5　离线和在线概念的实施　// 131
　8.4　结论　// 132
　参考文献　// 132

第9章　服务于生产工人信息需求的视觉辅助系统技术评估　// 134

　9.1　概述　// 134
　9.2　技术发展水平　// 134
　　　9.2.1　制造业的生产工人　// 135
　　　9.2.2　电池制造过程　// 135
　　　9.2.3　生产工人辅助系统的相关综述　// 136
　9.3　评价视觉信息方法的途径　// 137
　　　9.3.1　以人为本的设计过程　// 138
　　　9.3.2　电池制造实例　// 138
　　　9.3.3　使用要求　// 139

9.3.4 技术解决方案 // 140
9.3.5 评估技术方案的方法 // 140
9.4 结果 // 143
9.4.1 专家评估 // 143
9.4.2 总分的解释 // 144
9.5 结论与展望 // 148
参考文献 // 149

第10章 电池生产线环境的可持续性管理 // 153

10.1 概述 // 153
10.2 定义和问题陈述 // 154
10.3 电池制造碳核算现状分析 // 155
10.3.1 测量和比较电池制造系统二氧化碳的相关性 // 155
10.3.2 生命周期评估数据不足且数据质量不确定 // 155
10.4 基于原始数据的碳核算和最新技术 // 156
10.4.1 整合供应链的原始数据 // 157
10.4.2 在产品层面整合数据 // 158
10.5 可持续发展数据管理系统实现基于原始数据的生命周期评估 // 160
10.6 电池和车辆的生命周期能量标签 // 163
10.7 结论 // 163
参考文献 // 164

第四部分 使用数字化工具优化电池生产线

第11章 电池制造中的生产力和质量扩展模型 // 170

11.1 在线数据采集——用于质量控制和提高生产力的传感器集成 // 170
11.2 串联式电池生产 // 171
11.2.1 用于电池制造的传感器网络 // 172
11.2.2 质量和故障传播 // 173
11.3 总结 // 175
参考文献 // 175

第12章 电池生产中过程品质特性识别方法及适宜的测量系统 // 177

12.1 概述 // 177
12.2 研究议题 // 178

12.3 目前发展水平 // 179
  12.3.1 工艺-结构-特征关系中的变量 // 180
  12.3.2 过程相关变量的识别和选择 // 180
  12.3.3 测量系统 // 182
  12.3.4 现有技术总结 // 183
12.4 建立过程质量特征和适当测量系统程序的步骤 // 183
  12.4.1 影响变量的识别和选择 // 183
  12.4.2 合适测量系统的选择 // 187
12.5 结论 // 188
参考文献 // 188

第13章 通过数字网络化过程站实现电池生产的跨工艺稳定与优化 // 190

13.1 概述 // 190
13.2 锂离子电池和制造方法发展——理论背景 // 191
  13.2.1 电化学存储系统 // 191
  13.2.2 过程稳定与优化方法 // 192
  13.2.3 机器间通信 // 192
13.3 研发方法 // 193
  13.3.1 单个过程的开发方法 // 194
  13.3.2 交叉过程方法 // 195
13.4 过程理解和系统分析 // 197
  13.4.1 方法测试的系统边界 // 197
  13.4.2 锂离子电池生产结构示例 // 197
  13.4.3 过程阶段PA082和过程阶段PA082.1的分析和特征识别 // 199
13.5 个性化流程技术实现与建模 // 200
  13.5.1 IT系统和控制技术体系结构设计 // 200
  13.5.2 PA082过程部分数据模型 // 201
  13.5.3 单个过程PA082过程建模 // 201
13.6 实验步骤与评价 // 201
13.7 跨过程方法的理论思考 // 203
  13.7.1 PA090的分析与特征识别 // 203
  13.7.2 PA090交叉方法过程建模 // 204
13.8 总结与展望 // 205
参考文献 // 205

第14章 生产线生产效率的分析和最大化——瓶颈识别和预测性维护 // 208

14.1 概述 // 208
14.2 停机时间和性能损失的根本原因分析 // 210

14.2.1 文献综述 // 210
14.2.2 概念 // 210
14.2.3 利用迁移学习方法进行高效建模 // 212
14.2.4 瓶颈分析的应用 // 212
14.3 预测性维护 // 214
14.3.1 文献综述 // 214
14.3.2 概念 // 214
14.3.3 识别预测性维护机器和部件的示例 // 216
14.3.4 预测性维护集成到维护过程中的示例 // 216
14.4 总结与展望 // 218
参考文献 // 218

第五部分 智能电池产品的生命周期优化

第 15 章 电池循环经济——定义、意义和报废策略 // 222

15.1 概述 // 222
15.2 电池循环经济——定义与意义 // 223
15.3 电池系统的寿命终结策略 // 225
15.3.1 再使用 // 226
15.3.2 再利用——调整应用场景 // 227
15.3.3 再制造 // 227
15.3.4 再循环 // 228
15.4 归纳与总结 // 229
参考文献 // 230

第 16 章 数字化——循环经济解决方案的驱动力 // 233

16.1 概述 // 233
16.2 数字化的定义和意义 // 234
16.2.1 CPS 架构 // 236
16.2.2 物联网和云组件 // 236
16.2.3 数字孪生 // 237
16.2.4 可视化——AR 和 VR // 237
16.2.5 企业资源计划和制造执行系统 // 237
参考文献 // 238

第17章 智能测量——回收电池的测量评估 // 240

17.1 回收电池的生命周期优化使用 // 240
17.2 回收电池的评估——智能测量 // 240
17.3 电池电芯评估方法概述 // 241
17.4 不确定性管理 // 242
17.5 总结 // 242
参考文献 // 243

第18章 拆解——电池系统高效循环的要求 // 244

18.1 概述 // 244
18.2 拆解场景 // 246
    18.2.1 拆解模式 // 246
    18.2.2 拆解计划 // 249
    18.2.3 电池系统的拆解场景 // 250
18.3 电池系统的拆解工厂 // 251
    18.3.1 分类 // 251
    18.3.2 网络 // 251
    18.3.3 布局 // 252
18.4 结论 // 253
参考文献 // 253

第19章 电池回收——材料回收过程 // 255

19.1 概述 // 255
19.2 锂离子电池加工的一般类型 // 257
    19.2.1 热加工 // 257
    19.2.2 机械加工 // 257
    19.2.3 火法冶金加工 // 257
    19.2.4 湿法冶金加工 // 258
    19.2.5 生物冶金加工 // 259
19.3 锂离子电池回收的工业应用加工路线 // 259
19.4 锂离子电池的一种新兴处理途径——直接回收 // 264
19.5 结论 // 265
参考文献 // 266

第20章 二次利用电池的商业模式 // 270

20.1 概述 // 270
20.2 商业模式的背景和使用 // 271

20.3　电池再制造的商业模式　// 271
20.4　电池再利用的商业模式　// 274
20.5　结论　// 278
参考文献　// 279

第六部分　展望

第 21 章　超越锂离子——全固态电池　// 286

21.1　自上而下：为什么是固态电池　// 286
21.2　粉末态固态电解质：界面接触挑战　// 287
21.3　制造固态电池的五个主要方案　// 288
21.4　混合方法　// 289
21.5　固体是什么　// 290
21.6　制造是固态电池的最大障碍　// 290
21.7　固态电解质的成本影响产品的选择　// 291
21.8　固态电池制造如何实现数字化　// 291
21.9　固态电池的进一步发展　// 292
参考文献　// 292

绪 论
迈向可持续、高质量的电池制造

▼ 1. 背景

高碳经济的负面影响导致地球上的重要资源遭受破坏。利用可再生能源和跨领域电气化，是减少交通、住房和工业等领域的温室气体排放的主要策略。在减轻由人为因素引起的气候变化影响的过程中，需要能源系统来处理具有极大波动性的可再生能源。具有波动性的可再生能源需要能够以灵活方式连接供给侧和用户终端的基础设施。水力、热能和电化学等不同类型的能源存储技术发挥着重要作用，其中以锂离子电池为基础的电化学能量存储系统在市场上有很高的使用率，预计在全球范围内的锂离子电池市场部署将超过 2TW·h，即未来十年增长 10 倍[1]。这一观点得到锂离子电池生产行业的认可。

亚洲制造业占总制造能力的 70% 以上，预计在未来几年将主导锂离子电池的生产。到 2025 年，欧洲的年制造能力预计将增长至每年 230GW·h，与 2020 年的水平相比增长 8 倍[2]。

根据基准矿物情报机构的统计数据，预计到 2030 年，全球电池的年制造能力将超过 2582GW·h（其中欧洲为 452GW·h）[3]。考虑到欧洲电动汽车市场的增长潜力，包括乘用车、货车和公交车，麦肯锡预计到 2040 年，对欧洲电池制造能力的需求将超过 1200GW·h[4]。根据每个超级工厂年均产能 15GW·h 的平均水平，欧洲将需要建设 80 个超级工厂来满足需求。考虑到与亚洲市场的激烈竞争，预计到 2040 年只有 50%（约 600GW·h）的锂离子电池将在欧洲制造。

最新的针对制造能力的产业报告强调了加速发展的过程。从 2019 年底到 2020 年中期，新闻报道中公布的数字几乎翻了一倍，从 326GW·h/ 年增加到 613GW·h/ 年。目前，预期的制造能力将超过 1000GW·h/ 年，如图 0-1 所示。

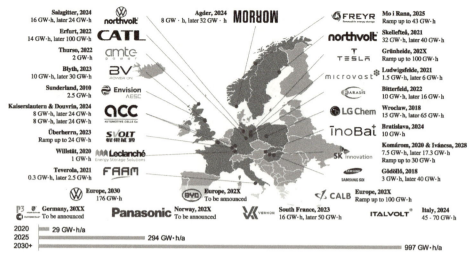

图 0-1　计划到 2021 年 4 月在欧洲建立的电池制造能力[5]

2. 所面临的挑战

（1）全球对锂离子电池的原材料需求增加

尽管需求预测会受到未来不确定性的影响，但根据分析师预计，从 2020 年到 2050 年，锂离子电池的原材料需求将增长 18～20 倍，其中钴为 17～19 倍，镍为 28～31 倍，其他材料为 15～20 倍[6]。锂离子电池的原材料供应链中存在潜在供应短缺的风险[7]。除了矿产资源短缺的问题外，由于部分采矿和提炼技术只集中在少数国家，同样会引发供应风险[8]。许多矿产资源位于政治不稳定的地理区域，这些地区或存在与违反劳动法、公平薪酬和职业安全有关的道德问题[9]。在锂离子电池的原材料供应链上，存在许多与工作条件相关的法律侵权指控。其中，刚果民主共和国的钴矿工人的工作条件尤为严峻[10]。

（2）电池制造对环境的影响

目前使用生命周期评估（LCA）来全面了解电池制造对环境的影响。其中，讨论热点是材料密集型的纯电动汽车（BEV）和燃料密集型的内燃机汽车（ICEV）之间的比较[11-13]。尽管 LCA 可能会由于假设条件而出现偏差，但研究证实了纯电动汽车在生命周期内的电池使用阶段，温室气体排放较低。研究结果也强调了需要进一步推进电池制造和废弃电池处置过程的环境友好性，以便在 LCA 的所有影响类别（气候变化、资源枯竭、人类健康等）中实现相关优化。

为了从生命周期的角度推动 BEV 相对于 ICEV 的优势，需要从能源效率和材料效率两个角度进行考虑。

目前，电池单体的能量需求在每千瓦时 50～65kW·h 之间。然而，从电池的单价来看，总能源需求仅占整个电池成本的 2%～5%[15]。这与锂离子电池制造中的劳动力成本份额大致相符。基于不同参考文献，图 0-2 显示了电池制造中各个工艺步骤的能源需求[2]。根据最近的调查结果，考虑到工厂的技术建筑系统和干燥间操作的能源需求，加上对电力以外的额外能源需求，每生产 1kW·h 电池的能量需求高达 85.5kW·h。

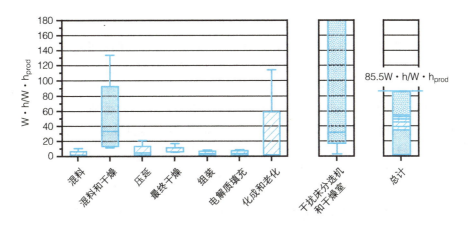

图 0-2 电池制造过程链中的能源需求

将电池制造的特定能源需求与前文中概述的增长情景相结合，可以估计不断增长的电池制造行业所需的额外能源需求。如果预计欧洲电动汽车电池需求的 50% 是在欧盟境内生产的，从 2025 年的 19.67TW·h（欧盟电池制造能力：230GW·h）开始，到 2030 年达到 38.6TW·h（欧盟电池制造能力：452GW·h），到 2040 年，额外的年度能源需求将达到 51.3TW·h（欧盟电池制造能力：600GW·h）。2040 年电池制造的能源需求将会相当于近 7 座核电站的发电能力（图 0-3）。欧洲工业部门 2018 年的最终能源需求指出，电池制造将占 2040 年该部门最终能源需求的约 1.5%[19]。这一估计不考虑电池工厂运营中能源效率的提高。值得一提的是，新兴电池行业不断增长的能源需求很可能会被其他行业能源需求的减少所抵消，至少部分抵消。往好的方面看，更严格的监管框架，包括欧盟的碳定价体系，使得在低碳能源基础设施中的工厂选址更具吸引力[20]。因此，欧洲电力结构相对较低的二氧化碳强度为欧洲电池制造业的竞争力提供了潜在的优势。工艺创新，如低能耗涂层技术和使用微环境来减少对干燥室调节的需求，可以进一步提高未来电池制造工厂的生产率[21-23]。

图 0-3 到 2040 年，欧洲电池制造的年能源需求将相当于近 7 座核电站产生的能源
（每座核电站的产能为 1GW，产能系数为 85%）

21700 型锂离子电池的重量在 60~70g 之间，这种电池由圆柱形外壳（铝或钢）、带有正极活性材料的铝集流体（正极）、聚合物隔膜、铜和石墨制成的集流体（负极）和液体电解质组成。21700 型圆柱形电芯所储存的最大能量在 13.15~16.77W·h 之间[24]。电芯工厂需要 4800t 原材料来生产 1GW·h 容量的电芯。然而，实际的材料需求要高得多，因为加速生产和连续生产会形成浪费。材料利用率的提高可以通过产品设计和工艺改进来实现[25]。材料供应过程输入/输出分析是可以帮助评估电池制造过程中材料利用率的方法。提高涂布/干燥过程的材料利用率已被确定为减少材料和能源浪费的重要手段[25]。

（3）电池制造的品质

不同的电池制造商在与品质相关的废品率和整体产量方面的数据差异很大。据报道，与品质有关的总废品率在 6%～16% 之间[26-28]。行业专家普遍认为，需要进一步提高品质，以提高电池制造业务的整体生产力、竞争力和可持续性。低生产率和高废品率主要存在于电极的生产和形成过程中。此外，个别工艺步骤的低生产率很容易随工艺链延续，并显著降低电池制造工厂的整体生产率。例如，在电极制造和电芯组装过程中废品率为 5%，在化成过程中废品率为 10%，在最终组装过程中废品率为 2%，那么整体成品率仅为 95% × 90% × 98% = 84%[27]。质量的改进不仅对提高电池工厂的生产率至关重要，还会增加电池的使用寿命。

即使考虑到未来几年将在工艺稳定性方面取得进步，到 2040 年，低至 2% 的报废率仍将导致欧盟每年产生 57500t 的废料（假设电池制造能力为 600GW·h）。

为了说明这些巨大的数字，我们进行了形象的比较。首先，每年废弃电池的重量几乎相当于 6 座埃菲尔铁塔（图 0-4）。其次，每年运输废料需要一列有 1050 节车厢的货运列车，总长 25km（图 0-5）。

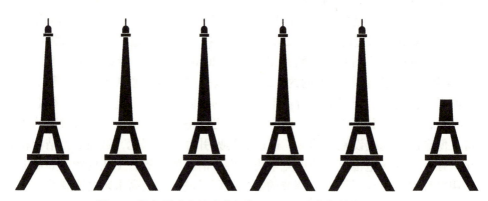

图 0-4　每年制造业的浪费相当于近 6 座埃菲尔铁塔的重量

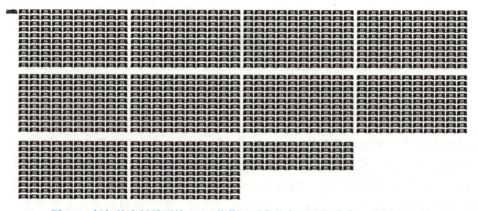

图 0-5　每年的废料需要约 1050 节货运列车的车厢进行装载，总长 25km

由于制造业废料并不是我们社会在未来几年必须处理的唯一废料，下面将进一步强调健全的电池报废和回收策略的重要性。

（4）电池报废及回收

建立一个符合循环经济原则的欧洲电池产业的政治倡议，能够为欧洲生产可持续的"欧洲制造"锂电池提供有利环境[31-32]。然而，在设计电池产品时考虑其循环经济性能还尚未成为行业惯例。拆解当前电动汽车电池系统的难度突显出消费者和行业仍停留在传统的从摇篮到坟墓的思维模式中，这种思维基于制造、使用和回收的线性经济模型。一般来说，电池生命周期中的废物来源可能是多方面的，包括从电极生产过程中产生的制造废物到化成和老化后的废品，制造废物的其他来源还包括模块和封装甚至最终产品组装中的废品。图 0-6 概述了电池供应价值链的模块及其在建立电池循环经济中的作用。

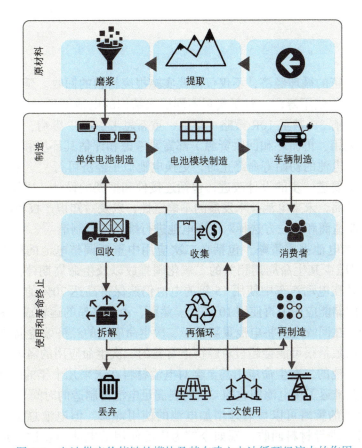

图 0-6　电池供应价值链的模块及其在建立电池循环经济中的作用

最近的研究预计，到 2030 年，145GW·h（799000t）的回收电池会被再利用，而 170GW·h（820000t）会被循环再造。然而，只有 16% 可用于欧洲回收行业[33-34]。预计到 2030 年，仅欧盟电动汽车的电池回收需求将达到 2 万辆，相当于 3600t[35]。图 0-7 将预测数据与欧洲可用或计划回收能力的数据进行了对比。尽管预计未来几年市场将出现强劲增长，但即使在今天，已经展示出为不同的消费型锂离子电池、电池制造"浪费"以及来自测试车辆或事故车辆的电池提供适当报废处理的需求。

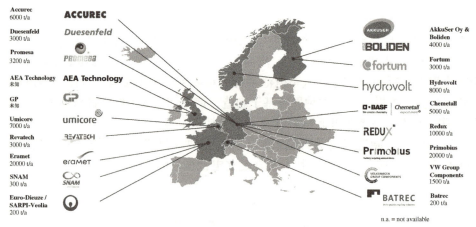

图 0-7　欧洲公布的锂离子电池回收能力（另见第 19 章）

但是，建立真正的循环经济，不仅仅需要实施报废材料的回收。延长电池在各自应用领域或不同用途中的使用寿命，对于实现不同层次结构的电池循环经济的目标至关重要。在这种情况下，所有 3R 甚至 10R 策略（拒绝、重新思考、减少影响、再使用、维修、翻新、再制造、再利用、再循环和回收资源）都需要考虑和评估其环境和经济效益[36-37]。最近的研究表明，当电池的初始寿命终止时，更换电池似乎经济可行[38]。然而，从电池体系的层面上看，还需要进一步的设计改进，包括连接件和框架的设计，以便于其维修、再利用和再制造[39]。然而，未来电池技术发展的不确定性，以及对知识产权和保修问题的担忧，阻碍了原始设备制造商和第三方选择对废旧电池进行维修或再制造[40]。

制定多样化的电池报废策略，包括在二次应用中重新调整电池的用途（例如大规模储能应用），可以减少其生命周期相关的二氧化碳排放以及生命周期评价中的其他负面影响[41-42]。研究发现在电动汽车中使用 15 年的电池仍然保持高达 70% 的原始容量，如果使用得当，可在电网储能应用中再使用 10 年[43]。然而，由于高昂的运输成本和新出现的电池在性能方面进步，在回收之前将电池重新用于二次生命应用的经济效益也受到了质疑[44-45]。此外，报废电池的数量很可能会超过对经济上有益的二次生命应用的需求，特别是在 2030 年之后的几年。电池的二次生命应用甚至会对电池材料在未来几十年的闭环回收潜力产生负面影响，因为其推迟了用电池回收的二次材料满足电池再制造的时间[6]。

即使上面提到的策略可以显著地增加电池的使用寿命，但电池总会达到其使用寿命的终点，并且需要进行材料回收。现如今较为广泛使用的电池回收过程具有非常突出的资源密集型特征，甚至表现出不高的回收效率[47-49]。例如，使用最先进的回收工艺回收锂，并在电池制造中重新使用锂，与使用原生锂相比，会显示出明显更高的能源消耗和气体排放[50]。

许多回收材料由于品质和价格都不及开采的原始材料，因此被降级循环利用[51]。有研究人员认为在新电池中重复使用回收的电池材料对电化学性能可能没有负面影响[52-53]。但考虑到大规模提纯活性物质的成本和质量，使用回收材料仍面临巨大挑战[54]。未来几代电池中有价值的原材料（尤其是钴）含量的下降，将会进一步挑战最先进的电池回收公司的商业模式[55]。

3. 方法

本书通过分析应用数字化工具改造电池制造行业的前景，确定了当前的挑战和开发方向，并评估了其在电池生命周期中的实用性。其目标是在欧洲推动经济上有益和环保的电池制造业的发展。希望电池制造商运营的超级工厂使用可再生能源，产生的废物、对环境的影响降到最低，在不损害其竞争优势的前提下，专注于减少整体资源需求。这些公司的成功，将由其产品的卓越品质和制造业务的最大灵活性来维持。灵活应对不断变化的客户需求、颠覆性技术和不可预见的未来发展，将增强企业的稳健性，并为欧洲电池制造行业带来竞争优势。

4. 解决方案

具有最多样化表现形式的数字化，在许多行业领域展示了其颠覆性特征。如今，问题的关键不在于电池行业是否必须推动数字化进程，而在于单个公司如何有效地将其转化为可量化的结果。然而，数字化转型过程仍然存在很大的不确定性，决策者发现很难权衡收益与挑战。电池公司如何为自身利益积极推动这一进程，而不是由众多新技术发展所被动地牵引，这是一个亟待解决的问题。

我们预计数字化将打造出未来灵活的工厂，该工厂能够根据客户的偏好进行制造，并且可以随时进行生产变更。设备利用率将更高，资源消耗将减少，废品数量也将减少。

通过利用数字化工具，电池单体制造过程将持续优化。在未来，个别工艺、完整的工艺链甚至整个工厂将自主改变其参数设置，以抵消影响稳定生产条件的各种干扰。

数字孪生技术将连接现实世界的产品和过程及其虚拟表示，并有助于加快新电池单体技术及其相应制造过程的发展，同时也能够构建和扩大灵活的超级工厂。

整个电池价值链上的追溯性和信息透明度将增加，为跨领域的商业模式和高效的循环利用技术奠定基础，以建立真正的电池循环经济。

数字化对电池行业的影响是多方面的，我们希望本书能够在电池单体设计和制造的背景下，为更好地理解数字化的可能性和局限性做出贡献。

参 考 文 献

[1] BloombergNEF. Electric Vehicle Outlook 2020. New York: Bloomberg New Energy Finance; 2020 [cited 2021 Feb 10]. Available from: URL: https://about.bnef.com/electric-vehicle-outlook.

[2] Bernhart W, Gabaldon D, Zheng R, Schmitt P, Hotz T, Braun S *et al*. Rising opportunities for battery equipment manufacturers; 2020.

[3] Kumar V. Lithium-Ion Battery Megafactory Assessment. Benchmark Mineral Intelligence; 2020. Available from: URL: https://www.benchmarkminerals.com/wp-content/uploads/06252020-Vivas-Kumar-HyperChange-V4.pdf.

[4] Eddy J, Pfeiffer A, van de Staaij J. Recharging economies: The EV-battery manufacturing outlook for Europe. McKinsey & Company 2019. Available from: URL: https://www.mckinsey.com/industries/oil-and-gas/our-insights/recharging-economies-the-ev-battery-manufacturing-outlook-for-europe.

[5] Zenn R. Projection of installed capacities for battery cell manufacturing in Europe 2021 [cited 2021 Apr 26]. Available from: URL: https://twitter.com/ZennRoland/status/1353821694411026434/photo/1.

[6] Xu C, Dai Q, Gaines L, Hu M, Tukker A, Steubing B. Future material demand for automotive lithium-based batteries. Commun Mater 2020; 1(1):1–10.

[7] Olivetti EA, Ceder G, Gaustad GG, Fu X. Lithium-Ion Battery Supply Chain Considerations: Analysis of Potential Bottlenecks in Critical Metals. Joule 2017; 1(2):229–43.

[8] Ahmad Mayyas, Darlene Steward, Margaret Mann. The case for recycling: Overview and challenges in the material supply chain for automotive li-ion batteries. Sustainable Materials and Technologies 2019; 19:e00087. Available from: URL: https://www.sciencedirect.com/science/article/pii/S2214993718302926.

[9] Amnesty International. Amnesty challenges industry leaders to clean up their batteries; 2019 [cited 2021 Feb 10]. Available from: URL: https://www.amnesty.org/en/latest/news/2019/03/amnesty-challenges-industry-leaders-to-clean-up-their-batteries/.

[10] Amnesty International. This is what we die for: Human rights abuses in the Democratic Republic of the Congo power the global trade in cobalt; 2016 [cited 2021 Feb 10]. Available from: URL: https://www.amnesty.org/en/documents/afr62/3183/2016/en/.

[11] Bauer C, Hofer J, Althaus H-J, Del Duce A, Simons A. The environmental performance of current and future passenger vehicles: Life cycle assessment based on a novel scenario analysis framework. Applied Energy 2015; 157:871–83.

[12] Tagliaferri C, Evangelisti S, Acconcia F, Domenech T, Ekins P, Barletta D et al. Life cycle assessment of future electric and hybrid vehicles: A cradle-to-grave systems engineering approach. Chemical Engineering Research and Design 2016; 112:298–309.

[13] Del Pero F, Delogu M, Pierini M. Life Cycle Assessment in the automotive sector: a comparative case study of Internal Combustion Engine (ICE) and electric car. Procedia Structural Integrity 2018; 12:521–37.

[14] Bothe D, Steinfort T. Cradle-to-Grave-Lebenszyklusanalyse im Mobilitätssektor: Metastudie zur CO2-Bilanz alternativer Fahrzeugantriebe. Forschungsvereinigung Verbrennungskraftmaschinen e.V. (FVV); 2020.

[15] Davidsson Kurland S. Energy use for GWh-scale lithium-ion battery production. Environmental Research Communications 2019; 2(1):12001.

[16] Schünemann J-H. Modell zur Bewertung der Herstellkosten von Lithiumionenbatteriezellen. Sierke; 2015.

[17] Pettinger K-H, Dong W. When Does the Operation of a Battery Become Environmentally Positive? J. Electrochem. Soc. 2016; 164(1):A6274-A6277.

[18] Yuan C, Deng Y, Li T, Yang F. Manufacturing energy analysis of lithium ion battery pack for electric vehicles. CIRP Annals 2017; 66(1):53–6.

[19] Odyssee-Mure. Final energy consumption by sector in EU; 2021 [cited 2021 Apr 8]. Available from: URL: https://www.odyssee-mure.eu/publications/efficiency-by-sector/overview/final-energy-consumption-by-sector.html.

[20] Helms H, Kemper C, Biemann K, Lambrecht U, Jöhrens J, Meyer K. Klimabilanz von Elektroautos: Einflussfaktoren und Verbesserungspotential; 2019.

[21] Mauler L, Duffner F, Leker J. Economies of scale in battery cell manufacturing: The impact of material and process innovations. Applied Energy 2021; 286:116499.

[22] Schünemann J-H, Dreger H, Bockholt H, Kwade A. Smart Electrode Processing for Battery Cost Reduction. ECS Transactions 2016; 73(1):153–9.

[23] Thiede S, Turetskyy A, Loellhoeffel T, Kwade A, Kara S, Herrmann C. Machine learning approach for systematic analysis of energy efficiency potentials in manufacturing processes: A case of battery production. CIRP Annals 2020; 69(1):21–4.

[24] Quinn JB, Waldmann T, Richter K, Kasper M, Wohlfahrt-Mehrens M. Energy Density of Cylindrical Li-Ion Cells: A Comparison of Commercial 18650 to the 21700 Cells. J. Electrochem. Soc. 2018; 165(14):A3284-A3291. Available from: URL: https://iopscience.iop.org/article/10.1149/2.0281814jes.

[25] Wessel J, Turetskyy A, Cerdas F, Herrmann C. Integrated Material-Energy-Quality Assessment for Lithium-ion Battery Cell Manufacturing. Procedia CIRP 2021; 98:388–93.

[26] Kirchhof M, Haas K, Kornas T, Thiede S, Hirz M, Herrmann C. Failure Analysis in Lithium-Ion Battery Production with FMEA-Based Large-Scale Bayesian Network: MDPI AG; 2020.

[27] Hakimian A, Kamarthi S, Erbis S, Abraham KM, Cullinane TP, Isaacs JA. Economic analysis of CNT lithium-ion battery manufacturing. Environmental Science: Nano 2015; 2(5):463–76.

[28] Brodd RJ, Helou C. Cost comparison of producing high-performance Li-ion batteries in the U.S. and in China. Journal of Power Sources 2013; 231:293–300. Available from: URL: http://www.sciencedirect.com/science/article/pii/S0378775312018940.

[29] Sakti A, Michalek JJ, Fuchs ER, Whitacre JF. A techno-economic analysis and optimization of Li-ion batteries for light-duty passenger vehicle electrification. Journal of Power Sources 2015; 273:966–80.

[30] Michaelis S, Rahimzei E, Kampker A, Heimes H, Offermanns C, Locke M et al. Roadmap Batterie - Produktionsmittel 2030. Frankfurt am Main: VDMA Batterieproduktion; 2020.

[31] Capagemini invent. Fit For Net-Zero:: 55 Tech Quests to accelerate Europe's recovery and pave the way to climate neutrality.

[32] EU. Green Deal: Sustainable batteries for a circular and climate neutral economy; 2020. Available from: URL: https://ec.europa.eu/commission/presscorner/detail/en/ip_20_2312.

[33] Circular Energy Storage. The lithium-ion battery life cycle report. Circular Energy Storage; 2020.

[34] Willuhn M. Europe's battery recycling quotas are blunt and a decade too late; 2020. Available from: URL: https://www.pv-magazine.com/2020/12/16/europes-battery-recycling-quotas-are-blunt-and-a-decade-too-late/.

[35] Elementenergy. Batteries on wheels: the role of battery electric cars in the EU power system and beyond. enel; Iberdrola; TE Transport & Environment; Groupe Renault; 2019.

[36] Kirchherr J, Reike D, Hekkert M. Conceptualizing the circular economy: An analysis of 114 definitions. Resources, Conservation and Recycling 2017; 127:221–32.

[37] Potting J, Hekkert MP, Worrell E, Hanemaaijer A. Circular economy: measuring innovation in the product chain. The Hague: PBL Publishers; 2017. (vol 2544).

[38] Mathew M, Kong QH, McGrory J, Fowler M. Simulation of lithium ion battery replacement in a battery pack for application in electric vehicles. Journal of Power Sources 2017; 349:94–104.

[39] Kampker A, Wessel S, Fiedler F, Maltoni F. Battery pack remanufacturing process up to cell level with sorting and repurposing of battery cells. Jnl Remanufactur 2020; (11):1–23. Available from: URL: https://link.springer.com/article/10.1007/s13243-020-00088-6.

[40] Hartwell I, Marco J. Management of intellectual property uncertainty in a remanufacturing strategy for automotive energy storage systems. Jnl Remanufactur 2016; 6(1):169–85.

[41] Ahmadi L, Yip A, Fowler M, Young SB, Fraser RA. Environmental feasibility of re-use of electric vehicle batteries. Sustainable Energy Technologies and Assessments 2014; 6:64–74.

[42] Richa K, Babbitt CW, Nenadic NG, Gaustad G. Environmental trade-offs across cascading lithium-ion battery life cycles. The International Journal of Life Cycle Assessment 2017; 22(1):66–81.

[43] Neubauer J, Smith K, Wood E, Pesaran A. Identifying and Overcoming Critical Barriers to Widespread Second Use of PEV Batteries. Golden, CO (United States): Office of Scientific and Technical Information (OSTI); 2015.

[44] McLoughlin F, Conlon M. Secondary re-use of batteries from electric vehicles for building integrated photo-voltaic (BIPV) applications 2015.

[45] Zu C-X, Li H. Thermodynamic analysis on energy densities of batteries. Energy & Environmental Science 2011; 4(8):2614.

[46] Engel H, Hertzke P, Siccardo G. Second-life EV batteries: The newest value pool in energy storage. Frankfurt, Detroit, San Francisco: McKinsey & Company; 2019. Available from: URL: https://www.mckinsey.com/industries/automotive-and-assembly/our-insights/second-life-ev-batteries-the-newest-value-pool-in-energy-storage.

[47] Harper G, Sommerville R, Kendrick E, Driscoll L, Slater P, Stolkin R et al. Recycling lithium-ion batteries from electric vehicles. Nature 2019; 575(7781):75–86.

[48] Ciez RE, Whitacre JF. Examining different recycling processes for lithium-ion batteries. Nat Sustain 2019; 2(2):148–56.

[49] Velázquez-Martínez O, Valio J, Santasalo-Aarnio A, Reuter M, Serna-Guerrero R. A Critical Review of Lithium-Ion Battery Recycling Processes from a Circular Economy Perspective. Batteries 2019; 5(4). Available from: URL: https://www.mdpi.com/2313-0105/5/4/68.

[50] Golroudbary SR, Calisaya-Azpilcueta D, Kraslawski A. The Life Cycle of Energy Consumption and Greenhouse Gas Emissions from Critical Minerals Recycling: Case of Lithium-ion Batteries. Procedia CIRP 2019; 80:316–21.

[51] Beaudet A, Larouche F, Amouzegar K, Bouchard P, Zaghib K. Key Challenges and Opportunities for Recycling Electric Vehicle Battery Materials. Sustainability 2020; 12(14):5837.

[52] Thompson DL, Hartley JM, Lambert SM, Shiref M, Harper GDJ, Kendrick E et al. The importance of design in lithium ion battery recycling – a critical review. Green Chem. 2020; 22(22):7585–603.

[53] Zheng Z, Chen M, Wang Q, Zhang Y, Ma X, Shen C et al. High Performance Cathode Recovery from Different Electric Vehicle Recycling Streams. ACS Sustainable Chem. Eng. 2018; 6(11):13977–82.

[54] Doose S, Mayer JK, Michalowski P, Kwade A. Challenges in Ecofriendly Battery Recycling and Closed Material Cycles: A Perspective on Future Lithium Battery Generations. Metals 2021; 11(2):291.

[55] Niese N, Pieper C, Arora A, Xie A. The Case for a Circular Economy in Electric Vehicle Batteries. Boston Consulting Group (BCG); 2020 Sep 14 [cited 2021 Apr 9]. Available from: URL: https://www.bcg.com/de-de/publications/2020/case-for-circular-economy-in-electric-vehicle-batteries.

第一部分

电池制造中的智能制造

第 1 章
电池制造过程概述

环境可持续性始于各个材料组件的制造,并通过设计节能、节材的生产系统和工厂,以及产品的可重复使用性和可回收性来持续推进。提高电池生产线的质量和灵活性是建立具有竞争力的电池制造的重要一步。为了获得决定性的竞争优势,所有高性能锂离子电池和其他电池的生产链应通过工业 4.0 工具进行优化。本章将概述当前锂离子电池制造过程,以及影响成本的相关因素。

▼ 1.1 锂离子电池的兴起

虽然电池的历史可以追溯到 1749 年本杰明·富兰克林的发明,但电池科学和工程在索尼于 1991 年推出第一款商用可充电锂离子电池(LIB)后才有了显著的发展[1-2]。自那时起,LIB 成为便携式电子设备、电动汽车(EV)甚至固定式储能设备的最重要组成部分之一。在列出的这些应用领域中,EV 对锂离子电池市场的扩大做出了重要贡献,因为与消费类应用相比,EV 电池系统的容量要大得多。汽车动力电池可以包含多达 7000～10000 个单体柱形电池,其尺寸为 18650 型(直径 18mm,高度 65mm)或 21700 型(直径 21mm,高度 70mm)[3]。研究人员一直在致力于开发新材料、不同电池化学组合和新的电池设计,以获得更好的性能,适应不同的应用领域。

在全球电池市场中,锂离子电池已成为可充电锂电系统的首选。几乎所有领先的锂离子电池制造商都位于亚洲,并且越来越多地在美国和欧洲建立制造设施,以便为全球市场提供服务。图 1-1 显示了 2018 年全球锂离子电池供应商及其市场份额。

然而,电池生产线和新的商业模式也是成功的关键。电池生产的整体流程,包括电芯、模块、电池包和系统的生产,生产链较想象的更加复杂(图 1-2)。典型的 xEV 电池包由数百至数千个电池组成,通过串联和/或并联(根据应用的电压和容量要求)在模块内配置,并将模块连接起来形成电池包。

电池包和系统的质量和性能需要精心设计,从电化学到电芯外壳、包装和电池管理系统(BMS)都需要考虑[5]。目前共有三种不同的电芯形式,分别是柱状、方形和软包电芯,每种电芯都带来了一系列的挑战[6]。

电极生产和电池单体的形成、电芯和模块的架构是相对独立的。

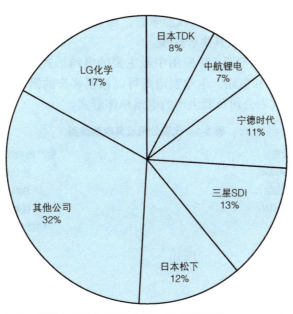

图 1-1　2018 年全球锂离子电池供应商及其市场份额，数字是根据 Frost & Sullivan 的研究重新绘制的[4]

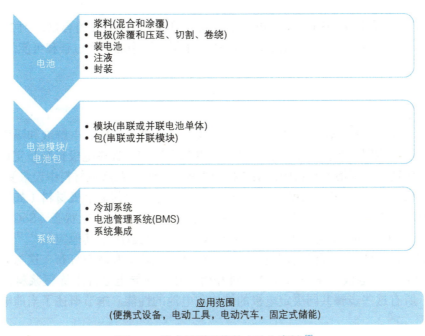

图 1-2　从电池到系统的电池生产链[7]

1.2　电池制造的现状与挑战

　　欧洲的电池单体制造业正在崛起。然而，发展具有竞争力和高质量的电池单体制造能力面临着几个挑战，特别是在未来的超级工厂建设方面。

　　亚洲目前在锂离子电池单体制造方面处于领先地位，松下、LG 化学、三星 SDI 和宁德时代（CATL）等公司非常成熟。从欧洲来看，如 Northvolt、Saft、Varta 和 Leclanché 等知名电池制造商，也在努力扩大其生产规模。

尽管柱状电池和方形电池是 EV 应用中最主要的电池形式之一，但一些 EV 制造商正在使用软包电池，如日产和雷诺。电池制造商可以根据客户的需求提供不同的电池单体形式。表 1-1 列出了一些代表公司及其生产的电池单体形式。

表 1-1 代表公司及其电池类型

公司	生产的电池单体形式
Panasonic	柱状电池
LG 化学	柱状电池
三星 SDI	柱状电池
CATL	柱状和方形电池
Northvolt	柱状电池
Saft	方形电池
Varta	方形电池
Leclanché	方形电池
日产（Nissan）	软包电池
雷诺（Renault）	软包电池

总体而言，预计到 2030 年全球电池需求将达到 1200GW·h 的容量，到 2050 年将增至 3500GW·h[8]。在本章中，将主要讨论电池单体制造链中的生产过程和可能的改进措施。

1.2.1 电极制造

锂离子电池（LIB）有四个最重要的组成部分：负极、正极、电解液和隔膜。每个组成部分对电池的内阻、容量以及能量和功率密度都有影响。选择电极材料是实现特定容量的第一步，而选择正极活性材料则是最具挑战性的一步[9]。在众多材料中，最受欢迎的 4V 正极材料是镍锰钴（NMC）和镍钴铝（NCA），因为它们比其他电极材料（如磷酸铁锂和锰酸锂）具有更高的容量、较长的寿命、较好的安全性以及与荷电状态（SoC）相关的电压斜率[10]。NMC 和 NCA 电极不仅适用于 xEV 应用，也适用于其他应用[11-13]。为了发挥这些材料的最佳性能，需要优化制造参数，如厚度、孔隙率和颗粒分布，这与它们的制造过程直接相关[14]。电极的制备从混合浆料开始，然后在导电基片上涂覆浆料，并进行压延和干燥。所有这些步骤共同决定电极的结构和电池的性能。本节概述了当前电极制造的步骤。

1. 浆料混合、涂布和压延

锂离子电池技术面临的主要挑战与其化学性质有关。因此，负极和正极的配方对于锂离子电池的特性起着重要作用。

除了主要的活性材料（镍、锰、钴、铝、铁）外，浆料主要由炭黑或石墨（KS-6）[15]、溶剂（N-甲基-2-吡咯烷酮，NMP，水）、黏结剂（聚偏二氟乙烯，PVdF）和其他添加剂组成[16-18]。溶剂的类型确定了体系是有机的还是水性的。每种材料的组成，即所谓的电极配方，对于创建具有优异电化学性能的电池非常重要。此外，均匀混合和分散在电极的稳定性和质量方面起着重要作用（图1-3）。Liu等人的研究指出良好的浆料不应凝聚，应具有均匀的颗粒分布，及良好的流变特性，如易于涂覆的流动性和较高的黏度[19]。为了达到这些流变特性，必须仔细选择搅拌器，并确保所有颗粒均匀分布；在将浆料涂覆在电极箔上之前，需要检查颗粒大小、黏度和浆料的均匀性。

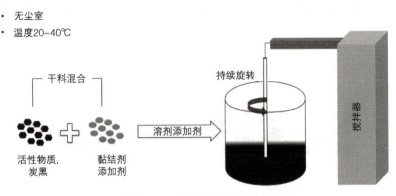

图1-3 浆液制备的示意图

不同浆料配方使用的搅拌器不同。混合的过程可以是间歇性的（使用分散机和/或搅拌机）或连续性的（使用挤出机），每种过程都会导致不同的流变和形态特性。最常见的混合过程是间歇性的过程[17]，尽管该搅拌器的能耗非常高，球磨机搅拌器是工业常用搅拌器[19]。连续生产浆料并与涂覆过程相互关联是减少搅拌时间的可能解决方案之一[7]。

铝箔和铜箔分别用作涂覆正极浆料和负极浆料的集流体。传统的双层电极制造基于非同步的技术，以克服与黏附力相关的问题[20]。最常见的做法是在涂覆箔的另一侧之前，将涂覆带送入烘干器（图1-4）[15]。

图1-4 电极箔的涂覆和压延
a）连续涂层 b）间歇涂层（用于软包电池）

近年来，同步狭缝涂布技术引起了人们的关注，使用该技术可以同时制造双层正极[15]。浆料通过上下两个进料口从一个狭缝输送到基材上。这种方法能够在较大面积上实现非常均匀且精确厚度的薄膜涂层[20]。

另一种涂覆工艺是基于"无溶剂"技术。为了减少溶剂的用量、毒性和成本，研究人员一直关注干法涂覆技术[21-22]。然而，缺乏溶剂可能会导致难以获得具有良好附着力和稳定性的薄层。一些研究指出，在涂覆后，电极表面在卷绕过程中可能会从箔片上剥离[23]。因此，对干法涂覆的优化至关重要。

在干燥过程之后，电极通过辊压（压制）以使其更加均匀，并修改表面结构（图1-5）。电极涂层的厚度和孔隙率可以通过辊压力和压制速度的调控进行优化。Meyer等人描述了使用相同参数对正极和负极进行压制产生的完全不同的结果[24]。当辊压力增加时，电极更加致密，因此孔隙度更小。Zheng 等人[25] 观察了对 NMC 111 正极的辊压效应，当压力不高且电极孔隙度高时，由于活性和非活性（黏结剂）材料之间的接触较少，涂层很容易破裂。所有颗粒之间的良好接触可以形成连续的网络，有助于增加电子导电性（通过渗流理论）[26]。相反，当压力过高时，内部应力增加，可能导致结构破坏，从而发生电化学性能退化。此外，如果电极没有足够的孔隙度，其润湿性会降低。与正极相比，负极应具有较高的孔隙度，因为锂离子插层反应发生在负极中。锂离子在充电过程中应该能够轻松地进入负极[24]。

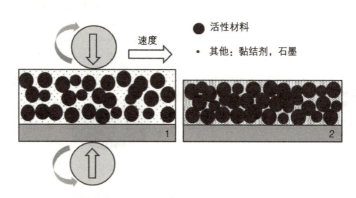

图 1-5　压延工艺示意图及压延前后电极的形貌

为了提高电极质量，可以将在线测量（力、厚度、带宽）整合到压延过程中，这有助于确定产品和工艺参数，并优化质量。

2. 分切和最后干燥

电极制造的最后几个步骤包括根据电池类型切割电极、焊接极耳和最终干燥。在电池制造行业中，有多种切割解决方案可供选择，包括激光切割、刀具/模具切割和冲压（图 1-6）。由于电极涂覆在长带上，后续需要将其切割并分成几个较小的箔片，具体取决于应用需求[27-30]。在传统方式中，主要使用刀具（模具）来切割锂离子电池电极，但是该过程的质量和稳定性并不高[27, 30]。

目前，激光技术作为一种替代技术正在不断发展，并已在工业上得到应用[31]。激光切割提供了"无接触"的关键优势和灵活性。根据电极的厚度，切割速度可以通过增加激光功率进行调节[32]。然而，需要考虑的是，在高速切割和高功率下，活性材料可能会受损。由于激光与材料的相互作用引起的金属和活性材料颗粒飞溅，可能导致电池内的污染[27]。

电极制造的最后一步是"干燥"。干燥过程的速度、温度和气氛对电极质量有重要影响[33-36]。根据干燥参数的不同，颗粒分布以及孔隙结构可能会有所变化。

由于 NMP 是正极浆料中最常用的溶剂，需要大约 130kW 的热量来干燥电极（在真空条件下，平均温度约为 120℃）[37-38]。可以预见，由于高能耗和长时间，干燥过程对电池单体的制造成本也会产生重大影响[39]。

通过提高干燥速度可以缩短过程时间。提高温度来优化干燥速度是常用手段之一，但需要考虑到高温可能会引起黏附问题，导致电极表面出现裂纹[39]。

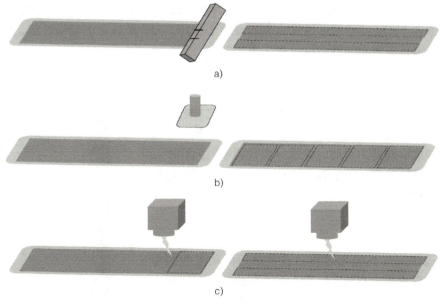

图1-6 多种切割方案

为了进一步降低成本,在干燥过程中,可以将NMP溶剂去除并收集进行回收利用,回收率可达到96%,这将直接影响电池成本[38]。

1.2.2 电池组装

标准的柱状电池规格是18650,这在特斯拉的电动汽车中被称为"旧型"电池。特斯拉正在将其电池规格替换为新的21700电池[40]。

而日产Leaf和宝马i3等电动汽车使用的电池组采用的是方形电池而不是柱状电池[41]。根据电池类型,电极-隔膜组件显示出轻微的差异。电极和隔膜根据柱形或方形电池的规格以圆形或平面方式卷绕。在软包电池中,电极单张叠放、隔膜叠放或Z形折叠[42]。

在封装完成后,电池需要进行电解质充填以激活。这个步骤被视为一个关键的过程,因为给料方法、温度和压力等参数,会直接影响电池的质量。电极必须完全浸润,不仅在表面上,还要通过孔隙。因此,这个过程是在压力下进行的(通过惰性气体的压力或在真空下),以产生毛细效应将电解质推入孔隙中[43-44]。电解质充填过程的机械设备因电池规格的不同而异,并且不具备灵活性。

充填的电池将被存储数小时,这被称为浸泡时间(湿润时间)。这段时间使得电解质在电极和隔膜层之间均匀分布。

1.2.3 最终步骤

1. 化成

在湿润后,电池准备进行化成过程。该过程包括多个充放电循环(根据电池化学性质以不同的放电倍率进行），以形成固态电解质界面（SEI）。SEI 在确保随后的电池寿命周期中锂离子嵌入/脱嵌过程的可逆性方面起着核心作用。SEI 层具有电绝缘性能，但允许 Li^+ 的传输，并阻止电解质的进一步分解（图 1-7）。

为了形成稳定而均匀的 SEI 层，需要进行初始充放电循环和静置。这个过程较为耗时，是一个工业瓶颈，并且需要特定的仪器设备和大面积的电池制造厂，这对制造成本有重要影响。此外，电池化成可能需要 24～32h，导致能源消耗和成本提升。因此，化成过程代表了时间和产品质量之间的目标冲突，而加速电池化成步骤并实现稳定的电池质量则是未来目标。

2. 老化

化成过程之后是老化过程，这是最后的质量控制步骤。电池会在货架上存放 14～21 天。在此期间，如果电池在电化学性能方面（如整个充放电状态范围内的容量和阻抗）没有发生变化，则电池是完全正常的，可以用于模块中。不符合全部要求的电池会根据它们的电化学特性进行分类，并用于其他应用或被报废。

图 1-7　固态电解质界面

由于这个过程很耗时，对生产成本产生直接影响。根据 Kwade 等人的研究，化成和老化过程占了投资成本的 30%[34]。

1.2.4　模块和电池组装

电池模块是电池之间的连接，包括电子管理组件和传感器。电池组装是模块之间的构建，除了包括电池模块，还包括电池管理系统（BMS）、冷却系统等。

在汽车应用中，每个模块和整个电池包中集成的电池数量是不同的。例如，特斯拉 Model S 的电池包容量为 85kW·h，由 16 个模块组成，总共包含 7104 个锂离子电池单体[41]，而宝马 i3 的电池包容量为 42kW·h，由 8 个模块组成，总共包含 96 个锂离子电池单体。电池包中的每个模块包含相同数量的电池单体。

模块的主要功能是保护电池单体免受损坏。在构建模块时，首要工作是进行电池单体的连接。每个电池单体的正负极耳可以串联或并联连接，然后连接到模块的端子上。模块上的两个端子用于在电池包中连接各个模块。

根据电池类型的不同，模块中的传感器可以仅是温度传感器或温度和压力传感器，传感器允许电池管理系统（BMS）进行安全限制。

模块的另一个重要组成部分是冷却通道。根据冷却类型（空气或液体），冷却介质在电池单体之间流动，以避免热失控。在冷却系统中，液体冷却系统是最高效的方法[47-49]，然而，其复杂性、成本和潜在的泄漏风险限制了使用。当电池包采用直接液体冷却时，必须进行良好的机械保护、绝缘和密封。同时还需要考虑液体会给电池包增加额外的重量和体积。特斯拉 Model S 和雪佛兰 Volt 使用液体冷却系统，而日产 Leaf 使用空气冷却系统[50]。

在模块安装完成后,将集成必要的热管理和电气管理系统,并将整个系统放置在电池包外壳中。密封的电池包会进行气体和/或液体泄漏测试。电池包的首次充电可能比单个电池或模块更复杂,需要精细的管理系统,防止电池包的过充电和过放电[51]。由于电池包由多个电池单体组成,电池管理系统(BMS)具有非常重要的任务:在电池单体之间实现充电平衡。过充电的电池单体存在爆炸风险,而过度放电会降低电池单体的循环寿命。一旦电池包的充电状态调整到所需的状态,它就可以被运送给电动汽车制造商进行集成。

下面将分别介绍研究项目 LIBELLE 和初创公司 EMECTRIC 的电池构建解决方案。这两种方法都基于行业特定的方法论。

1. LIBELLE 的方案

电动汽车的电池开发受到对能量密度(W·h/kg,W·h/L)提升需求的推动。如果能够利用相同的原材料储存更多的能量,电池将变得更具成本效益。

近年来,对体积能量密度的关注越来越多。锂离子电池显示出独特的性能,其体积能量密度是质量能量密度的两倍。这就是锂硫(Li-S)技术对于电动汽车等应用来说不再具有竞争力的原因。即使是锂空气电池(在现实的电池水平上,而不是理论计算),也可能无法在包括锂离子电池未来所有进展在内的领域中保持竞争力。

目前,能量密度改进的焦点主要集中在电池单体级别上。从最新的研究热点可以看出锂金属固态电池的复兴。关于电池的标准化制定也在发展,已经有了诸如 18650 和 21700 以及最新的 4680 规格的标准化圆柱状电池,以及针对方形电池的标准化规范。

然而,对于电池包级别能量密度提升的关注程度较低。通常情况下,实际安装在电动汽车中的大多数电池,在电池包级别上仅有理论上一半的能量密度可用。这意味着,如果在电池单体级别上具有 200W·h/kg 的能量密度,在电池包级别上仅有 100Wh/kg 可用;当以体积能量密度计算时,实际能量密度仅有理论值的不到三分之一。这些电池的回收处理也较为不易,原因可能在于电池的结构首先要满足安全性和寿命要求。混合动力汽车应用的第一代锂离子电池具有非常坚固的外壳,能够承受来自外部的剧烈撞击,以满足安全需求。对于电池的寿命,通常采用电池单体的焊接连接。所有这些都使得回收处理变得非常困难。

鉴于避免从电池单体到电池包级别的能量损失具有巨大潜力,有必要采用新的构建方法以提升电池包能量密度。此外,我们要意识到在接下来的十年内,锂基电池的能量密度提高潜力将逐渐枯竭。

特斯拉、宝马 i 系列和欧宝 Ampera 都拥有全电动或部分电动驱动系统。特斯拉使用圆柱形电池,大约有 10000 个电池单体。宝马 i 系列车型采用长方体或立方体电池,这种类型的电池只需要大约 100 个电池单体就能达到高容量。而 Ampera 的电池采用软包电池,外观类似于咖啡真空包装。电动汽车的电池生产在很大程度上取决于车型和人工操作。每个制造商针对每个车型都有不同的生产方法。因此,要通过具有当前普遍概念的电池来实现真正的价值创造几乎是不可能的。在从单个电池到整体系统的过渡中,能量密度的变化是需要考虑的重要因素。由于能量密度直接影响电动汽车的续驶里程,设计电池是实现更长续驶里程的关键。此外,合理的电池设计必须兼顾生产、维修和回收利用的方便性。

在由 VECTOR 成立的研究项目 LIBELLE 中，展示了新的电池设计方向。该项目由德国斯图加特大学的电化学能源储存系统团队承担，由 Kai Peter Birke 教授负责。其基本理念是将电池单体作为自支撑部件使用。一个柱状电池可能在静态负荷测试中失效，然而，多个电池单体组成的阵列能够轻松承受从不同方向（x、y、z）进行的汽车标准变形测试条件，因此适用于动力电池。图 1-8 展示了自支撑单元阵列的示意图，这是该项目取得的重要成果。

该项目在模块级别上，可以实现 180W·h/kg 的能量密度，这显示了自支撑电池阵列概念的优势。最终的电池外壳无须防止变形，可以采用非常轻量化的材料进行构造。冷却板将采用现代塑料制成。该项目的最终目标是将能量密度从电池单体到电池包级别的损失率从 2 降低至至少 1.5（即电池单体与电池包的质量能量密度之比）。从电池单体到模块的比率级别（图 1-8 所示方案）实际上已经达到了 1.2 的水平。

图 1-8　自支撑单元阵列示意图

此外，该项目还成功地采用了电池单体级别的回收概念。由于电池单体是通过螺钉和夹具固定的，模块可以完全拆卸。实验结果显示，这种电池连接方式与传统的焊接方法相比具备极大竞争力。然而，该实验结果仍需在电池寿命方面进行验证。

当前的电池生产普遍存在着严重的产业化不足，对于电池单体级别的标准化工作并没有给予足够的关注。通常情况下，Giga 工厂指的是电池单体工厂。从成本结构来看，电池单体和电池包中其他部件的成本比例应该在 80:20 甚至更高的比例上。然而，在实际情况中这个比例是 40:60 甚至更低，这也是当前电池包成本的一个影响因素，问题不在于电池单体，而在于电池包本身。如果能够解决这些问题，以成本友好的电池包级大规模生产，实现低于 100€/kW·h 的系统成本应该是可行的。如果燃油车为了符合排放规定而付出的成本不断增加，这个价格将赋予电动车极大的竞争力。同时，可以采用简单的装配概念，就像在 LIBELLE 项目中展示的那样，将电池单体作为一个中心构造元件，这有助于实现成本目标。因此，电池单体的装配设计非常重要。模块化的模块构建概念（图 1-9a）对于满足从轻型机动车到混合动力车辆（HEV）、插电式混合动力车辆（PHEV）、电动汽车（EV）以及重型应用的各种需求（图 1-9b）至关重要，可以通过使用功率更高或能量更高的调谐电池（尺寸相同）实现。电池包的热传导可以通过电池板柱所安装的金属板进行，这些金属板连接到一个薄型冷却板上，最终冷却板的尺寸和冷却介质的流量确定电池的温度，并可根据上述不同应用进行调节。

2. EMECTRIC 的模块化电池系统

EMECTRIC 致力于解决航空应用中的挑战，提供了一种安全、灵活和经济的电池系统（图 1-10）。该系统的关键技术包括安全概念（在电池单体之间使用非易燃填充材料和单体熔断器）、电池单体级别的模块化以及装配概念，以满足航空市场的需求。该系统的创意来自于一种配备了电动推进系统的自启动滑翔机的电气化，由于没有现有电池系统能够满足滑翔机机身或机翼中具有挑战性的装配空间和安全要求，EMECTRIC 电池系统被开发以实现定制电池系统的电气化，其在模型和小批量生产中具有较低的初始投资成本。

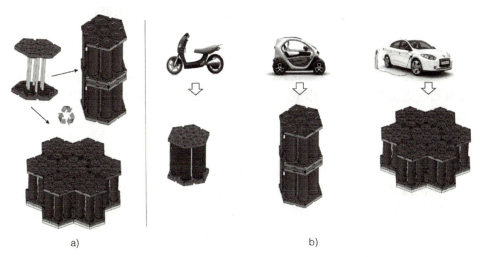

图 1-9 模块化的模块构建概念和不同用途的设计

图 1-10 EMECTRIC 的 96S4P 电池模块

1.2.5 航空电动化的现状

随着电动飞机的出现,新的市场正在崛起,在未来几年内可能发展出巨大潜力。罗兰贝格管理咨询公司的最新研究提出:"飞机电动化是否是航空业的下一个篇章?这不是是否的问题,而是何时的问题。"该研究还统计了全球范围内 215 个电动航空项目,项目增长率在 2019 年为 30%[52]。

与传统的动力系统相比,电驱动系统具有更高的安全性和更低的排放量,同时降低了运营和维护成本。过去,电池的能量密度以及对锂离子技术安全性的担忧阻碍了电驱动系统的更广泛应用。当前的锂离子电池已经实现了足够的能量密度,适用于带辅助驱动的滑翔机、动力滑翔机、运动飞机和训练飞机。通过使用具有系统级别质量能量密度大于 200W·h/kg 的电池系统,可以完全使用电力进行区域和短程飞行。例如,德国航空航天中心(DLR)在 2015 年就已经成功使用质量能量密度明显低于当今水平的电池系统,在其

e-Genius 电动滑翔机上成功实现了在阿尔卑斯山脉上空的飞行,并展示了足够的安全性。

无论电驱动系统是纯电动还是混合动力,航空业对电池的需求都将日益增长。

1. 航空应用中电池开发的挑战

电池市场变得越来越复杂,存在许多不同的电池类型和规格,以及严格的安全要求和法规。测量和收集相关数据的工作量相对较大,例如对不同参数的各种电池进行循环测试需要耗费大量的时间、空间和资金。

(1)空间利用

电动飞机的效率主要取决于其空气动力学性能,为了提高未来电动飞行的效率,机身将变得更窄,机翼将设计得更薄且更延展,这减少了可用于安装电池的空间,见图1-11。飞机内并非所有可用空间都可以用作电池舱,因为重心必须保持在严格的范围内,机身载荷需要合理分配以避免在特定区域产生过多的结构重量。

图1-11 "Proteus"高效飞机,具有窄机身和高展弦比的机翼

(2)安全/认证

航空市场对安全性要求非常高,这意味着对电池有着严格的安全要求和规定。(要求整体设计可以应对如两个相邻电池同时发生热失控的极低概率灾难性事件。)为了通过这些测试,电池工程师可以采用不同的设计策略(图1-12):第一种策略是在早期阶段停止热失控的传播,理想情况下只允许两个触发的电池发生热失控。这可以通过在电池之间添加热隔离层和/或快速散发产生的热量来实现。

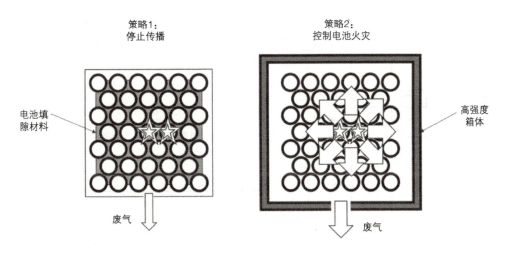

图 1-12 电池安全性策略

第二种设计策略是将整个或部分的热失控传播限制在特定范围内,例如通过在电池周围设置一个容器来承受热和机械负荷。在这些测试中,主要的挑战是电池舱内产生的高温(数百摄氏度)和由产生气体引起的高压,可导致失控电池体积增加约 550 倍。为了应对这些挑战,EMECTRIC 电池系统采取了第一种策略,即将每个电芯包裹在一种不可燃材料中,该材料含有化学结合水,当温度超过 200℃时会释放出水蒸气(图 1-13)。这种材料通过在吸热相变过程中消耗热能来阻止热失控的传播。

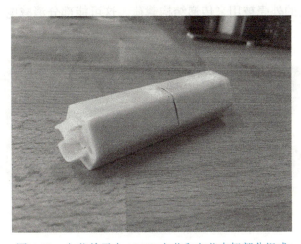

图 1-13 电芯单元由 18650 电芯和电芯支架部分组成

(3)质量能量密度

目前可用的电池单体的质量能量密度在 260W·h/kg 左右,其中约 90% ~ 95% 可以在当代电动或混合动力飞机概念中的放电速率下使用(经过损耗后)。将这些单体组装成电池系统时,额外的机械、电气和热结构的添加会增加质量(图 1-14)。这些结构包括电池模块的支撑结构、电气连接和绝缘材料、冷却系统以及热管理装置等。

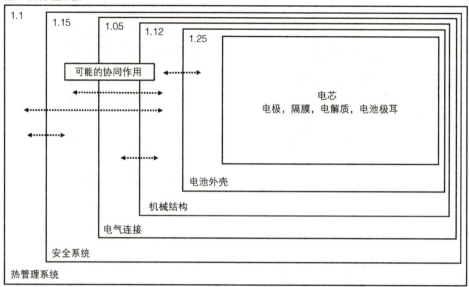

图 1-14　从电芯到电池系统的质量增加

为了优化这个系统，可以减少各个单独的附加结构或利用它们之间的协同效应将质量最小化，例如将机械结构作为散热器或通过电池外壳传递结构载荷。进一步减少附加结构的方法是将电池整合到飞机结构中，正如空中客车的一个研究概念所建议的那样，在这种设计中，圆柱形电池的外壳被用来传递结构载荷，这可能部分消减电池设计的结构性附加（图 1-15）。

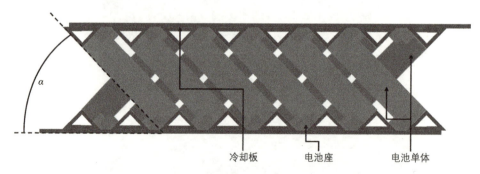

图 1-15　空中客车的电池系统结构

功率密度对于航空电池来说是一个重要因素，因为其平均放电速率需显著高于汽车。功率密度在很大程度上取决于电池类型，但也受到电池布局、导体设计、导体材料等的影响，可以通过电池冷却以及在低温下加热来改善。而热管理则需要额外的结构，这增加了附加负载，减少了可用于电池的重量预算。

（4）生产和投资成本

大多数电动化项目需要量身定制的电池系统，无法用标准模块替代。因此，项目研究避免昂贵的工具设备以降低初始投资非常重要。因为电池系统在航空领域的生产数量相对于汽车行业来说要低得多，初始成本需要分摊到较低的单位数量上。

（5）电池类型

为特定应用选择合适的电池类型至关重要，这会影响系统的尺寸、能量密度、功率密度和安全性。主要有三种不同的电池形式可供选择，分别是柱状电池、方形电池和软包形电池，每种电池形式在性能指标方面都有优势和劣势。对于 EMECTRIC 系统，出于成本和可用性的考虑选择了柱状电池类型，另一重要原因是其有潜力在保证安全性的需求下，附加最小质量的其它构件。决定所需附加构件的因素包括单个电池的质量、热失控期间的电池故障模式以及确保电池安全运行所需的机械结构。

柱状电池外壳能够在最小的附加构件条件下提供机械刚性，以抵御外部和内部载荷，例如来自活性材料膨胀的压力差。而为了给软包电池提供同样的机械保护，需要更多的机械构件。柱状电池的另一个优点是其较小的电池尺寸，这意味着当一个电池发生故障或触发测试时，进入热失控状态的电池所占的比例较小，从而总体上需要更少的安全构件。电池设计是权衡后的结果，柱状电池的缺点在于功率密度较低，潜在寿命较短，相比之下，软包或方形电池具有更高的功率密度和更长的潜在寿命。

2. 灵活性

EMECTRIC 电池系统的模块化主要体现在电池的固定上。通过采用单一注塑成型部件的模块化电池支架和易于定制的 PCB 基板，可以在各种空间尺寸中以低开发成本和少量制造工作的方式生产出各种电池几何结构，见图 1-16。通过这种方式，可以最大限度地利用安装空间，并且可以在不需要额外设备投资的情况下经济地生产定制电池组的模型和小批量产品。这种设计方式带来了几何自由度和系统的高体积/质量能量密度。图 1-17 展示了一个滑翔机机身的装配空间示例，通过 EMECTRIC 系统在电池包级别的灵活性，相比半模块化系统，其可以将更多的电芯添加到系统中，增加了 72% 的电芯数量。

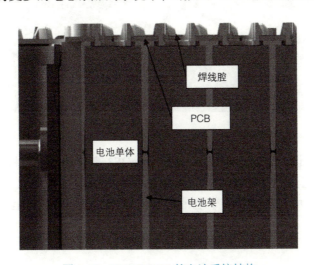

图 1-16　EMECTRIC 的电池系统结构

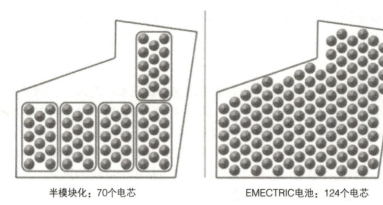

半模块化：70个电芯　　　　　EMECTRIC电池：124个电芯

图1-17　半模块化系统集成与EMECTRIC的单元级模块化的比较

下面的例子展示了电池在飞机中的集成可能性。图1-18显示了一架AS 34Me型滑翔机，它配备了10.5kW·h的电池系统，为自启动和125km续航提供了能量。该项目将电池安装在机翼上，通过在滑翔机上安装适当大小的电池，无须重新认证机翼根部的负载变化。飞行员甚至能够携带比之前驾驶燃油发动机飞机时更多的行李。这个项目的挑战是电池必须能够与机翼一起弯曲，而不干扰飞机的动力学特性。为了实现这种灵活性，电池组之间的连接允许±1°的弯曲，使电池两端的最大夹角达到47°。

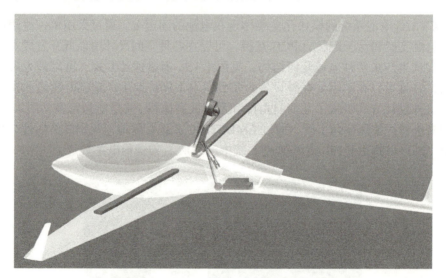

图1-18　AS 34 Me型滑翔机与机翼电池（10.5kW·h）

另一个项目中，设计了适合Jonker Sailplanes JS3高性能滑翔机极窄部分的机身电池。电池系统是由两个完全独立的350V（96S4P）电池配置。这样可以，既同时安装两个电池作为自启动器，也可以只安装一个电池作为"最低配置"。每个电池重约23kg，容量为4.2kW·h。

3. 电池连接

电池通过焊线进行连接。除了电池的连接，这些键合还充当热熔断组件，在发生内部或外部短路时会断开(图1-19)。这意味着在危险情况下,主要连接点不带有高电压电位,并且受影响的电池在电和热的层面被隔离。使用焊线进行电池连接的技术在特斯拉等电动汽车制造商已成功应用多年。该技术具有高水平的工艺可靠性,具有高度自动化和低成本的优势。该技术中,电池的导体元件也可以采用铝材制成,相比铜或镍,铝具有显著的重量和成本优势。

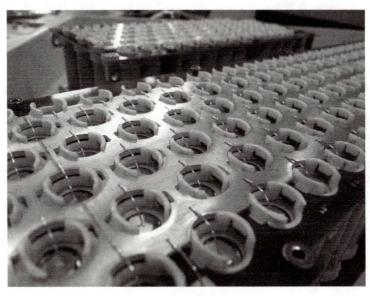

图1-19 电池系统的连接

4. 电池管理系统

模块化的电池管理系统专门为飞机使用而开发,可以监测电池的电压、温度和湿度,能保存这些数据用于维护,并通过可适应的CAN接口实时传输给其他系统。电池管理系统还控制每个电池模块中的电磁开关,以便在发生故障时能够断开其他驱动组件,并在其他组件故障时保护电池免受过放电或过充电。其他功能包括几个不需要功能IC工作的模拟安全电路以及SOC和SOH估算算法。

5. 管理系统认证

RTCA DO-311A测试规范进行的热失控测试表明,通过所提出的措施,可以可靠地阻止个别电池的热失控。如图1-20所示,机翼的外部结构在测试期间几乎没有经受到热负荷。在测试中,将一个480节的机翼电池预热至65℃,然后在不同位置上用加热线加热三个电池以引发热失控。系统成功地阻止了电池的热失控扩散。阻燃外壳和底部的排气口通过将气体引导到外部释放,电池模块整体没有受到严重损坏。

6. 经济效益及循环利用

由于不需要为个别几何形状开发制模工艺,模块化设计可有效降低成本,可以快速生产小批量产品,从而缩短上市时间。该系统原材料成本适宜。此外,EMECTRIC系统中几乎所有的连接都是可逆的，可以替换单个电池甚至整个电池包。这样可以进行成本可控的修复，并且使得系统易于回收利用。18650电池可以在二次应用中用于其他领域，如家庭储能。

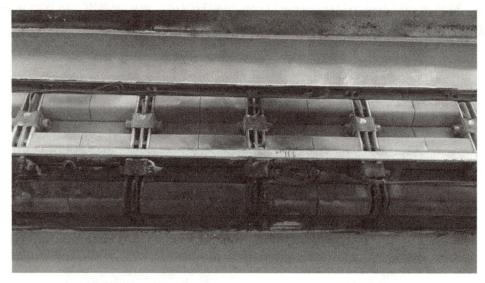

图 1-20　热失控测试后的电池内部严重损坏但没有传播

1.3　电池制造的成本因素

正如前文描述的那样，电池制造是一个非常复杂的过程，生产线在每个环节都密切相关。电池单体生产的总成本取决于多个因素，包括原材料和能源成本、能源消耗以及生产地区。

目前的技术水平下，电池的生产仍然非常昂贵。电池包成本占整个车辆成本的50%[55]。由于在降低电池生产成本方面存在巨大的竞争，制造商在维持电池品质的前提下，正在寻求新的电池原料和新的生产技术方法，而不影响品质。

Berckmans 等人[56] 使用基于过程成本模型的方法，预测了几种电池化学体系在2030年之前的成本和销售价格。

已知 NMC 6:2:2 电池原材料成本占总成本的 65%，为 432 美元/kW·h，总销售价格为 670 美元/kW·h（包括生产商和中间商的销售价格的利润率）。然而，特斯拉声称其电池成本低于 190 美元/kW·h，未来的电池市场的成本目标是低于 150 美元/kW·h（根据麦肯锡的数据）。

为了获得价格竞争优势，需要对锂离子电池制造的整个价值链中的每个环节进行优化、标准化和自动化。电池组装和拆卸过程缺乏标准化和自动化是低生产率和高生产成本的重要原因之一。考虑到因产品质量不合格可能导致 5% 的废品，这将导致每年 18 GW·h 的电池单体废弃，相当于 70000t 的电池。借助数字化工具，如数字孪生（DT）和可追溯性，电池制造商和其他工业企业可以优化其产品质量，提高资源效率，从而提高电池制造的经济可行性。

参 考 文 献

[1] Scrosati B. History of lithium batteries. J Solid State Electrochem. 2011; 15(7–8):1623–30.

[2] Nishi Y. Lithium ion secondary batteries; past 10 years and the future. J Power Sources. 2001;100:101–6.

[3] Quinn JB, Waldmann T, Richter K, Kasper M, Wohlfahrt-Mehrens M. Energy density of cylindrical li-ion cells: a comparison of commercial 18650 to the 21700 cells. J Electrochem Soc. 2018;165(14):A3284. Available from: https://iopscience.iop.org/article/10.1149/2.0281814jes/pdf

[4] Frost & Sullivan. Global lithium-ion (Li-ion) batteries market, forecast to 2025; Market Report 2019 Oct.

[5] Saw LH, Ye Y, Tay AA. Integration issues of lithium-ion battery into electric vehicles battery pack | Elsevier Enhanced Reader. J Cleaner Prod. 2016;113:1032–45.

[6] Miao Y, Hynan P, Jouanne A von, Yokochi A. Current Li-ion battery technologies in electric vehicles and opportunities for advancements. Energies. 2019;12(6):1074.

[7] Roadmap Batterie-Produktionsmittel 2030. Frankfurt am Main; 2018.

[8] Tsiropoulos I, Tarvydas D, Lebedeva N. Li-ion batteries for mobility and stationary storage applications. JRC Science for Policy Report. 2018.

[9] Dash R, Pannala S. RETRACTED ARTICLE: Theoretical limits of energy density in silicon-carbon composite anode based lithium ion batteries. Sci Rep. 6(1):1–7. Available from: https://www.nature.com/articles/srep27449.pdf

[10] Brand M, Gläser S, Geder J, Menacher S, Obpacher S, Jossen A, et al. Electrical safety of commercial Li-ion cells based on NMC and NCA technology compared to LFP technology. World Electr Veh J. 2013;6(3):572–80. Available from: https://www.mdpi.com/2032-6653/6/3/572/pdf

[11] Thielmann A, Sauer A, Wietschel M. Gesamt-roadmap lithium-ionen-batterien 2030. Karlsruhe: Fraunhofer-Institut für System- und Innovationsforschung ISI; 2015.

[12] Dominko R, Fichtner M, Perraud S, Tarascon J-M, Vegge T, Winter M. Inventing the batteries of the future; 2019 Nov.

[13] Barré A, Deguilhem B, Grolleau S, Gérard M, Suard F, Riu D. A review on lithium-ion battery ageing mechanisms and estimations for automotive applications. J Power Sources. 2013;241:680–9.

[14] Schmidt O, Thomitzek M, Röder F, Thiede S, Herrmann C, Krewer U. Modeling the impact of manufacturing uncertainties on lithium-ion batteries. J Electrochem Soc. 2020;167(6):60501.

[15] Chen L-C, Liu D, Liu T-J, Tiu C, Yang C-R, Chu W-B, Wan C-C. Improvement of lithium-ion battery performance using a two-layered cathode by simultaneous slot-die coating. J Energy Storage. 2016;5:156–62.

[16] Dreger H, Bockholt H, Haselrieder W, Kwade A. Discontinuous and continuous processing of low-solvent battery slurries for lithium nickel cobalt manganese oxide electrodes. J Elec Mater. 2015;44(11):4434–43.

[17] Wenzel V, Nirschl H, Nötzel D. Challenges in lithium-ion-battery slurry preparation and potential of modifying electrode structures by different mixing processes. Energy Technol. 2015;3(7):692–8.

[18] García A, Culebras M, Collins MN, Leahy JJ. Stability and rheological study of sodium carboxymethyl cellulose and alginate suspensions as binders for lithium ion batteries. J Appl Polym Sci. 2018;135(17):46217.

[19] Liu T-J, Tiu C, Chen L-C, Liu D. The influence of slurry rheology on lithium-ion electrode processing. Printed Batteries Mater Technol Appl. 2018;63.

[20] Diehm R, Kumberg J, Dörrer C, Müller M, Bauer W, Scharfer P, et al. *In situ* investigations of simultaneous two-layer slot die coating of component-graded anodes for improved high-energy li-ion batteries. Energy Technol. 2020;8(5):1901251.

[21] Al-Shroofy M, Zhang Q, Xu J, Chen T, Kaur AP, Cheng Y-T. Solvent-free dry powder coating process for low-cost manufacturing of LiNi1/3Mn1/3Co1/3O2 cathodes in lithium-ion batteries. J Power Sources. 2017;352:187–93. Available from: www.sciencedirect.com/science/article/abs/pii/S0378775317304457

[22] Kirsch DJ, Lacey SD, Kuang Y, Pastel G, Xie H, Connell JW, et al. Scalable dry processing of binder-free lithium-ion battery electrodes enabled by holey graphene. ACS Appl Energy Mater. 2019;2(5):2990–7.

[23] Haselrieder W, Westphal B, Bockholt H, Diener A, Höft S, Kwade A. Measuring the coating adhesion strength of electrodes for lithium-ion batteries. Int J Adhes Adhes. 2015;60:1–8.

[24] Meyer C, Bockholt H, Haselrieder W, Kwade A. Characterization of the calendering process for compaction of electrodes for lithium-ion batteries. J Mater Process Technol. 2017;249:172–8. Available from: https://www.sciencedirect.com/science/article/abs/pii/S0924013617302054

[25] Zheng H, Tan L, Liu G, Song X, Battaglia VS. Calendering effects on the physical and electrochemical properties of Li[Ni1/3Mn1/3Co1/3]O2 cathode. J Power Sources. 2012;208:52–7. Available from: https://www.sciencedirect.com/science/article/abs/pii/S0378775312003023

[26] Guzmán G, Vazquez-Arenas J, Ramos-Sánchez G, Bautista-Ramírez M, González I. Improved performance of LiFePO4 cathode for Li-ion batteries through percolation studies. Electrochimica Acta. 2017;247:451–9. Available from: https://www.sciencedirect.com/science/article/pii/S001346861731410X

[27] Jansen T, Blass D, Hartwig S, Dilger K. Processing of advanced battery materials — Laser cutting of pure lithium metal foils. Batteries. 2018;4(3):37.

[28] Demir AG, Previtali B. Remote cutting of Li-ion battery electrodes with infrared and green ns-pulsed fibre lasers. Int J Adv Manuf Technol. 2014;75(9):1557–68. Available from: https://link.springer.com/article/10.1007/s00170-014-6231-7

[29] Lee D, Patwa R, Herfurth H, Mazumder J. Parameter optimization for high speed remote laser cutting of electrodes for lithium-ion batteries. J Laser Appl. 2016;28(2):22006.

[30] Lee D. Investigation of physical phenomena and cutting efficiency for laser cutting on anode for Li-ion batteries. Appl Sci. 2018;8(2):266.

[31] Pfleging W. A review of laser electrode processing for development and manufacturing of lithium-ion batteries. Nanophotonics. 2018;7(3):549–73.

[32] Herfurth HJ, Patwa R, Pantsar H. Laser cutting of electrodes for advanced batteries. Proceedings of LPM2010 — The 11th International Symposium on Laser Precision Microfabrication; 2010.

[33] Westphal B, Bockholt H, Gunther T, Haselrieder W, Kwade A. Influence of convective drying parameters on electrode performance and physical electrode properties. ECS Trans. 2015;64(22):57–68.

[34] Kwade A, Haselrieder W, Leithoff R, Modlinger A, Dietrich F, Droeder K. Current status and challenges for automotive battery production technologies. Nat Energy. 2018;3(4):290–300.

[35] Jaiser S, Kumberg J, Klaver J, Urai JL, Schabel W, Schmatz J, et al. Microstructure formation of lithium-ion battery electrodes during drying — An ex-situ study using cryogenic broad ion beam slope-cutting and scanning electron microscopy (Cryo-BIB-SEM). J Power Sources. 2017;345:97–107. Available from: https://www.sciencedirect.com/science/article/pii/S0378775317301374

[36] Kumberg J, Müller M, Diehm R, Spiegel S, Wachsmann C, Bauer W, et al. Drying of lithium-ion battery anodes for use in high-energy cells: influence of electrode thickness on drying time, adhesion, and crack formation. Energy Technol. 2019;7(11):1900722.

[37] Ahmed S, Nelson PA, Gallagher KG, Dees DW. Energy impact of cathode drying and solvent recovery during lithium-ion battery manufacturing. J Power Sources. 2016;322:169–78.

[38] Wood DL, Quass JD, Li J, Ahmed S, Ventola D, Daniel C. Technical and economic analysis of solvent-based lithium-ion electrode drying with water and NMP. Drying Technol. 2018;36(2):234–44.

[39] Susarla N, Ahmed S, Dees DW. Modeling and analysis of solvent removal during Li-ion battery electrode drying. J Power Sources. 2018;(378):660–70.

[40] Quinn JB, Waldmannz T, Richter K, Kasper M, Wohlfahrt-Mehrens M. Energy density of cylindrical Li-ion cells a comparison of commercial 18650 to the 21700 cells. J Electrochem Soc. 2018;165:A3284–A3291.

[41] Sharma A, Zanotti P, Musunur LP. Enabling the electric future of mobility: robotic automation for electric vehicle battery assembly. IEEE Access. 2019;7:170961–91.

[42] Schröder R, Glodde A, Aydemir M, Seliger G. Increasing productivity in grasping electrodes in lithium-ion battery manufacturing. Procedia CIRP. 2016;57:775–80.

[43] Knoche T, Zinth V, Schulz M, Schnell J, Gilles R, Reinhart G. In situ visualization of the electrolyte solvent filling process by neutron radiography. J Power Sources. 2016;331:267–76.

[44] RWTH Aachen V. Produktionsprozess Einer Li-Ionen-Batteriezelle. 2019.

[45] Moretti A, Sharova V, Carvalho DV, Boulineau A, Porcher W, de Meatza I, et al. A comparison of formation methods for graphite//LiFePO4 cells. Batteries & Supercaps. 2019;2(3):240–7.

[46] An SJ, Li J, Daniel C, Mohanty D, Nagpure S, Wood DL. The state of understanding of the lithium-ion-battery graphite solid electrolyte interphase (SEI) and its relationship to formation cycling. Carbon. 2016;105:52–76. Available from: https://www.sciencedirect.com/science/article/pii/S0008622316302676

[47] Jiaqiang E, Han D, Qiu A, Zhu H, Deng Y, Chen J, et al. Orthogonal experimental design of liquid-cooling structure on the cooling effect of a liquid-cooled battery thermal management system. Appl Therm Eng. 2018;132:508–20. Available from: https://www.sciencedirect.com/science/article/pii/S1359431117353115

[48] Chen D, Jiang J, Kim G-H, Yang C, Pesaran A. Comparison of different cooling methods for lithium ion battery cells. Appl Therm Eng. 2016;94:846–54. Available from: https://www.sciencedirect.com/science/article/pii/S1359431115010613

[49] Malik M, Dincer I, Rosen MA, Mathew M, Fowler M. Thermal and electrical performance evaluations of series connected Li-ion batteries in a pack with liquid cooling. Appl Therm Eng. 2018;129:472–81. Available from: https://www.sciencedirect.com/science/article/abs/pii/S1359431117344393

[50] Yang S. A review of lithium-ion battery thermal management system strategies and the evaluate criteria. Int J Electrochem Sci. 2019;6077–107.

[51] Kim J, Shin J, Chun C, Cho BH. Stable configuration of a Li-ion series battery pack based on a screening process for improved voltage/SOC balancing. IEEE Trans Power Electron. 2012;27(1):411–24.

[52] Berger R. Aircraft electrical propulsion: The next chapter of aviation?

[53] RTCA Inc. RTCA DO-311: Minimum operational performance standards for rechargeable lithium batteries and battery systems battery systems; 2017 Dec 19.

[54] Maloney T. Lithium battery thermal runaway vent gas analysis. 2016.

[55] Zhou C, Qian K, Allan M, Zhou W. Modeling of the cost of EV battery wear due to V2G application in power systems. IEEE Trans Energy Convers. 2011;26(4):1041–50.

[56] Berckmans G, Messagie M, Smekens J, Omar N, Vanhaverbeke L. Cost projection of state of the art lithium-ion batteries for electric vehicles up to 2030. Energies. 2017;10(9):1314.

第 2 章
实现智能制造的技术

从传统制造向智能制造的转变由数字化转型驱动。这一转型正通过逐步引入新技术，如信息物理系统、人工智能、5G 和数字孪生来实现。这些新颖技术的应用将为未来的生产带来深远的影响，包括提高工厂的生产效率和实现批量生产方面的资源效率最大化。

2.1 概述

对定制化产品的需求不断增长，以及对更好的产品质量和更低的生产成本的追求，导致制造企业之间展开了全球竞争，并且随着对定制化产品的需求增加，制造业正在经历转型[1-2]。如今的集中式生产系统是静态的，无法对不断变化的需求和市场做出敏捷、灵活和迅速的反应[3]。为了克服这些挑战，必须进行向分散化和网络化生产流程进行转变。为了保持企业的竞争力，先进制造不仅需要提高灵活性和降低成本，而且尤其需要拥有能够独立自主行动的智能制造过程[4]。

本章简要概述了从静态制造环境到分散自治制造环境的转变所需的关键技术。首先介绍了制造业中数字化转型的定义，并讨论了电池制造中的数字化转型面临的具体挑战。随后，阐述了生产中数字化的技术，如物联网、云计算、5G、人工智能、区块链、数字孪生、增强现实、虚拟现实、机器人技术和自动引导车。最后，使用加德纳技术成熟度曲线来展望了一些技术的预期附加值。在本章的末尾，描述了在制造环境中实施这些技术可能遇到的挑战。

2.2 制造业数字化转型的定义

为了定义数字化转型，首先需要解释生产和制造这两个术语的区别。此外，还需要定义数字化和自动化这两个术语。然后本章将使用这些术语来描述数字化转型电池制造的概念和挑战。

2.2.1 生产和制造的定义

制造是指通过各种机器和系统在几个工序中对原材料进行加工或转化的过程。制造的最终产品是一个已经准备好进行进一步加工（如装配）的产品[5]。生产是更广泛的术语，考虑了将原材料和产品转化为成品的过程。在制造中只考虑有形的元素，而生产还考虑了非有形的元素，如财务活动。因此，根据定义，制造包含在生产中[6]。由于这两个术语的重叠非常强，而本书中电池单体生产只考虑增值过程，因此从现在开始，制造和生产这两个术语可以互相替代使用[7]。

2.2.2 数字化与自动化

工业 4.0 的总体目标是实现全面网络化和高度自动化的生产。为了更好地理解数字化和自动化之间的区别，现在将对这两个术语的含义进行详细解释。在生产中，自动化是通过制造过程与自动化设备之间的信息传输来实现的。借助信息和通信技术，可以在自动化中实现数控制造设备的串联。在这种情况下，信息和通信技术的使用被称为数字化[8]。

然而，一般来说，我们需要介绍数据化和数字化之间的区别。在文献中，将模拟信息转换为数字信息被视为数据化，例如，在生产领域，纸质生产图纸是模拟信息[9]。数据化的对应物是将生产图纸以图形形式显示在屏幕上的数据形式。

数字化这个术语更广泛，包括通过先进的数字技术在公司之间处理数据。这些类型的技术改变了整个流程，甚至能够引入新的商业模式[9]。

数字化在生产中被视为一种范式转变，可以革命性地提升生产效率和产品质量，同时将成本最小化。选择"工业 4.0"这个术语是为了突出第四次工业革命的革命性影响。之前的工业革命标志着 18 世纪从手工生产方法向机械生产的转变，19 世纪的"技术革命"和生产线的发展，以及 20 世纪的计算机时代[10]。

2.2.3 整体数字化转型

根据工业 4.0 的原则，新技术的发展并不是工厂数字化的唯一考虑因素。数字化转型是指在实际生产环境中逐步实施数字技术的战略和过程。德国经济事务与能源部（BMWi）给出了更全面的定义，并将数字化转型描述为人员、机器和工业流程之间的智能联网[11]。

数字化转型可以描述为四个不同的阶段。这个阶段模型如图 2-1 所示[12]。第一阶段是

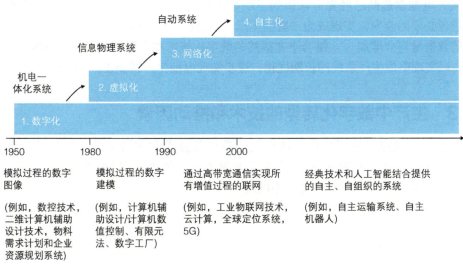

图 2-1　根据 Bauernhansl（2018）提出的观点描述数字化转型的发展阶段

数字化，即创建模拟过程的数字图像。例如，数控技术或 MRP/ERP 系统就是生产中的数字化示例。在第二阶段，进行过程的数字化建模。例如，数字化创建的设计被用作计算数控钻床的刀具路径的基础，然后转换为铣床的控制命令。在第三阶段，所有增值过程通过高带宽通信（如工业物联网、CPS 和 5G 网络）在组织内外进行网络化。在第四个和更高的阶段，通过结合经典技术和人工智能实现自主系统。

生产中的数字化转型是一个不断变化的过程，传统的流程和技术不断通过新的数字技术进行增强。

2.2.4 电池生产的数字化转型概述

电池单体生产主要包括三个主要过程：电极生产、电池组装、电池化成与品质控制[15]。在第一个过程中包括以下子过程：活性物质的混合、载体材料的涂覆和干燥，以及涂覆的电极箔的压延和分切[15]。第二个过程中包括组装、电极的卷绕、焊接连接和将电解质和电极插入包装中等子过程。在最后一个过程中，电池单体化成并进行品质检查[15]。该过程的子过程包括化成、抽真空和密封、老化以及对单体的最终品质控制[15]。

目前，电池生产存在不同类型的技术[13]。因此，完整的生产线包括来自不同制造商的设备以及来自不同供应商的传统系统。在为数字化电池单体生产制定路线图的研究中，进行了相关研讨，结果显示实际电池单体生产（电极制造）的工艺步骤是最大的挑战。该结果还表明模块和电池组装的工艺步骤不那么关键[14]。

上述电池生产过程的数字化转型面临着许多挑战。在数字化和自动化的帮助下，需要解决如下问题[15-16]：

1）减少生产时间。
2）提高工艺稳定性。
3）提高电池质量，同时降低电池制造成本。
4）标准化电池生产中使用的 IT 系统接口。

目前，电池制造商已经充分认识到工厂数字化的潜力，已经准备好采用工业 4.0 技术，在工厂进行必要的改变，实现成为"智能工厂"的目标[15]。随着数字化程度的提高，电池制造业中的数据量将会增加[17]。结合下文描述的数字化技术和支持工具，这些数据可以被有效地利用，以实现电池生产系统的长期优化，逐步实现电池生产智能工厂的目标。

2.3 生产中数字化转型的技术和推动因素

在本节中，重点讨论了生产中数字化的最相关技术和支持工具，首先是信息物理系统（CPS）和云计算，同时还描述了更具体的主题，如 5G、机器人技术和自动引导车（AGV），并侧重介绍它们在生产环境中的应用。

2.3.1 信息物理系统

信息物理系统（CPS）不仅包括物体、设备、建筑和交通工具，还包括生产工厂或物流组件，其中包含嵌入式系统，能够通过互联网进行通信并使用互联网服务。CPS 能够通过相应的传感器技术直接感知其环境，利用全球可用的数据和服务进行数据存储和评估，还可以通过执行器与物理世界进行互动。CPS 最终可以构建自治的分散网络，并能够独立优化自身。在与人类的互动中，它们可以独立解决问题[18]。

在更大的范围内，智能工厂利用 CPS 以近实时的方式进行分散组织。从工厂中实时收集数据是其核心特征。通过这些实时数据，可以将现实世界与虚拟世界相融合，永久地创建现实的虚拟图像[18]。

CPS 平台是连接互联网（人的网络）与物联网和服务网络的基础[18]。然而，为了实现这一目标，CPS 必须经历以下不同发展阶段：第一阶段是被动阶段，其中技术被用于提供基本功能，例如在物体上应用 RFID 芯片以提供唯一的标识，系统本身还不具备智能和存储或评估能力，为了实现智能，需要应用中央服务；第二阶段通过采用主动传感器和执行器来实现，传感器和执行器仍然具有明确定义且相对较小的功能范围；第三阶段是智能网络系统，它由多个执行器和传感器组成，已具备一定程度的内部智能和相应的接口，同时能够与其他系统进行通信；这导致了第四阶段，即所谓的系统之间的系统，在这个阶段，CPS 能够结合各系统的能力，从而开发全新的能力并自行交互服务[18]。

2.3.2 云计算

云计算是组件网络化的关键因素。由于其通过互联网进行访问和服务的特性，云服务可以通过其接口轻松访问和使用其他服务。这一特点也体现在工业 4.0 的发展中：生产设施及其组件具有标准化接口，可以轻松和一致地访问机器功能和信息。工业 4.0 和云计算的发展密切相关[18]。

由于生产设施的高度网络化，需要新的工具来监控和管理生产设施。云基础设施特别符合这些需求，因为它具有高计算和存储能力。由于具有中央数据存储的核心地位，所有信息都汇聚其中，并可以通过与生产设施的接口控制生产过程，云结构是工业 4.0 的关键基础设施之一。云技术在改进工业 4.0 中的业务流程方面被广泛接受和使用的关键因素是技术的可信度和安全性，同时又易于使用[18]。

在云系统中，来自生产设施的数据被转化为报告和仪表显示，可以提供对所有连接系统的精确概览。同时，它们提供了对机器和组件层面的扩展视图。生产过程在云中进行监控和存储，并以图形方式显示。云系统可以用于计划和干预活动过程，甚至可以做出自动化决策并发送相应的控制命令到生产设施。这使得生产设施之间实现了一定程度的同步，从而使云系统在一个过程中协同工作时，最大限度地减少了产能利用的不足[18]。

2.3.3 移动通信标准——5G

5G 是目前使用的 4G 移动网络的下一代技术。与 4G 相比，5G 新标准使用了更高频段。较低频段对室内和全国范围的覆盖非常重要，起始频率仅约为 600MHz，中频段则位于约 3.6GHz，高频段则位于约 24～28GHz，特别适用于非常高的数据传输速率。各国具体使用的频率有所不同，这些频率是由国际电信联盟（ITU）分配的[19]。

5G 由于其先进的功能，为包括制造业在内的许多行业带来了新的可能性。通常，5G 在三个应用维度中展示出新的功能[19]。表 2-1 提供了概述，并列出了每个单独应用的最重要特性。

表 2-1 概述 5G 技术的不同应用及其最重要的特性

增强型移动宽带（eMBB）	大规模机器类型通信（mMTC）	超可靠的低延迟通信（URLLC）
• 最大数据量 10 Tbit/s/km² • 峰值数据速率 10Gbit/s	• 每平方千米多达 100 万台物联网设备 • 与 LTE 系统相关的 1% 的优化能耗	• 单向延迟最大为 1ms • 总体可靠性 99.999%

所有这些应用在制造业中都发挥着重要作用。URLLC 在可靠的实时通信方面可以起到重要作用，例如在 PLC 和传感器之间的现场级别通信。此外，车间内的许多设备需要进行通信，而 mMTC 可以实现这一需求。对于一些应用来说，如质量控制中的视频数据流或时间序列数据收集，每个用户的数据传输速率是一个关键要求。eMBB 将以每个用户约 10Gbit/s 的速率以及每个蜂窝网络 10Tbit/s 的容量来满足这一要求。

使用 5G 技术的制造业将带来以下优势[20]：
1）在工厂中实现全面的数据覆盖。
2）设备和能耗成本低廉。
3）更高的灵活性。
4）将先前孤立的系统和设备连接起来收集数据和信息，推动数字化进程。
5）使工厂智能化，并为应用增强现实等其他技术做好准备。
6）摒弃有线解决方案。

尽管这些优势带来了巨大的潜力，但目前 5G 的应用处于三个阶段的第二阶段（从第一阶段的 eMBB 开始），预计完成整个阶段将需要大约一年的时间[21]。

2.3.4 人工智能

人工智能（AI）的定义在历史上有所差异。虽然智能通常是以与人类表现的一致性来定义，但其他来源则选择了更抽象和正式的定义方法，即以理性来界定智能[22]。

AI 被视为智能科学的一个分支，基本上涵盖了自然智能和人工智能领域。科学上将生物系统的智能行为称为自然智能。而人工智能则涵盖了创建智能软件系统和机器的科学和技术[23-24]。自然智能的发展促进了人工神经网络、遗传算法和蚁群优化等技术的出现。

机器学习作为人工智能的一个子领域，描述了基于过往经验提升性能的能力[22]。随着计算机性能的提升和万维网的创建，大量的数据集应运而生，这些数据通常被称为大数据。这些数据集包含文本、图像、社交网络数据等。学习算法，特别是机器学习，特别依赖这些大量数据集做出合理的决策[22]。

在生产方面，现在 29% 的人工智能用于预测机械和设备何时需要维护。其他具体应用包括通过深度学习进行视频和图像识别。这使得检测机器部件的故障或评估工件和产品的质量成为可能。预测性物联网分析也被用于提高工人安全和降低成本[25]。

2.3.5 区块链

区块链技术对于服务和流程的数字化,以及金融领域之外的许多不同应用领域,都具有重大意义。智能合约带来的自动化潜力对于物联网尤为重要,它对于供应链中管理交易不可逆性的证明等应用也至关重要[26]。

自 Satoshi Nakamoto 于 2008 年发表论文[27]并于 2009 年初创建比特币以来,加密货币和区块链技术越来越受到关注。其原因是多方面的,文件和资产可以统一编码以防止伪造;发送方和接收方之间的转移可以作为交易存储在区块链中;此外,并基于分布式共识和加密的交易存储是不可逆且可追溯的。另一个优势是交易在点对点网络(P2P)中进行验证,而不是通过中央机构。这导致了智能合约的出现,提供了描述和执行复杂交易及其边界条件的可能性。通过建立替代组织形式,智能合约实现了物联网中简单流程的自动化和新的治理模型[26]。

因此,区块链的应用潜力远不止于加密货币。在物联网之后,该技术可以开启新一代的价值互联网或信任互联网[26]。

2.3.6 数字孪生

数字孪生最早是由美国国家航空航天局(NASA)定义的。数字孪生的一个定义是指:一个整合了多物理学、多尺度、概率模拟的交通工具或系统仿真,它利用最佳的物理模型、传感器数值和历史数据来反映其孪生体的生命周期[28]。另一个定义是一个系统包括了每个真实资产的数据和信息,以及不同级别上的模型系统[29]。

数字孪生在不同领域有广泛应用。数字孪生的聚焦领域包括制造业、仿真(虚拟调试和机器人仿真)以及产品本身[30]。为了在制造业中实现数字孪生,有多种不同级别的技术可供选择。除了单个生产产品,机器和工厂也可以在制造业中建模成数字孪生[31]。像资产管理外壳(Asset Administration Shell)这样的标准化概念就适用于这种用例。资产管理外壳提供了标准化的参考模型,以简化数据交换和资产(机器、工厂、流程等)的自我描述。

在制造业中使用数字孪生可以带来以下好处:提高生产力和效率、降低复杂性、节省时间、降低成本、发现新的商业领域、提高质量和降低风险[32]。

2.3.7 增强现实和虚拟现实

通过虚拟现实和增强现实技术,可以创建人机物理系统(Human-CPS)接口。虚拟现实(Virtual Reality,VR)使用户能够模拟仿真一个信息物理生产系统的行为,并通过尽可能真实地再现生产过程,以交互方式进行探索[18]。

增强现实(Augmented Reality,AR)是通过使用虚拟对象来表示人类感知的计算机辅助扩展。相关信息可以直接显示在人的视野中。这是通过使用移动平台(如智能手机、平板电脑和智能眼镜)来实现的,这些将成为未来处理人机物理系统及其提供信息的最重要工具[18]。

虚拟现实和增强现实技术在多种应用场景中为生产参与者提供支持，例如它们不仅通过提供交互式虚拟指导来维护生产设施（例如服务、检查、修理和改进），而且还通过检索来监控生产过程和质量控制，例如关于信息物理系统状态的信息。另一个应用场景是生产过程的规划和（协同）仿真，例如通过预测信息物理系统的行为（例如线性轴的移动或产品的物料流动）来进行[18]。

2.3.8 机器人和自动导引车（AGV）

由于机器人及其外围组件可针对特定生产任务进行配置，机器人技术具有普遍适用性，是工业 4.0 技术的理想应用之一[18]。机器人技术通常用于自动化制造过程中的物料转换，这被称为物料处理系统（Material Handling System，MHS），可以持续运行或按需操作。在物料运输方面有各种解决方案可供选择，如传送带、滚筒和垂直输送机、升降机、输送机器人和自动导引车（Automated Guided Vehicle，AGV）[33]。

AGV 的主要任务是将物品或更准确地说是物料运输到指定位置。AGV 的实际任务并不包括人员运输[34]。

当制造空间有限且对灵活性有较高要求时，AGV 在制造应用中尤其有效[33]。它们显示的优势繁多，如节省人工成本[35]、提高生产效率[36]、减少能源消耗[37]和增加安全性[38]。因此，制造商经常使用 AGV 来实现物料处理系统（MHS）。

在工业 4.0 的背景下，将传感器、执行器和认知整合的系统称为信息物理系统（Cyber-Physical Systems）。AGV 就是这类复杂生产元素的一个例子。然而，这些自动化系统的完全灵活性只有在将其纳入工业 4.0 生产工厂并增加其自主性时才能最大限度地发挥作用[18]。

2.4 总结与展望

本章概述了生产中的数字化和数字化转型。首先，本章定义了重要术语，以解释制造业中的数字转型。然后，给出了电池制造业中数字化转型的具体概述。在此之后，描述了数字化的重要技术和推动因素。

本章介绍了制造企业实现智能制造的要素，并建立了以电池制造为应用导向的参考框架。目前，该行业仍处于数字化转型的不同阶段。这是由多种因素引发的。数字化转型对企业内部的流程和现有 IT 基础设施提出了高要求。通常，这需要使用或开发新的流程、接口或 API，并投资建设更强大的基础设施[39]。

此外，制造企业依赖于生产的产出，在数字化转型过程中对生产进行干预但不能导致生产力降低。除了这个准则，制造企业还必须遵守预算和资源限制[39]。最后，必须考虑人的因素。引入新的数字方法、流程或技术最终必须获得高度接受，以便能够可持续地实施[40]。

在数字化转型过程中实施哪些技术在很大程度上取决于行业和预期用途。加德纳技术成熟度曲线对新技术的期望与时间水平联系起来[41]。在生产和制造方面，对差分隐私、负责任的人工智能、嵌入式人工智能和可解释人工智能等技术或主题可能会带来巨大好处。差异隐私有利于神经网络的透明训练，并确保个人或企业数据的隐私[42]。这将增加这些算法的利用，最终实现生产自动化。负责任的人工智能将使开发具有负责任行为的人工智能成为可能，尤其是当与协作机器人的使用增加相结合时，可以提高生产力。作为黑匣子的神经网络中的过程是由可解释的人工智能解决的，这使得神经网络的决策，例如机器人的动作变得透明易懂。这也导致了用户接受度的提高。未来技术趋势将如何发展，哪些新主题将出现，还有待观察。事实上，目前的传统生产模式已不再具有竞争力，因此必须尽快进行数字化转型[43-44]。

参考文献

[1] Erol S, Jäger A, Hold P, Ott K, Sihn W. Tangible Industry 4.0: A scenario-based approach to learning for the future of production. Procedia CIRP 2016; 54:13–8.

[2] Fatorachian H, Kazemi H. A critical investigation of Industry 4.0 in manufacturing: Theoretical operationalisation framework. Prod Plan Control 2018; 29(8):633–44.

[3] Moghaddam M, Cadavid MN, Kenley CR, Deshmukh AV. Reference architectures for smart manufacturing: A critical review. J Manuf Syst 2018; 49:215–225. Available from: https://www.sciencedirect.com/science/article/pii/S0278612518301043.

[4] Nodehi T, Jardim-Goncalves R, Zutshi A, Grilo A. ICIF: An inter-cloud interoperability framework for computing resource cloud providers in factories of the future. Int J Comp Integr Manuf 2015; 1–11.

[5] Westkämper E, Löffler C. Strategien der Produktion. Berlin, Heidelberg: Springer Berlin Heidelberg; 2016.

[6] Warnecke H-J. Der Produktionsbetrieb 2. Berlin, Heidelberg: Springer Berlin Heidelberg; 1995.

[7] Schenk M, Wirth S, Müller E. Fabrikplanung und Fabrikbetrieb: Methoden für die wandlungsfähige, vernetzte und ressourceneffiziente Fabrik. 2., vollständig überarbeitete und erweiterte Auflage 2014. Berlin: Springer Vieweg; 2014.

[8] Heinrich B, Linke P, Glöckler M. Grundlagen Automatisierung: Sensorik, Regelung, Steuerung. 2., überarbeitete und erweiterte Auflage. Wiesbaden: Springer Vieweg; 2017. (Lehrbuch).

[9] Neugebauer R, editor. Digitalisierung. Berlin, Heidelberg: Springer Berlin Heidelberg; 2018.

[10] Bauer W, Hämmerle M, Bauernhansl T, Zimmermann T. Future Work Lab. In: Neugebauer R, (ed.), Digitalisierung. Berlin, Heidelberg: Springer Berlin Heidelberg; 2018. p. 179–195.

[11] Bundesministerium für Wirtschaft und Energie. Digitale Transformation in der Industrie; 2020 [cited 2020 Nov 16]. Available from: https://www.bmwi.de/Redaktion/DE/Dossier/industrie-40.html.

[12] Bauernhansl T. Die digitale Transformation. Wie werden wir morgen leben und arbeiten? Stuttgart-Hohenheim; 2018 [cited 2020 Sep 30]. Available from: http://publica.fraunhofer.de/dokumente/N-490477.html.

[13] Heimes HH. Methodik zur Auswahl von Fertigungsressourcen in der Batterieproduktion [Zugl.: Aachen, Techn. Hochsch., Diss., 2014]. 1. Aufl. Aachen: Apprimus-Verl.; 2014. (Edition Wissenschaft Apprimus; Vol. 2014, p. 41).

[14] Kampker A, Burggraf P, Deutskens C, Heimes H, Schmidt M. Process alternatives in the battery production. In: 2012 Electrical Systems for Aircraft, Railway and Ship Propulsion. IEEE; 2012. pp. 1–6.

[15] VDMA Batterieproduktion. Roadmap Batterie-Produktionsmittel 2030: Fraunhofer ISI; PEM der RWTH Aachen; VDMA Batterieproduktion; 2016 [cited 2020 Oct 1]. Available from: https://www.researchgate.net/publication/328583673_Roadmap_Batterie-Produktionsmittel_2030_-_Update_2018.

[16] Kubler K, Verl A, Riedel O, Oberle M. Simulation-assisted run-to-run control for battery manufacturing in a cloud environment. In: 2017 24th International Conference on Mechatronics and Machine Vision in Practice (M2VIP). IEEE; 2017. pp. 1–6.

[17] Turetskyy A, Thiede S, Thomitzek M, Drachenfels N von, Pape T, Herrmann C. Toward data-driven applications in lithium-ion battery cell manufacturing. Energy Technol. 2020; 8(2):1900136.

[18] Vogel-Heuser B, Bauernhansl T, Hompel M ten. Handbuch Industrie 4.0 Bd.4. Berlin, Heidelberg: Springer Berlin Heidelberg; 2017.

[19] Zielinski E, Stanczak S, Schulz-Zander J. Leitfaden 5G-Campusnetze – Orientierungshilfe für kleine und mittelständische Unternehmen: Konzepte, Begriffe, Betreibermodelle und Auswahlkriterien für Produktion und Logistik mit Übertragbarkeit auf weitere Domänen wie Medizin-Campus/Krankenhäuser, Häfen, Bergbau, Baustellen und Landwirtschaft; 2020 [cited 2020 Dec 14]. Available from: https://www.bundesregierung.de/breg-de/service/publikationen/leitfaden-5g-campusnetze-orientierungshilfe-fuer-kleine-und-mittelstaendische-unternehmen-1752148.

[20] Temesvári ZM, Maros D, Kádár P. Review of mobile communication and the 5G in manufacturing. Procedia Manufacturing 2019 [cited 2020 Dec 14]; 32:600–12. Available from: https://www.sciencedirect.com/science/article/pii/S235197891930294X.

[21] O'Donnell B. Look out, here comes 5G, Phase 2; 2020 [cited 2020 Dec 14]. Available from: https://www.forbes.com/sites/bobodonnell/2020/07/08/look-out-here-comes-5g-phase-2/.

[22] Russell S, Norvig P. Artificial Intelligence: A Modern Approach. 4th ed. Pearson; 2020.

[23] Negnevitsky M. Artificial Intelligence: A Guide to Intelligent Systems. 2nd ed. Harlow: Addison-Wesley; 2005.

[24] Wang L. From intelligence science to intelligent manufacturing. Engineering 2019 [cited 2020 Dec 14]; 5:615–8. Available from: https://www.engineering.org.cn/en/10.1016/j.eng.2019.04.011.

[25] Columbus L. 10 Ways AI is improving manufacturing in 2020: Forbes; 2020 [cited 2020 Dec 15]. Available from: https://www.forbes.com/sites/louiscolumbus/2020/05/18/10-ways-ai-is-improving-manufacturing-in-2020/?sh=1aa7d7601e85.

[26] Prinz W, Rose T, Osterland T, Putschli C. Blockchain: Verlässliche Transaktionen. In: Neugebauer R, editor. Digitalisierung. Berlin, Heidelberg: Springer Berlin Heidelberg; 2018. pp. 311–319.

[27] Nakamoto S. Bitcoin: A peer-to-peer electronic cash system; 2008 [cited 2020 Nov 25]. Available from: https://bitcoin.org/bitcoin.pdf.

[28] Shafto M, Conroy M, Doyle R. TA 11: Modeling, Simulation, Information Technology, and Processing Roadmap: National Aeronautics and Space Administration; 2010.

[29] Talkhestani BA, Jazdi N, Schloegl W, Weyrich M. Consistency check to synchronize the Digital Twin of manufacturing automation based on anchor points. Procedia CIRP 2018; 72:159–64. Available from: http://www.sciencedirect.com/science/article/pii/S221282711830324X.

[30] Negri E, Fumagalli L, Macchi M. A review of the roles of Digital Twin in CPS-based production systems. Procedia Manufacturing 2017; 11:939–948.

[31] Federal Ministry for Economic Affairs and Energy. Details of the Asset Administration Shell: Part 1 The Exchange of Information between Partners in the Value Chain of Industrie 4.0. Berlin: Plattform Industrie 4.0; 2020 November 2020.

[32] Biesinger F, Weyrich M. The facets of Digital Twins in production and the automotive industry. In: 2019 23rd International Conference on Mechatronics Technology (ICMT): Salerno, Italy, 23–26 October 2019. Piscataway, NJ: IEEE; 2019. pp. 1–6.

[33] Martinez-Barbera H, Herrero-Perez D. Development of a flexible AGV for flexible manufacturing systems. Industrial Robot 2010; 37(5):459–468.

[34] VDI-Gesellschaft Produktion und Logistik. Automated Guided Vehicle Systems (AGVS). Berlin: Beuth-Verlag; 2005. [cited 2020 Feb 2]. Available from: https://www.vdi.de/richtlinien/details/vdi-2510-fahrerlose-transportsysteme-fts.

[35] Abhijit G, Grasman SE. Simulation-based optimization for determining AGV capacity in a manufacturing system; 2009.

[36] Negahban A, Smith JS. Simulation for manufacturing system design and operation: Literature review and analysis. J Manuf Syst 2014; 33(2):241–261.

[37] Acciaro M, Ghiara H, Cusano MI. Energy management in seaports: A new role for port authorities. Energy Policy 2014; 71:4–12.

[38] Duffy VG, Wu FF, Ng PP. Development of an Internet virtual layout system for improving workplace safety. Comput Ind 2003; 50(2):207–230.

[39] Zangiacomi A, Pessot E, Fornasiero R, Bertetti M, Sacco M. Moving towards digitalization: A multiple case study in manufacturing. Prod Plan Control 2020; 31(2–3):143–157.

[40] Albukhitan S. Developing digital transformation strategy for manufacturing. Procedia Comput Sci 2020; 170:664–671.

[41] 5 Trends Drive the Gartner Hype Cycle for Emerging Technologies, 2020; 2021 [cited 2021 Apr 15]. Available from: https://www.gartner.com/smarterwithgartner/5-trends-drive-the-gartner-hype-cycle-for-emerging-technologies-2020/.

[42] Agrawal M, Du D, Duan Z, Li A. Theory and applications of models of computation: 5th international conference, TAMC 2008, Xi'an, China, April 25–29, 2008; Proceedings. Berlin: Springer; 2008. (Lecture Notes in Computer Science; vol 4978). Available from: http://www.springerlink.com/openurl.asp?genre=issue&issn=0302-9743&volume=4978.

[43] Barredo Arrieta A, Díaz-Rodríguez N, Del Ser J, Bennetot A, Tabik S, Barbado A *et al*. Explainable Artificial Intelligence (XAI): Concepts, taxonomies, opportunities and challenges toward responsible AI. Information Fusion 2020; 58:82–115.

[44] Vogelsang K, Liere-Netheler K, Packmohr S, Hoppe U. Barriers to digital transformation in manufacturing: Development of a research agenda; 2019. Available from: http://128.171.57.22/handle/10125/59931.

第 3 章
电池制造的数字化现状

为了展示研究领域与工业界之间可能存在的差异,这一章介绍了两种用以评估电池单体制造领域数字化当前状况方法。研究者搜索了多家电池制造商的招聘广告,寻找与数字化相关的关键词,同样的关键词搜索方法也应用于科学文献数据库,以反映相关研究的最新进展。经过系统地评估和分析收集到的数据,结果显示工业界与研究领域之间存在着明显的偏差。企业界通常关注的是过程控制和过程规划等传统问题,而科研领域则主要集中于大数据、物联网和人工智能等主题。

3.1 概述

由于移动设备和电动汽车的进一步发展,对能源存储电池的需求正在迅速增加[1]。电池驱动的电动汽车的注册数量说明了全球对电池需求的不断增长[2]。

无论在哪个行业,消费者对电池的要求都很高。除了高度个性化之外,终端客户还特别要求高质量,要求电池的运行时间和耐用性。为了满足这些要求,电池的生产必须尽可能灵活、高效和有效[3]。

在工业 4.0 的进程中,企业流程的数字化是实现这些目标的基础。高度数字化使得电池制造商能够发掘生产中潜在的潜力,从而建立起灵活、适应性强和高效的生产系统。这样可以缩短产品上市时间和交货时间,确保竞争力[5]。

制造过程的数字化给企业带来了意想不到的挑战。往往缺乏必要的区域性基础设施,因此无法提供数字化引入的基本条件。此外,实施数字化需要高水平的领域知识和投资成本。总的来说,这些因素决定了企业当前的数字化水平[5]。

上述问题还意味着电池制造商在数字化方面处于不同的水平。为了在未来提供改进的建议并更好地了解客户的需求,本章分析了知名电池制造商的生产数字化水平。此外,还调查了与电池制造中数字化相关的当前研究现状以作为参考。

3.2 方法

针对当前数字化状况的研究采用了两种不同的方法。对于当前的研究现状,通过关键词列表搜索与电池制造相关的重要出版物。为了确定电池制造商的当前状态,将它们的职位招聘信息与相关关键词进行匹配。以下部分描述了各自研究的范围和详细信息。

3.2.1 研究现状——科学文献分析

为确定当前的研究现状，在 ACM、IEEE、Google Scholar、Science Direct 和 JSTOR 等门户网站上进行相关出版物的系统搜索，搜索期限为 2010—2020 年。事先准备了包含与数字化相关的关键词的搜索字符串列表，该列表大约包含 60 个关键词，通过 AND 条件进行组合。相关的出版物必须包含这些搜索字符串之一。表 3-1 显示了搜索字符串列表的一部分内容。使用定义的搜索字符串在数据库中进行搜索，每个字符串和数据库最多取前 50 个相关搜索结果。针对定义的搜索字符串列表，总共获得了 649 个搜索结果。图 3-1 显示了每个数据库的搜索结果数量的相对比例。

表 3-1 在电池制造的背景下搜索相关出版物时，不同搜索字符串的摘录

查询	搜索字符串		
1	battery production	AND	digitalization
2	battery manufacturing	AND	digitalization
3	battery production	AND	machine learning
4	battery manufacturing	AND	machine learning
…		AND	…
60	accumulator	AND	PLC

注：battery production—电池生产；battery manufacturing—电池制造；accumulator—蓄电池；digitalization—数字化；machine learning—机器学习。

在接下来的步骤中，对这些出版物进行评估，以从总搜索结果中分类出相关文章。评估过程中会检查这些出版物是否与电池生产直接相关。如果是相关的，那么这篇论文就被归类为相关文章。经过分析，总共 649 个搜索结果被缩减为 105 篇与电池生产直接相关的文章。

现在，将搜索字符串的术语分配给相应的主题领域。选择通用术语作为主题领域，用于描述多个搜索字符串的内容。表 3-2 显示了考虑的主题领域。

基于表 3-2，将相关的出版物不重复地分配到相应的主题领域。图 3-2 显示了各主题领域的分布情况。

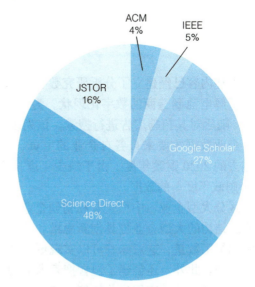

图 3-1 数据库中相关搜索结果数量
（每个搜索字符串和数据库最多有 50 个搜索结果）

表 3-2 主题领域及其对相关出版物分类的具体解释

主题领域	分类 / 解释
Big Data	生成或评估的大量数据信息
Machine Learning	人工智能方法的数据准备、分析、训练、预测和应用
IoT	通过机器对机器通信实现工厂自动化 - 迈向自组织生产的一步
Simulation	过程、序列或物料流模拟，也包括机器模拟（例如物理或化学过程）
MES	ERP 系统与生产过程的连接 - 自动化运营生产计划
PLC	制造过程通过可编程逻辑控制器进行控制
ERP	ERP 系统支持公司内部执行的所有业务流程

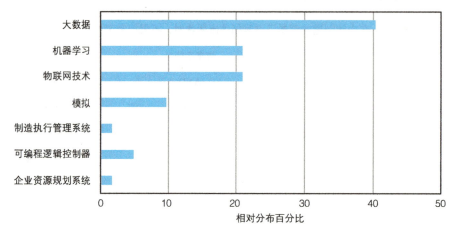

图 3-2 各学科领域相关论文的相对分布，共 105 篇

3.2.2 制造业现状 —— 招聘广告分析

上述内容已经建立了分析研究数字化状态的基础，下一步是通过在招聘广告中搜索关键词了解电池制造商的数字化现状。为此，首先创建了一个包含 20 家制造商的列表（表 3-3），随后对其招聘广告进行搜索。该列表包括知名的全球企业以及较小的企业和初创企业。企业数据主要来自各自企业的主页、商业注册或金融数据库 Amadeus。数据主要来自过去的 2020 财政年度。由于缺少年度报告，有些情况下还考虑了较早年份（但不早于 2018 财政年度）的数据。

区分大型企业、中型企业和初创企业是为了确定整个行业的状态。初创企业往往比具有静态结构的大型企业更具创新思维和策略。另一方面，较大的企业通常拥有更多的财务资源和员工数量，这意味着可以实现更大的工作量。因此，数字化的进展可以通过不同的方法推动。此外，还创建了包含搜索术语的关键词列表。这些术语在生产数字化的不同语境中被发现。除了应用当前的信息技术外，这些搜索术语还描述了基础设施、信息技术接口或生产中的数字化 / 模拟过程等，这意味着可以涉及不同层次的数字化。

表 3-3　电池制造商作为招聘广告评估的一部分

制造商	营业额（欧元）	员工（总计）	成立年份
Contemporary Amperex Technology GmbH	4000000	37	2014
CustomCells Itzehoe GmbH	n.a.	24	2012
EAS Batteries GmbH	n.a.	30	2016
Envision Energy CoE GmbH	n.a.	22	2015
Farasis Energy Europe GmbH	n.a.	60	2019
Leclanché GmbH	15559000	87	2000
Leclanché SA	14998000	250	1909
LG Chem Europe GmbH	633871000	127	2005
Microvast GmbH	12670000	20	2016
NorthVolt AB	11622000	108	2015
Northvolt Zwei GmbH & Co. KG	n.a.	n.a.	2019
Saft Groupe SA	9492000	6	1918
Samsung SDI Battery Systems GmbH	352349000	307	2009
Samsung SDI Europe GmbH	24050000	77	2011
Skeleton Technologies GmbH	n.a.	62	2013
VARTA Consumer Batteries GmbH & Co. KGaA	292197000	959	2002
VARTA Microbattery GmbH	98495000	765	2001
VARTA Storage GmbH	9857000	50	2012

使用总共 280 个关键词对上述企业的招聘广告进行搜索，搜索时间范围为 2018 年 7 月至 2020 年 7 月。搜索范围包括德国、奥地利、瑞士、比利时、法国、荷兰、卢森堡、瑞典和丹麦这九个国家的招聘广告。此外，评估中包括所有职位层级的搜索结果。根据给定条件，搜索结果总共为 597 个，其中包括 189 个 IT 职位。由于部分搜索术语的一般性表述，对这 597 个结果进行更详细的筛选。在这种情况下，有 437 个招聘广告被归类为不相关。因此，在所有 20 家电池制造商中，共有 160 个与制造业数字化相关的招聘广告。通过查看招聘广告中涉及的主题，可以得出如图 3-3 所示的分布情况。

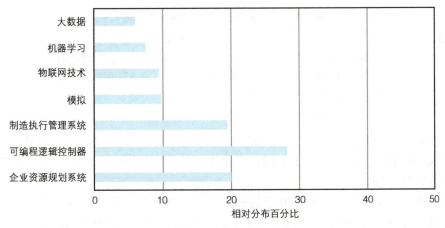

图 3-3　各学科领域相关招聘广告的相对分布，共 160 个

3.3 评估与解读

通过进行搜索和处理，可以估计研究领域和电池制造商的数字化状态。如前所述，比较这两个领域是主要目标。图3-2和图3-3可以用来解读结果。如果将这两个柱状图重叠在一起，就可以得到图3-4中的分布情况。除了各自的趋势之外，特别需要注意的是研究状态和行业状态之间的差距。尽管2010—2020年期间的出版物主要涉及网络化和高度自动化生产的解决方案，工业企业却在较低水平的数字化问题上进行探讨。其中一个原因是，新技术通常涉及比使用现有技术更大的财务风险。中小型企业还缺乏在新技术领域的适当战略和专业知识。此外，对数字化和工业4.0的理解存在差异。虽然大型工业企业将工业4.0视为利用大数据和机器学习的自组织网络化生产，但较小的企业通常只将其理解为使用生产计划系统或将模拟格式转换为数字格式[7]。

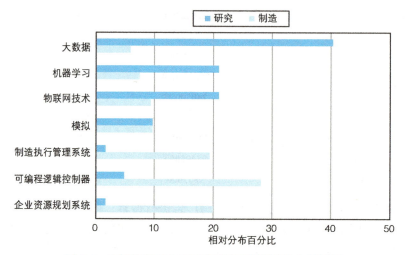

图3-4 比较研究和电池制造商关于所解决的主题领域

为了明确区分研究和电池制造商之间的差异，首先需要将它们按照数字化水平进行区分。借助数字化水平，可以更好地表示它们的历史和当前状态。表3-4描述了这些水平及其基础条件。

表3-4 不同数字化水平的清单及其描述

等级	描述
等级1	数字数据记录：如数控（NC）、材料需求计划（MRP）、传感器数据连接
等级2	数字化建模：数字化工厂、制造执行系统（MES）、企业资源规划（ERP）
等级3	网络价值链：物联网、5G、云计算
等级4	自主性：人工智能、机器学习

根据招聘广告的内容，将相关的工作广告按照表3-4的数字化水平进行分类。根据招聘广告的发布年份，图3-5展示了不同数字化水平的分布情况，水平轴显示了每年不同数字化水平的相对分布。

图3-5显示，从2018年到2020年的分布几乎保持不变。最常见的工作广告涉及数字化水平的第二级别（Level 2）。在这个水平上，生产的重点是通过使用MES和ERP系统来

实现稳定的制造过程和供应链。虽然每年数字化水平的涉及度保持在 15% 左右，但 Level 4 的涉及度会有几个百分点的波动，并且比例是最低的。

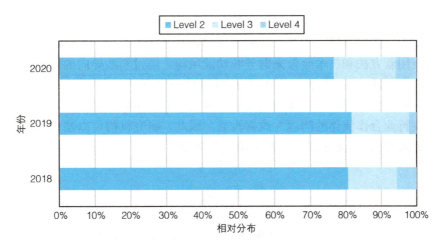

图 3-5　每年招聘广告数字化水平的相对分布情况

为了进一步分析研究和电池制造商之间现有的差距，图 3-6 展示了每年相关出版物的数量。很明显，研究结果在实践中的应用存在一定的滞后期。这可以通过图 3-6 中的柱状图以及关于研究成果向工业界转化的各种研究来确认[6, 8-9]。

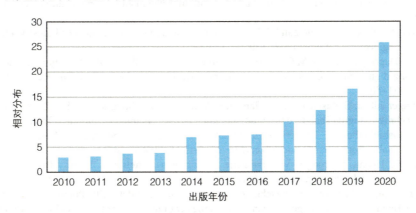

图 3-6　在过去的 10 年中，数字化背景下出版物的相对分布

图 3-6 还显示自 2017 年以来出版物数量的稳步增加，这意味着在 2017 年之前，关于电池制造领域的数字化主题在研究中只得到了很小的关注。因此，很少有知识流入制造企业。除了知识转移，成功将基础研究的发现应用到实际生产环境中还需要在实际生产环境中对这些发现进行验证。这是因为可靠的流程对于避免后期出现故障是绝对必要的。

因此，新方法的应用或实施首先应在试点工厂中进行，而不是在连续生产中进行。然而，建立这些工厂成本高昂且风险较高。总结和解读表明，研究领域和电池制造商之间存在数字化状态的差异。根据图 3-5，很大一部分电池制造商仍然参与生产过程的规划、管理、控制和监控（MES）。然而，自 2017 年以来，研究一直关注处理更高程度的数字化问题。为了得出全面的结论，分析中考虑了不同规模和创办年限的公司。

3.4　结论

工业企业与学术研究之间的目标不同是普遍的。科学希望开发尽可能全面的解决方案，而工业企业则需要针对他们的问题提供具体和个性化的解决方案。此外，对于生产环境中的新方法有很高的要求。生产工厂的效率和效益是重中之重。在本章的开头，我们解释了为什么使用新方法和技术会带来财务和功能风险。通过实践导向的研究机构和电池制造商之间的合作项目，可以弥补工业和研究之间的知识差距。

本章的分析清楚地显示了电池制造商在哪些主题和数字化水平上仍需采取行动，可以更准确地解决行业合作伙伴的问题并改善沟通。因此，研究机构可以基于这种分析来确定方向，以更好地实现电池制造商的目标并确定优先事项。

参 考 文 献

[1] Asif A, Singh R. Further cost reduction of battery manufacturing. Batteries 2017; 3(4):17.
[2] Statista. Worldwide number of electric cars | Statista; 2021 [cited 2021 Mar 23]. Available from: https://www.statista.com/statistics/270603/worldwide-number-of-hybrid-and-electric-vehicles-since-2009/.
[3] Lödding H, Riedel R, Thoben K-D, Cieminski G von, Kiritsis D, (eds.). Advances in production management systems: The path to intelligent, collaborative and sustainable manufacturing; IFIP WG 5.7 International Conference, APMS 2017, Hamburg, Germany, September 3–7, 2017; proceedings. Cham: Springer; 2017. (IFIP advances in information and communication technology; vol. 514).
[4] Zhong RY, Xu X, Klotz E, Newman ST. Intelligent manufacturing in the context of Industry 4.0: A review. Engineering 2017; 3(5):616–630.
[5] Siedler C, Dupont S, Zavareh MT, Zeihsel F, Ehemann T, Sinnwell C *et al.* Maturity model for determining digitalization levels within different product lifecycle phases. Prod Eng Res Devel. 2021; 15:431–50.
[6] Projektträger Jülich; Statustagung Schifffahrt und Meerestechnik. Statustagung Schifffahrt und Meerestechnik: Tagungsband der Statustagung 2010. Hannover, Jülich: Technische Informationsbibliothek u. Universitätsbibliothek; PTJ; 2010. (Schriftenreihe Projektträger Jülich). Available from: https://edocs.tib.eu/files/e01fn11/653804849.pdf.
[7] Schröder C. Herausforderungen von Industrie 4.0 für den Mittelstand. Bonn; 2016. (Gute Gesellschaft – soziale Demokratie # 2017plus).
[8] Warschat J, (ed.). Transfer von Forschungsergebnissen in die industrielle Praxis: Konzepte, Beispiele, Handlungsempfehlungen; Zusammenfassung der Ergebnisse des Projektes Entwicklung von Transfermechanismen für die effiziente und nachhaltige Verbreitung von Forschungsergebnissen in die industrielle Praxis am Beispiel Mechatronik. Stuttgart: Fraunhofer Verl.; 2013. Available from: http://www.bookshop.fraunhofer.de/buch/238468.
[9] Maicher L, Radic M, Dijk S, Große C. Zukunftschance Digitalisierung — Ein Wegweiser; 2015.

第二部分

电池制造业的数字化规划

第4章 电池工厂的数字化建设规划

本章集中讨论了电池单体制造过程中的数字化规划方法。对于工厂规划的整体框架及其核心组成部分进行了详细阐述,深入探讨了在工厂规划过程中普遍存在的交互难题,以及电池单体制造领域所特有的挑战,并针对这些挑战介绍了相应的数字化工具。最后,本章不仅总结了使用这些数字化工具时可能遇到的挑战,还提出了相应的解决方案,并对这些解决方案的有效性进行了评估。

4.1 数字化工厂的规划重点

工厂的经济、环境和社会绩效在很大程度上取决于初始的规划过程。规划是工厂生命周期的第一个阶段,其他阶段包括建设、投产、运营和再利用/拆除[1]。

根据要生产的产品、预计的生产能力以及相关的供应链限制,工厂规划涉及寻找适当的工厂场地、布局和建筑设计,还涉及选择制造和相关的辅助设备、规划技术建筑系统和设计符合需求的能源供应概念。规划过程的早期阶段已经决定了项目所需的大部分投资,包括建设期间和随后的投产和运营成本(图4-1)。

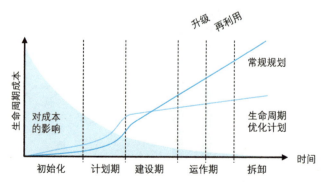

图4-1 根据参考文献,工厂规划过程对工厂生命周期成本的影响

工厂规划涉及多个规划活动,涉及许多内部规划参与者和外部利益相关者。挑战在于及时协调这个复杂的过程。高效的规划过程能够在正确的时间向正确的人提供正确的信息。

为了实现这一点，在工厂规划过程的每个阶段，需要将规划与其他规划阶段在水平上进行精心的连接，并在不同规划对象之间进行垂直的连接。在早期设计阶段，需要提供关于个别设计决策如何影响不同规划目标的良好预测，并提供关于这些决策如何影响工厂性能的接近现实的见解。传统规划具有有限的预测能力，无法满足当今复杂工厂规划的需求。数字化规划技术具有分析系统行为、使规划结果和决策更准确的潜力，从而改善工厂规划过程。

在工厂规划中有几个规划目标，包括总体项目目标、时间、成本和质量，以及工厂特定目标，如经济和资源效率、适应性、互连性和吸引力。基于公众利益、当前的气候问题和未来生产"绿色"电池的目标，在电池制造工厂规划中的一个核心目标是可持续、资源和能源高效的运营。对比当前电池制造能源强度的数值和对未来制造能力的预测，可以了解电池制造业的能源需求。这凸显了在规划新的电池制造工厂时需要关注可持续性和技术经济目标。数字化规划工具有望在未来绿色电池之路上探索和发挥潜力。

在接下来的内容中，描述了几种工厂规划框架。基于示例，对规划阶段和参与方进行了特征化，考虑到绿地规划项目的复杂性，详细介绍了与规划参与者互动相关的一般挑战，并具体说明了规划电池制造工厂的特点。为了克服这些挑战，介绍了数字化规划工具，并对其仿真进行了更详细的描述，概述了使用数字工具可能出现的问题，并提出了不同的解决方案来应对这些问题。

4.2 工厂规划框架和制订者

工厂规划的标准由 VDI 5200 提供，它区分了规划的不同原因：设计或新规划（通常称为绿地规划）、重新规划或既有设施改造、拆除和复建。

欧洲的电池制造行业刚刚开始发展，但到 21 世纪 20 年代末可能会扩大 10 倍。由于这是一个相对较新的行业，当前的规划任务是绿地规划，即在没有任何限制的新地点设计工厂。此外，规划并不基于现有经验，因为经验还处在积累过程中。采用标准方法是很有必要的。

标准方法包括顺序方法、整体方法、全面方法、合作方法和协同方法，以下对其进行了描述。文献 [3] 中的顺序方法是工厂规划的规范标准。必须完成一系列任务以进行工厂规划：确定目标范围、建立项目基础、概念规划、详细规划、准备和监控实施、支持投产和项目收尾。整体方法是在开始阶段建立一个完全集成的规划团队，以满足工厂生命周期中的协调和沟通需求[4]。全面方法从整体上考虑组件、产品、技术、组织、设备、人员和财务[5]。工厂的规划是自上向下进行的。每个详细层次都按时间和系统导向进行规划，考虑相互作用和相互依赖关系。在合作方法中，同步处理过程和规划参与者，避免严格的顺序方法[6-7]。协同方法基于所有参与者的过程和决策的结合，旨在实现过程和空间视图之间的协同效应[8]。

选择特定的工厂规划方法会影响到规划过程中单个方面的优先级、规划过程的实施方式以及参与规划过程的各方之间的沟通方式。接下来，更详细地描述了协同工厂规划方法（图 4-2）。为了代表工厂生命周期的所有阶段，增加了运营和再利用/拆除阶段。

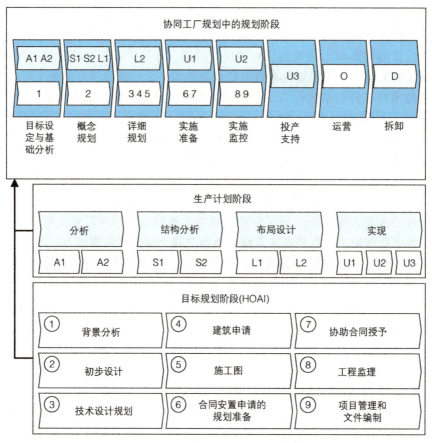

图 4-2 协同工厂规划阶段[8]

在协同方法中，考虑到设计任务的各个阶段，针对空间视图和特定房间中的过程执行（过程视图）。制造系统和建筑的设计都融入了统一的方法中。第一阶段（目标设定与基础分析）分析了规划目标并确定了规划基准。在制造系统设计中，设定了规划目标并进行过程分析。对于建筑设计，进行了基准分析。在随后的"概念规划"阶段，确定了建筑的结构和尺寸。此外，还制定了初步的制造布局和初步的建筑设计。在接下来的"详细规划"阶段，计划了制造的详细布局。这个规划阶段还确定了建筑的技术细节，并制定了用于批准程序和项目执行的图纸。在下一个规划阶段"实施准备"中，准备和执行制造设备的投标以及建筑施工工作。"实施监控"阶段包括对制造和建筑设计的监控和项目监督。"投产支持"阶段帮助启动制造设备和技术建筑系统[8]。

每个单独的规划阶段都需要为项目的整体成功做出贡献。因此，需要实施和实践每个规划阶段不同层次的必要交互和相互依赖关系。在工厂规划方法中，每个规划阶段都涉及许多规划参与者（图 4-3）。

建筑业主与用户共同定义要求并做出决策。项目经理领导、控制和指导项目。制造系统的设计涉及不同的规划者，包括制造（工艺链和装配规划、生产计划与调度）、物流（物料流动、仓储和配送）、工厂组织（人员规划和组织发展）以及维护（可达性、维护系统）。在建筑设计中，参与的方包括建筑师（平面规划、内外设计和室外设施）、土木工程师（结构静力学、建筑结构）和专业规划师（支撑结构、建筑物理、技术建筑系统、供暖、通风和空调系统）。

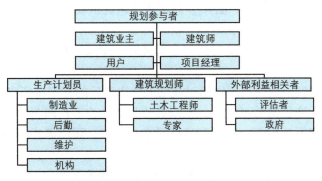

图4-3 参与工厂规划的参与者

所有参与方在不同的时间点和不同的强度下参与规划过程。因此，它们需要在不同的规划阶段进行协调，以确保信息需求和供应满足整个项目的要求。

4.3 规划电池工厂的侧重点和挑战

工厂规划项目涉及工厂规划方法、阶段和参与者。以下描述了工厂规划项目中所有参与方之间的一般挑战。此外，还介绍了规划电池生产工厂的特点和特殊性[3]。

从高层面来看，工厂规划存在三个主要的交互挑战：信息交流、各方的协调与合作以及项目监控[9]。

与信息交流相关的挑战可能有各种原因，其中之一是信息的不可用性[10]。可用的信息对于个体用户来说可能是未知的，原因可能是信息流的缺失或者由于复杂的规划过程导致的信息流与错误的参与者之间的交流。另一个原因是信息生成和使用之间的时间间隔。通常情况下，人们更关注单个规划任务的执行，对相互依赖关系的关注较少或被忽视。这可能导致不同规划参与方和/或规划阶段之间的冲突[11]。目前的信息管理还不符合整体要求[12]。在信息交流方面，需要在规划参与方和规划阶段之间建立相互的、明确定义和良好运作的信息交流机制[13]。

第二个一般性挑战是参与方的协调与合作。当不同专业人员在单独的孤立规划任务和个别规划阶段上分别工作时，可能会出现规划局部最优的风险，这对整体项目来说是低效的[11]。在整合参与者时，由于不同的背景，例如专业背景、知识背景或拥有的不同规划过程的经验，可能会出现沟通不畅的情况[5]。除了人际交流挑战外，数据交流的协调也是一个具有挑战性的问题。变更可能导致与其他规划参与者共享陈旧的数据，或者不同的成熟度水平未能适当地进行沟通（最终版本与工作状态之间的区别）。因此，协调与合作是工厂规划中的重要挑战，也是非常必要的[13-14]。

在项目监控方面，相关的高级挑战可以总结如下。创新和产品生命周期缩短要求在规划过程中对意外变化做出更短的响应时间，这导致需要进行额外的规划活动，而这些活动尚未经过仔细考量，这可能会延迟既有的规划进度[5]。只要规划目标定义不当，项目的开始已经揭示了可能的挑战。除此之外，还应考虑到技术、经济、商业和法律规划之间的相互依赖关系[13]。由于每个部分的不同活动都需要在适当的时间收到正确的信息，因此，信息的相互依赖性有很高的风险，可能会导致挑战，如具有错误经济指标的报价或缺少技术规范的合同。为了达到项目目标，必须合并制造和建筑领域所有层次上的不同规划结果[15]。因此，规划过程需要项目管理方在组织、协调和文档方面付出大量努力。清晰的项目结构和管理是必要的，项目管理必须确保规划在整体环境中被看作是具有不同规划参与者和阶段的综合处理[13]。

前面部分所描述的一般挑战可以通过规划电池生产厂的特定特征来说明。

由于欧洲电池生产厂的数量较少，所以在规划电池生产厂时只能利用一些经验和运营数据。对于电池生产厂的规划、建设和运营需求的预测，可以考虑到数字化和可持续性的最新进展来设计先进的工厂。

不同规划参与者之间的互动使得电池生产厂的规划尤其复杂，因为在每个阶段都涉及许多参与者的详细工作。在大多数情况下，对特定产品的明确需求是进行工厂规划项目的原因。而电池生产厂则是为新兴而广泛的需求服务。未来应用中的电池仍然不能被视为标准化产品。未来应用包括电动汽车的电池和家庭、工业或能源供应系统的储能电池。到目前为止，不同的汽车制造商在其车辆中安装了不同类型的电池单体和电池包。这表明市场仍处于整合的过程中，尚未广泛建立和采用统一标准。目前，研究和开发工作中正在付出巨大努力来改进现有的电池单体和系统。由于产品要求尚未确定，产品开发成为规划电池生产厂项目中的一个重要参考因素。很明显，产品开发成为工厂规划过程的重要组成部分，从而增加了规划参与者的数量。

基于明确定义的产品，生产规划可以得出制造和物流需求，这决定了制造和物流设备的规模和性能。更详细地说，能源系统规划和规划目标的例子说明了电池单体制造特定的进一步挑战。

在能源系统规划中，根据各个能源需求（功率、不同温度级别的热能、压缩空气等）的年度负荷曲线来设计能源转换设备。负荷曲线定义了随时间变化的所需性能，这在推导能源转换和储存设备的尺寸时必须予以考虑。因为没有测量数据可用，电池单体制造的挑战在于预测负荷曲线。预测负荷曲线主要依赖于未来的运行和机器数据，这也必须进行预测。为了生成每小时的功率需求预测，必须了解每个机器状态，而机器状态受到生产计划的影响，而生产计划又受到预期销售和客户订单的影响。此外，为了粗略设计制造设备，还需要了解产品特性。了解机器类型和状态后，必须收集关于各种有效能源（如电力）和辅助能源（如压缩空气）的详细机器数据，涵盖不同机器状态（运行、待机、部分负荷等）。将所有这些信息整合起来，可以预测负荷曲线。很明显，在这种情况下，设计具有个体能源转换系统的系统具有较高的不确定性，并进一步增加了工厂规划的复杂性。

另一个例子是规划目标的优先级。由于电池单体制造的高能耗，当前规划中的目标，如经典的时间、成本和质量，以及适应性和创新能力，需要加入可持续性目标，如气候影响或能源效率[8]。随着电池化学性能等方面的不断改进，电池单体工厂需要具备灵活性，以适应新的电池单体设计、化学品和规格。因此，规划目标需要明确规定，并由参与规划过程的所有参与者进行清晰的沟通和精确的遵循。

在规划电池单体工厂时存在信息不足的问题，这需要进一步努力改善沟通、协调和合作。这适用于所有规划阶段，并涵盖了规划过程中的所有参与者。此外，需要建立一个项目框架，以阐述一般条件和限制，并制定可行且一致的规划目标。如上所述，电池单体工厂的设计整合了甚至加剧了一般挑战。接下来，将介绍数字技术以应对这些挑战，并在设计数字化和可持续性方面支持绿地规划过程，打造先进的工厂。

4.4 支持工厂规划的数字技术

数字技术可以用于克服与信息交流、参与方协调合作以及项目时间、成本和完成度监控相关的挑战。下文概述了不同的数字化规划工具，同时，介绍了在规划过程中使用这些工具所面临的挑战，并给出了通过仿真的实例来成功实施这些工具的建议。

数据库及其相应的数据库管理系统是解决数据管理问题的基础。在数据管理系统中，数据被高效、一致地使用且被长时间存储[16]。共享数据环境支持不同用户和各种数字工具之间的协作生成、管理和交换[17]。此外，它有助于数据的一致性，并可在工厂的整个生命周期阶段使用。数据库是其他数字化解决方案的基础，如建筑信息建模（BIM）或仿真技术。

建模和仿真是在建模环境中呈现具有动态过程的系统，旨在生成对系统的理解和知识[19]。在对过程或工厂环境进行建模后，可以实施不同的场景来分析建模系统的行为，并为决策提供有用的信息。在工厂规划的背景下，仿真的应用示例包括物料流、工艺或能源系统规划。使用仿真的好处包括了解系统的行为、检测相互依赖关系，并通过可视化支持仿真结果的沟通。

虚拟现实技术使规划人员在建造之前能够看到计划中工厂、建筑或生产系统的2D和3D模型。通过可视化，可以支持不同规划者之间的合作。例如，规划者可以在会议期间使用虚拟现实共同开发新设计，并迅速将变更应用于规划目标的虚拟展示并进行验证。此外，项目管理可以通过这项技术保持最新状态。

增强现实通过将虚拟对象置于现实世界中来扩展虚拟现实，通过这种增强现实，用户可以更真实地看到设计的展示。在工厂规划中，增强现实可以用于将工厂设计投影到现有建筑物上，或将制造设备投影到现有建筑物中，它还可以支持维护规划[21]。

数字孪生描述了一种将物理系统表示为虚拟动态系统的技术。数字孪生具有实时获取和处理数据的能力[22]。借助自动化数据交换，虚拟对象与真实对象进行通信。在工厂规划中，该技术可以在规划阶段实施为虚拟阴影，并在运行阶段进行改进，以代表机器、工艺链、建筑或整个工厂的物理系统。数字孪生的特定用例包括借助自动化数据采集规划和评估制造系统[23]，或支持生产规划和控制[24]。

建筑信息模型（BIM）可以被描述为"关于建筑设施的信息共享知识资源，为整个生命周期中的决策提供可靠的基础"[10]。其基本原则是在对象的设计和施工过程中连接所有参与者，并集中收集、存储和分发数据[14]。BIM有以下不同的层次[14]：

1）3D BIM：3D建筑模型（包括几何和特定参数）。
2）4D BIM：时间信息用于进度计划。
3）5D BIM：成本信息用于成本计划。
4）6D BIM：生命周期内处理和维护的信息。

有多种软件解决方案可用于实施BIM模型，例如 Autodesk REVIT、Graphisoft Archicad、TEKLA 或 SketchUp。BIM 在规划阶段被广泛使用，但规划参与者可以将中央建筑信息模型转移到后续的工厂生命周期阶段[10, 8]。BIM 的优势包括控制不断增长的信息量和复杂性[8]，将建模建筑与仿真工具连接以进行分析和优化[25]，或者让不同的规划者共同工作，减少因不一致数据库导致的错误[26]。

使用数字技术有助于支持工厂规划过程中的各个参与者。然而，使用这些工具可能会遇到一些挑战。下文分析了出现的问题，并针对模型和仿真的使用示例提出解决方案和建议，该方法结合了对模型和仿真工具使用时可能出现问题的文献分析和石川图的方法，以确定问题的根本原因。随后，对所有问题的根本原因进行了分类，并得出克服（分类的）问题原因的解决方案。最后，根据专家访谈评估了解决方案的效果。以下是研究结果。

使用石川图，对与模型概念、开发和使用相关的问题进行了分析，确定了不同的问题原因。根本原因包括上述的沟通、合作、专业知识、目标和项目管理方面。然而，使用仿真时也会遇到一些技术挑战。基于数据的性质，可以清楚地看到大多数问题是由数据的可用性、一致性和交换引起的。数据可用性问题可能是因为没有可供仿真使用的数据。如果有数据，可能会出现的问题是数据访问。数据可以分为内部数据，不会共享，或者访问可能会因缺乏中央平台或服务器而变得复杂。这导致了多个访问点或孤立的系统。如果数据可用且可访问，它们仍然可能不一致、冗余或结构不合理。此外，由于不一致或缺乏接口、通信协议或需要手动导入或导出数据，数据交换也是主要问题。由于仿真工具本身或工具内部存在困难，也可能出现可用性问题。可能的原因包括选择了错误的工具或复杂的用户界面让使用更加困难。结果是，模型没有分成子系统，使得多个人同时在同一个模型上工作的过程变得复杂。

为了克服与数据可用性、一致性、交换和可用性相关的问题，已经确定了六种解决方案。

第一种解决方案是实施标准化方法，以共同理解不同模拟技术的好处、程序和应用领域。在这些领域的知识有助于吸引规划参与者并生成有用的模拟用例。标准化还有助于开发可连接模型（跨时间和跨内容）。除了对模拟方法本身进行标准化外，在制定规划目标和引入标准化数据管理时将其与项目管理整合起来也很有帮助。

第二种解决方案是建立一个中央数据库，这是数据管理标准化的前提。通过实施带有数据管理系统的中央数据库，可以使每个模拟专业人员和建模软件都能访问。这进而有助于统一和正确使用现有数据，始终代表项目的当前状态。因此，可以避免过时或不一致的数据，并提高数据的可用性。

通过与广泛使用的程序实现自动连接，可以进一步促进项目工作。它们自动连接需要定义的接口，以确保连接性并实现数据交换。通过使用例如 IFC 标准，可以实现不同软件之间的标准化接口。建立每个数据源和接收器与适当的接口有助于数据交换，并可以自动进行导入和导出。

自动化连接还要求连接的系统（例如不同的软件或物理系统）之间具有数据一致性。可以通过使用标准化的通信协议（例如 OPC-UA）实现数据一致性。通过定义接口和对其他模型或实际设备进行一致的数据传输，可以收集到额外的数据。

在实施了标准化方法、中央数据库和接口之后，可以将超级应用程序（例如 BIM 系统）作为一个有益的访问源。如果将其引入为信息的中心源，BIM 可以改善工厂规划项目各阶段之间一致数据的交换。例如可以将 3D 模型与参与项目的所有参与者以及不同的规划阶段进行交换。

最后一个解决方案是使模拟技术能够适应云环境。在当前的实践中，工程师从独立的工作站访问建模和模拟软件，并将项目数据保存在文件服务器上。然而，在许多情况下，实践者无法同时在同一模型上进行合作。实施云适应的结构是进一步改善建模实践者之间的合作并加快规划过程的未来要求。

为了验证上述解决方案，分别进行了六次专家访谈，与处理不同类型模拟的专业人员进行了交流。结果显示在图 4-4a 中，分别对使用频率（横轴），实施工作量（气泡大小）和未来潜力（纵轴）进行评估。使用频率描述了专家对当前市场渗透的评估。实施工作量显示了建立解决方案方法所需努力的主观评估。未来潜力描述了在实施后解决方案可以在未来带来的益处潜力。结果的统计分析显示在图 4-4b 中。

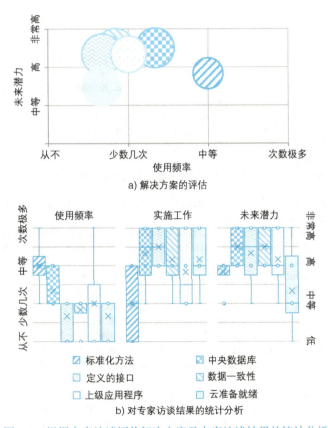

a) 解决方案的评估

b) 对专家访谈结果的统计分析

图 4-4　根据专家访谈评价解决方案及专家访谈结果的统计分析

专家对此进行解释，标准化方法实施已经相当频繁，但实施工作量仍然较少，具有很高的潜力，因此，应追求全面使用和利用现有的标准化方法。中央数据库和定义接口实施很少，未来潜力很高，在模拟时应予以考虑。然而，由于实施工作量较大，应进行成本效益分析以确定个别优势。云端准备的模拟和访问上级应用程序往往具有较高的标准偏差，最小值和最大值差异较大。这表明这些解决方案尚未有共同的定义。因此，建议使用这两种解决方案。

鉴于一般性质，作者认为所描述的模拟问题也可以推广到许多其他数字工具上。因此，这些解决方案中的方法应该是有帮助的，并在使用任何数字工具时提供改进的方法。

数字技术具有克服信息交流、涉及各方的协调与合作以及规划项目监测方面的挑战的潜力。为了在使用这些技术时克服挑战，建议采用标准化的方法，使用数字中枢，提供可用、一致和可交换的数据。不仅每个项目成员应具备资质以支持这个中枢，而且在规划过程中应有明确的责任，以保持数字中枢的可用性并促进其功能。除了规划过程中的潜力外，数字中枢的概念还可以通过关联相应的数据集来弥补设计和运营阶段之间的信息差距。因此，信息变得可以连接和使用。

针对绿地工厂规划的不同尺度，包括流程链、基础设施和建筑，应采用具有一致基础的整体方法。将模拟扩展到多个尺度的方法是多尺度模拟，将在下一章中进行描述。实施多尺度模拟方法并结合数字中枢将有利于规划准确性。

参 考 文 献

[1] Schenk M, Wirth S, Müller E. Fabrikplanung und Fabrikbetrieb. Berlin, Heidelberg: Springer Berlin Heidelberg; 2014.

[2] Bednar T, Bleicher F, Dür F, Eder K, Emrich S, Flatz T, et al. Roadmap für Energieeffiziente Fertigungsbetriebe. Wien; Konsortium Projekt INFO; 2013.

[3] Verein deutscher Ingenieure. Fabrikplanung: Planungsvorgehen. Berlin: Beuth Verlag; 2011.

[4] Heidemann A, Kistemann T, Stolbrink M, Kasperkowiak F, Heikrodt K. Integrale Planung der Gebäudetechnik: Erhalt der Trinkwassergüte — Vorbeugender Brandschutz — Energieeffizienz. Berlin: Springer Vieweg; 2014.

[5] Pawellek G. Ganzheitliche Fabrikplanung: Grundlagen, Vorgehensweise, EDV-Unterstützung. 2. Aufl. Berlin: Springer Vieweg; 2014.

[6] Grundig C-G. Fabrikplanung: Planungssystematik — Methoden — Anwendungen. 6., neu bearbeitete Auflage. München: Hanser; 2018.

[7] Wiendahl HP, Reichhardt J, Hernandet R. Kooperative Fabrikplanung: Wandlungsfähigkeit durch zielorientierte Integration von Prozess- und Bauplanung. wt Werkstattstechnik Online. 2001;91(4):186–91.

[8] Wiendahl H-P, Reichardt J, Nyhuis P. Handbuch Fabrikplanung: Konzept, Gestaltung und Umsetzung wandlungsfähiger Produktionsstätten. München: Hanser; 2014.

[9] Kampker A, Osebold R, Trautz M, Burggräf P, Krunke M, Meckelnborg A, et al. Innovative Fabriken interdisziplinär planen. wt Werkstattstechnik Online. 2012;102(4):186–92.

[10] Bougain A. Definition of the needs for enhanced building operation using Building Information Modeling (BIM). In: Achammer CM, Kovacic I, editors. Integrale Planung für Industrie-Bau 4.0: Praxisreport 2015 = Integrated planning for industrial building 4.0. Wien: Klein Publishing GmbH; 2015. pp. 36–51.

[11] Kampker A, Meckelnborg A, Burggräf P, Netz T. Factory planning scrum: integrative factory planning with agile project management. Stellenbosch: Stellenbosch Univ.; 2013. Proceedings International Conference on Competitive Manufacturing: COMA '13.

[12] Uhlenbruch W. Smart data — Erstellung eines Daten-Tools zur Analyse des Informationsmanagements in Planung, Bau und Bewirtschaftung von Gebäuden. In: Achammer CM, Kovacic I, editors. Integrale Planung für Industrie-Bau 4.0: Praxisreport 2015 = Integrated planning for industrial building 4.0. Wien: Klein Publishing GmbH; 2015. pp. 106–13.

[13] Trogisch A. Planerische Grundlagen. In: Albers K-J, editor. Taschenbuch für Heizung und Klimatechnik: Einschließlich Trinkwasser-und Kältetechnik sowie Energiekonzepte. 79. Auflage, 2019/2020. Augsburg: ITM InnoTech Medien GmbH; 2018. pp. 553–72 (Recknagel Edition).

[14] Pučko Z. Zeit- und Kostenermittlung bei Bauprojekten mit Building Information Modeling (BIM). In: Achammer CM, Kovacic I, editors. Integrale Planung für Industrie-Bau 4.0: Praxisreport 2015 = Integrated planning for industrial building 4.0. Wien: Klein Publishing GmbH; 2015. pp. 80–95.

[15] Loos MN. Daten- und termingesteuerte Entscheidungsmethodik der Fabrikplanung unter Berücksichtigung der Produktentstehung [Zugl.: Karlsruhe, KIT, Diss., 2013]. Hannover, Karlsruhe: Technische Informationsbibliothek u. Universitätsbibliothek; KIT Scientific Publishing; 2013.

[16] Vajna S, Weber C, Zeman K, Hehenberger P, Gerhard D, Wartzack S. CAx für Ingenieure: Eine praxisbezogene Einführung. 3., vollständig neu bearbeitete Auflage. Berlin: Springer Vieweg; 2018.

[17] DIN Deutsches Institut für Normung. Organisation und Digitalisierung von Informationen zu Bauwerken und Ingenieurleistungen, einschließlich Bauwerksinformationsmodellierung (BIM)—Informationsmanagement mit BIM: Teil 1: Begriffe und Grundsätze. Berlin: Beuth Verlag; 2019. (35.240.67; 91.010.01).

[18] Landherr M, Neumann M, Volkmann J, Constantinescu C. Digitale Fabrik. In: Westkämper E, Spath D, Constantinescu C, Lentes J, editors. Digitale Produktion. Berlin, Heidelberg: Springer; 2013. pp. 107–32.

[19] Verein deutscher Ingenieure. Simulation von Logistik-, Materialfluss- und Produktionssystemen: Grundlagen. Berlin: Beuth Verlag; 2014. (vol 03.100.10) 2014.

[20] Menck N, Yang X, Weidig C, Winkes P, Lauer C, Hagen H, *et al.* Collaborative factory planning in virtual reality. Procedia CIRP. 2012;3:317–22.

[21] Shan W, Jian-feng L, Hao Z. The application of augmented reality technologies for factory layout. International Conference on Audio, Language and Image Processing (ICALP). 2010;873–876.

[22] Singh S, Weeber M, Birke KP. Advancing digital twin implementation: a toolbox for modelling and simulation. Procedia CIRP. 2021;99:567–572.

[23] Uhlemann TH-J, Lehmann C, Steinhilper R. The digital twin: realizing the cyber-physical production system for Industry 4.0. Procedia CIRP. 2017;61:335–40.

[24] Rosen R, Wichert G von, Lo G, Bettenhausen KD. About the importance of autonomy and digital twins for the future of manufacturing. IFAC-PapersOnLine. 2015;48(3): 567–72.

[25] Kovacic I. BIM for BaMa: Energie- und Ressourceneffiziente Smart Production. In: Achammer CM, Kovacic I, editors. Integrale Planung für Industrie-Bau 4.0: Praxisreport 2015: Integrated planning for industrial building 4.0. Wien: Klein Publishing GmbH; 2015. pp. 126–35.

[26] Ungerer M. Industrie 4.0 bei Planung und Errichtung des Rautendachs für den neuen Hauptbahnhof Wien. In: Achammer CM, Kovacic I, editors. Integrale Planung für Industrie-Bau 4.0: Praxisreport 2015 = Integrated planning for industrial building 4.0. Wien: Klein Publishing GmbH; 2015. pp. 194–203.

第 5 章
电池制造中的建模与仿真
——概念与应用

数字化的电池制造需要先在建模和仿真软件中进行数据处理，以便获取材料产品、过程、工艺链和结构特性。本章主要介绍不同建模和仿真的基本概念，解释不同尺度下各个模型之间的耦合关系。此外，通过列举一些文献中的实际例子，说明了不同建模概念的优点、难点和在电池制造中的应用。建模和仿真在单个系统或过程的空间或时间尺度的分析得到了广泛应用，并在各个领域（如材料科学、生物学和工业工程）取得了丰硕的成果，但由于复杂性急剧增加，其在跨学科、多领域、多尺度综合模拟中应用相对较少。

5.1 多尺度生产模拟

建模是对所研究产品或系统的数字化表示，而仿真是随时间执行该模型的过程。多尺度建模是通过分析不同尺度模型之间的联系来构建数学和计算模型框架的一种方法[1]。多尺度建模背后的理念是，通过使用最适合的方法和工具，在不同尺度（例如空间、时间和材料）下，对一个或多个系统的行为进行描述[2]。在某些领域（材料科学、应用数学）多尺度建模和仿真的概念已经很成熟，而在其他领域（生物医学、制造工程）则相对较新[3]。

与物理或化学系统类似，生产系统可以在不同的尺度上进行构筑，从单一过程到过程链和技术建筑服务（TBS）再到建筑物。多尺度建模可以通过简化模型中忽略的尺度机制来减少经验假设。然而，这增加了整个模型的复杂性以及建模工作量和错误率，并且存在结果接受度较低的风险。因此，建模力求模型复杂性和结果准确性之间的平衡。为此，有必要考虑确定目标及其解决方案的所需模型[2-3]。

多尺度模型的模型验证涉及模型的内部一致性的验证。验证是检查模型和现实之间的对应关系。引用 Arsham 的话，验证涉及的问题是"我们是否在构建正确的系统？[4]"在验证中，我们首先要正确地构建系统，随后的校准验证了模拟生成的数据与真实数据的匹配程度。由于多尺度建模的复杂性，需要进行计算来验证、误差传播和模型的一致性。制定多尺度建模的数学理论可以为多尺度模型的误差分析提供形式化和可靠的方法。一个相关的可能性是"耦合数值分析"。这个想法使用单一模型的数值分析，并将其在尺度域中提取出来以分析耦合模型。对多尺度模型的验证、不确定性量化和敏感性分析，也需要更好地理解并付诸实践。需要使用完全解析的模型获得的基准结果来"校准"多尺度模型的参数。

对已解析模型的不确定性量化和敏感性分析,可以用于估计使用非完全解析多尺度模型预测的质量[3]。

电池单体制造领域的建模问题非常复杂,目前还没有一个完全解决的模型能够涵盖所有相关问题。在电池单体制造领域,这种复杂的建模以及相关问题尚未在一个完全解决的模型中建模。到目前为止,通过整合不同学科的知识和方法制订跨学科的工作计划,已经对一些独立和相互关联的问题进行了研究和解答。这种方法实现了跨学科的工作模式,并且有助于解决最重要的问题[3]。本节将重点介绍电池单体制造领域建模和仿真的方法以及各模型耦合的相关研究。

5.1.1　材料尺度上的模拟

电池中使用的材料对产品性能有很大影响,因此被定义为电池设计的一部分。图 5-1 展示了不同材料在整个电池中的占比。

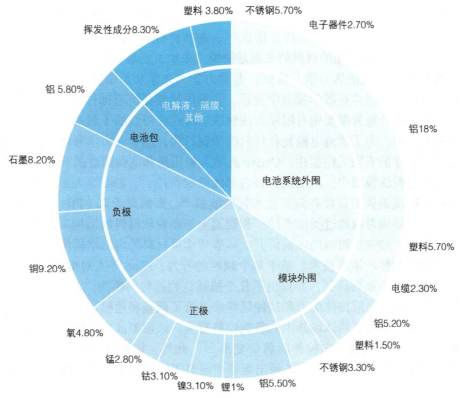

图 5-1　电池系统中使用的材料及其在各个部件中的分布
(参考 Diekmann 等人的研究)

在容许范围内,这些材料在其物理和化学性质上存在偏差[6]。材料性质的偏差是由于材料加工过程中工艺误差步骤造成的,这些误差会影响产品的材料特性。存在着各种模拟方法量化这些误差并得出关于产品质量的最终结论(图 5-2)[7-8]。而电极材料可以在交付时检查其性能,例如孔隙大小。由于制造过程中存在各种混合和成型过程,因此需要在制造过程中对产品材料进行不同形式的表征[9]。根据表征方的不同，可以分为光学表征方法和电化学表征方法，例如，电极结构、材料粒径需要通过光学图像识别来获取相关信息。

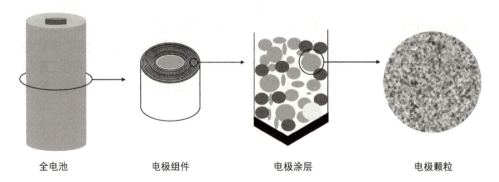

图 5-2　多尺度微观结构表征的尺度：全电池、电极组件、电极涂层和颗粒（参照 Heenan 等人的研究[10]）

记录的数值及其与标准/目标值的标准偏差可以存储在生产过程的数据库中，并作为过程或产品建模的输入。此外，系统化的记录有利于电池单体扩展数据表的创建，这为生产的电池片添加了关于采购材料的额外信息[10]，例如材料来源的有关信息（如采矿地点和时间），以及加工方法和使用的材料的来源是初级（采矿）还是二级（回收）等信息。

物理材料特性，包括热力学、机械、电动力学、光学和声学特性，以及化学材料特性，可以通过实验记录并在数学模型中表示。主要的困难是所有部件的尺寸都很小[8]。模型中不同属性的耦合通常需要用有限元方法解决。对这些特性的了解对电池的生产过程和使用阶段都有影响。为了预测电池复合材料的微观行为，热学、力学和电学分析需要被耦合到一个多物理学的有限元模拟中。Carlstedt 等人将质量和电荷浓度的局部变化纳入具有适当边界条件的精炼模型中，以捕捉材料内部的微观条件[11]。Zhu 等人回顾了现有的机械建模，例如，电流胶体的塑性各向异性和韧性断裂[8]。聚焦离子束（FIB）SEM 图像捕捉到的电极的纳米结构可以通过类似于沙子和混凝土等颗粒状材料的结构来建模，而涂层在微观和中观尺度上的变形机制尚未被研究。隔膜和涂层材料的内部结构增加了建模的复杂性，需要使用实验性的纳米技术。基于单个颗粒的行为，Zhao 等人对电极的弹性、塑性、断裂和脱粘进行了一系列研究，并提出了几个描述这些过程的模型。Zhang 等人对各种隔膜的平均孔径大小、极限拉伸应力和拉伸延伸率进行了调查和建模。此外，还建立了一个隔膜的有限元模型来预测测试场景中的负载位移行为。该模型成功地模拟了冲床试验期间的各向异性变形和对角线方向拉伸的剪切变形[12]，此外，该模型还研究了隔膜的正交性和弹塑性以及温度依赖性[8]，并在各种出版物中研究了涂层和集电体之间黏附强度的相互作用[8, 13]。

5.1.2　电池尺度上的模拟

锂离子电池发展的一个主要挑战是对不同工作状态下的行为进行预测。一般来说，锂离子电池模型可分为经验模型和电化学模型（图 5-3）[14, 15]。这些模型通常旨在估计电池的充电状态（SOC）和健康状态（SOH）。一般电池级的建模和模拟与材料模拟密切相关。

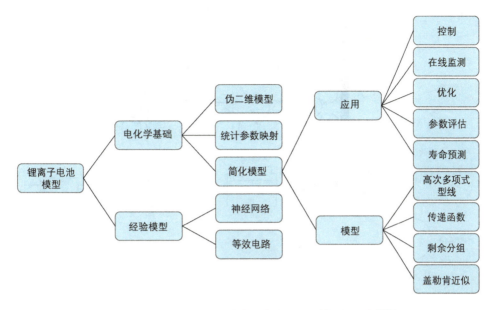

图 5-3 锂离子电池型号分类（参考 Jokar 等人的研究[16]）

在电子和汽车行业的电池管理系统（BMS）中，基于等效电路或神经网络的模型通常被作为经验电池模型，用于估计电池的未来状态。计算简单和快速是经验模型的主要优点[16]。因此，在老化过程中，电池的特性不会更新。需要说明的是，由于电池体系的不同，锂离子电池的经验模型不能应用于其他类型的电池[15, 18]。

1. 经验模型

通过使用等效电路图（ECM）对电池进行描述，如图 5-4 所示。在这里，不同测量频率下阻抗的经验测量结果可用于电池模型的参数化[19]。然而，这也增加了使用 EC 模型时的计算工作量。如图 5-4 所示，各个 RC 环节描述了电池单元各个组成部分的电化学特性。所描述的电阻（R）包括电解质和集流体的电阻，电感（L）是正极和负极多孔结构的双电层效应。Washburn 阻抗模拟了低频下的扩散过程。RC 元素的量随着电池的老化过程而增加。然而，这里可以观察到这作为电池负载函数的 RC 参数的异质发展[20]。

数据驱动的方法可用于确定 SOC 和 SOH。为了获得每个应用的理想输出值，输入值必须重新测试，这一过程通常没有标准化的程序。因此，这些模型的构建，需要成本较高的开发工作量，但持续的调整也可以提高模型在运行过程中的质量[21]。例如，Chen 等人使用神经网络与卡尔曼滤波器配对，这使得经典的安培小时计数法可以确定充电状态。然后，通过一个人工神经网络修正不同温度造成的测量误差。前馈网络被赋予当前电池电压和电池温度作为输入数据。作为输出数据，该网络可确定一个 SOC 误差，必要时与测量的 SOC 相抵消。这个程序使得确定 SOC 的误差可以小到 2%，特别是在低温和 SOC 较低的情况下[22]。

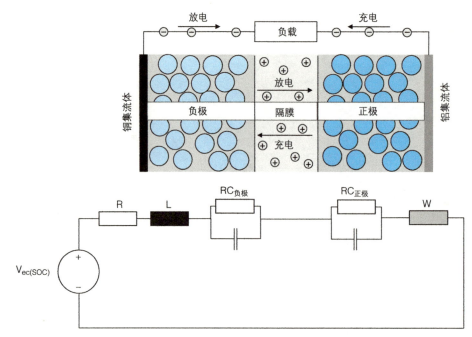

图 5-4　等效电路模型 (ECM) 结构（参考 Xia 等人的研究[20]）

在 Lin 等人的另一篇文章中，人工神经网络被用来确定电池单元老化期间的健康状态。该网络的输入数据是负载步骤中的动态电压特性。首先，在恒定电流 - 恒定电压（CCCV）完全充电期间，测量恒定电流阶段的时间。然后，在即将到来的放电阶段开始时，测量电压下降。在随后的负载变化到充电阶段，再次测量电压正跳。这三个值在电池老化的过程中发生变化。随着电池的老化，充电时间缩短，电压跳变的幅度增加。通过在一个概率神经网络中对每个周期相关数据进行处理，实现了对电池单元的老化过程的估计，其不确定性约为 1%。[23]

电化学模型的设计比数据驱动的模型更复杂。电化学模型涉及化学 / 电化学动力学和传输方程，可以用来模拟锂离子电池的特性和反应[14]。最流行的基于电化学的模型是准二维（P2D）模型和单粒子模型（SPM）[16]。

2. 准二维模型

1993 年，Doyle 等人提出了锂离子电池的 P2D 模型。锂离子电池的 P2D 模型结合了多孔电极理论、浓溶液理论和动力学方程，通过大量的测试和验证，是迄今为止最流行的锂离子电池模型[16]。如图 5-5 所示，P2D 模型预测相对准确，通常与实验数据有良好的一致性。

两个电极是以球形颗粒作为多孔基质被电解质包围作为模型。锂离子的嵌入和脱嵌过程是在颗粒的表面进行的。此外，主要的单向转移过程导致了沿 X 轴的一维数学模型[24]。

通过球形颗粒的菲克扩散定律，P2D 模型的一维数学模型对电极中的锂离子浓度进行了描述，欧姆定律对电解质和隔膜中的液相锂离子浓度进行描述，通过基尔霍夫定律和欧姆定律对电解质和隔膜的液相电位进行描述。巴特勒 - 沃尔默动力学方程描述了电极中锂离子的孔壁通量[25]。使用各种数值方法可以估算出模型参数，如有限差分法（FDM）、有限元法（FEM）和有限体积法（FVM）[16]。

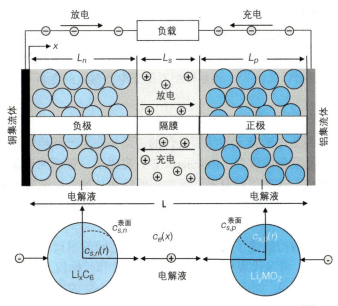

图 5-5 锂离子电池 P2D 模型（参考 Jokar 等人的研究[16]）

3. 单粒子型（SPM）

2000 年，Zhang 等人提出了单粒子模型（SPM）用以简化 P2D 模型。如图 5-6 所示，SPM 将每个电极建模为一个伴随有嵌入和脱嵌的球形颗粒，并忽略电解质浓度和电势的变化[26]。负极和正极的固体浓度方程和 Butler-Volmer 动力学方程是 SPM 的控制方程。由于 SPM 简单且计算成本较少，该模型应用广泛，例如锂离子电池的在线估计和寿命建模[16]。单粒子模型最主要的一个问题就是必须调整电解质特性以适应高放电率或厚电板情况[14]，这个缺点可通过改进 SPM 版本得以缓解[27]。多粒子（MP）模型可以用来处理具有不同半径、特性和一系列接触电阻的锂离子，如电池材料体系 $LiFePO_4$ 电极[28]。这种简化的 P2D 模型主要是为控制、监测和优化电池参数估计和老化预测而开发的[16]。

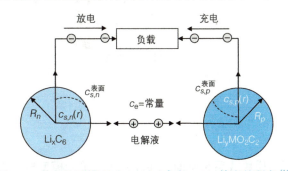

图 5-6 单一粒子模型（SPM）（参考 Jokar 等人的研究[16]）

4. 热力模型

由于工作温度对电池的老化起着关键作用，Bernardi 等人于 1985 年开发了电池系统的能量平衡模型[29]。为了计算电池单体的热演化速率，Pals 和 Newman 使用了 P2D 模型与能量平衡模型耦合。为了分析锂离子电池在工作条件下的行为，开发了具有相关热方程和电化学方程的2D和3D模型[30]，但其计算量大，需要额外的输入数据，例如比热容、热扩散率和材料的热导率。为了简化复杂的热模型，Guo等人将SPM与热方程耦合起来。基于经验模拟，锂离子电池的发热情况得以量化[31]，该热模型有助于电池参数的更新[16]。

5. 制造业中的产品建模

一些产品模型不是为电池单元使用而设计的，而是在生产环境中建模。例如，用于表示生产变体和评估产品质量的模型。Reinhardt等人提出了一种面向对象的方法，该方法认为电池由各个组件组成，这些组件有不同的物理特性和功能，影响着产品的特性（如安全或循环稳定性）。Kornas等人采纳了这一想法，并将电池模型扩展为基于KPI的多变量电池模型[32-33]。

图5-7所示的分层结构描述了材料、产品和过程之间的多尺度模型。最低层代表物理测量的输入特性（C_{pk}），可以代表材料特性、工艺参数和目标值或公差值（C_{pmk}）。第二层描述中间产品特性（MC_{pk}），如电池的厚度，这是从第一层的特性中计算出来的，如电极的长度和卷绕过程的特性。在这里，随着与允许的公差值偏差的增加，质量损失被检测到。第三层代表电池的最终产品特性，如库伦效率或容量。顶层将这些属性总结为一个单一的KPI值。由于分层结构的特性，使得所有的输入都可以相互关联，并与一个KPI值相关[33]。

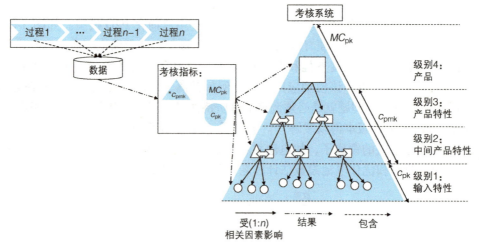

图5-7 基于KPI的多变量电池模型的结构及其在生产环境中的应用（参照Kornas等人的做法[33]）

5.1.3 系统级仿真

建模的下一个级别是模块或系统层面。在此，各个单元模型按照指定的排列方式并联或串联起来，以代表其电化学特性。相反，系统级模拟提供了更好地再现应用条件的可能性。因此，可以向模拟中增加电池连接件、模块外壳和电池管理系统。这就提供了进行各种模拟的可能性，这些模拟超越了传统的电化学问题，在许多情况下，需要进行热模拟[34-35]。在这里，有关电池管理系统的最佳模块设计、冷却和加热策略的问题可以得以解决。此外，可以估算极端温度对电池的电化学影响，并且模拟电池之间允许的温度变化。为了影响气流方向，热管理策略被开发出来，如 SOH 平衡管理方法。在这个策略中，电池的各种 SOH 不一致也关系到锂离子电池系统寿命的延长[35]。由此，热管理系统可以提供能量来控制温度，将系统维持在最佳工作状态，并计算出热失控风险分数 (TRR)[34]。一方面，热管理系统可以模拟由于电池电荷转移而产生的体积推力以及模块中电池之间的作用力；另一方面，可以模拟来自外部作用力的影响，如碰撞[8]。

一方面，系统建模涉及电池的组装和选择；另一方面，还考虑到了源自制造过程产生的电池质量差异。模块的容量是由模块中最弱的单元限制。因此，可以根据用于组装模块的电池质量的差异性，推断出模块的属性，如电池单体和整个系统级别的 SOC 分布及老化表现。

5.1.4 过程层面的模拟

精确和高质量的电池制造对电池质量、耐用性、安全性和环境友好性至关重要。在制造环境中，改进过程级仿真工具的使用是提高质量、能源效率和材料使用的一种方法[36-37]。仿真工具需要实时监控状态、调整在线过程，除了电池运行过程中获得的数据外，还要考虑制造数据来精确预测电池模型的寿命。锂离子电池生产复杂过程存在许多与质量相关的工艺参数，由于流程的多样性，很难实施一致的质量管理，因此需要单独考虑各个流程步骤。所选择的模拟方法根据过程和目标标准而变化。相关参考文献证明了将特定单元模型的数据要求与过程模型的数据提供保持一致的重要性。

为了研究电极制造过程中的公差对电池模块性能的影响，Kenney 等人扩展了单粒子电池模型，并对三个主要电极制造参数，包括电极厚度、电极密度（与电极的孔隙率相关）以及活性材料的质量分数（取决于活性材料的混合质量）进行了研究。模拟表明，电池质量随制造偏差的程度而变化，且电极厚度和电极孔隙率这两个制造参数与最大限度地提高电池模块的可用容量密切相关[6]。

Gimenez 等人提出了一种离散元法（DEM）方法来描述锂离子电池在充电过程中的行为。压延生产步骤从微观到宏观，该模型适合描述电极沿压延步骤的宏观行为，尤其可以描述电极压延后的弹性性能和弹性恢复，该效果无法通过实验确定，并且与控制压延过程相关。此外，该模型还对压延过程中电极结构及其性能之间的相互作用进行了数值概述，以预测重要的电池性能并设计改进材料[38-39]。

Schreiner 等人提出了一个定性的机器/材料工艺结构模型来说明压延过程中的相互作用。该模型研究了根据经验记录的工艺参数，如轧辊温度和速度、电极的结构参数（如层厚、黏附强度）和机器行为的参数（位移和弯曲线），对实现电极孔隙率的影响[40]。

为了对可能的定位错误和多层处理进行排序，以实现制造步骤优化，Schmitt 和 Raatz 展示了一种扩展的 FMEA 方法对电极堆叠过程进行优化。作者提出了一种算法，使用模糊逻辑对不同尺寸和公差的电池进行模拟和预测定位误差[41]。

Jeon 使用晶格玻尔兹曼模拟来显示电解液填充过程中的电解液分布，并了解正极和负极的润湿特性。多孔电极模型用于确定润湿性对电池性能的影响，结合电池模拟可以表明润湿性与电极中的空气滞留和锂镀层的发生密切相关[42]。

5.1.5 生产链模拟

在降低生产成本的同时实现较高的产品质量是电池制造中的主要挑战[43]。现有的制造质量保证方法已被广泛讨论。然而，由于用于制造锂离子电池的各个工艺步骤固有的复杂性，这些方法并不完全适应电池制造[44]。相应的工艺链由批量、连续和不连续的组合组成流程，其中一些流程还需要特殊的环境和边界条件[45]。由于缺少各个流程步骤的模型，将这些单一流程模型组合成整个流程链模型非常具有挑战性。为了应对整个流程链的复杂性，近年来引入了多种全面质量管理理念。这些质量管理概念在方法论以及质量相关参数的识别方面有所不同。

1. 失效模式与影响分析

失效模式和影响分析（FMEA）在工程领域有着悠久的传统，是一种自下而上的方法，用于识别和评估部件、产品和过程的潜在故障。在进行 FMEA 的初期会进行结构分析，其中定义了（子）过程，并展示了过程元素的相互关系，随后通过功能分析确定了参与过程和可能影响过程的参数，并识别和定义故障模式、故障影响和故障原因[37, 41]。

2. 数据挖掘的跨行业标准流程

作为数据挖掘的分析方法，数据挖掘的跨行业标准流程（CRISP-DM）方法分为业务理解、数据理解、数据准备、建模、评估和部署等阶段，这些阶段是可变的，必须通过循环来运行。因此，通过这个过程会出现新的且更有针对性的问题[46-47]。

2013 年，Westermeier 发表了第一份采用整体方法调查电池单体生产中质量参数的出版物[37]。在改进的 FMEA 分析的帮助下，记录了电池单体生产中的主要影响因素，错误链也得到确定。在此基础上，该方法在整个过程链上创建一个多域矩阵（MDM），提供了对最终产品的质量参数有直接或间接影响的参数，因此，可以在之后的步骤中对确定的影响因素进行量化，并得出各个过程的目标值[48]。在此基础上，Schnell 和 Reinhardt 提出了全面质量管理的概念，用于检测过程偏差，并可以通过定义内部决策点（质量门）来最少化质量控制的工作量，实现对整个过程的控制和反馈[49]。

通过 CRISP-DM 方法，Schnell 等人[46]对沿制造工艺链收集的数据进行处理，将捕获的单体参数分配给一个单体，并与所产生的单体能力相关联，以确定过程的依赖性。为了预测产品质量，我们使用并评估了各种数据挖掘方法。例如，与人工神经网络（ANN）、支持向量回归（SVR）和决策树（DT）方法相比，广义线性模型（GLM）、随机森林（RF）和梯度提升树（GBT）方法在形成前更好地将质量参数与最终电池容量相关联。容量可能较低的电池可以在昂贵和能源密集的形成过程之前从工艺链中弹出，因此电极制造和电解质填充被确定为关键的质量驱动因素[33, 46]。通过技术建筑系统（TBS）的信息，Turetskyy 在 2019 的研究中扩展了数据库，并将重点放在各种数据资源，结合了自动和手动获取的数据源，这与 Schnell 等人试图用数据挖掘方法从过程数据中预测所产生的电池容量的工作类似。此外，还考察了各个参数对于电池容量的影响。

其中分散过程中的屈服点和电解质填充前的电池重量对电池容量影响最大[50]。通过这些参数，Thiede 等人[47]分配和计算了生产过程中的中间产品特征和最终产品特征的数据来源。基于 Schnell 和 Reinhardt 的方法，Thiede 等人在制造业中建立了所谓的质量门，以便能够尽早淘汰坏零件[47]。

在这个概念中，如图 5-8 所示，对中间产品（IP）的质量和产生的电池单体进行了评估。IP 的中间产品特性（IPF）具有确定的目标值和公差，如电解液的黏度或电极材料的颗粒大小。一旦特性超出公差范围，中间产品不合格。除了电池容量外，质量门估计电池最终产品特性的目标值可以通过 400 次循环后的 SOH 和第一个化成循环后的化成损失等参数来扩展。在这个过程中，随着更多的信息被添加到模型，目标值会在制造过程中更新。未来的流程可以利用中间产品的信息来重新调整流程。采用机器学习的方法对中间产品特征进行识别选择和建模，因此，可以通过特征重要性来评估和选择各个参数对目标准则的影响，这一概念还包括不继续加工的中间产品，并在必要时将其排出以节省能源和成本。利用已经生产出的电池单体数据的经验性机器学习模型，该方法可以将中间产品和最终产品特性相关联[45]。

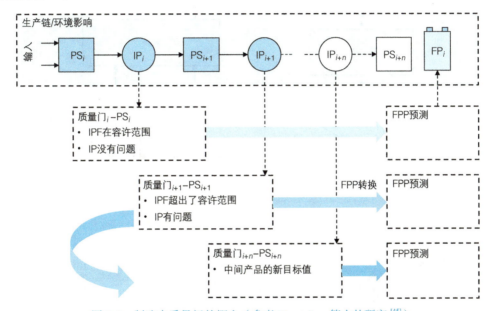

图 5-8 制造中质量门的概念（参考 Turetskyy 等人的研究[45]）

自适应改进的逻辑流程如图 5-9 所示。在选择相关的中间产品特性并对其与最终产品特性的关系进行建模后，工艺专家定义了中间产品特性的目标值和公差，并由此计算最终产品特性的目标值和公差。目前，中间产品特性是在循环中获得的，如果特性满足规格，则计算下一个工艺步骤；如果特性超出公差，则检查这是否以某种方式对最终产品特性产生负面影响。然后，决定是否继续生产电池，并确定新的目标值以用于进一步的工艺设置，其中最重要的是要判断停止生产的条件[45]。

这一点可以扩展到信息物理生产系统如图 5-10 所示，信息物理生产系统是由物理世界、数据采集、网络世界和控制元素组成。其中，物理世界代表电池生产，如以手动或自动方式执行的数据采集。网络世界包含所描述的单流程模拟以及跨流程模拟方法及其数据。控制元件负责可视化从网络世界模型中得出的建议。因此，该网络物理生产系统可以改进当前流程，并对未来的流程规划产生积极影响，代表了电池制造建模的目标阶段[45]。

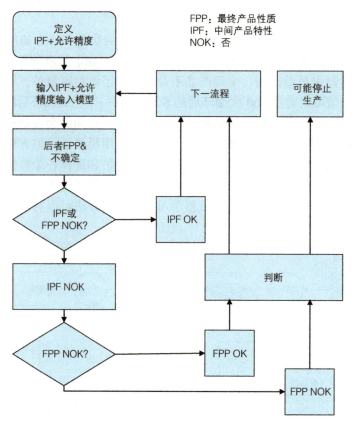

图 5-9　自适应改进的逻辑流程（参考 Turetskyy 等人的研究[45]）

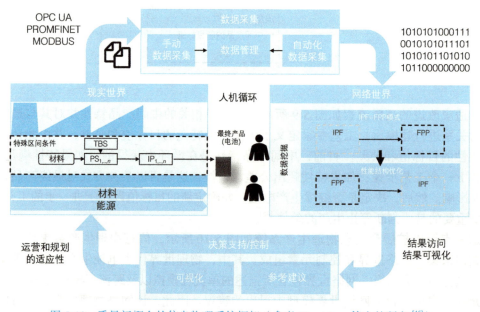

图 5-10　质量门概念的信息物理系统框架（参考 Turetskyy 等人的研究[45]）

5.1.6 工厂建筑及其技术设备模拟

通过检查各个制造流程的利用率以及流程链、技术建筑服务(TBS)和工厂建筑的能源消耗,提出的产品质量建模和仿真提供了显示能源消耗和相关成本的可能性,有望解决工厂运营相关的问题,也为进一步的评估提供了基础,例如生命周期评估(LCA)、生命周期成本计算(LCC)或总拥有成本(TCO)方法[51]。

为此,过程链与相关机器和物流组件一起被建模,如图 5-11 所示。此外还包括了技术建筑服务,必须将环境条件(例如干燥室)维持在严格的范围内,特别是在电极生产中。为了模拟动态能源消耗,建模必须包括不同的物料流、连续和离散过程和机器、组织框架条件、离散和批量处理、特定机器状态以及技术建筑服务的各种模型[51]。如果考虑不同的工厂地点,还必须考虑工厂所在地的气候框架条件、电力因子和能源价格[52]。Thomitzek 等人和 Weeber 等人研究了科技创新对流程的影响,例如由于实施干涂层,辊压机的温度降低且干燥过程的生产时间减少,还研究了在这种情况下对机器可用性的影响,展示出所生产的电池容量的能源需求变化显著。Thomitzek 等人的模拟范围为 69～213W·h/W·h_{prod},Weeber 等人的模拟范围为 93～328W·h/W·h_{prod}。与 Thomitzek 等人相比,Weeber 等人的建模包括建筑模拟和能源来源,这可以解释更高的能源需求。此外,可以在未来的模拟中考虑额外的能源(例如压缩空气或长距离加热),可以测试具体的能源措施的有效性(可以检查安装自供电光伏系统或实施各种能源灵活化方法)。之后,该模拟环境可以连接到信息物理生产系统,以进一步研究对产品质量的影响[51-52]。

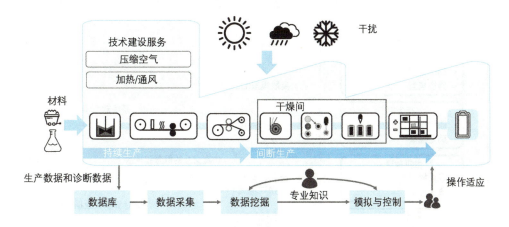

图 5-11 一个锂离子电池制造厂,包括多个部分组成的复杂系统流程链、建筑技术服务和建筑外壳
(参考 Turetskyy 等人的研究[50])

机器状况及其能耗的真实数据以及 TBS 的数据可用于实现更真实的模拟。通过这种方式,模型的构建还可以为新生产设施的规划或现有场地的改造和提升提供有价值的信息[50,53]。

5.2 建模和仿真的分类

在软件级别存在多种用于执行建模和仿真的方法和技术。选择一种能够增强模型信息范围的仿真方法至关重要。由于关键因素不同，仿真模型和方法没有普遍接受的分类标准，例如自动化决策的程度、竞争力水平和仿真结果的应用。本节主要围绕近年来在工业 4.0、工业工程和系统工程背景下以建模和仿真为主题的文献展开讨论。

合理的分类依赖于对建模和仿真的区分[54]。通过结合大多数显著特征，建模的目的是为分析人员预测变化的影响提供可行性系统[55]。相反，仿真是使用特定方法模拟现有或计划系统的运行及其随时间的行为。从更广泛的意义上来说，无论是现有的还是预计的系统，仿真是一种评估，在不同配置下系统性能的工具[56]。仿真的功能是研究动态模型，模型旨在模仿真实系统的时间演化，而模拟结果是在求解基础动态模型的方程时产生的[57]。仿真模型具有丰富而复杂的结构，使其成为一种特殊类型的科学模型。此外，由于构建、使用和证明模型的整个过程涉及分析上难以处理的数学问题，仿真模型可以通过其架构中涉及的各种算法结构、表示关系和新的语义连接来与其他形式的模型区分开来[58]，并被"计算机仿真"识别。

模拟在方法论和认识论的基础上定义了数学模型和模拟模型，可用于评估行为模型、数据驱动模型、描述性模型、概念模型或分析模型。从战略层面的建模或特定领域模型转向操作性的较低抽象层面更为关键。因此，模型的分类是在结构层面上完成的，不同的模型和不同的模拟方法有不同的目的，其分类对于为预期范围选择正确的模型类型很有用。图 5-12 提供了模型类型和仿真方法的综合概述[59-61]。

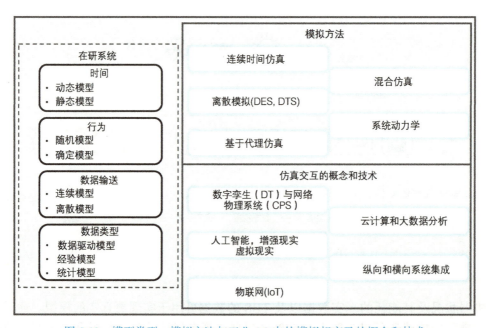

图 5-12　模型类型、模拟方法与工业 4.0 中的模拟相交叉的概念和技术

模型选择、模型保真度和仿真方法对仿真的评估结果有直接影响[62]。在为运行性能评估开发模型时，必须考虑模型开发成本、模拟工作和模型预测有效性之间的权衡，这又产生了

模型类型对仿真方法的影响，例如，静态模型不应使用系统动力学方法进行仿真，反而应取决于系统的状态。此外，所研究的系统在很大程度上对建模和仿真产生影响[63-64]。在一些系统中，状态不是在某个特定的时间作为一个离散事件，而是一直在变化。因此，尽管离散事件模拟也可以作为一种近似的方式，"连续模拟"则更为合适。为了确定需要采取的模型类型和仿真方法，我们将更详细地描述系统的特点。

5.2.1 模型的分类

相关文献中对于模型有线性或非线性模型、静态/稳态或动态模型、确定性或随机模型、连续或离散模型、局部或分布式等分类。为了理解模型分类，本节重点介绍可建模和模拟的系统类型的属性。下面对这些系统的结构和实现方法进行阐述。

时间是定义静态或动态仿真模型的影响因素。当系统的所有相关元素（参数、变量）之间的关系不依赖于时间时，系统就被称为静态系统[65]。例如，在一年里一个班级中学生的数量就是静态系统。静态模型不包含先前应用的输入值、内部变量值或输出值的内部历史记录，其数学表示是一组代数方程：

$$y_i = f_i(u_1, u_2, \cdots, u_n)$$

每个输出变量 y_i 取决于输入 u_i 的函数 f_i，输出变量也可能依赖于其他输出变量，并且结果不是简单的一一对应关系。该函数代数表达式，基于物理的方程、查找和插值表以及静态回归模型扩展而来。

随时间变化的系统被称为动态系统。变量时间可以是一连串的瞬间（离散时间、离散事件），也可以是一个区间的值（连续时间）。例如，在预报天气期间，系统的状态随时间变化而变化，且系统的先前状态也作为模拟的输入初始值。与静态模型不同，动态模型提供了一种模拟系统随时间变化行为的手段。与静态模型不同，这里维护了一个内部存储，可以是先前输入、内部变量或者输出的某种组合。涉及代数方程和微分方程相结合的动态模型的数学表示如下：

$$\frac{dx_i(t)}{dt} = f_i((u_1(t), u_2(t), \cdots, u_m(t)), x_1(t), x_2(t), \cdots, x_n(t)), t)$$

$$y_i(t) = g_i((u_1(t), u_2(t), \cdots, u_m(t)), x_1(t), x_2(t), \cdots, x_n(t)), t)$$

u_i 和 y_i 分别是输入和输出量，表示为时间的函数，还需要一系列依赖于输入变量及其自身的状态变量 x_i。输出变量 $y_i(t)$ 是一组函数 "g"，取决于状态变量和输入变量的当前状态。动态模型的内部存储由状态变量提供。在上面的示例中，仅提供了状态变量的变化率 $\frac{dx_i(t)}{dt}$，而不是状态变量的值。如果变化率为零，状态变量的值将保持不变。此外，在这种情况下，有必要在 $t=0$ 或模拟应开始的任何其他时间点定义初始条件。这显示了时间是驱动模型的自变量的动态模型特征。在仿真模型中，"时间"通常指仿真时钟，主要由软件管理。

在静态模型中，提供相同的输入值始终会产生相同的输出集。在动态模型的情况下，任何时间点的输出值不仅取决于当前时间点的输入值,还可能取决于先前时间点提供给模型的所有输入值。

行为因子定义了随机或确定性模拟模型,确定性系统是指其行为可以预测的系统,并且在模拟的未来事件的发展中不包含随机性,这意味着确定性模型的输出由初始条件和参数值确定。理想情况下,只要使用特定的输入值集和相同的参数状态调用确定性函数,其就会返回相同的结果。相反,尽管使用特定的输入值集和相同的参数状态,非确定性函数都会返回不同的结果。图 5-13 所示为确定性系统与随机系统。

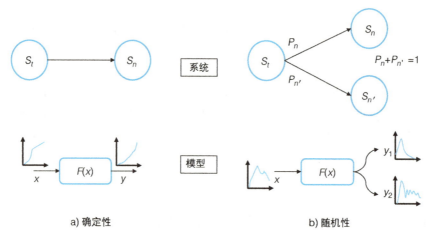

图 5-13 确定性系统与随机系统[68-69]

确定性模型的特征是一组精确描述系统如何随时间发展的方程。确定性模型通常比随机模型更容易分析。因为它们不受处理复杂性的限制,而概率模型在时间不变的非线性处理的情况下,概率建模很容易变得计算上不可行[66]。然而,在许多情况下,随机模型更容易分析现实,特别是对于"小样本"。

混沌模型的发展混淆了确定性模型和随机模型之间的区别。混沌模型是一种特殊的确定性模型,对模型中参数的值高度敏感。参数值的微小变化可能会导致模型产生完全不同的结果[60]。有一句名言可以举例说明这种区别:一条山涧,一颗跳动的心脏,一场天花流行病,以及一列上升的水柱或烟雾都是动态现象的例子,它们的行为似乎是随机的[67]。事实上,特殊的秩序就是"确定性混沌",简称混沌。科学家和工程师对这些过程表现出一种特殊的秩序处于初步了解阶段[70]。"随机"一词来源于希腊语词根。随机系统具有固有的随机性,因此同一组初始值和参数在不同时间点会产生不同的输出。随机模型考虑了由于系统的一个或多个波动部分的不同行为特征而引起的不确定性,例如随机时间延迟、噪声干扰甚至随机动态过程。随机模型往往比确定性模型更现实,信息量更大。例如,随机行走过程的模拟、交通控制和稀有物种的管理都应该表示为随机系统。

由于实际具有随机性,相比于忽视随机行为的模型,随机模型的仿真结果更接近于实际值[70]。随机过程包括一个随机变量族 $\{X_t\}$,其中 t 是空间 T 中的一个点,称为参数空间,对于每个 t、T,X_t 是空间 S 中的一个点,称为状态空间。族 $\{X_t\}$ 可以代表一个粒子在空间 S 中"随机"运动的路径,在时间 t 的位置是 X_t。这些路径之一的记录被称为过程的实现。一个随机模型的基本创建步骤如下:

1）创建样本空间，即所有可能结果 X_t 的列表。
2）为 $\{X_t\}$ 的元素分配概率。
3）识别感兴趣的事件，即 t 的不同固定值 X_t 之间的关系。
4）计算以下事件的概率兴趣，即应用概率论来确定所识别的关系。

数据传递因子定义了离散或连续模拟模型，其在时间或空间上可以是连续的或离散的。连续系统是状态变量随时间连续变化的系统，例如电气元件上的流体方面和传热方程。在这种情况下，输入和输出都是连续信号。离散系统是状态变量仅在一组离散时间点发生变化的系统，例如销售和生产线。在离散系统中，输入和输出信号都是离散信号。

仿真的时间推进机制分为事件和时间步，分别称为离散事件仿真（DES）和离散时间仿真（DTS）。仿真将在下一节更详细地解释，但是有必要在空间和时间上区分离散模型和连续模型，如图 5-14 所示。

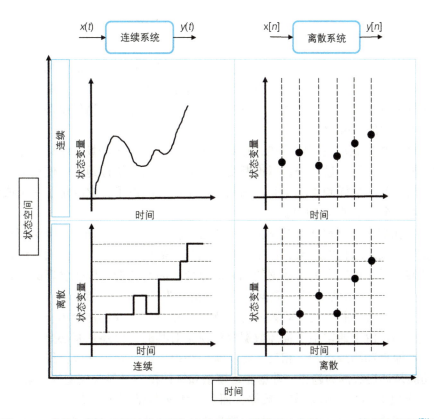

图 5-14　离散与连续时间以及离散与连续状态空间模型（参考 Holzer 等人的研究[71]）

动态模型具有一个、几个或全部可能连续或以离散方式变化的因变量和自变量。与之类似，确定性系统和随机系统的变量都可能连续变化或在离散时刻最后变化。因素类型的数据驱动统计、经验和数据驱动的模型，如图 5-15 所示。假定存在相当多和足够的描述基础系统的数据，数据驱动的模型是基于对特定系统的数据分析。数据被用来执行分类、模式识别、关联和预测分析的任务。数据驱动模型在没有明确的系统物理行为知识的情况下，可以发现系统状态变量（输入和输出）之间的关系[72]。

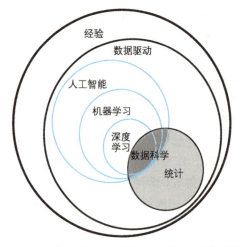

图 5-15　区分经验模型、数据驱动模型和统计模型

许多（有重叠的）领域有助于数据驱动模型的建立，如数据挖掘、数据库中的知识发现、计算智能、机器学习、智能数据分析以及软计算和模式识别。最常见的数据驱动建模方法包括统计方法、人工神经网络、机器学习和基于模糊规则的系统。制造过程控制、资源管理、天气和气候预测、交通管理、系统工程、地质勘探和生物传感都可以从数据驱动的应用系统中受益的领域[73]。

统计模型是数据驱动模型的子集，在数学上接近实际应用场景。统计模型使用统计数据来构建数据表示，然后进行分析以推断变量之间的关系。统计建模中使用的方法包括假设检验、置信区间、抽样和概率空间。回归是一个经典的例子，它决定了一个或多个自变量是如何影响一个或多个因变量的。

统计模型和数学模型都涉及数学公式和方程，但它们不一定相同。数学模型大多是静态的，以数学形式表示自然现象；模型一旦形成就不需要改变形式。然而，统计或基于数据的模型足够灵活，可以根据新数据的到来而改变，因为它们可以包含新的和正在出现的模式和趋势。统计模型由根据实验数据或历史研究开发的统计关系组成。

经验模型基于观察并得到实验数据的支持[74]。尽管它比我们迄今为止讨论的模型处于更高的抽象级别，由于通常用于描述数据驱动模型对其的讨论还是有必要的。这里没有考虑系统的基本原理和物理机制，相反，将从实验获得的数据相关联以获得一些导出量。经验模型的功能是捕捉数据的趋势。数据驱动模型和统计模型是经验模型的子集。

经验性建模原则总是需要实验数据，而且在大多数情况下，它们只适用于特定操作条件下的模型实验，这个共同缺点导致经验模型不能在特定操作范围或设计实验之外进行预测。

5.2.2　工业 4.0 中的仿真方法

随着仿真作为决策支持工具渗透到业务流程的各个方面，使得系统和系统的各个元素的解决方案开发、验证和测试成为可能[75]。工业 4.0 的出现使仿真进入了一个新时代。随着数字化程度的提高，制造业将出现仿真的新用途和需求[61]。工业 4.0 范式需要通过虚拟工厂概念、认知过程控制、自组织和各种概念对制造和其他系统进行建模,这些概念将在本节进行详细描述。

使用实际系统进行实验以观察实际过程的行为的成本很高。仿真的优势在于,它通常是检测因果效应、估计关键参数和确定过程随时间变化的省时且经济有效的方法,当问题无法用数学术语表述时,它允许人们在实施之前分析系统并优化[76]。图5-12概述了基于仿真的方法以及与仿真相交叉的工业4.0的概念/技术。

在连续时间模拟中,假设系统的底层时空结构以及可能的状态集是连续的。在工业4.0仿真方法中,由于经验数据在模拟环境中可能无法连续获得,连续时间仿真通常与其他方法结合使用,状态变量也可能不会随时间连续变化。连续时间模型的模拟相当于微分方程的数值积分,且准确、快速、高效的数值积分可以通过大量方法实现,例如前向/后向欧拉方法和龙格库塔方法[77]。

在离散时间模拟(DTS)中,存在一个固定的时间量 Δt,模拟时间以此增量推进,状态变量相应更新,这对应于解决微分方程的数值方法。然而,在离散事件模拟(DES)中,事件可以以自适应时间步长相当任意地发生。计算下一个"事件"的时间,并将时钟直接推进到那个时间点。通常情况下,时间离散化通常会伴随着状态离散化[78]。离散事件系统也是动态系统,它会随着事件以可能不规则的时间间隔出现而即时演化[4]。例如,交通系统、柔性制造系统、计算机通信系统、生产线、相干寿命系统和流量网络。这些系统大多数都可以用离散事件建模,且事件的发生会导致系统从一种状态切换到另一种状态。在涉及如重力等力的模拟中,DES的帮助不大,因为力量在每一个无限小的时间点上都能感受到,就像一个连续的、持续的事件。在这种情况下,需要进行时间步进。

基于代理的建模和仿真(ABMS)是一种相对较新的方法,用于对动态、自主和交互的实体或代理进行建模以实现特定目标。给定时间代理的状态由描述代理与其他代理通信的约束集合定义。代理状态的演化可能是确定性的,也可能是随机的[76, 79-80]。代理的交互规则会随着时间和空间的演变而导致系统行为的出现。代理被定义为能够自主运行、追求一组特定目标的软件单元[81],可以代表制造系统的元素,例如材料、传感器、机器、产品或人员[61]。模型由三个组件组成:一组代理、代理环境和一组代理关系。它能够捕获环境中个体的行为[82]。ABMS作为CPS和模拟方法的建模范例,在工业4.0中发挥着重要作用[83]。Abar等人于2017年提供了广泛的软件工具ABMS[81]。

系统动力学(SD)是一种基于反馈系统理论的补充系统思维的分析方法。它涉及发现与表示反馈过程的,这些过程与存量和流量结构、时间延迟和非线性一起定义了系统的动态特性[84]。Wolstenholme等人将系统动力学定义为"一种用于定性描述、探索和分析的严格方法,复杂系统的流程、信息、组织边界和策略有助于系统结构和控制设计的定量仿真建模和分析"[85]。构建SD模型的技术侧重于所表示的对象中的相互依赖性、反馈效应、时间依赖性和因果关系,其建模方法具有三个特点:首先,信息反馈循环涉及收集有关系统状态和改变系统状态的影响因素的信息[86];其次,使用计算机模拟来推断随时间变化的行为后果,即假设的因果网络;最后,定量信息和给定情况的更主观方面被视为心理模型[84]。

混合仿真(HS)是两种或多种仿真方法的组合,形成多方法/混合仿真模型[76]。HS允许仅对感兴趣的系统部分进行物理测试,而系统的其余部分则同时使用数值模型进行模拟,具有良好的准确性和置信度。这种子结构技术可以节省成本,深入了解物理子系统的详细局部行为,并有利于更好地理解复杂的结构系统(包括多个组件和复杂的相互作用)[87]。Mustafee等人提出了四种类型的混合模型,每种模型类型都与不同的仿真方法(例如SD-ABS、ABS-DES和ABS-DES-SD以及数字孪生)相匹配,是推动智能制造数字化转型的关键举措,是新的仿真建模范式[88]。

数字孪生(DT)是系统、流程或服务的虚拟动态模型,具有实时(或接近实时)数据交互,有助于改进系统分析和物理系统的全面表示。将现实数据与设计中的仿真模型相结合,DT可以根据实际数据进行准确的生产率和维护预测,从而为决策过程提供持续支持。

DT旨在回答以下问题[89]:

- 更新仿真模型以反映物理系统的必要参数是什么?
- 仿真模型应向物理环境返回哪些信息?
- 如何建立仿真模型和物理过程之间的连接和接口以实现它们之间的数据和信息交换?
- 在分析过程中,考虑到已定义的所需模型响应,应测试哪些场景以及考虑到决策需求应多久执行一次模型?

信息网络物理系统(CPS)是集成网络世界和动态物理世界的多维复杂系统。它是软件与机械和电子设备的结合,可以通过数据交换介质进行通信。从广义上讲,CPS和DT具有相似的特征,都描述了网络世界和物理世界的融合。然而,CPS和DT实际并不相同[90]。CPS主要强调传感器和执行器,而DT则侧重于模型、数据及其集成。CPS包括智能机器、流程、工厂和存储系统,它们可以通过标准化的服务接口即插即用原则自主地交换信息,将工厂转变为高度模块化和灵活的设置[91]。

人工智能(AI)是计算机科学的一个广泛领域,涉及计算机中智能行为的模拟。它的子领域包括机器学习、深度学习、自然语言处理、计算机视觉和认知计算[92]。人工智能还可以进一步描述为一系列用于环境系统建模和模拟的技术,其中包括人工神经网络、模糊模型、强化学习、元胞自动机和元启发式[93]。人工智能开发人员正在致力于制造、物流、供应链、城市交通、医疗保健、业务流程和资产管理等领域的广泛业务应用。人工智能在这些领域的成功应用需要进行模拟,以生成合成数据、训练神经网络并测试训练后的网络。

虚拟现实(VR)是一种计算机生成的环境,其中的对象看起来很真实,使用户沉浸在响应式虚拟环境中[94]。增强现实(AR)是通过以下方式将动画和图形实时叠加在实际场景上的过程:捕获设备、可视化设备、交互设备和跟踪系统)。VR和AR工程都使用3D建模工具和可视化技术作为设计过程的一部分。它们在制造业中具有广泛的应用,因为它们可以支持产品的组装和维护。

物联网(IoT)是指由嵌入传感器和软件的互联物理设备组成的网络,以便通过互联网在设备之间应用分析并交换有价值的信息。制造机器、运输设备、存储系统甚至产品都可以通过物联网技术进行通信和交换信息。当设备可以通过互联网进行感知和通信时,它们可以超越本地嵌入式处理来访问和利用远程计算节点[95]。

云计算和大数据技术近年来经历了爆炸性增长。云计算意味着通过互联网而不是在计算机硬盘上访问和存储数据和程序[96]。大数据技术是新一代技术和架构的特征,旨在通过启用快速收集、发现和/或分析[97]。云计算和大数据都促进了仿真优化算法执行大量耗时的仿真,并提供数据集来指定仿真输入过程,并使仿真建模和优化在各种领域成为现实[98]。

垂直和水平系统集成是指工业 4.0 中的智能工厂需要两种类型的系统集成：垂直和水平。垂直集成意味着智能工厂内的系统必须相互了解，制造系统和产品必须分层组织；水平集成意味着智能工厂和企业必须联网、必须合作[61]。这个概念处于相当高的抽象层次，但其实现与仿真方法 CPS、IoT 和 DT 密切相关[99]。

5.3 多尺度模型耦合和交互

多尺度建模和仿真的运行原理是在不同时间和空间尺度上对系统元素进行建模，并在仿真运行期间在尺度之间交换生成的结果[100]。不同尺度的过程耦合以及从一个尺度转换信息及其传输到另一个尺度，是多尺度建模和仿真的关键要求。目标是通过系统和子系统的多个仿真模型或工具的耦合来对系统元素及其相互关系进行集成分析。这种尺度桥接技术或联合仿真强烈依赖于特定的应用领域，需要专家的跨学科协作[2-3]。在许多情况下，开发多尺度仿真相当于开发软件，结合现有的软件实现单尺度模型和尺度桥接方法的软件。

不同尺度的每个模型代表特定时间或空间尺度的系统的一部分。不同模型之间的数据交换对于数据传输和分析结果的准确性及稳定性是一个巨大的挑战。本节讨论产品级和过程级多尺度模拟，重点讨论两个过程的信息交换和同步方法。

5.3.1 产品级多尺度模拟

用于研究电池材料的多尺度模型涉及对活性材料、电解质和界面的行为进行建模。一般来说，用于材料尺度模拟的计算方法是量子力学、分子动力学、中尺度和连续介质[101]。原子、连续介质和粒子尺度的模拟提供了计算技术或工具来描述原子和电子之间的相互作用，计算电荷分布和电荷转移，模拟材料的动力学行为，并从动力学或热力学的角度收集所有关于材料在原子层面的物理和化学特性的必要信息。

用于研究电池电极的多尺度模型支持电极结构的抽象表示，旨在捕获主要特征，例如它们的孔隙率、弯曲度、构成颗粒的形状、颗粒排列对充电/放电状态的影响、电导率和材料损坏。可以通过各种方法建立模型，例如通过 X 射线断层扫描和 3D 聚焦离子束/扫描电子显微镜获得电极图像[102]。

电池和模块的多尺度模型用于研究电化学性能、热行为和退化过程。通常，研究包括将准二维（P2D）电化学模型与 2D 或 3D 热模型耦合。此外，经常将物理模型（即电、热和电化学）及其相应软件集成到计算框架中[103]。在组件和电池级别，使用 MATLAB、AnsysFluent 或 COMSOL 等软件或软件组合，其中一些利用有限元求解器，可以对复杂的几何形状进行建模。

电池应用的多尺度模型主要用于研究工作条件和环境条件对电池状态和老化过程的影响。Ahmed 等人和 Venugopal 等人的研究通过采用 EV 的动态负载曲线条件，提供了使用数据驱动和物理模型的 SOH 和 SOC 估计方法[104-105]。

图 5-16 显示了模型开发中电池相关的时间和空间尺度。时间尺度从亚纳秒（电化学反应）到秒（传输）到小时（电极成分变化）以及几天或几个月（结构和化学降解）不等。长度尺度从亚纳米（材料）到微米（电极）、毫米（电池）和米（模块和电池组）不等。

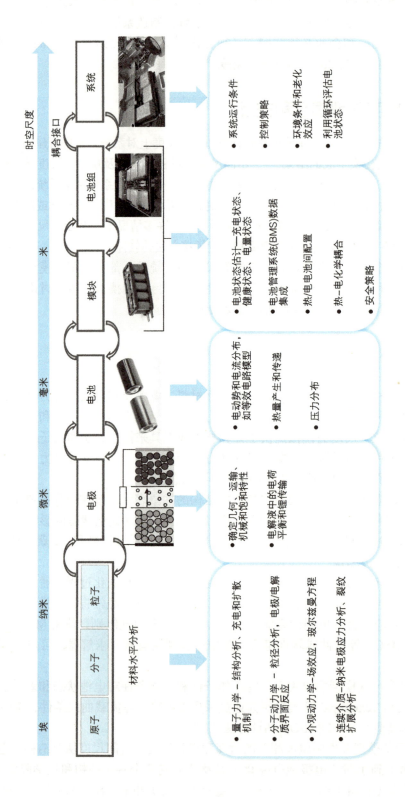

图 5-16 产品级多尺度仿真和耦合接口[101, 106]

用于电动汽车的锂离子电池的多尺度建模包括材料级分析、电极建模和电池/模块/电池组模型，然后是系统级模型，即电动汽车中的电池包。每个模型尺度的模拟都有不同的目的，如图 5-16 所示[102]。了解这些多尺度机制之间的关系对于材料、组件、电池和/或电池组运行策略的研究和创新发挥着关键作用。随着复杂性的增加，所研究的系统无法使用简化的方法来理解。例如，电池性能不一定是通过分析材料的结构和传输机制来估计的；仅使用一个级别的局部评估可能会导致错误或至少不准确的预测。只有从整体角度看待系统，才能获得完整的理解，其中效果通过整体观点相互关联。为了捕获在多个时空尺度上发生机制的相互作用，特此进一步讨论文献中耦合接口相关研究，包括同步和信息交换方法。

Veen 等人发现，大量时间花费在解决多尺度仿真的技术问题上，例如试验不同的模型公式或执行有效的验证和不确定性量化或确保模型组件之间的持续互操作性[107]。模型耦合软件框架提出了多尺度耦合库和环境版本 3（MUSCLE3），它允许在一个简单的配置文件中进行耦合，该文件指定模拟的组件以及它们应如何连接在一起。在运行时，模拟管理器将协调子模型，而数据将通过 MUSCLE 库在网络上交换。MUSCLE3 在 GitHub 上公开开发，并在 Apache2.0 许可下作为开源软件提供。

各种时空尺度的模型可以通过仿真工具之间的直接连接或通过集中式中间件软件进行耦合。中间件软件的任务是不同仿真程序的系统耦合和同步数据通信[108]。商业中间件解决方案 TISC 由服务器和不同的客户端组成，用于集成仿真工具和数据采集软件。TISC 集成可在 MATLAB/Simulink、LabVIEW、Modelica 等中使用。此外，常用于电池建模的 MATLAB/Simulink 软件提供跨多个模型的数据交换接口和数据存储，以促进多尺度模型耦合。Wetter 和 Wetter 等人[109-110]开发了一个开源中间件接口建筑控制虚拟测试台（BCVTB），允许耦合不同的工具，例如 EnergyPlus、Dymola（Modelica）、MATLAB 和 Simulink，以便在时间积分期间交换数据。BCVTB 的一些常见应用是建筑能源和控制系统评估[109-110]。

Brocke 等人提出了一种用于电化学系统联合仿真的多速率算法，其目标是最大限度地减少组件之间的通信。联合仿真通常会带来相互依赖的组件中变量的可用性问题，即由于组件的独立离散化，并非所有所需的变量在某个时间点都可用。多速率算法允许以适合其时间尺度的步长处理大型系统的每个组件[111]。

5.3.2 过程级多尺度仿真

复杂系统的多尺度建模和仿真是在多个学科中建立起来的方法，可以通过对不同尺度分别进行建模来实现系统行为的复制。可以在不同的空间和时间尺度上观察生产系统，每个尺度都使用最合适的方法和工具。空间尺度范围从产品和单一流程到流程链、TBS 到建筑物。空间尺度可以按时间尺度进行分析，例如秒、分钟和小时，甚至长达几年[2]。如前文所述，可以通过不同的方式模拟生产系统的单个元素。

空间和时间尺度构成了多尺度仿真框架内相关仿真模型交互的基础。该框架聚集了各个生产系统元素的模型，定义了必要的接口，并实现了仿真模型之间的精益信息流。由于采用通用方法，该框架可用于电池生产以及模块或电池系统的组装[100]。

图 5-17 说明了由不同尺度和模型实例组成的框架。首先，从产品的材料成分和性能来考虑，这代表了生产系统的最小空间和时间尺度。下一层包含机器、流程以及中间或最终产品的模型，这将工人嵌入到流程链中。在这里，空间和时间尺度的差异尤为明显。过程链模型是模型结构的核心尺度，协调模型和尺度之间的物质、能量和信息流。此外，该层还提供到 TBS 和最底层建筑物的过渡。这代表了模型耦合的基础设施，通过它可以组合前文中描述的建模并通过接口和数据源交换信息[2, 100]。在这里，流程链模型充当多机器生产过程中生产活动的协调者。它收集并汇总来自所有机器的信息，以计算 TBS 的供应需求[2]。使用面向对象的方法对机器、缓冲站或工人进行建模，作为顺序或敏捷生产的生产配置可以在此级别启用基于代理的建模。在这里，机器和工人等个体利益相关者可以被建模为代理，这可以实现流程链的真实映射以及新流程链配置的规划[2, 100]。基于流程链，还可以对机器和流程的能量流进行建模。这里，重点是建筑和 TBS 的交流。软件工具包括：Tecnomatix Plant Simulation（Siemens AG）、Dosimis（SDZ GmbH）、Any Logic（Any Logic 公司）、FlexSim（FlexSim 软件生产公司）、SIMUL8（SIMUL8 公司）、Witness（兰纳集团）、Enterprise Dynamics（INCONTROL 模拟解决方案）、Extend SIM（Imagine That 公司）；以及 AutoMod（应用材料公司）。对于建筑能量流及其 TBS 的模拟，最合适的工具是 Energy Plus、IDA ICE（EQUA Simulation AB）、IES-VE（综合环境解决方案）和 TRNSYS（威斯康星大学）等。

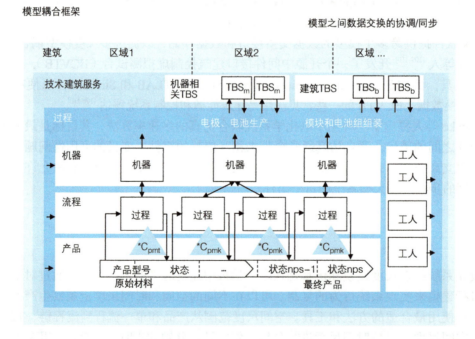

图 5-17 制造过程的多尺度模拟框架（参考 Schönemann 和 Kornas 等人的研究[2, 33]）

仿真的重点是模型之间的信息交换，如图 5-18 所示。Thiede 等人提出了四种不同的概念[114]，其中离线耦合模型是单独执行的。在这里，模型信息通常是手动或通过文本文件进行交换。各个模型还可以集成到所谓的功能模型界面（FMI）中。这形成了一个标准化接口，可以在其中连续或在某些事件中交换数据[109]。联合仿真的使用可以实现紧密的联锁和同步建模,这需要同步数据交换。如果使用两个软件工具,可以通过直接耦合的方式进行交换;如果使用多个仿真工具,则必须耦合中间件软件。使用中间件软件,使数据交换和同步成为可能。建筑控制虚拟测试台(BCVTB)是一种联合仿真工具,用于仿真制造系统中的能量流,同时使用了中间件——"TISC 软件套件",该软件套件也已成功应用于多尺度仿真制造系统[2, 108]。

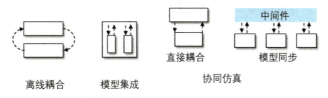

图 5-18　耦合仿真模型的概念(参考 Thiede 等人的研究[109])

Weeber 等人执行了手动模型耦合以确定流程、TBS 和建筑的能源需求,如图 5-19 所示。

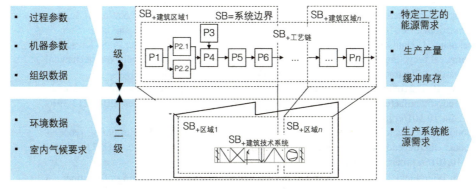

图 5-19　电池制造系统模型的宏观结构(参考 Weeber 等人的研究[52])

在此过程中,首先建立了机器和工艺链模型,利用 Tecnomatix Plant Simulation 软件结合组织数据确定工艺能源需求。这些机器和过程数据被分为不同的房间,并在文本文件交换中离线集成,作为建筑模型中的内部热源。在这里,气候和太阳辐射等环境特定数据可以集成到 EQUAIDAICE 的软件模型中。这样,除了过程能源之外,还可以确定技术建筑服务的能源消耗。这种方法提供了一种优雅而直接的方法来在电池制造的背景下执行多尺度仿真[52]。

Schönemann 等人的研究中描述了另一个示例(图 5-20),这里使用中间件 TISCSuite 执行多尺度仿真[100]。

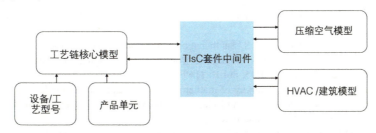

图 5-20　Schönemann 等人的建模结构:中间件软件将流程链核心模型与
压缩空气工厂模型和建筑模型连接起来

类似于 Weeber 等人的研究，工艺链在 AnyLogic 中进行模拟，并且该软件向中间件提供所需的压缩空气量和功率要求。中间件将包括天气信息等数据传输到 Simulink 中的 HVAC 和建筑模型。中间件可以在各自的软件环境中高效地执行协同仿真运行[100]。因此，除了生产系统的评估之外，多尺度仿真还可以用于生产规划和控制。原则上，两种实现方式都具备实时功能和操作预测的功能。如果该软件被纳入具有必要的计算资源和接口的生产环境中，它可以提供智能决策和生产控制，同时考虑了各种场景和随机效应[52, 100]。

参 考 文 献

[1] Weinan E. Principles of multiscale modeling. Cambridge: Cambridge Univ. Press; 2011.

[2] Schönemann M. Multiscale simulation approach for battery production systems. Cham: Springer International Publishing; 2017.

[3] Hoekstra A, Chopard B, Coveney P. Multiscale modelling and simulation: A position paper. Philos Trans A Math Phys Eng Sci. 2014. 372 (2021):1–8. doi:10.1098/rsta.2013.0377.

[4] Arsham H. Systems simulation: The shortest route to applications. National Science Foundation. 1995. http://home.ubalt.edu/ntsbarsh/Business-stat/simulation/sim.htm.

[5] Diekmann J, Hanisch C, Froböse L, Schälicke G, Loellhoeffel T, Fölster A-S, Kwade A. Ecological recycling of lithium-ion batteries from electric vehicles with focus on mechanical processes. J Electrochem Soc. 2017;164:A6184–91. doi:10.1149/2.0271701jes.

[6] Kenney B, Darcovich K, MacNeil DD, Davidson IJ. Modelling the impact of variations in electrode manufacturing on lithium-ion battery modules. J Power Sources. 2012;213:391–401. doi:10.1016/j.jpowsour.2012.03.065.

[7] Thomitzek M, Schmidt O, Röder F, Krewer U, Herrmann C, Thiede S. Simulating process-product interdependencies in battery production systems. Procedia CIRP. 2018;72:346–51. doi:10.1016/j.procir.2018.03.056.

[8] Zhu J, Wierzbicki T, Li W. A review of safety-focused mechanical modeling of commercial lithium-ion batteries. J Power Sources. 2018;378:153–68. doi:10.1016/j.jpowsour.2017.12.034.

[9] Meyer C, Bockholt H, Haselrieder W, Kwade A. Characterization of the calendering process for compaction of electrodes for lithium-ion batteries. J Mater Process Technol. 2017;249:172–8. doi:10.1016/j.jmatprotec.2017.05.031.

[10] Heenan TMM, Jnawali A, Kok MDR, Tranter TG, Tan C, Dimitrijevic A, *et al.* An advanced microstructural and electrochemical datasheet on 18650 Li-Ion batteries with Nickel-Rich NMC811 cathodes and graphite-silicon anodes. J Electrochem Soc. 2020;167:140530. doi:10.1149/1945-7111/abc4c1.

[11] Carlstedt D, Xu J, Runesson K, Larsson F, Asp L. Unit cells for multiphysics modelling of structural battery composites. Undefined. 2019.

[12] Zhang X, Sahraei E, Wang K. Deformation and failure characteristics of four types of lithium-ion battery separators. J Power Sources. 2016;327:693–701. doi:10.1016/j.jpowsour.2016.07.078.

[13] Haselrieder W, Westphal B, Bockholt H, Diener A, Höft S, Kwade A. Measuring the coating adhesion strength of electrodes for lithium-ion batteries. Int J Adhes Adhes. 2015;60:1–8. doi:10.1016/j.ijadhadh.2015.03.002.

[14] Ramadesigan V, Northrop PWC, De S, Santhanagopalan S, Braatz RD, Subramanian VR. Modeling and simulation of lithium-ion batteries from a systems engineering perspective. J Electrochem Soc. 2012;159:R31–R45. doi:10.1149/2.018203jes.

[15] Seaman A, Dao T-S, McPhee J. A survey of mathematics-based equivalent-circuit and electrochemical battery models for hybrid and electric vehicle simulation. J Power Sources. 2014;256:410–23. doi:10.1016/j.jpowsour.2014.01.057.

[16] Jokar A, Rajabloo B, Désilets M, Lacroix M. Review of simplified pseudo-two-dimensional models of lithium-ion batteries. J Power Sources. 2016;327:44–55. doi:10.1016/j.jpowsour.2016.07.036.

[17] Salkind AJ, Fennie C, Singh P, Atwater T, Reisner DE. Determination of state-of-charge and state-of-health of batteries by fuzzy logic methodology. J Power Sources. 1999;80:293–300. doi:10.1016/S0378-7753(99)00079-8.

[18] Northrop PWC, Suthar B, Ramadesigan V, Santhanagopalan S, Braatz RD, Subramanian VR. Efficient simulation and reformulation of lithium-ion battery models for enabling electric transportation. J Electrochem Soc. 2014;161:E3149–57. doi:10.1149/2.018408jes.

[19] Yannlia WB. Modeling of lithium ion cells?A simple equivalent-circuit model approach. Solid State Ionics. 2004;175:835–839. doi:10.1016/j.ssi.2004.09.049.

[20] Xia Z, Abu Qahouq JA. Evaluation of parameter variations of equivalent circuit model of lithium-ion battery under different SOH conditions. In: 2020 IEEE Energy Conversion Congress and Exposition (ECCE); 2020 Oct 11–15; Detroit, MI, USA: IEEE; 2020. pp. 1519–23. doi:10.1109/ECCE44975.2020.9236339.

[21] Charkhgard M, Farrokhi M. State-of-charge estimation for lithium-ion batteries using neural networks and EKF. IEEE Trans Ind Electron. 2010;57:4178–4187. doi:10.1109/TIE.2010.2043035.

[22] Chen C, Xiong R, Yang R, Shen W, Sun F. State-of-charge estimation of lithium-ion battery using an improved neural network model and extended Kalman filter. J Cleaner Prod. 2019;234:1153–64. doi:10.1016/j.jclepro.2019.06.273.

[23] Lin H-T, Liang T-J, Chen S-M. Estimation of battery state of health using probabilistic neural network. IEEE Trans Ind Inf. 2013;9:679–85. doi:10.1109/TII.2012.2222650.

[24] Doyle M, Newman J, Gozdz AS, Schmutz CN, Tarascon J-M. Comparison of modeling predictions with experimental data from plastic lithium ion cells. J Electrochem Soc. 1996;143:1890–903. doi:10.1149/1.1836921.

[25] Botte GG, Subramanian VR, White RE. Mathematical modeling of secondary lithium batteries. Electrochimica Acta. 2000;45:2595–609. doi:10.1016/S0013-4686(00)00340-6.

[26] Zhang D, Popov BN, White RE. Modeling lithium intercalation of a single spinel particle under potentiodynamic control. J Electrochem Soc. 2000;147:831. doi:10.1149/1.1393279.

[27] Khaleghi Rahimian S, Rayman S, White RE. Extension of physics-based single particle model for higher charge–discharge rates. J Power Sources. 2013;224:180–94. doi:10.1016/j.jpowsour.2012.09.084.

[28] Farkhondeh M, Safari M, Pritzker M, Fowler M, Han T, Wang J, Delacourt C. Full-range simulation of a commercial LiFePO 4 electrode accounting for bulk and surface effects: a comparative analysis. J Electrochem Soc. 2014;161:A201–12. doi:10.1149/2.094401jes.

[29] Bernardi D, Pawlikowski E, Newman J. A general energy balance for battery systems. J Electrochem Soc. 1985;132:5–12. doi:10.1149/1.2113792.

[30] Chen SC, Wan CC, Wang YY. Thermal analysis of lithium-ion batteries. J Power Sources. 2005;140:111–24. doi:10.1016/j.jpowsour.2004.05.064.

[31] Chen K, Unsworth G, Li X. Measurements of heat generation in prismatic Li-ion batteries. J Power Sources. 2014;261:28–37. doi:10.1016/j.jpowsour.2014.03.037.

[32] Reinhart G, Kurfer J, Westermeier M, Zeilinger T. Integrated product and process model for production system design and quality assurance for EV battery cells. AMR. 2014;907:365–78. doi:10.4028/www.scientific.net/AMR.907.365.

[33] Kornas T, Knak E, Daub R, Bührer U, Lienemann C, Heimes H, et al. A multivariate KPI-based method for quality assurance in lithium-ion-battery production. Procedia CIRP. 2019;81:75–80. doi:10.1016/j.procir.2019.03.014.

[34] Yang S. A review of lithium-ion battery thermal management system strategies and the evaluate criteria. Int. J. Electrochem. Sci. 2019;14:6077–6107. doi:10.20964/2019.07.06.

[35] Xia Q, Yang D, Wang Z, Ren Y, Sun B, Feng Q, Qian C. Multiphysical modeling for life analysis of lithium-ion battery pack in electric vehicles. Renewable Sustainable Energy Rev. 2020;131:109993. doi:10.1016/j.rser.2020.109993.

[36] Rumpf K, Naumann M, Jossen A. Experimental investigation of parametric cell-to-cell variation and correlation based on 1100 commercial lithium-ion cells. J Energy Storage. 2017;14:224–243. doi:10.1016/j.est.2017.09.010.

[37] Westermeier M, Reinhart G, Zeilinger T. Method for quality parameter identification and classification in battery cell production quality planning of complex production chains for battery cells. In: 2013 3rd International Electric Drives Production Conference (EDPC); 2013 Oct 29–30; Nuremberg, Germany: IEEE; 2013. pp. 1–10. doi:10.1109/EDPC.2013.6689742.

[38] Sangrós Giménez C, Finke B, Schilde C, Froböse L, Kwade A. Numerical simulation of the behavior of lithium-ion battery electrodes during the calendaring process via the discrete element method. Powder Technol. 2019;349:1–11. doi:10.1016/j.powtec.2019.03.020.

[39] Meyer C, Kosfeld M, Haselrieder W, Kwade A. Process modeling of the electrode calendering of lithium-ion batteries regarding variation of cathode active materials and mass loadings. J Energy Storage. 2018;18:371–9. doi:10.1016/j.est.2018.05.018.

[40] Schreiner D, Oguntke M, Günther T, Reinhart G. Modelling of the calendering process of NMC-622 cathodes in battery production analyzing machine/material–process–structure correlations. Energy Technol. 2019;7:1900840. doi:10.1002/ente.201900840.

[41] Schmitt J, Raatz A. Failure mode based design and optimization of the electrode packaging process for large scale battery cells. AMR. 2014;907:309–19. doi:10.4028/www.scientific.net/AMR.907.309.

[42] Jeon DH. Wettability in electrodes and its impact on the performance of lithium-ion batteries. Energy Storage Mater. 2019;18:139–47. doi:10.1016/j.ensm.2019.01.002.

[43] Kwade A, Haselrieder W, Leithoff R, Modlinger A, Dietrich F, Droeder K. Current status and challenges for automotive battery production technologies. Nat Energy. 2018;3:290–300. doi:10.1038/s41560-018-0130-3.

[44] Wanner J, Weeber M, Birke KP, Sauer A. Quality modelling in battery cell manufacturing using soft sensing and sensor fusion — A review. In: 2019 9th International Electric Drives Production Conference (EDPC); 2019 Dec 3–4; Esslingen, Germany: IEEE; 2019. pp. 1–9. doi:10.1109/EDPC48408.2019.9011847.

[45] Turetskyy A, Wessel J, Herrmann C, Thiede S. Data-driven cyber-physical system for quality gates in lithium-ion battery cell manufacturing. Procedia CIRP. 2020;93:168–73. doi:10.1016/j.procir.2020.03.077.

[46] Schnell J, Nentwich C, Endres F, Kollenda A, Distel F, Knoche T, Reinhart G. Data mining in lithium-ion battery cell production. J Power Sources. 2019;413:360–6. doi:10.1016/j.jpowsour.2018.12.062.

[47] Thiede S, Turetskyy A, Kwade A, Kara S, Herrmann C. Data mining in battery production chains towards multi-criterial quality prediction. CIRP Annals. 2019;68:463–6. doi:10.1016/j.cirp.2019.04.066.

[48] Westermeier M, Reinhart G, Steber M. Complexity management for the start-up in lithium-ion cell production. Procedia CIRP. 2014;20:13–19. doi:10.1016/j.procir.2014.05.026.

[49] Schnell J, Reinhart G. Quality management for battery production: A quality gate concept. Procedia CIRP. 2016;57:568–73. doi:10.1016/j.procir.2016.11.098.

[50] Turetskyy A, Thiede S, Thomitzek M, Drachenfels N von, Pape T, Herrmann C. Toward data-driven applications in lithium-ion battery cell manufacturing. Energy Technol. 2020;8:1900136. doi:10.1002/ente.201900136.

[51] Thomitzek M, Drachenfels N von, Cerdas F, Herrmann C, Thiede S. Simulation-based assessment of the energy demand in battery cell manufacturing. Procedia CIRP. 2019;80:126–31. doi:10.1016/j.procir.2019.01.097.

[52] Weeber M, Wanner J, Schlegel P, Birke KP, Sauer A. Methodology for the simulation based energy efficiency assessment of battery cell manufacturing systems. Procedia Manuf. 2020;43:32–9. doi:10.1016/j.promfg.2020.02.179.

[53] Leiden A, Herrmann C, Thiede S. Cyber-physical production system approach for energy and resource efficient planning and operation of plating process chains. J Cleaner Prod. 2021;280:125160. doi:10.1016/j.jclepro.2020.125160.

[54] Maria A. Introduction to modeling and simulation. In: Andradóttir S, Healy KJ, Withers DH, Nelson BL, editors. The 29th Conference; 1997 Dec 7–10; Atlanta, Georgia, USA. Piscataway: IEEE; 1997 Nov. pp. 7–13. doi:10.1145/268437.268440.

[55] Banks J. Discrete-event system simulation. 5th ed. Upper Saddle River NJ u.a.: Pearson Prentice Hall; 2010.
[56] Hartmann S. The world as a process. In: Hegselmann R, Mueller U, Troitzsch KG, editors. Modelling and simulation in the social sciences from the philosophy of science point of view. Dordrecht: Springer; 1996. pp. 77–100. doi:10.1007/978-94-015-8686-3_5.
[57] Durán JM. What is a simulation model? Minds Mach. 2020;30:301–323. doi:10.1007/s11023-020-09520-z.
[58] Frigg R, Reiss J. The philosophy of simulation: Hot new issues or same old stew? Synthese. 2009;169:593–613. doi:10.1007/s11229-008-9438-z.
[59] Paula Ferreira W de, Armellini F, Santa-Eulalia LA de. Simulation in Industry 4.0: A state-of-the-art review. Comput Ind Eng. 2020;149:106868. doi:10.1016/j.cie.2020.106868.
[60] Seel NM, editor. Encyclopedia of the sciences of learning. Boston, MA: Springer US; 2012.
[61] Gunal MM. Simulation and the fourth industrial revolution. In: Gunal MM, editor. Simulation for Industry 4.0. Cham: Springer International Publishing; 2019. pp. 1–17. doi:10.1007/978-3-030-04137-3_1.
[62] Nielsen JB, Sandvik E, Pedersen E, Asbjørnslett BE, Fagerholt K. Impact of simulation model fidelity and simulation method on ship operational performance evaluation in sea passage scenarios. Ocean Engineering. 2019;188:106268. doi:10.1016/j.oceaneng.2019.106268.
[63] Arsham H. Performance extrapolation in discrete-event systems simulation. Int J Syst Sci. 1996;27:863–9. doi:10.1080/00207729608929287.
[64] Adlakha VG, Arsham H. A simulation technique for estimation in perturbed stochastic activity networks. Simulation. 1992;58:258–67. doi:10.1177/003754979205800406.
[65] Troch I. Proceedings / MATHMOD 09: 6th Vienna Conference on Mathematical Modelling, Vienna; 2009 Feb 11–13, Vienna University of Technology, Austria; full papers CD volume. Vienna: ARGESIM Publ. House; 2009.
[66] Sarkar TK, Schwarzlander H, Choi S, Palma MS, Wicks MC. Stochastic versus deterministic models in the analysis of communication systems. IEEE Antennas Propag Mag. 2002;44:40–50. doi:10.1109/MAP.2002.1043146.
[67] Krause C. Oak ridge national laboratory. Review. 1992;25(3,4):1992.
[68] Platon V, Constantinescu A. Monte Carlo method in risk analysis for investment projects. Procedia Econ Finance. 2014;15:393–400. doi:10.1016/S2212-5671(14)00463-8.
[69] Pooch UW, Wall JA. Discrete event simulation: A practical approach. Boca Raton: CRC Press; 1993.
[70] Coleman R. Stochastic processes. Dordrecht: Springer; 1974.
[71] Holzer R, Wüchner P, Meer H de. Modeling of self-organizing systems: An overview 2010. Electronic Communications of the EASST, 2010; 27:1–12. doi:10.14279/TUJ.ECEASST.27.385.
[72] Solomatine DP, Ostfeld A. Data-driven modelling: Some past experiences and new approaches. J Hydroinf. 2008;10:3–22. doi:10.2166/hydro.2008.015.
[73] Darema F. Dynamic data driven applications systems: A new paradigm for application simulations and measurements. In: Kanade T, Kittler J, Kleinberg JM, Mattern F, Mitchell JC, Naor M, et al., editors. Computational science–ICCS 2004. Berlin, Heidelberg: Springer Berlin Heidelberg; 2004. p. 662–669. doi:10.1007/978-3-540-24688-6_86.
[74] Ashoor BB, Giwa A, Hasan SW. Full-scale membrane distillation systems and performance improvement through modeling. In: Current trends and future developments on (Bio-) membranes. Elsevier, San Diego; 2019. pp. 105–140. doi:10.1016/b978-0-12-813551-8.00005-x.
[75] Blaž R. Industry 4.0 and the new simulation modelling paradigm. Organizacija. 2017;50:193–207.
[76] Galvão Scheidegger AP, Fernandes Pereira T, Moura de Oliveira ML, Banerjee A, Barra Montevechi JA. An introductory guide for hybrid simulation modelers on the primary simulation methods in industrial engineering identified through a systematic review of the literature. Comput Ind Eng. 2018;124:474–92. doi:10.1016/j.cie.2018.07.046.
[77] Register A. Continuous time simulation. In: Loper ML, editor. Modeling and simulation in the systems engineering life cycle. London: Springer London; 2015. pp. 111–137. doi:10.1007/978-

1-4471-5634-5_11.

[78] Buss A, Al Rowaei A. A comparison of the accuracy of discrete event and discrete time. In: Johansson B, editor. 2010 Winter Simulation Conference — (WSC 2010); 2010 Dec 5–8; Baltimore, MD, USA. Piscataway, NJ: IEEE; 2010. pp. 1468–1477. doi:10.1109/WSC.2010.5679045.

[79] Laubenbacher R, Jarrah AS, Mortveit HS, Ravi SS. Agent based modeling, mathematical formalism for. In: Meyers RA, editor. Computational complexity: Theory, techniques, and applications. New York, NY: Springer Science+Business Media LLC; 2012. pp. 88–104. doi:10.1007/978-1-4614-1800-9_6.

[80] Macal CM, North MJ. Agent-based modeling and simulation. In: Rossetti MD, editor. 2009 Winter Simulation Conference — (WSC 2009); 2009 Dec 13–16; Austin, TX, USA. Piscataway, NJ: IEEE; 2009. pp. 86–98. doi:10.1109/WSC.2009.5429318.

[81] Abar S, Theodoropoulos GK, Lemarinier P, O'Hare GM. Agent based modelling and simulation tools: A review of the state-of-art software. Comput Sci Rev. 2017;24:13–33. doi:10.1016/j.cosrev.2017.03.001.

[82] Buth L, Broderius N, Herrmann C, Thiede S. Introducing agent-based simulation of manufacturing systems to industrial discrete-event simulation tools. In: 2017 IEEE 15th International Conference on Industrial Informatics (INDIN); 2017 Jul 24–26; Emden. Piscataway, NJ: IEEE; 2017. pp. 1141–1146. doi:10.1109/INDIN.2017.8104934.

[83] Houston C, Gooberman-Hill S, Mathie R, Kennedy A, Li Y, Baiz P. Case study for the return on investment of internet of things using agent-based modelling and data science. Systems. 2017;5:4. doi:10.3390/systems5010004.

[84] Kunc M. System dynamics: a soft and hard approach to modelling. In: Chan WK, D'Ambrogio A, Zacharewicz G, Mustafee N, Wainer G, Page EH, editors. 2017 Winter Simulation Conference (WSC); 2017 Dec 3–6; Las Vegas, NV. Piscataway, NJ: IEEE; 2017. pp. 597–606. doi:10.1109/WSC.2017.8247818.

[85] Wolstenholme EF. System enquiry: A system dynamics approach. Chichester: Wiley; 1994.

[86] Oyarbide A, Baines TS, Kay Jm, Ladbrook J. Manufacturing systems modelling using system dynamics: Forming a dedicated modelling tool. J Adv Manuf Syst. 2003;02:71–87. doi:10.1142/S0219686703000228.

[87] Song W, Chang C-M, Dertimanis VK. Recent advances and applications of hybrid simulation: Frontiers Media SA. 2021.

[88] Mustafee N, Brailsford S, Djanatliev A, Eldabi T, Kunc M, Tolk A. Purpose and benefits of hybrid simulation: Contributing to the convergence of its definition. In: Chan WK, D'Ambrogio A, Zacharewicz G, Mustafee N, Wainer G, Page EH, editors. 2017 Winter Simulation Conference (WSC); 2017 Dec 3–6; Las Vegas, NV. Piscataway, NJ: IEEE; 2017. pp. 1631–1645. doi:10.1109/WSC.2017.8247903.

[89] Santos CHd, Queiroz JA de, Leal F, Montevechi JAB. Use of simulation in the Industry 4.0 context: Creation of a digital twin to optimise decision making on non-automated process. Journal of Simulation. 2020:1–14. doi:10.1080/17477778.2020.1811172.

[90] Tao F, Qi Q, Wang L, Nee A. Digital twins and cyber–physical systems toward smart manufacturing and Industry 4.0: Correlation and comparison. Engineering. 2019;5:653–61. doi:10.1016/j.eng.2019.01.014.

[91] Gorecky D, Weyer S. SmartFactoryKL Systemarchitektur für Industrie 4.0-Produktionsanlagen: Whitepaper SF-1.1: 04/2016. Kaiserslautern; 2016.

[92] Carvalho TP, Soares FAAMN, Vita R, Da Francisco RP, Basto JP, Alcalá SGS. A systematic literature review of machine learning methods applied to predictive maintenance. Comput Ind Eng. 2019;137:106024. doi:10.1016/j.cie.2019.106024.

[93] Chen SH, Jakeman AJ, Norton JP. Artificial Intelligence techniques: An introduction to their use for modelling environmental systems. Math Comput Simul. 2008;78: 379–400. doi:10.1016/j.matcom.2008.01.028.

[94] Turner CJ, Hutabarat W, Oyekan J, Tiwari A. Discrete event simulation and virtual reality use in industry: New opportunities and future trends. IEEE Trans Human-Mach Syst. 2016; 46:882–94. doi:10.1109/THMS.2016.2596099.

[95] Karimi K, Atkinson G. What the Internet of Things (IoT) needs to become a reality. White Paper, FreeScale and ARM. 2013;1–6.

[96] Griffith E. What is cloud computing. Retrieved from PC Mag: http://au.pcmag.com/networking-communications-software-products/29902/feature/what-is-cloud-computing.2016 May.

[97] Villars RL, Olofson CW, Eastwood M. Big data: What it is and why you should care. White paper, IDC. 2011;14:1–4. http://www.tracemyflows.com/uploads/big_data/IDC_AMD_Big_Data_Whitepaper.pdf.

[98] Xu J, Huang E, Chen C-H, Lee LH. Simulation optimization: A review and exploration in the new era of cloud computing and big data. Asia Pac J Oper Res. 2015;32:1550019. doi:10.1142/s0217595915500190.

[99] Haag S, Simon C. Simulation of horizontal and vertical integration in digital twins. In: Iacono M, Palmieri FAN, Gribaudo M, Ficco M, editors. 33rd International ECMS Conference on Modelling and Simulation; 2019 Jun 11–14. UK: European Council for Modelling and Simulation; 2019. pp. 284–289. doi:10.7148/2019-0284.

[100] Schönemann M, Bockholt H, Thiede S, Kwade A, Herrmann C. Multiscale simulation approach for production systems. Int J Adv Manuf Technol. 2019;102:1373–90. doi:10.1007/s00170-018-3054-y.

[101] Shi S, Gao J, Liu Y, Zhao Y, Wu Q, Ju W, et al. Multi-scale computation methods: Their applications in lithium-ion battery research and development. Chinese Phys B. 2016;25:18212. doi:10.1088/1674-1056/25/1/018212.

[102] Franco AA, Rucci A, Brandell D, Frayret C, Gaberscek M, Jankowski P, Johansson P. Boosting rechargeable batteries R&D by multiscale modeling: Myth or reality? Chem Rev. 2019;119:4569–4627. doi:10.1021/acs.chemrev.8b00239.

[103] Allu S, Kalnaus S, Elwasif W, Simunovic S, Turner JA, Pannala S. A new open computational framework for highly-resolved coupled three-dimensional multiphysics simulations of Li-ion cells. J Power Sources. 2014;246:876–86. doi:10.1016/j.jpowsour.2013.08.040.

[104] Ahmed R, Gazzarri J, Onori S, Habibi S, Jackey R, Rzemien K, et al. Model-based parameter identification of healthy and aged Li-ion batteries for electric vehicle applications. SAE Int J Alt Power. 2015;4:233–47. doi:10.4271/2015-01-0252.

[105] Venugopal P. State-of-health estimation of Li-ion batteries in electric vehicle using IndRNN under variable load condition. Energies. 2019;12:4338. doi:10.3390/en12224338.

[106] Qi W, Shapter JG, Wu Q, Yin T, Gao G, Cui D. Nanostructured anode materials for lithium-ion batteries: Principle, recent progress and future perspectives. J Mater Chem A. 2017;5:19521–40. doi:10.1039/C7TA05283A.

[107] Veen LE, Hoekstra AG. Easing multiscale model design and coupling with MUSCLE 3. In: Krzhizhanovskaya VV, Závodszky G, Lees MH, Dongarra JJ, Sloot PMA, Brissos S, Teixeira J, editors. Computational science — ICCS 2020. Cham: Springer International Publishing; 2020. pp. 425–438. doi:10.1007/978-3-030-50433-5_33.

[108] Kossel R. Simulation of complex systems using Modelica and tool coupling. 5th Modelica Conf. 2006;485–90.

[109] Wetter M. Co-simulation of building energy and control systems with the Building Controls Virtual Test Bed. J Build Perform Simul. 2011;4:185–203. doi:10.1080/19401493.2010.518631.

[110] Wetter M, Zuo W, Nouidui TS. Recent developments of the Modelica "Buildings" library for building energy and control systems. In: The 8th International Modelica Conference, Technical University, Dresden, Germany; 2011 Mar 20–22; Linköping University Electronic Press, Dresden, Germany; 2011. pp. 266–275. doi:10.3384/ecp11063266.

[111] Brocke E, Djurfeldt M, Bhalla US, Kotaleski JH, Hanke M. Multirate method for co-simulation of electrical-chemical systems in multiscale modeling. J Comput Neurosci. 2017;42:245–56. doi:10.1007/s10827-017-0639-7.

第三部分

运行电池生产线中的数字化工具

第6章
完全可追溯性——在数字影子的框架内建立智能制造的基础

本章介绍了数字影子的概念和集成方法,包括锂离子电池生产中的底层可追溯系统。特别针对技术挑战与批量结构中的工艺相关变化进行了讨论。详细阐述了完全可追溯性的集成概念,以及以锂离子电池生产中的识别技术为重点的解决方案。所确立的概念构成了数字影子框架内的智能制造的基础。

6.1 概述

在实时连接技术系统的背景下,资源信息的经济协调起着核心作用。越来越多的信息洪流的数字化采集和管理使这项任务成为一项挑战,社会技术和技术信息系统由于系统元素的数量和它们之间的关系不断增加而变得越来越复杂。由于市场对更加动态的增值过程的需求,对控制系统的可变化性和动态性的要求也在增加[1]。目前的信息系统通常以静态和稳定的信息过程为特征,管理着对所有参与者的信息供应[2]。然而,在高度网络化的价值创造系统中,这种状态不再存在[2]。由于专有的基础设施组件,互操作性往往被阻止。在未来,网络物理系统必须能够处理接近实时的信息,将数字世界和物理世界更紧密地联系在一起。

数字影子作为一个包括可追溯性的框架,被视为工业4.0的一个行动领域[3]。其目的是建立一个信息库,使参与者能够得出建议的生产行动[4]。然而,上述信息供应方面的挑战并没有被信息库本身解决。信息本身并不能为价值创造系统提供任何好处。只有当信息在正确的时间、正确的地点、以正确的质量提供时,才会产生这种好处。否则,精益生产意义上的浪费就会在信息的物流处理和提供过程中发生。这将导致时间需求的增加,甚至导致任务的不正确处理。

通过数字工具进行流程改进的另一领域是锂离子电池制造业。锂离子电池的生产是一个通过数字工具进行流程改进的行业。自1991年问世以来,锂离子电池对社会的重要性已经相当显著,而且还在不断增加[5]。起初,这种电池技术被用于消费行业,例如,用于摄像机、笔记本电脑或移动电话的能源供应。在过去的几年里,锂离子电池也越来越多地被用于能源需求更高的应用,如车辆和储能系统中。目前,锂离子电池生产的特点是高废品率[6]。虽然这在小型电池的生产中可以忽略不计,但大型电池的废品率对资源效率和电池生产的盈利能力有更大的决定性影响。在这里，使用数字影子来实现可追溯性系统被认为是减少废品率和实现更有效生产的一个有希望的方法。

特别是在质量保证方面，需要足够的信息来检测废品并在早期生产阶段识别错误。针对由电池单体组成的电池包，废品检测是强制性的以及必要的。质量保证的一个方面是在生产过程中实现单个电池的可追溯性。这个用例要求提供大量的信息，其中一些是接近实时的，而且往往是非常细化的。为了实现以需求为导向的动态信息供应，数字影子的概念被改编，并呈现在下面描述的示例中。

6.2 数字影子的理论背景

为了理解所采用的数字影子的概念，必须定义不同的理论组成部分。数字影子是一个由各种服务组成的信息系统[7-8]。数字影子在正确的时间、正确的地点，以正确的质量为参与价值创造过程的所有参与者提供正确的信息。有效提供信息是信息管理的一项任务。为了尽可能地利用资源信息，信息管理涉及信息经济管理、信息系统管理和信息通信技术管理这三个子任务的使用。信息经济的管理试图在信息供应和信息需求之间找到一个平衡。这种平衡大多是动态的，需要定期重新调整。信息系统管理规定了对信息技术的要求，并组织了不同信息（子）系统的生命周期。在信息和通信技术的层面上，它是关于技术基础设施和架构的组织[9]。在管理信息经济的过程中，信息提供、信息需要和信息需要之间的分界或关系发挥着重要作用。根据奥古斯丁的观点，信息需要只包括最佳决策所需的信息。相反，信息需求是指行为人以正式的形式要求的信息。信息提供包括系统中所有可用的信息。

6.2.1 理论概念、差异化和采用

在价值创造数字化的背景下，许多不同的术语目前被用于类似的主题。特别是，数字影子和数字孪生这两个术语经常被相互混淆。西门子和戴姆勒使用所谓的数字孪生的模式来收集产品的全方位的数据。无论是在生产过程中还是在以后的使用中。这为改进生命周期管理提供了可能性[11-13]。

因此，数字孪生描述的是生产中的产品或物体的延伸的数字图像。正如第 6.1 节所描述的，仅仅是生产中的数字图像并不能带来任何好处，因为只有在需要时提供数据库才能使用。然而，作为数字图像的数字孪生在这方面没有任何功能。数字影子的概念使用不同对象的数字孪生体，根据具体需要提供信息。为了实现这一功能，数字影子在其最终发展阶段结合了以下四个子功能[7]：

1）数字影子将信息供应和需求联系起来。
2）数字影子控制着操作上相关信息的流动（操作信息）。
3）数字影子保证了特定应用的信息质量。
4）数字影子独立优化使用的数据和信息库。

数字影子的各个扩展阶段及其四个子功能的描述是建立在相互之间的发展阶段基础上的。特别是，信息源和信息汇的语义描述起着重要作用。这是以对生产过程和其中发生的活动的深刻认识为基础的。在数字影子的概念中，也对信息质量的各个层面进行了详细的

研究[8]。

6.2.2 一般结构概述

为了实现所述功能，数字影子需要几个组件（服务）。数字影子的一个重要组成部分，首先被普遍认为是目录服务的组成部分。这些包括数据模型、数据自我描述和生产工厂的元素。根据具体的应用或具体的使用情况，各自的目录是不同的。

数字影子作为一个通用的、量身定做的信息供应商，可能甚至必须为每个生产系统或者说为每个使用案例进行实例化，因为数字影子的组件和它们的组合都会因案例不同而改变。

数字影子的单个子系统应被设计为高可用性，因为它们构成了高度自动化工厂的生产骨干。系统的完全故障可能会对生产产生重大的负面影响。因此，对单一服务的管理是必不可少的。

一种选择是将数字影子实施为一个由几个（微观）服务组成的失落的复合体，这些服务相互补充并被设计成冗余的。附在数字影子上的外部D、O和DO组件，即需要（D）、提供（O）或同时需要和提供（DO）信息，能够通过所谓的发现协议，例如UPnP或Bonjour/Zeroconf，找到组件的中央目录服务。发现协议能够通过网络连接找到服务，而不需要附加手动配置。

目录服务为每个组成部分提供入口，通过这些入口，它们被纳入完整的系统中，并提供接口，以便它们能够在数字影子中注册。同样，它们也可以就自己的信息要求向影子进行查询。然后，数字影子被指示通过保持质量要求来最好地满足这些要求。

所有使用不同传输技术连接的D、O和DO组件都必须通过网关使用特定的传输点。数字影子所包含的组件可以很容易地在一个容器虚拟化中实现。服务器/服务被提供在单一的虚拟隔离容器中，系统的安全性和应用程序的可移植性增加。因此，利用已经存在的和被认可的技术，对内部结构进行很大程度的自动化管理（图6-1）是可行的。

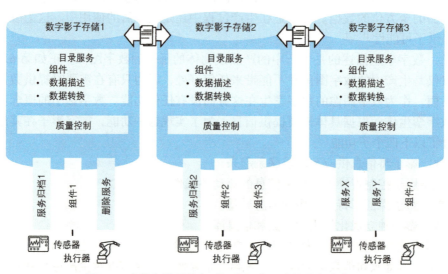

图6-1 由数字影子的主要组成部分组成的分布式容器

6.3 锂离子电池生产背景下的挑战

与依靠化石燃料作为能源的系统相比，电池供电的系统和设备通常被认为是生态的或更可持续的。然而，在电池生产方面对环境有相当大的影响。为了减少这种影响，研究工作集中在先进的技术和更有效的生产概念上[14]。利用可追溯系统是使电池生产更有效的方法之一。因此，生产参数可以与最终产品的特性联系起来，以获得一个整体的系统理解，这取决于单个批次的现有生产数据[15]。为了进一步评估和评价生产过程，可以考虑使用可追溯系统，将生产数据和实际性能指标与单个产品或电池单元的分辨率联系起来，考虑生产参数及其对性能或质量指标的影响。

锂离子电池的可追溯性概念需要克服两个主要挑战。首先，在批量结构中发生一些与工艺有关的变化[16]。标识标记需要被保留，或者在批量转换过程中需要应用新的标识标记。第二个挑战是在不损害工艺和产品性能或质量的情况下对追踪对象进行标记。特别是带有涂层功能层的电极箔，不能因为应用物理标记而受到负面影响。此外，传感器数据采集的写入和读取速度必须与相应的工艺速度相对应[17]。

6.3.1 可追溯性系统

来自产品生命周期各阶段的追踪对象的信息由可追溯性系统收集。追踪对象可以是离散的单位或个体，也可以是整个批次。通过追溯，我们可以在特定的处理步骤或整个生产过程中准确地进行对象追踪和管理。追踪对象是离散的单位、单独的物品以及整个批次，从一个特定的处理步骤或在整个生产过程中被追踪。过程数据的检索是基于追踪对象的当前状态或位置信息。因此，生产的产品或其组成部分的可追溯性是由识别、数据采集、数据链接和通信方面来实现的[18]。这些方面也包括可追溯性框架的主要内容，并构成数字影子的核心功能的基础。在所提交的研究工作中，重点是描述（语义）、识别和追踪对象的序列化。一般来说，可追溯性系统能够在价值链中进行前向和后向追踪，如图6-2所示[19]。

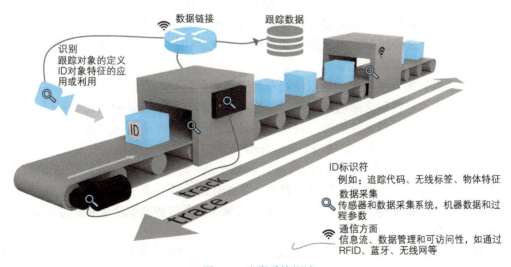

图6-2 追溯系统概述

如果在某个生产过程或追踪对象中发现质量问题,可追溯性系统能够按照时间轴向前追踪对象,产品就可以被识别和拒绝。此外,通过对部件和质量问题的反向追踪,可以确定相关批次和过程,以调查产品故障的原因。

为了识别一个物体或生产要素,可以相应地追踪其固有的物体属性,如其特征性的特点或应用的识别标记。生产批次的结构变化对于通过应用标记进行追踪是一个挑战,因为它们必须被移除或被隐藏,还可能需要调整可追溯系统的分辨率或颗粒度。因此,可能有必要明确是否、在何处以及哪些识别特征必须被重新应用,以确保连续的识别链。

追踪系统也在提取和合并不同来源的数据(机器数据、物流信息等)。因此,在连接现有设备时,机器和数据库的不同接口往往是一个挑战。当建立一个可追溯系统时,必须确定哪些来自现有设备或控制系统的数据可以利用,哪些缺失的信息必须通过安装新的传感器或手动接口来获得。这也有助于优化数字影子所使用的数据和信息库,即前文所述数字影子的第四个子功能。追踪系统的数据采集、通信和数据连接的设计需要符合工艺要求,如周期时间和所需的数据采集率。

6.3.2 锂离子电池的具体单元可追溯性

本节介绍了锂离子电池具体单元的可追溯性的现状,重点是识别前文提到的可追溯性框架的四个主要要素。对某些单位从其原材料到成品铝箔的识别,以及对制造链中某些点的数据采集,可以被视为具体问题,并进行相应的评估。在电极箔生产中实施可追溯系统的挑战之一是在某些制造过程中制造单位的变化。

制造从电极浆料制备开始。然后,用浆料涂抹在载体薄膜上,形成电极箔。涂抹后,电极箔在一个连续的炉子里进行干燥,随后进行压延,以减少电极材料的孔隙。在接下来的分切过程中,电极箔被切割成形并在干燥室中进行干燥。在这一步,电极箔的制造已经完成,接下来就可以进行电池单元的组装步骤。在软包电池的情况下,电极箔通常被分离成单片,并形成正极、负极和隔膜片的堆叠,并包装成电池单元。柱状电池是通过缠绕正极、负极和隔膜来生产的[17]。在这一步,电池的识别可以通过电池盒上的识别器来实现。从这里开始,电池的可追溯性可以被看作是最先进的。为了在前面提到的制造过程中实现可追溯性,需要定义不同制造单元的识别选项和批次结构的变化,据此,每个单独的生产对象仍必须是可明确识别的。

为了识别组装的电池单元,可以使用电池壳表面的标记。目前的研究涉及在电极箔的制造过程中,从原材料到成品电池的特定电池追踪。第一种方法是利用光学特征或激光或喷墨打印机的应用标记对电极箔进行特定电池追踪。另一种方法是通过使用现有的表面微观结构来应用无标记识别技术,如 FraunhoferIPM 的"跟踪和追踪指纹"系统[21]。对可追溯性有类似要求且有类似工艺特征的行业,例如食品[22]、造纸[23]、加工[24]或钢铁行业。这里描述了识别和数据采集的方法[26]。然而,所描述的方法并不完全适用于电池单体生产中的需求。Westermeier 等人描述了在几个生产步骤中哪些过程数据需要被记录并通过数据链接分配给对方[16]。

在电池生产过程中的数据挖掘研究项目中,也需要对生产单位进行数据采集和识别。Thiede 等人描述了所谓的布伦瑞克电池实验室工厂内的方法[27]。在这里,中间产品和最终产品的质量特征被记录下来,然而,这里记录了中间体和最终产品的质量特征,但大多是手动和分批记录,而不是每个电池[15]。总之,目前还没有可简单地适应锂离子电池生产的可追溯性概念。因此,有必要基于所描述的方法进行进一步的开发。

6.3.3 锂离子电池生产中通过使用可追溯系统减少成本

建立可追溯性系统可以减少关于制造过程本身的两个主要成本驱动因素:次品率的成本以及过程成本(如速度损失)。可追溯性系统的应用提供了通过合并过程和质量数据来提高产品质量的可能性,这也是过程模型的基础。过程模型使人们更好地理解过程参数和产品质量之间的依赖关系。它们被用于优化产品质量和整体设备效率(OEE)。必要时,可以通过更有针对性的召回活动获得额外的好处。

图 6-3 显示了一个可追溯系统的成本节约和支出的例子,这取决于零件识别的程度。零件识别的程度可以从批量化到单件追踪而有所不同。

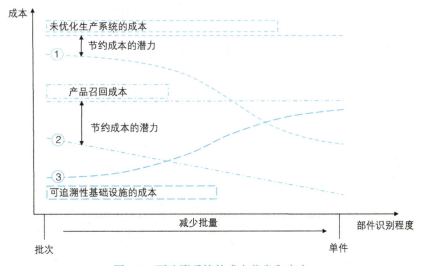

图 6-3 可追溯系统的成本节省和支出

图 6-3 中的曲线 3 显示了所需基础设施支出的典型成本趋势。识别系统以及 IT 基础设施,如服务器容量,都是需要的。基础设施组件及其安装的初始成本只因追踪的批量大小的缩小而略有增加。如果批量大小对所使用的基础设施来说变得太小,例如,标准标签不能再应用于批量载体上,那么就需要不同的跟踪方法,这可能导致投资成本的急剧上升。

由于工艺的复杂性和参数的高度变化,有关工艺优化的节约潜力往往难以估计。当前的良品率可以说明在这个过程步骤中通过提高质量可以节省多少成本。图 6-3 中的曲线 1 显示了一种成本节约的趋势,在这种趋势下,通过联系单件质量和工艺数据可以获得最大的利益。如果工艺参数在一个批次中非常稳定,结果可能会有所不同。此外,如果有必要进行产品召回,跟踪解决方案的整合将获得额外的好处。零件识别的程度越高,召回活动就可以更精确地进行。这在图 6-3 中的曲线 2 中以线性趋势显示。

追溯系统的实际经济效益以及集成成本取决于生产系统及其基础设施的初始情况。

6.4 电池生产的可追溯性概念

为了满足锂离子电池生产中可追溯性系统的描述要求，主要挑战之一是选择追溯对象及其识别方法[28]。

除了物理形状（如物体和载体），观察到的组件的分辨率对于追溯系统的发展也很重要。因此，可以确定两个主要的分类层次，即单个对象追踪和对象组追踪。与使用对象组追踪相比，实施单个对象追踪提供了对每个对象进行单独追踪的可能性，在这种情况下，只能对整个对象组进行追踪。在许多情况下，对象组或其载体比单个对象更容易追踪，但其追踪路径的信息却不那么具体。在锂离子电池单元生产的过程链中，不存在稳定的批量大小。这意味着单元被划分为子单元，或者组件被加入到连接的批次中。如果批量大小和结构在几个过程步骤中是稳定的，这些步骤就被定义为一个过程集群。

不仅是追踪对象，识别方法也可以分为两大类：一方面，识别器可以直接贴在追踪对象的表面上。另一方面，不同类型的系统可以通过使用固有的信息，如逻辑、机械数据或物体属性，在没有物理标记的情况下追踪物体。识别方法和追踪对象可以一起合并成一个方法矩阵，它显示了这些追踪任务的可能概念领域，如图6-4所示。

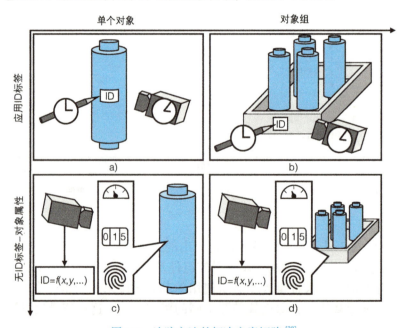

图6-4　追踪方法的解决方案矩阵[28]

对于每一个流程集群，必须权衡单次追踪与分组追踪的工作量和收益，以确定一个解决方案，这样既可以实现成本效益，也可以实现有用的解决方案。除了选择一个矩阵字段外，也可以进行组合，比如在一个组的载体上应用一个ID标签，通过使用逻辑方法来识别这个组内的每个单一对象。图6-5显示了根据所选择的技术实现方式，对单一物体追踪的不同可能组合。

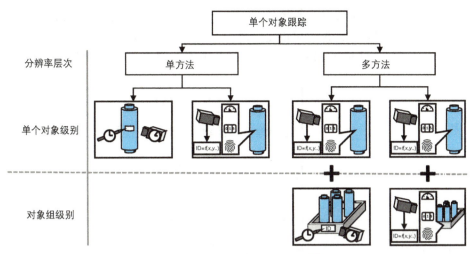

图 6-5　单个对象追踪的组合[28]

6.4.1　电池生产中的追踪物

除去袋装电池的生产，一般来说，电池单体的生产可以分为五个工艺集群，见表 6-1。每个过程集群由其过程相关的批次结构来定义。一个跟踪对象的结构的每一次变化都会导致一个新的集群。跟踪对象可以分为离散（dis）和连续（con）跟踪对象。

表 6-1　主要生产过程和跟踪对象

生产过程	内容	追踪对象
生产浆料	混合、储存	容器（dis）粘贴材料（con）
涂覆电极	涂覆、干燥、辊压	线圈，载体线圈批次（dis）集流体（con）
切割电极	电极片分切/模切	子线圈，载体子线圈批次（dis）电极箔片（con）
电池组装	卷绕/叠片，电池极耳焊接	堆、卷、箱、分批（dis）
最后加工	封装、焊接、注液、化成和老化、包装	电池分批，集装箱运输

6.4.2　鉴定技术和形态学分析

为了对跟踪对象进行独特的识别，可以使用一个应用的识别器。使用识别器获得的信息存储在工件、工件载体或货运载体上[29]，可以用非接触或触觉方式读出。对于转移，非接触式光学系统（如照相机）是合适的。识别器如清晰的印刷品、符号或 N 维跟踪码（条形码、二维码、色码）都可以用它们来捕捉。此外，还可以通过测量表面特征或粗糙度来识别物体的固有特征[21]。

除了光学系统之外，磁条也可用于识别。此外，无线方法（例如使用有源或无源无线模块 RFID、蓝牙或 WLAN）可以传输有关跟踪对象的信息。

触觉方法包括诸如读取电子电路的阅读器之类的方法，例如电子电路芯片卡内。此外，跟踪对象也可以通过其固有特征在没有应用标识符的情况下进行跟踪，这可以通过测量表面特性或粗糙度来以进行光学测量[21]。另一种可能性是通过物理逻辑模型计算其身份[19]。一个例子是根据工艺参数计算箔片部分的定位[24]。通过将识别技术与锂离子电池生产的工艺集群及其追踪对象相匹配，可以定义解决方案空间。图 6-6 显示了单个对象跟踪的可能性，图 6-7 中开发并评估了跟踪对象组的解决方案。每个可能的解决方案都根据其技

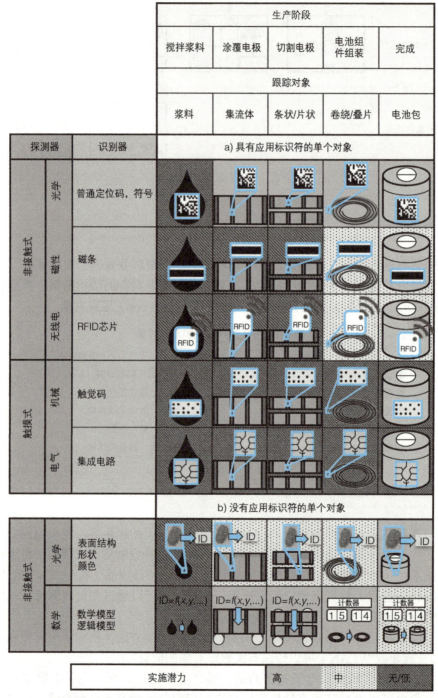

图 6-6　形态学分析：单个追踪对象的解决方案组合包括有应用标识符或没有应用标识符[28]

术、特定流程的要求和成本进行评估。评估结果如下：具有高实施潜力的解决方案在无模式单元中示出，而阴影单元中的组合并未显示出成功实施的潜力。虚线单元显示的解决方案要么在技术上不太可行，要么其开发状态处于较低的技术准备水平。

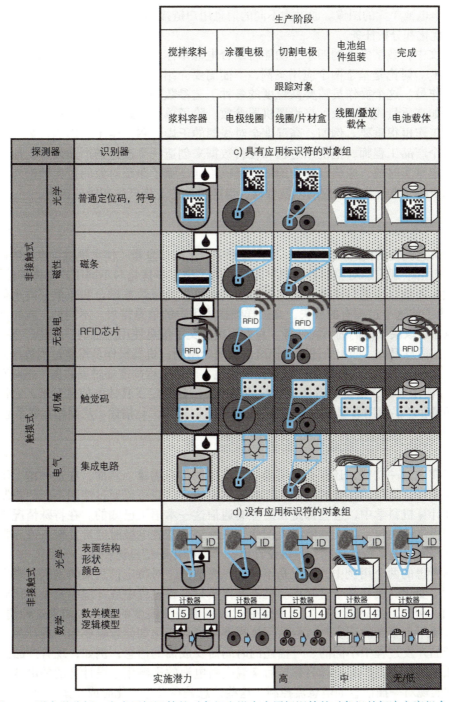

图 6-7　形态学分析：有应用标识符的对象组和没有应用标识符的对象组的解决方案组合[28]

6.5 采用数字影子的可追溯性概念

为了确保对单个电池在整个生产过程中进行一致的追踪,为了确保单个电池在整个生产过程的可追溯性,必须根据需要将数字图像链接起来。目前,在生产过程中获得的单张图像,每张都是指一个特定的跟踪对象。这些图像包括个别批次的浆料、电极带、成批的散装材料和单个电池单元的图像。通过为不同的信息用户链接和处理这些图像,所收集的数据可以被用于优化和分析任务。

在下文中,数字影子的四个子功能将结合电池单体生产中的完全可追溯性概念进行讨论(图 6-8)。讨论是基于两个应用案例,下面简要介绍。在第一个应用案例中,考虑了一个机器操作员。这个操作员需要高粒度的各种工艺参数的实时数据,以便根据当前生产线的目标(如高质量或高产量)来设置机器参数。除了单个跟踪对象的过程数据外,环境数据对他的工作也很重要。例如,高湿度会对线圈的干燥过程产生不利影响。第二个应用案例涉及一个产品工程师,他使用过程和废料数据来创造一个改进的产品设计。他所需要的数据不一定是实时的,应该以综合的形式提供给他。除了跟踪对象的过程数据外,使用数据,如用户的充电行为和相应的电池寿命,也能对他的工作产生积极的影响。

1. 数字化影子将信息供应和需求联系起来

完全可追溯性的概念是明确的,生产过程中产生的信息量(信息提供)也是明确的。特别是,它包括个别追踪对象的各种数字图像。为了进一步优化对不同用户群体的信息提供,必须对收集的数据库进行准备。语义上新的信息可以通过数据融合和数据分析来创造,见图 6-8。为了使这个过程有的放矢,必须详细描述用户的信息需求。不同员工或职能部门的具体信息需求取决于他们的不同任务。只有明确定义了信息使用的目的,才能产生一个以需求为导向的信息报价。如上所述,我们给出了两个用例:机器操作员需要过程数据和相关参数设置以及环境条件,这些数据应该被提供给他。产品工程师需要过程数据(跟踪对象的图像)、产品使用数据,最好还有所用材料的信息。一旦确定了具体的信息要求,它们和包括过程、环境和产品使用数据在内的扩展信息提供可以被语义化描述,从而相互联系起来。

2. 数字影子控制着操作上相关信息的流动

为了实现这一功能,还有必要明确不同员工的信息需求。然而,在这种情况下,必须特别定义提供信息包的正确时间和它们的具体组成。信息可以通过使用不同的控制逻辑来提供。在计算机科学中,这些都是在进程间通信这一术语下已知的。在特殊情况下,通常需要按需提供信息包,如机器停机(例如,在缠绕或堆放电极时经常发生)或异常高的废品率。这些情况都是特殊情况,很难设计出一个标准化的信息流控制。

在所考虑的两个用例中,情况是不同的。在这里,对特定信息束的需求通常发生在所需信息发生变化时或在某个时间点。机器操作员只有在过程中或环境中发生变化时才需要积极行动。例如,他只需要在发生关键变化时提供有关湿度的信息。如果这种情况发生,他也可以使用收集到的近实时过程数据来观察环境的变化如何影响要生产的产品。产品工程师在产品开发过程中不同的、可描述的时间需要成捆的信息,例如,现有产品的单个电池使用数据用于确定产品设计目标,后来温度对电池的影响用于设计合适的电池外壳。可以描述和实现对一捆信息的信息流控制,这些信息是在发生变化时或在某个时间点需要的。根据提供信息束的正确时间,可以设计一个手动、半自动或自动的信息流控制。

第 6 章 完全可追溯性——在数字影子的框架内建立智能制造的基础

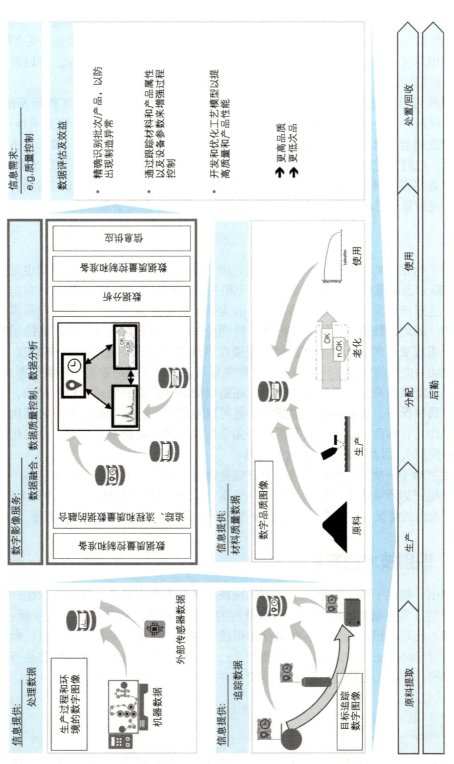

图 6-8 概述—完全可追溯性的概念—为智能制造奠定基础

3. 数字影子保证了特定应用的信息质量

在这个用例中，收集的信息的质量是特别值得关注的。颗粒度、准确性、详细程度、及时性、完整性、可理解性和可访问性只是信息质量的 15 个维度中的一部分，见文献[36]。为了顺利使用单元的跟踪数据，必须确定这些维度。基于这个详细的概念，可以开发和实施评估信息质量的服务，并以自动化的方式长期改进。

这个挑战可以用机器操作员的例子来说明。机器操作员需要访问其工作场所的数据。如果他没有权限，他必须首先搜索所需的信息或组织访问。数据的最新性也必须得到保证，因为过时的数据会导致机器操作的错误，这反过来又会降低单元的质量。如果他所获得的数据不正确，也同样适用。这两种情况都可以被排除，例如，通过自动的合理性检查。

利用检查信息质量的服务的结果，可以执行各种行动。为了不强迫任何错误，企业可以决定不传递质量不足的信息，或将信息质量检查的结果作为元信息发送。

4. 数字影子独立优化使用的数据和信息库

数字影子所使用的数据库必须经常优化。除了数据库的扩展，数据的删除也是一个挑战。是否删除以及删除哪些数据，直接取决于相关公司的 IT 战略和数据管理。在电池单体生产领域，这里应该采取非常谨慎的方法，因为基于数据的关于生产过程和产品本身的知识还不成熟。因此，数据具有很高的价值。特别是关于环境参数对过程和产品的影响的问题仍有部分未解决，例如，哪些电极材料需要在电池组的露点环境中达到 $-60℃$？这些环境条件的波动对电池的质量有什么影响？这种关系可以借助于跟踪数据和环境数据来解释。然而，必须决定数据是以纯粹的形式存档，还是以处理和汇总的形式存档。例如，在机器操作员的专属情况下，所有不再是最新的数据可以被删除。汇总后的数据集只能用于培训新的机器操作员。然而，由于这些数据并不完全由机器操作员使用（例如，由进化制造过程的工程师使用），因此不建议删除这些数据。

扩大数字影子所使用的信息库的一个方法是将当前和历史数据联系起来。另一个信息来源是上面提到的环境数据（室温、湿度、气压），这对电池单体的质量有相当大的影响。对于产品开发商的情况，增加产品使用数据（如产品寿命）或材料数据也很有用。

6.6 识别技术的实施概念

在本章中，描述了用于跟踪和追踪的识别技术的潜在实施概念，并对电池生产过程集群进行了评估。实施概念的基础是一条示范性的电池生产线，包括以下工艺步骤：混合、涂层、干燥、压延、切割或分切、电池导体焊接、卷绕、封装、焊接、电解质、封闭、化成和包装。对于每个主要的工艺群，都提出了一个可能的实施概念。这个概念是与行业专家合作开发的，并建立在形态分析和第 6.4.2 节中说明的研究结果之上。

6.6.1 第 1 组：浆料混合

有一些追踪概念是经过充分测试的，并且可以以一种具有成本效益的方式实施。对于泥浆混合，通过 RFID 标签或其他 n 维追踪代码来识别批量容器是一个有效的解决方案。

其他替代方案不会产生任何额外的好处或超过成本限制。

6.6.2 第2和第3组：电极生产——涂敷和切割（线圈和副线圈部分）

在现有的生产线上，不同的批次结构和电极生产过程（涂层、干燥和压延）、电极箔分切和随后的电池组装和最终完成的过程之间出现了信息差距。为了解决这种信息差距，已经确定了在电池层面进行识别的两种基本解决方案，具体如下：

1）将印刷或激光标记的 n 维跟踪代码应用于电极箔的非涂层中间区域或部分。在这里，必须排除改变电池单元或被物质污染，改变电池功能和电池的情况。因此，要进行进一步的测试和长期研究，以避免标记过程对电池质量的影响。应防止电池避雷器接触可能出现的问题或可能的粒子进入。

2）结合 n 维跟踪代码的（部分）线圈设备，通过使用机械数学模型来计算和定位箔片截面和分配参数。例如，可以使用传送带速度来定位电极箔片截面并连接过程中产生的数据，由于没有应用跟踪标记，电极的表面仍然不受影响。此外，随着有问题的带材部分从电极箔上移除，需要对移除的部分进行进一步的检测和记录，以获得明确的可追溯性。

基于前文描述的对电池生产的所有工艺步骤进行标识的可能性，有可能在任何时候识别圆形电池的各个部件。然而，由于仅有识别的可能性并不能对一个过程得出任何结论，本节以涂层过程为例，介绍了整合和数据匹配的情况。

安装在过程中的传感器的尺寸是从 DMC 打印机或传感器开始的（图6-9）。通过传送带速度和到 DMC 打印机/传感器的距离，操作的时间因此可以分配给一个特定的 DMC。值得注意的是，这些操作有一个确定的长度。例如，在整个干燥区的干燥过程中的温度测量加上电极区的进入和退出是相关的。

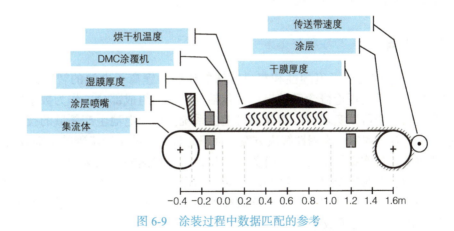

图6-9 涂装过程中数据匹配的参考

因此，各个传感器和流程的相关开始和结束时间戳可以用以下公式计算出每个单独的传送带部分：

$$TS流程开始 = TSDMC + \frac{DDMC}{BSTI}$$

$$TS\text{流程结束} = TS\text{流程开始} + \frac{PL+IL}{BSTI}$$

式中，TS 表示时间戳；BSTI 表示时间间隔内的传送带速度；DDMC 表示与数据矩阵码打印机的距离；TSDMC 表示 DMC 打印机的时间戳；PL 表示过程长度；IL 表示间歇性长度（一个涂层部分的长度）。

定义间距时，还必须考虑 DMC 是打印在胶带部分的开头还是结尾，可以在精确确定的时间间隔内无间隙地匹配数据。

6.6.3 第 4 组：电池组装

电池信息或电池识别标记的转移，从连续的从电极箔的生产到电池单体的离散制造是一种对电池生产的挑战。因此，电极箔的信息必须与单个电池的情况联系起来，以保证从生产开始到成品电池的各个部件和工艺步骤的可追溯性。由于电池单体表面的空间有限，应用方法便宜，技术成熟，电池单体上的最小尺寸追踪码是目前最好的解决方案。

6.6.4 第 5 组：最终加工

对于电池的最终加工，用跟踪代码识别单个电池单元的情况已经是一种技术状态，跟踪代码（如 DataMatrix 代码）也被用于产品生命周期的后续阶段。与早期生产过程的信息联系应通过持续实施追踪和整合所述的追踪可能性来解决。来自各工艺组的单独跟踪和追踪解决方案必须结合起来，形成一致的实施和信息链接，以便能够追踪最终电池的各个部件和工艺步骤，并在电池层面上连接来自先前工艺的信息。

6.7 总结

关于数字影子的完全可追溯性和集成方法的概念为锂离子电池的智能制造提供了基础。因此，数字影子的理论概念已被提出，包括其不同的组成部分。作为数字影子的先决条件，需要应用一个可以实现核心功能的可追溯系统。关于电池生产领域的技术现状，到目前为止，还没有一致的可追溯性解决方案，而只是针对某些生产步骤的个别方法。

主要的挑战是批次结构中与工艺有关的变化，以及快速的工艺速度和避免对产品质量的影响的必要性。在对每个过程集群和跟踪对象的形态评估中，描述了可能的可追溯性解决方案。此外，本意不仅介绍了有关实施的技术挑战，还介绍了在锂离子电池生产中使用可追溯系统的优势，如降低成本。

作为一个例子，如何将可追溯系统作为数字影子的基础，已经介绍了可追溯系统和数据匹配的整合。实施方案必须结合起来，以形成一个在数字影子框架内的一致实施和信息链接，以便能够追踪最终电池的各个组成部分和过程步骤，以及连接以前过程的信息。从技术角度来看，信息供应和需求的语义描述和自动链接（数字影子框架的子功能1）在很多地方已经可以实现，而这个子功能的第四个发展阶段，即信息消费者（需求方）和信息供应商（供应方）之间的跟踪数据交易，在工业环境中几乎没有被开发。为了能够实现这种跟踪数据的交易，获取、生成、归档和分发信息的努力必须是可评估的。

目前，自动优化信息中的一些质量缺陷已经成为可能。例如，黏度测量中不完整的时间序列可以在各种算法的帮助下进行填补。对于其他的信息质量维度，目前还无法实现，需要进一步研究和开发。从技术角度来看，信息系统能够对个别数据记录的删除提出建议，这些建议是基于数据的检索率等因素。然而，制定删除策略和推导出机器可处理的规则还不是普遍做法。此外，数字影子所使用的信息库要实现自动化和独立扩展，还需要在信息系统和信息通信技术领域进行基础研究。

参 考 文 献

[1] Roy D, Mittag P, Baumeister M. Industrie 4.0–Einfluss der Digitalisierung auf die fünf Lean-Prinzipien. Schlank vs. Intelligent. Productivity Manage. 2015;20:27–30.

[2] Knauer D. Act Big–Neue Ansätze für das Informationsmanagement: Informationsstrategie im Zeitalter von Big Data und digitaler Transformation. Wiesbaden: Springer Fachmedien Wiesbaden; 2015.

[3] Bauernhansl T, Krüger J, Reinhart G, Schuh G. WGP–Standpunkt Industrie 4.0. [cited 2017 Mar 20]. Available from: https://wgp.de/wp-content/uploads/WGP-Standpunkt_Industrie_4-0.pdf

[4] Schuh G, Walendzik P, Luckert M, Birkmeier M, *et al.* Keine Industrie 4.0 ohne den Digitalen Schatten: Wie Unternehmen die notwendige Datenbasis schaffen. ZWF Zeitschrift für wirtschaftlichen Fabrikbetrieb. 2016;111:745–748.

[5] Wöhrle T. Lithium-Ionen-Zelle. In: Handbuch Lithium-Ionen-Batterien. Berlin, Heidelberg: Springer Berlin Heidelberg, Reiner Korthauer; 2013, pp. 107–17.

[6] Maiser E. *et al.* Roadmap Batterie-Produktionsmittel 2030, VDMA Verlag GmbH, Frankfurt am Main, 2016.

[7] Bauernhansl T, Hartleif S, Felix T. Der Digitale Schatten: Gestaltung eines Informationssystems für die Informationsversorgung in wertschöpfenden Systemen. wt Werkstattstechnik online.-Düsseldorf Springer-VDI Verlag. 2018;108:132–6.

[8] Bauernhansl T, Hartleif S, Felix T. The Digital Shadow of production — A concept for the effective and efficient information supply in dynamic industrial environments. Procedia CIRP. 2018;72:69–74.

[9] Krcmar H. Informationsmanagement. 6th ed. Wiesbaden: Springer Gabler; 2015.

[10] Augustin S. Information als Wettbewerbsfaktor: Informationslogistik–Herausforderung an das Management. Zürich: Verl. Industrielle Organisation [u.a.]; 1990.

[11] Uhlemann T, Lehmann C, Steinhilper R. The digital twin: realizing the cyber-physical production system for Industry 4.0. Procedia CIRP. 2017;61, 335–340.

[12] Daimler AG. Die smart factory: Die komplett vernetzte Wertschöpfungskette. [cited 2017 Nov 6]. Available from: http://media.daimler.com/marsMediaSite/de/instance/ko/Die-Smart-Factory-Die-komplett-vernetzte-Wertschoepfungskette.xhtml?oid=9905147

[13] Mundo C. Digitale Werte schaffen. [cited 2017 Oct 26]; pp. 8–9. Available from: https://www.digital-manufacturing-magazin.de/cloud-fuer-manufacturing-und-engineering-digitale-werte-schaffen/

[14] Väyrynen A, Salminen J. Lithium ion battery production. J Chem Thermodyn. 2012;46:80–85.

[15] Turetskyy A, Thiede S, Thomitzek M, von Drachenfels N, *et al.* Toward data-driven applications in lithium-ion battery cell manufacturing. Energy Technol. 2019;12:1–11.

[16] Westermeier M, Reinhart G, Zeilinger T. Method for quality parameter identification and classification in battery cell production quality planning of complex production chains for battery cells. 3rd Int Electr Drives Prod Conf (EDPC). 2013;3:308–17.

[17] Heimes H, Kampker A, Lienemann C, Locke M, Offermanns C, Michaelis S, Rahimzei E. Produktionsprozess einer Lithium-Ionenbatteriezelle. [cited 2020 Jan 28]. Available from: https://www.pem.rwth-aachen.de/global/show_document.asp?id=aaaaaaaaaaoqixv

[18] Wegner-Hambloch S, van Betteray K, Springob K, Editors. Rückverfolgbarkeit in der Praxis: Artikel 18 und 19 der VO (EG) Nr. 178/2002 schnell und einfach umgesetzt. 1st ed. Behr, B. Behr's Verlag GmbH & Co. KG, Hamburg; 2004.

[19] Feldmann K, Schöppner V, Spur G, Editors. Handbuch Fügen, Handhaben, Montieren: Edition Handbuch der Fertigungstechnik. München: Hanser; 2014.

[20] Fraunhofer IPA. Abschlussbericht DigiBattPro BW: Machbarkeitsuntersuchung für die digitalisierte Batteriezellenproduktion. 2018b.

[21] Hofmann A. Track & Trace per "Fingerabdruck". [cited 2019 Jun 22]. Available from: https://www.ipm.fraunhofer.de/content/dam/ipm/de/PDFs/produktblaetter/PK/IVS/Track-trace-FINGERPRINT-de.pdf

[22] Laboratoire national de métrologie et d'essais. Traceability applied to the paper and board food packaging chain. [cited 2019 Jul 17]. Available from: http://www.contactalimentaire.com/

[23] Industry guideline: for the compliance of paper & board materials and articles for food contract. 2012.

[24] Freier H. Immer auf der richtigen Fährte: Lückenlose Rückverfolgbarkeit von Qualitäts- und Produktionsdaten in der Prozessindustrie. In: Chemie Technik. Hüthig, Armin Scheuermann Heidelberg; 2007, pp. 26–28.

[25] Kvarnström B. Traceability methods for continuous processes. Luleå. 2008.

[26] Kvarnström B, Oghazi P. Methods for traceability in continuous processes–Experience from an iron ore refinement process. Miner Eng. 2008;21:720–30.

[27] Thiede S, Turetskyy A, Kwade A, Kara S, et al. Data mining in battery production chains towards multi-criterial quality prediction. CIRP Ann. 2019;68:463–6.

[28] Riexinger G, Doppler JP, Haar C, Trierweiler M, et al. Integration of traceability systems in battery production. Procedia CIRP. 2020;93:125–30.

[29] Abramovici M, Bellalouna F, Flohr M. Durchgängige Rückverfolgbarkeit entlang der Supply-Chain. Rahmenkonzept und Anforderungen. ZWF Zeitschrift für wirtschaftlichen Fabrikbetrieb. 2007;102:367–70.

第 7 章
经典 IT 系统架构实现数字化的电池组装

除了使用新材料提高电池质量之外,电池组装过程数字化也具有优化电池制造工艺的潜力。确定合适的工艺参数需要变换工艺参数进行多次重复尝试,因此为了简化识别程序,需要制造过程的灵活性、高度的连接性以及软件与设备以及传感器之间的端到端集成。本章介绍了一个典型的 IT 架构,提供了优化电池组装过程所需的灵活性。对单电池级别的跟踪和制造过程数字化,实现了生产过程的可视化以及可控性。生产过程流程以可理解且可分析的形式存储,为进一步开发基于 AI 的用例奠定坚实的基础。此 IT 架构原则上也可用于电池组装以外的其他流程。

7.1 概述

电池的广泛使用是当今世界能源体系的一大特点。移动电子设备的普及以及交通工具领域中电动汽车的普及致使全球对电池的需求增加。

锂离子电池的生产过程比较复杂,其包含物料的混合分散过程、单组件生产过程和批量生产过程,同时这些过程又可分为连续和不连续过程[1]。不同的数据获取方法[2]在利用数据优化电池生产过程方面展现出潜在可能性。这种数据驱动的方法需要可靠且全面的 IT 架构,从而实现软件对数据的持续收集以及对制造过程的完全控制。

因此,由国际自动化学会(International Society of Automation,ISA)在 1995 年投票通过的企业系统与控制系统集成国际标准 ISA-95[3] 中,有一个著名功能模型描述了由企业控制系统组成的 IT 架构的不同功能,这些系统在工业中被称为制造执行系统(Manufacturing Execution System,MES)和企业资源规划(Enterprise Resource Planning,ERP)。本章讨论了该模型在未来电池制造环境中的应用,展示了基于先前项目成果的典型 IT 架构,以实现电池组装的智能生产。

下文将简要描述基于自动化金字塔的 IT 系统架构的演变;然后介绍电池制造流程,重点关注电池组装并描述了电池制造的核心;IT 系统架构的方法、概念和实施等主要工作成果在第 7.4 节介绍;第 7.5 节讨论了除电池组装之外的其他流程步骤中采用 IT 架构的原则;最后对上述内容做了简短总结。

7.2　IT 系统架构演变

本节描述了 IT 系统架构的演变历史，首先介绍了自动化金字塔的概念，之后阐述了其向工业 4.0 和服务导向型架构的演变。

7.2.1　自动化金字塔

早在 20 世纪 80 年代，人们就试图通过计算机集成制造（Computer Integrated Manufacturing，CIM）来连接生产 IT 的各个部分，但由于早期技术不成熟以及部分供应商使用自己专有接口，这一尝试以失败告终。然而，70 年代和 80 年代开发的 CIM 金字塔推动了自动化金字塔的发展[4]。CIM 描述了与业务流程相关的 IT 系统和用于控制生产技术的 IT 系统的组成，其主要由大型公司在其生产过程中实现。多年来，这个金字塔发展出许多变体[6]。变体的其中之一如图 7-1 所示，其依据 DIN EN 62264 进行建模。这种类型的自动化金字塔是从企业层级到流程层级的 6 个层级的详细示例，并且包含大量系统和硬件。

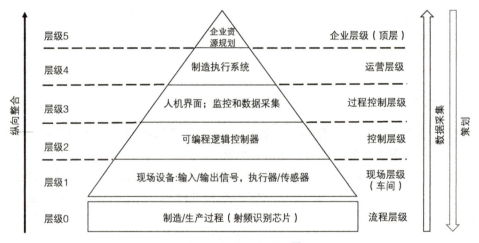

图 7-1　自动化金字塔[4]

在第 5 层级，企业资源规划系统（Enterprise Resource Planning，ERP）的任务包括生产规划（生产计划和相应规划要生产的订单类型和数量）以及工业生产的订单处理[4, 7]。在第 4 层级，制造执行系统（Manufacturing Execution System，MES）主要负责控制、指导和监控生产，它将机械控制与企业层级联系起来[4]，负责与 ERP 系统交换数据，并从制造层级接收数据。第 3 层级对生产过程进行监控和可视化处理，人机界面允许监控操作员进行调整控制，实现这些决策的数据被收集，并且过程参数的调整被传送到下一个层级。在第 2 层级，可编程逻辑控制器（Programmable Logic Controllers，PLC）评估输入信号（传感器数据），并输出相应的结果数据（输出信号），这些电信号由执行器处理并转化为机械运动。第 1 层级包括整个车间以及传感器和执行器，现场层级以输入和输出信号的形式提供和处理与生产有关的数据。最后在层级 0，智能产品及射频识别芯片（Radio Frequency Identification chips，RFID chips）从工艺层面提供有关产品特性和生产步骤的信息。

传统的自动化金字塔模型有着悠久的历史，它具有很强的层次结构和明确的作用。然而，因为它的信息传递需要通过多个层级才能实现业务流程和集中决策，所以缺乏灵活性。工业 4.0 的展望包括更高灵活性和适应性的生产系统，传统的金字塔结构过于僵化，因而需要新的架构模型，这将在下一节中介绍。

7.2.2 工业 4.0 服务导向架构

工业 4.0 是指在信息和通信技术的帮助下搭建的工业机械和流程的智能网络[8]，它的一个重要特征是分散决策[9-10]。物联网（Internet of Things，IoT）的普及促使其功能广泛发展。由于工业生产过程并不局限在某个工厂，而是跨越多个组织，因此，传统的自动化金字塔需要进行调整，即在本地控制过程中使用边缘计算，在更高级别的应用中使用云计算（图 7-2）。自动化金字塔被引入时的技术条件不兼容任何其他结构，而如今自动化金字塔的功能更加广泛，并且涉及了 IoT 和微服务等信息技术[11]。

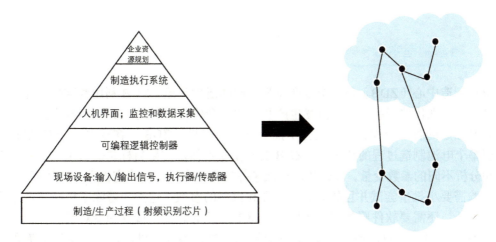

图 7-2　工业 4.0 展望的变化

微服务作为实现服务导向型体系结构（Service-Oriented Architecture，SOA）的变体，也被称为微服务体系结构[12]。SOA 试图将应用程序的功能整合进单独的服务中，进一步地将单个功能整合在更小的、更独立的、可互相连接的服务中[13]，这使得围绕商业功能设计这些微服务成为可能。因此，设计的重点是商业系统的核心功能，而不是预先内置的软件包功能[12]。这种微服务架构方式可以作为 IT 架构的模型用于提升电池组装过程的工艺，因为它包含了 IT 架构所需的"灵活性"。

下一节将电池组装过程作为电池制造过程的一部分进行总体检查，具体而言是在设计和实施 IT 架构的实验室环境中进行检查。

7.3 电池组装

7.3.1 常规电池生产过程中的电池组装

锂离子电池的生产过程可以分为三个部分：电极的生产、电池的组装和电池的精加工。电极的生产和电池精加工过程因电池种类而异，而电池组装过程重点要考虑其是软包电池、圆柱形电池还是方形电池[14]。本章重点关注圆柱形电池的制造过程并对其组装过程进行介绍。第一部分是电极的生产。该过程包括混合活性物质以生产涂层浆料，然后将浆料涂在铜箔或铝箔上。此后需要对涂布的线圈进行干燥，避免活性物质中大量的水分阻碍了材料的黏结。随后进行辊压压缩物料，以压实由于干燥过程而造成的物料膨胀[15]。

在接下来的电池组装过程中采用了卷绕工艺，使电极线圈以及两个分离线圈卷绕在中心柱上。之后，在包装过程中将"卷绕体"装入电池壳中。此后在真空状态下将电解液注入电池，并将电池密封[14]。

最后一部分是化成。在化成过程中对电池进行充放电以形成固体电解质间相（Solid Electrolyte Interphase，SEI）层。在这个过程中产生的气体被收集并在电池最终密封后排出[15]。

7.3.2 电池制造中心——电池制造的实验室环境

电池制造中心（ZDB）是一个以产业为导向的研发基地。ZDB 利用数字化、建模和仿真工具，实现现代储能系统的可持续生产和使用寿命优化。因此，ZDB 拥有实验室基础设施和互联互通的各个流程，以便进行小批量电池生产[16]。ZDB 旨在建立一个 IT 基础架构以实现整个电池制造过程的数字化。ZDB 实验室生产线的主要目标是进行工艺实验，需要测试和分析不同的参数变量，以优化电池质量并提高生产过程的稳定性和生产效率。

实验需要小批量尝试并且频繁更改配方和机器的参数。这意味着除了机械制造过程需要灵活性外，还需要软件服务与设备以及传感器之间的高度连接性和端对端的集成。对于 ZDB 来说，这可以通过服务导向型 IT 系统架构解决，因为其可以通过提供每个流程的数据来提高制造过程的透明度，从而为基于 AI 的复杂实例奠定数据基础。为了验证这个概念，IT 系统架构已被用于 ZDB 的"电池组装过程"。

7.3.3 电池制造中心电池组装操作顺序

ZDB 中的电池组装过程由多个子过程组成，这些子过程在不同工序中手动或自动进行。第一个流程始自获取来自不同供应商的卷绕体、电池盖和电池壳以及电解液和保护装置等材料。第二个过程是这些材料的运输和检查。首先将这些贴有标签的电池壳和电池盖分拣到传送带系统中，手动转移到洁净室并进行称重。在另一个工艺步骤将卷芯自动插入并焊接到电池壳中，并单独测量带有焊接卷芯的电池壳的重量。此后多个电池壳由一台特殊机器卷边，再次转移到洁净室测量电池的重量。电池在烘箱中真空干燥，并在干燥完成后再次称量电池重量并将电池移至手套箱。在手套箱中，首先将电池注满电解液，然后在自动过程中将电池盖焊接到电池壳上，最后在手套箱中将电池密封。密封后电池被运送到洁净室并测量电池的重量，然后清洗和干燥。之后电池在不同实验室进行自动老化。从这个过程可以区分电池是为内部研究生产还是为客户生产：为客户生产的电池直接运送去交货，而为内部研究生产的电池在同一房间用套管包裹。封装的电池自动化成并人工存储。

典型的 IT 架构将电池组装视为电池制造的核心过程。在 ZDB 电池组件中，电池的生产包括 31 个不同的工艺步骤，电池在 13 个不同的电池组装工作站的六个不同的环境中进行处理。为了在这种高度复杂的环境中设计并实施 IT 架构，下一节将介绍 ZDB 的服务导向型 IT 系统架构。

7.4 服务导向型 IT 系统架构

本节介绍为 ZDB 开发的服务导向型 IT 系统架构。首先，概述了 ZDB IT 系统架构的开发方法，然后借助 ISA-95 的功能介绍了该 IT 系统架构的主要功能，最后描述了 ZDB IT 系统架构的实施。

7.4.1 方法

开发方法包括四个不同的过程（图 7-3）。在云计算资源方面配置 ZDB 基础设施，开发能够跟踪每个单元的软件服务，以及开发便于集成测试的设备模拟器。下面将进一步详细介绍每个过程的任务。ZDB 服务的开发遵循三步法（图 7-4）。

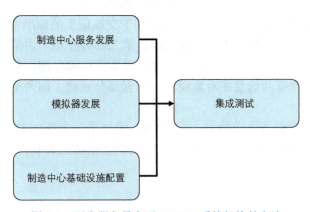

图 7-3　开发服务导向型 ZDB IT 系统架构的方法

图 7-4　ZDB 服务开发的三步法

首先，在工艺专家的帮助下创建了 ZDB 电池组装的高级工作流程。该工作流程描述了基于标准操作程序的电芯制造中的相关工艺流程。工作流程由参与者、不同的车间员工、机械设备、IT 系统以及 MES 组成。表 7-1 展示了为不同的自动化、半自动化和手动流程创建的工作流程。手动流程包含车间内在设备上执行生产任务工人，其负责将电池装入设备、在设备上设置参数、启动和停止设备等，只有设备的数据采集是自动进行的。在半自动化的过程中，工人作为被动的角色，只在最终决定过程起作用。例如，在启动设备之前，工人可以通过 MES 观察设备是否设置了正确的配方参数，并可以调整设备参数。在此过程中工人和 MES 之间进行合作。ZDB 电池组件的四个过程是半自动化的。在自动化过程中，工人与机器之间无须交互。

表 7-1 已定义工作流程概述

工作流程	自动化	半自动化	手动
插入线圈并焊接	×		
卷边		×	
焊接		×	
真空干燥		×	
填充电解液		×	
密封			×
清洗			×
干燥			×
老化	×		
包装			×

在这些工作流程的帮助下，可以获取更多的过程本身的信息，这有助于确定和分析为了实现单个电池的生产过程追踪，ISA-95 的哪些功能是必需的。

ISA-95 由五个部分组成：第一部分定义了用于交换信息的标准术语和对象模型，它们位于自动化金字塔的第 4 层级和第 3 层级之间；第二部分介绍了由第一部分定义的对象模型的属性；第三部分介绍了企业的生产、维修、品质把控和存储；第四部分定义了确定在这些组织单元之间交换哪些信息的对象模型；第五部分规范了前两个层级之间的信息交换结构[3]。

在本节中，考虑到制造企业的 ISA-95 功能，设计了一个新的 IT 架构的概念，以实现智能电池组装的 IT 架构。ISA-95 第一部分[3]定义的企业功能如下：

- 订单处理
- 生产调度
- 生产控制
- 材料和能源控制
- 采购
- 品质保证
- 产品库存控制
- 产品成本核算
- 产品运输管理
- 维护管理

根据创建的工作流程可知,生产控制、质量保证和订单处理功能与 ZDB 中执行的程序相关。在创建了这些工作流程并确定了所选择的 ISA-95 功能之后,工艺专家确定了五个通用序列图,以明确所需的软件服务。这些序列图的设计目的如下:
- 生产订单创建
- 手动单件生产场景
- 自动化单件生产场景
- 手动批量生产场景
- 自动化批量生产场景

然后,起草所需软件服务的软件设计,并开发图形用户界面(graphical user interface,GUI)原型。

在进行上述工作的同时,还开发了设备仿真模拟器以模仿设备的通信行为。使用仿真器的目的是预先评估性能和系统行为。仿真器根据机器状态、虚拟传感器和通信行为生成基本的机器行为。这种行为可以通过脚本和数学分布函数进行配置。要开发仿真模拟器,需要两个模块(图 7-5)。一个模块是 OPC-UA 服务器,它通过公开可读写的变量来实现主体与其他系统的通信。这些变量代表制造过程的输入(如剂量)或输出(如线圈厚度)或在制造过程中连续测量的过程参数(如力的大小)。为了识别合适的可变结构(信息模型),专家对所有电池装配的子过程进行输入/输出信息分析。基于该分析的结果,创建了将变量分组到相同结构的通用模式(例如,所有输入变量都嵌入在容器"输入"中),以便在所有设备项目之间构建一致的接口。借助 OPC-UA 的架构概念,可以配置仿真器的 OPC-UA 服务器。设备仿真器的第二个模块是数据生成器。数据生成器负责生成模拟来自真实运行设备的数据,并依据过程专家输入的关于单个电池组件子过程的预期数据分布,为信息模型的每个变量配置数学分布,以模拟真实设备的行为。

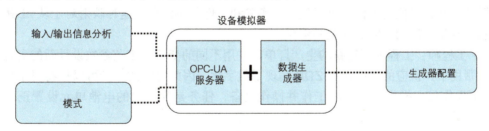

图 7-5 设备仿真器的开发

第三项任务是配置 ZDB 信息技术基础设施,旨在为部署和执行开发的软件服务和设备模拟器提供一个稳定、高效和安全的环境。为了实现这一点,模拟器和服务项目应该存储在云平台中。这一要求源于 ZDB 的性质:在 ZDB 中,电池制造流程不在同一个车间内,甚至不在同一栋建筑内。因此,支持制造过程的软件服务必须能够从不同的位置访问。此外,在生产线上进行的实验应该能够利用人工智能技术来满足高度变化的计算需求。云技术比传统计算更容易满足这些需求[18]。为此,Fraunhofer IPAs 选用了自己的云平台 Virtual Fort Knox。该平台允许根据虚拟机灵活供应计算资源,并允许安全分割逻辑资源段。在云平台上成功部署设备仿真器和软件服务之后,通过集成测试验证了通信的准确性。为此,设置并测试了涵盖所有用户需求的各个场景。

7.4.2 概念

ISA-95 为识别和构建能够支持制造的系列功能提供了一个既定的框架。该框架为 ZDB 系统选择必要的基础功能。由于 ZDB 是实验室生产线,其目标不是大批量生产,因此需要确保 ISA-95 功能符合 ZDB 的具体要求。为此,通过与 ZDB 专家的访谈得出了 ZDB 系统的需求,可归纳如下:

1)单独追踪交付电池(小批量),以提高产品透明度并降低报废概率。
2)使用不同的电池工艺(工艺计划)创建产品。
3)使研究人员能对电池进行各种实验。
4)手动生产过程中帮助工人梳理电池单元的处理顺序。
5)在车间为工人提供信息支持,以便工人接收信息、了解应该设定的工艺参数。
6)从支持不同通信协议的设备中实时收集数据。
7)以计算机语言可获取和可分析的形式,实时存储来自生产流程前后的相关数据。
8)提供不同软件服务和设备之间的数据交换。
9)支持在安全环境中运行和存储软件服务。
10)提供软件服务的部署,以便在代码调整时可以快速投入运行。

这些需求可以反映出三个 ISA-95 的企业功能:生产控制、质量保证和订单处理。因此,这些 ISA-95 功能可用作 ZDB 的 IT 系统环境实施的指南。通过构建 ZDB 工作中的相关任务,可以为 IT 系统架构提供进一步的指导。

同时,创建了工人角色以将生产任务和 ZDB 功能划分到不同的工作组中。在 ZDB,创建了三种工人角色:

1)生产规划员:生产规划员将 ZDB 供应商交付的卷绕体与工件载体以及工程师创建的实验相关联,以便电池信息可以映射到实验和工件载体信息。这种映射对于从 ZDB 的生产过程中收集前后相关的数据至关重要。

2)工程师:工程师创建新的生产订单,并用不同的变量和工艺参数设计新的实验。在工人的帮助下,供应的卷绕体在 ZDB 实现了数字化,因此电池的生产可以从卷绕体开始。

3)操作员:操作员在车间工作并操作设备,任务是为选定的电池单元设置正确的设备工艺参数。

下一节将描述软件服务、设备模拟器和设备集成的实施,以满足上述 ZDB 功能要求。

7.4.3 实施

ZDB 的 IT 系统环境的设计采用了微服务架构风格。为了实现架构,需要两个步骤:第一步是实现所有软件服务;第二步中这些服务需要与其他服务相联系,每个服务履行一个特定的职责。

第一步分为两个不同的层次:在第一层中,介绍了涉及生产计划和订单处理的软件系统;第二层的重点在于电池组装过程中的生产执行和数据收集。在这个级别中,考虑了 ISA-95 的质量保证功能。此外,在这两个级别中,可以指定制造工人使用软件服务的哪些功能。

第二步重点关注支持第一步中开发的微服务及其部署概念的交互和数据交换的 IT 技术。

1. 支持电池制造中心操作的微服务

图 7-6 展示了 ZDB IT 系统的架构。该结构分为两个层次（云端和车间）。在车间放置了生产设备，通过各种通信协议连接到云平台，而四个主要的软件服务，MES 和小规模软件服务存储在云端。

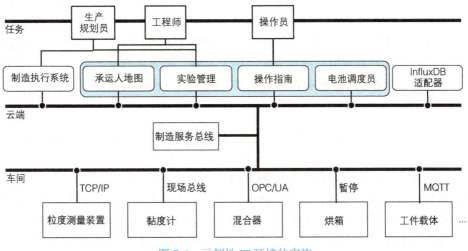

图 7-6　示例性 IT 环境的实施

（1）生产规划

MES 描述了两种主要服务，包括承运人地图和实验管理，以及为 ISA-95 功能的生产计划和订单处理而开发的小规模软件服务，并解释了它们在 IT 环境中的作用以及哪些工人使用这些软件服务。

在 ZDB 中用于电池组装的 MES 支持三种 ISA-95 功能，分别为生产控制、质量保证和订单处理。它用于创建电池单元的生产计划、生产订单，并在电池单元组装期间跟踪创建的生产订单。要创建生产计划，生产规划员需要访问 MES。MES 还允许在每个流程步骤后评估每个产品的质量（即报废或合格）。为了实现 MES 与其他软件服务的交互，需要一个 MES 适配器服务。在此服务的帮助下，生产订单首先在 MES 中自动创建。它还用于电池单元的特定单元跟踪。该服务从每个电池单元的 MES 接收过程启停信息，并将该信息转发给其他服务。MES 适配器服务是 MES 和软件服务之间的桥梁。它支持自动化金字塔向 SOA 的数字化转换，进而使其他软件服务可以直接调用每个 MES 功能。因此，并不是 ZDB 需要的所有功能都必须由 MES 本身提供。定制的软件服务可以从 MES 中访问数据并实现附加功能。

为了单独跟踪电池单元，电池单元需要一个唯一的 ID。交付的卷绕体有一个序列号，可用于通过 MES 跟踪电池。因此，应在 MES 中为交付的卷绕体创建新的生产订单。工程师收到交付的卷绕体，并使用承运人地图软件服务在 MES 中为其创建新的生产订单。它使人们能够在 MES 中为每个电池单元创建具有唯一 ID 的新生产订单，并与 MES 适配器服务通信，从而为电池单元创建新的生产订单，并将其与交付的卷绕体的序列号进行关联。此外，载体将订单信息和电池 ID 关联到工件载体信息，使得电池单元在工件载体上的位置被明确定义。工件载体由 25 个槽组成，用于将电池单元传送到电池单元组装过程中的各个工作站。这种关联能够在制造过程中直接跟踪和处理电池单元，从而提高生产效率并降低报废概率。

ZDB 旨在支持电池制造领域的开发和研究活动。由于 ZDB 的目标是探索提高产品品质和/或制造过程稳定性，因此机器参数或电池材料经常发生变化。因此，开发了实验管理系统，以给研究人员提供对电池进行各种实验测试的机会。实验管理软件服务由两部分组成。第一部分由生产规划员操作以创建实验和变量，然后，为选定变量定义每个生产过程中单个电池单元的过程参数。第二部分由工程师操作，用以将实验变量分配给工件载体上的单个电池，以便将两个信息源关联在一起。它使 ZDB 的研究人员能够评估电池制造后的结果。要在实验管理系统中将电池分配以用于实验，需要来自载体图和实验管理的数据，因而开发了单元分配微服务来链接两个不同的数据集以进行单元分配。

（2）生产执行和数据收集

在下文中，将解释用于解决生产执行和数据收集所需功能的服务，并考察它们在 IT 环境中的作用。单元调度器处理工件载体和 MES 之间的通信，在手动生产过程中帮助工人，决定接下来应该在工件载体上加工哪个电池，并将该信息发送到工件载体上。工件载体找到正确的电池位置，并打开具有正确电池单元位置的 LED，以便操作者可以正确获取所需的电池。在下一步中，电池调度器以 MES 中拾取的电池单元的 ID 触发启动流程。电池处理完成并且电池被放回到其在工件载体中的位置之后，停止信息从电池调度器发送到 MES。

单元调度器决定接下来应该处理哪个电池单元。完成此步骤后显示该电池单元的配方并将其发送至设备。在手动制造过程中，操作员依照正确的配方设置设备。ZDB 中的配方经常被调整和改写，以尝试新的电池制造工艺参数。如果没有数字信息辅助，操作员很难找到当前生产订单的正确配方。因此，操作员需要在车间获得帮助。操作员指南软件服务在车间层面上帮助操作员，以便操作员了解哪些过程参数应该用于设置当前电池单元的设备。所选电池单元和匹配的设备过程参数显示在用户界面上。

依照正确的配方设置好设备后，其开始工作并实时生成数据。尽管设备通信领域正在进行标准化，但从设备中读取数据仍然是一个巨大的挑战。因此，开发了不同的设备适配器服务，以通过不同的通信协议（如 Profibus、MQTT、REST、Websocket 和 OPC-UA）与设备进行通信。这些服务的主要任务是读取设备数据并将数据发送给另一个服务软件。对于支持 OPC-UA 通信协议的设备，开发了通用 OPC-UA 客户端。OPC-UA 客户端与 OPC-UA 服务器以及其他服务（如数据收集器服务）进行通信。

在制造业中，以计算机语言可收集和分析的形式实现生产过程相关的数据存储是另一个挑战。为了从设备软件服务中实时收集数据，并将数据与实验和工件载体数据进行映射，每个设备都采用了数据收集器服务。数据收集器服务仅从设备中收集与过程相关的数据，并将这些数据映射到已处理电池单元的实验和载体数据。之后，映射的数据被发送到 InfluxDB 适配器服务。

InfluxDB 适配器服务允许映射到实验数据和载体数据的设备数据作为时间序列存储在

流入数据库中。这为基于人工智能实例的进一步开发和评估提供了电池生产过程的宝贵数据信息（数据集）。

2. 软件服务的通信和存储

前文描述了 ZDB 中各种软件服务和设备的功能和任务。这些服务和设备应该能够一起通信并交换它们的数据。为了实现服务和设备之间的集成，使用了制造服务总线（Manufacturing Service Bus，MSB）。

MSB 使软件系统能够通过总线互连，减少了所需的连接数量，并确保系统之间的通信是可配置的和透明的。通过 MSB，可以使用所谓的集成流来连接服务。MSB 提供通用自描述和数据转换。因此，服务不需要特定于实例的数据模型描述。

MSB 中的整个服务集成可以在 GUI 上执行，并且使用拖放技术，便于所有服务的连接。所有开发的软件服务都包括一个 MSB 连接器，以便它们可以相互通信。为了定义连接软件服务所需的集成流程，对代表正在发生的交互的五个不同的序列图进行了建模。借助所描述的序列图，确定了集成流程来实现上述概念。表 7-2 展示了带有相应集成流程数量的序列图。

表 7-2　带有相应集成流程数量的序列图

程序表	集成流程号
生产订单创建	3
手动单件生产方案	29
自动化单件生产方案	29
手动批量生产方案	24
自动化批量生产放方案	24

如图 7-6 所示，软件服务被托管在云平台上。ZDB 环境的部署概念基于虚拟机的使用。虚拟机是虚拟化计算机硬件系统的软件程序，其行为如同真实的计算机。使用虚拟机的优势在于：虚拟机是一种组织计算机系统资源的经济高效的技术，可为某些独特的应用提供非凡的系统灵活性和支持[18]。图 7-7 显示了 ZDB 云平台中不同服务的部署概念。这些服务根据它们在 ZDB 中的任务分为五个不同的 VM。不同虚拟机中的服务分离，以将服务灵活、快速地集成到 ZDB 的适当设置中。它还提供了在 ZDB 中具有不同任务的实例的分类。在这种虚拟机分离的帮助下，IT 管理员可以在出现问题和维护任务时快速找到并选择合适的虚拟机来执行任务。虚拟机分离在 ZDB 中还具有其他优势，例如，当 IT 管理员正在配置另一个虚拟机时，可以继续开发和测试服务。这两项工作可以并行进行，互不干扰。

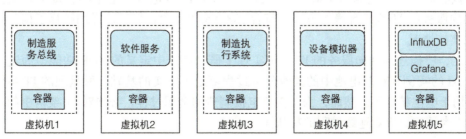

图 7-7　云平台中不同服务的部署概念

为了进一步降低部署的复杂性，减少在错误修复上浪费的时间，还通过利用 Docker 为 ZDB 设置了容器虚拟化。Docker 是一个开源软件项目，可将软件服务作为可转移、自给自足的容器进行自动化部署，这些容器可托管在云平台或内部[19]。通过 Docker 容器运行可使软件服务在代码调整后快速投入运行，并与其他软件服务保持同步运行和隔离环境，因此无论软件服务部署在何处，所有服务都保持一致，从而提供巨大的生产力：减少故障排除时间因而增加推出新功能的时间。ZDB 所需的微服务由不同的开发者完成和维护，这些优势可以被充分利用。一旦基于人工智能的服务被开发出来，微服务的新版本将会更替的更加频繁。

▼ 7.5 讨论

IT 系统是为电池组装流程量身定制的。然而，ZDB 包括整个电池制造过程链，需要讨论的问题是它是否适用于电池电极制造和电池单元精加工过程。所展示的 IT 系统的适用性和局限性将在接下来进行讨论。

开发的 IT 系统旨在实现电池单元组装过程中小批量的电池单元跟踪。在电极制造中能观察到加工材料沿着工艺链发生特性变化。首先，制备浆料（液体），然后用不同批次的浆料涂覆，制成阳极和阴极的涂覆辊。这些产品变化增加了生产中产品跟踪的复杂程度。因此，开发的 IT 系统不能一对一地用于这些电极制造过程。但是，概念部分描述的一些功能仍然可以通过使用 ZDB IT 系统开发环境中的一些软件服务来完成电极制造。例如，在车间使用可视化工具的操作协助、为研究目的规划实验或者以计算机语言可识别和可分析的形式实时存储来自生产过程前后的相关数据，可以通过对现有软件系统进行微小调整来应用。但是，对于产品跟踪，应设计新的 IT 系统架构概念，并根据新概念的要求调查 MES 功能。此外，应该开发用于产品跟踪的新软件服务。在动力电池组中，电池储存在仓库中，在充电和放电时会定期进行测试。动力电池组被完全组装，并且其形状和操作特性不再改变。在充电和放电过程中，只检查电池的质量。因此，只需对软件服务进行微小调整，即可将 ZDB 用于电池组装的整个 IT 系统环境转移并用于这些流程步骤。

▼ 7.6 总结

本章介绍了支持 ZDB 电池制造的面向服务的 IT 系统架构。首先，描述了 IT 系统架构的历史演变，并介绍了工业 4.0 面向服务的架构作为 IT 系统的模型；然后，介绍了电池制造的核心流程——电池单元组装；之后，介绍了 ZDB 电池制造中心；接下来又描述了 ZDB 面向服务的 IT 系统环境的方法和符合 ISA-95 的概念；最后，详细解释了信息技术在 ZDB 的实施情况。

总之，所描述的面向服务的 IT 系统实现了概念部分中定义的 ZDB 功能，为进一步开发基于 AI 的实例和软包电池中的其他分析过程奠定了坚实的基础。所呈现的 IT 系统格局也可应用于电池精加工。然而，为了支持电极制造的全部过程，必须对 IT 架构中的过程参数进行重大调整以应对连续过程的特殊性。

参 考 文 献

[1] Turetskyy A, Thiede S, Thomitzek M, Drachenfels N von, Pape T, Herrmann C. Toward data-driven applications in lithium-ion battery cell manufacturing. Energy Technol. 2020;8(2):1900136.

[2] Schnell J, Nentwich C, Endres F, Kollenda A, Distel F, Knoche T, et al. Data mining in lithium-ion battery cell production. J Power Sources. 2019;413:360–6.

[3] ISA. Enterprise-control system integration: part 1: models and terminology. Research Triangle Park, N.C.: ISA; 2000 [cited 2020 Apr 23]. Available from: https://www.isa.org/isa95/

[4] Siepmann D. Industrie 4.0–Technologische Komponenten. In: Roth A, editor. Einführung und Umsetzung von Industrie 4.0: Grundlagen, Vorgehensmodell und Use Cases aus der Praxis. Springer Gabler, Berlin Heidelberg; 2016. pp. 47–72.

[5] Bildstein A, Seidelmann J. Industrie 4.0-Readiness: Migration zur Industrie 4.0-Fertigung. In: Bauernhansl T, Hompel M, Vogel-Heuser B, editors. Industrie 4.0 in Produktion, Automatisierung und Logistik: Anwendung Technologien Migration. Springer Vieweg, Wiesbaden; 2014. pp. 581–97.

[6] Meudt T, Pohl M, Metternich J. Die Automatisierungspyramide–Ein Literaturüberblick; Forschungsbericht; 2017.

[7] VDI. VDI 5600 Fertigungsmanagementsysteme (Manufacturing Execution Systems — MES), Blatt 1, Verlag des Vereins Deutscher Ingenieure; 2016.

[8] Bundesministerium für Bildung und Forschung. Was ist Industrie 4.0?: Menschen, Maschinen und Produkte sind direkt miteinander vernetzt: die vierte industrielle Revolution hat begonnen.; O.J. [cited 2021 Mar 25]. Available from: https://www.plattform-i40.de/IP/Navigation/DE/Industrie40/WasIndustrie40/was-ist-industrie-40.html

[9] Mittal S, Khan MA, Romero D, Wuest T. Smart manufacturing: characteristics, technologies and enabling factors. Proc Inst Mech Eng, Part B J Eng Manuf. 2019;233(5):1342–61.

[10] Saldivar AAF, Li Y, Wei-Neng C, Zhan Z-H, Zhang J, Chen LY. Industry 4.0 with cyber-physical integration: A design and manufacture perspective. 2015.

[11] Hübner I. Quo vadis Automatisierungspyramide? 2019 [cited 2021 Mar 26]. Available from: https://www.smart-production.de/digital-factory-journal/news-detailansicht/nsctrl/detail/News/quo-vadis-automatisierungspyramide

[12] Götz B, Schel D, Bauer D, Henkel C, Einberger P, Bauernhansl T. Challenges of production microservices. Procedia CIRP. 2018;67:16772.

[13] Mazzara M, Meyer B. Present and ulterior software engineering. Cham: Springer; 2017. Available from: https://link.springer.com/book/10.1007/978-3-319-67425-4

[14] Heimes H, Kampker A, Lienemann C, Locke M, Offermanns C, Michaelis S, et al. Lithium-ion battery cell production process; 2019 [cited 2021 Apr 19]. Available from: https://www.researchgate.net/publication/330902286_Lithium-ion_Battery_Cell_Production_Process

[15] Kampker A, Burggräf P, Deutskens C, Heimes H, Schmidt M. Process alternatives in the battery production. Electrical Systems for Aircraft, Railway and Ship Propulsion (ESARS). 2012.

[16] Birke KP, Weeber M. Zentrum für Digitalisierte Batteriezellenproduktion; 2021 [cited 2021 Mar 24]. Available from: https://s-tec.de/zentren/zentrum-fuer-digitalisierte-batteriezellenproduktion/

[17] Vogel-Heuser B, Bauernhansl T, Hompel M ten, editors. Handbuch Industrie 4.0. 2., erweiterte und bearbeitete Auflage. Berlin: Springer Vieweg; 2017. (Springer Reference Technik). Available from: https://link.springer.com/book/10.1007%2F978-3-662-53248-5

[18] Goldberg RP. Survey of virtual machine research. Computer. 1974;7(6):34–45.

[19] Microsoft. What is Docker? 2018 [cited 2021 Mar 25]. Available from: https://docs.microsoft.com/en-us/dotnet/architecture/microservices/container-docker-introduction/docker-defined

第 8 章 电池制造供应链管理的数字化理念

物流和供应链管理受制于一个不断变化和发展的过程,并向全球性的、面向网络的活动领域发展。客户期望更短的交付时间以及不断增加的成本压力是制造企业当前和未来面临的挑战。此外,电池行业也受到这种动态变化的影响。因此,本章涵盖了电池行业整个供应链中的具体挑战,以及克服这些挑战的数字化解决方案。依据 SCOR 模型(supply chain operations reference model)的计划、来源、制造、交付和返回过程,提出了实现数字化供应链管理的相应概念和技术。尤其是基于浆料制造过程详细描述了用于测试电池单元生产中的原材料质量的数字化概念,其中在线测试和测试设备可以被集成以确定原材料的品质特性。该方法基于云数据库,用于共享存储材料 ID 中的特征数据。关于原材料状况的信息供应商可以在交货前进行数字登记,从而在进货检验过程中查看。这里介绍的概念提供了优化物流的潜力,如产能利用率、准时交货、库存和提前期,从而提高供应链的效率。

8.1 概述

近年来,物流和供应链管理(Supply Chain Management, SCM)已经发生了重大变化。具有严格功能导向的传统运输、处理和存储过程已经转变为一个全球性的、面向网络的活动领域。今天,供应链管理为企业的成功做出了重大贡献。制造企业未来面临的挑战主要在于客户的个性化需求、更短的交货时间和不断增加的成本压力。基于这些挑战、日益增长的全球化趋势以及环境保护政策要求,当今的企业不得不应对更复杂的供应链网络。

电池生产不得不受这些挑战的影响[1]。电池行业的发展是非常活跃的,供应链中参与者的期望也很高[2]。特别是对锂离子电池需求的不断增长导致原材料短缺,从而导致原材料价格大幅上涨[3],这不仅给供应链管理带来了挑战,也给品质管理和采购等内部流程带来了挑战。在过去的五年里,原材料锂的价格上涨了 150% 以上。根据权威机构 USGS(US Geological Survey)的报告,开采的锂有 56% 用于电池生产,并且该比例正在上升[1]。锂离子电池生产中原材料消耗高的一个主要因素是制造过程在品质方面的不稳定[4]。电池生产无法保证始终如一的高质量,因而导致了高废品率[5],这通常是由于原材料和涂层缺陷导致的能量密度较低[4, 6]。为了避免高废品率并使锂离子电池生产更加节约资源,从工艺链的初始就确保原材料高质量至关重要。目前,原材料的品质通常只在供应商处检查,但是进货检验和储存条件（如湿度和温度）监控通常不进行或随机进行。因此，无法验证原材料的品质波动，也就无法确定原材料品质和电池品质之间可能的相关性。数字化转型被认为是避免这些挑战的一种可能的解决方案。具体而言，数字化转型被描述为"通过进一步发展现有数字技术、实施新的数字技术、根据新的数字化商业模式调整企业战略以及获取必要的能力或资格来改变价值创造过程"[7]。以下描述的数字化概念将分为两个部分：首先，描述供应链的一般数字化概念（图8-1）。在此方面，特别讨论了供应链数字化转型的潜力。电池生产的数字化供应链概念基于SCOR模型（供应链运营参考模型），包含五个流程要素（计划、采购、生产、交付和返回）[8]。在第二部分中，研究了作为SCOR模型流程"来源"和"制造"之间接口的原材料质量管理。

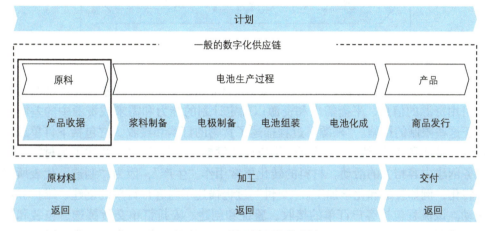

图8-1　一般的数字化供应链

8.2　数字化供应链管理的一般概念

据麦肯锡（McKinsey）预测，数字化将使所有行业的供应链更快、更灵活、更透明、更准确、更高效。数字化和自动化供应链的例子包括传感器被放置在所有产品上，大量数据被分析并用于预测，机器人和无人机被用于交付等[9]。数字化提供了更好地控制SCM复杂性的机会[10]。对于智能和全面数字化的供应链，许多现代技术概念将在未来可用。根据弗劳恩霍夫制造工程和自动化研究所（Fraunhofer Institute）的一项调查，在人工智能产品中的传感器技术和大数据应用的使用方面，供应链数字化的机会最大[11]。人工智能的核心技术包括机器学习、深度学习和预测分析。例如，机器学习算法能够快速分析大型、多样化的数据集，以提高需求预测的准确性或检测生产中的异常。使用人工智能需要大量的数据支持。大数据应用能够更好地利用协同作用，从而同时增强规划信息库，还可以避免物流中的空行程，并实时实现动态路线优化，例如，考虑当前的交通状况、市场当前成本结构的主导地位或可变的交付顺序。然而，这只有通过添加第三方数据来丰富和改进规划数据库才有可能实现。产品传感器也为优化供应链提供了巨大的机会。货物的识别和定位以及环境影响的记录都是可能的应用领域。沿着整个供应链，企业可以实时监控货物的流动，例如测量振动、湿度或温度波动的程度。

供应链运营参考模型即 SCOR 模型,它建立了数字化概念的基础(图 8-2)[8]。根据供应链的五个流程要素描述了电池生产数字化的可能改进潜力。

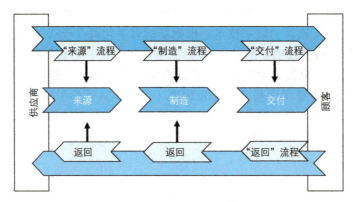

图 8-2　SCOR 模型[8]

"计划"过程描述了与制定供应链运作计划相关的活动。计划过程包括获取需求、收集有关可用资源的信息、平衡需求和资源以确定计划的能力和需求或资源中的差距,以及确定纠正这些限制的措施。"来源"过程描述了货物的订购和接收。它包括下订单或计划交付、接收、验证和存储货物,以及接受供应商的发票。"制作"过程描述了为材料增加价值或为服务创建内容相关的活动。材料的转化更常用作"生产",因为"制造"代表所有类型的材料转化,例如装配和化学加工。"交付"过程描述了与客户订单的创建、维护和履行相关的活动。该流程包括客户订单的接收、验证和创建、安排订单交货拣选、包装和装运以及为客户开具发票。"返回"过程描述了货物的反向流动,包括返回需求的识别、处置决策、返回的调度、返回的发货和接收[8]。

电池生产的数字化供应链概念的两个主要焦点分别是由工业 4.0 技术实现的综合潜力和回收电池单元的潜力,如图 8-3 所示。

	计划	来源	制造	交付	返回
潜力	• 更高的规划准确性和需求预测 • 更好的容量规划 • 集成临时计划	• 更好的需求预测 • 更好的供应商地点选择 • 更高的供应商稳定性 • 协同效应的利用	• 生产进度的实时状态 • 生产能力的实时状态 • 按需生产计划	• 更好的交货时间预测 • 更有效地利用能力 • 实时状态交付进度 • 预测运输 • 汇集第三方物流	• 详细的回流预测 • 原材料回收和再利用
技术	• 预测分析 • 物联网	• 基于互联网的采购流程工具	• 数字孪生 • 传感器和摄像头 • 机器学习	• 人工智能和大数据应用	• 网络物理系统 • 自动化市场和物流平台
必要因素	• 大数据	• 企业资源规划系统的数据接口	• 灵敏的数据管理软件	• 高层次的数据可用性和质量	• 通过传感器获得数据

图 8-3　供应链的数字化潜力

8.2.1 计划流程数字化

生产电池需要大量的原材料，主要包括锂、钴、镍和石墨[12]。这些原材料的开采和加工不仅会带来环境问题和社会影响，而且昂贵的价格造成材料成本增加，其约占到电池总生产成本的65%[13-14]。

通过使用预测分析，可以根据过去和当前的趋势，更准确地预测供应链中对原材料、组件和产品或服务的需求[15]。这种方法可以获取大型数据集（大数据），并根据预测模型自动生成预测，从而通过分析结果以支持决策。这些模型是由机器学习生成，其中算法为机器学习数据的训练建立了最佳统计模型[16]。此外，预测分析还具有提高风险管理质量的优势。在预测分析的帮助下，相应的系统模型可用于评估供应链内未来破坏性影响的风险[17]。

物联网（Internet of Things，IoT）的使用也提高了整个供应链的透明度。除了位置定位，供应链内所有事物的信息都可以随时获取[18]。这是通过在机器、运输工具、半成品或成品电池等部件上使用集成传感器将它们连接到互联网来实现的，例如，可以记录并实时提供运输过程中的位置、温度、湿度或振动数据[19]。规划流程的其他潜在优势包括降低成本、提高运营绩效以及减少相关的生产过剩。此外，通过物联网可以更快地响应不断变化的客户需求[20]。

为了发挥这些优势，必须提高大数据形式的数据可用性。例如，原材料或机器过去的需求数据或电池生产中的操作数据是必要的。但是，也必须考虑到通过GPS收集的天气数据或交通数据，这些数据对最佳交通规划起着决定性的作用。这是提高整个供应链透明度的基础，并通过更准确的需求预测、更准确的库存计划以及更高效的复杂配送路线规划和设计，实现更短的生产时间或更高的准时交付率等竞争优势[21]。

8.2.2 来源流程数字化

如今电池生产的价值链仍存在暂时的供应瓶颈，其部分原因是需求增加。此外，原材料提取过程中的社会和生态影响需要采取措施，通过控制和监管机制确保环境、社会和安全标准[22]。

用于战略采购流程的互联网工具为确保透明度和改进价值链协调提供了解决方案。使用这些互联网工具的前提条件是与传统的企业资源规划（Enterprise Resource Planning，ERP）系统进行对接。它们确保访问服务器的ERP系统，从而确保所用数据的完整性[23]。

因此，电子采购/电子招标可确保遵守招标标准、提高透明度并确保采购过程的合规性。此外，E-SRM系统提供了供应商的初始评估、审核和资格预审期间以及供应商纳入供应商库期间的过程控制和记录。这里考虑了价格吸引、产品质量、交付可靠性、沟通行为和创新能力等因素。E-SCM系统为价值链上的信息、货物和财务流动以及相关的计划和控制任务提供IT支持。通过电子协作系统，可以改善参与研发、价值分析、故障排除和品质缺陷纠正以及项目规划和项目执行的人员之间的协调[23]。

此外，可以通过缩短处理时间来降低处理成本。基于电子目录的采购系统和采购到付款系统/订单到付款系统可用于在运营采购中自动处理发票和付款流程（图8-4）[24]。

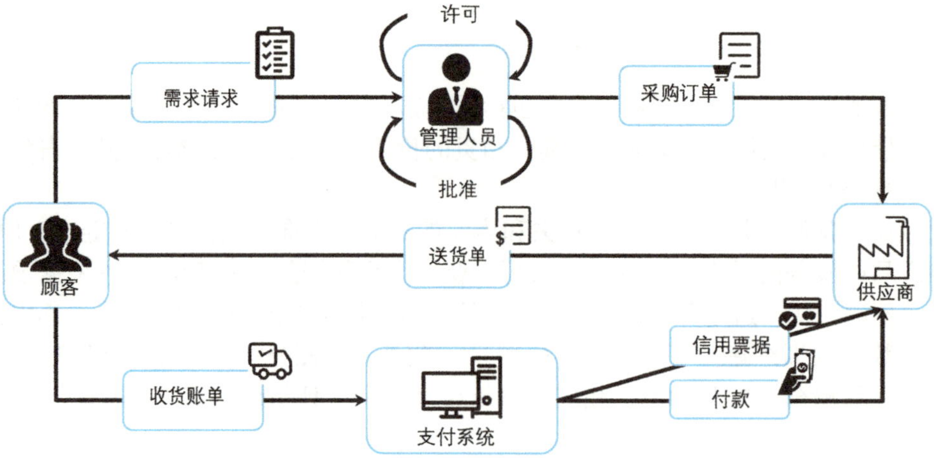

图 8-4　根据文献 [24]，基于 IT 的订单到付款理想化流程

在订单支付系统中，消费者通过订购系统来订购并访问电子产品目录。如果物品没有库存，则无须检查可用库存。此后选择供应商并将产品加入购物车。相应的成本中心数据存储在系统中，自动审批。获得批准后，供应商将以数字方式接收订单并自动启动交货跟踪状态。订购的物品直接运送给申请者，申请者过账收货并在系统中输入与订单的任何偏差。收货过账触发付款或贷记凭证流程[24]。

8.2.3　生产过程数字化

预计到 2030 年，全球对电池容量的需求将增加到 1200GW·h，到 2050 年将达到 3500GW·h[25]。在这个数量级，由于产品质量不合格而产生的生产废品尤为严重。在这种情况下，大约 5% 的生产报废相当于每年 18GW·h 的废品或 70000t 电池[26]。此外，由于客户个性化需求，电池生产过程的短期变化需要在快速软件制造执行系统（Manufacturing Execution System，MES）中调整。因此需要用于电池生产的快速数据管理软件来管理数据。具有微服务架构的 MES 提供更好的可扩展性和速度扩展性。可扩展性通过整合各个微服务，提供了动态集成或替换其他功能的可能性[27]。其优势是通过独立设计、开发和部署每项服务来提高响应能力，增加了现有 MES 的灵活性[28]。此外，还可以集成能源管理等个别服务，收集数据以提高电池生产过程中的能源利用效率。这项服务是必要的，例如，在电池生产中优化焊接过程的能源消耗或使用干燥室、洁净室等。通过使用机器学习训练优化模型，可以降低生产设备的能耗，从而提高生产过程的成本效益[29]。

为了提高生产效率，减少电池浪费，数字孪生和可追溯性方法等工具提供了优化和改进生产过程的可能性。通过应用内置传感器和摄像头，可以实时记录和追踪每个生产步骤[26]。此外，RFID 标签等移动技术也有助于追踪和定位生产过程中的材料和产品，记录它们的运动数据[30]。相应的工具接收并存储数据，包括涂层、切割、卷绕、灌注电解液以及包装的工艺数据，之后可以由工程师对其性能进行分析和评估[26, 31]。通过相应的过程数据，可以连续生成实体电池的数字孪生体（图 8-5）。

因此，如果数据的质量合适，就可以预测电池的老化过程及其寿命终止时间[26]。

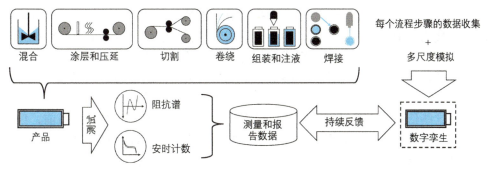

图 8-5、电池级数字孪生工程[31]

8.2.4 交付流程数字化

开发交付过程数字化潜力的基础是高水平的数据可用性和数据质量。手动数据输入在信息流中具有较高的错误率，包括高延迟反馈和类型错误。可以通过使用传感器和模型计算进行自动数据采集来消除这种潜在错误。对于自动数据采集，系统（如 MES）和机器之间的标准化接口是必不可少的[32]。因此，必须确保 IT 架构的整个流程的接口相互兼容。然而，对于供应链管理的各个阶段，不仅处理过程中自身的内部数据发挥重要作用，供应商/客户的数据以及第三方数据（例如天气预报、交通数据）也起着重要作用。一般来说，高数据可用性创建了一个透明的供应链（例如生产现场的实时状态），所有参与者都可以使用它。此外，借助中央物流平台，供应商可以更好地规划和使用物流服务。

电芯的数字化也支撑着供应链的数字化。电池电压、内阻、温度和使用历史等数据被认为是数字化电池的基本参数。这些数据由集成在产品中的电路（电池管理系统）收集和分析。基于这些数据，可以确定各种电池状态，例如充电状态（SOC）、健康状态（SOH）和功率状态（SOP）。通过与供应链中的参与者共享数据可以实现全球技术分析，例如使用人工智能和大数据应用程序，这可以为销售计划、维护和回收做出指导。

8.2.5 返回流程数字化

电池产品的资源高效回收给供应链管理带来了挑战。不仅新电池、旧电池和待回收电池参与货物流转，而且在回收过程中拆解回收的元件也必须在不同条件下进行加工和运输。电池生产有以下几种不同的回收水平：

1）整个产品回收：该过程回收了整个产品。
2）组件回收：仅回收产品的一部分。
3）材料回收：旨在再利用基本材料。

对于锂离子电池的生产，金属原材料锂、钴和镍是必不可少的[25]。因此，关于回收物的可用性和质量的信息对于回收利用是必要的。目前，缺乏与再利用相关的添加剂的纯度、类型或数量的信息。同样，市场上可用的回收物数量缺乏透明度，因此无法进行大规模实施，并且可能会增加回收物的价格[33]。

信息物理系统可以在整个生产过程中携带有关电池单元的信息，例如浆料的成分、电解液填充或使用的辅助材料。此外，为了实现高效的循环经济，这些信息必须贯穿电池的整个生命周期，不仅包括电池的材料成分信息，还包括"足迹"等与环境相关的信息。网络物理系统的基础是传感器，这些传感器不仅记录有关产品的信息，还记录有关废弃物的信息。例如，可以实时记录电池单元生产过程中产生的废物的位置和数量，以及其确切的材料成分。这些信息可以提供给回收公司以提高采购效率和生产计划[34]。目前，信息不足导致交易和搜索成本增加。如果有关相应质量的信息不明确，则寻找高质量二次材料所需的付出会增加。这也会对定价产生影响，并会增加签订合同和担保的成本[33]。因此，以自动化市场和物流平台形式存在的基于互联网的解决方案（可以类比为"电池废料的优步"）可以降低搜索和交易成本。此外，它们使现有材料数量变得清晰，因此是实现规模经济的基础[34]。

8.3 原材料质量控制数字化

原材料质量控制数字化概念的重点是将质量主动反馈给供应商，并将质量控制与后续流程联系起来（图 8-6）。这是为了减少原材料质量的波动，并通过减少废料来提高锂离子电池生产的资源利用效率。通过将原材料质量控制数字化，可以识别误差源，例如测量误差（来自供应商和电池生产商）或由交付和存储相关的质量变化引起的误差以及批次内或批次之间的波动。为了说明这一概念，假设浆料生产过程带有进料管的配料系统，其中可以集成在线测量和测试设备以确定原材料的质量特性。这个概念的重点偏向于电极浆料的原材料（活性材料、黏结剂、添加剂和有机溶剂/水）。然而，这个概念可以扩展到用于电池生产的其他原材料。

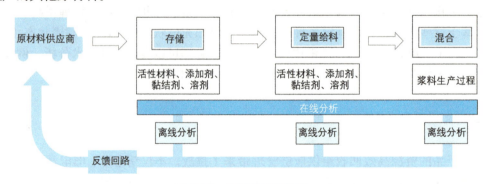

图 8-6 原材料质量管理

8.3.1 概念框架

整体框架基于原材料供应商和电极制造商之间共享的云端信息系统（图 8-7）。在生产浆料之前，供应商和电极制造商都会记录原材料的质量特征。进货控制（Incoming Goods Control，IGC）的数据，以及运输、储存和配料过程中的参数，都收集在中央数据库中，作为分析的基础。使用实验管理系统（Experiment Management System，EMS），可以数字化规划、控制和记录电极制造过程。

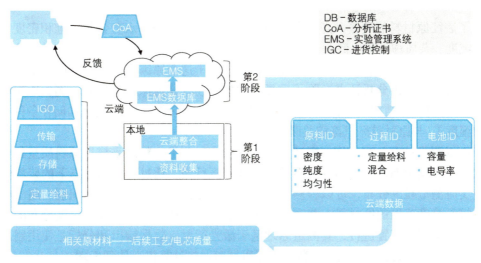

图 8-7　原材料标准数字化概念

共享数据库为每种原材料生成一个唯一的原材料标识符，其中存储了关于批次和时间的质量特征。该材料标识符贯穿整个电池生产过程链，并能够从原材料的进货控制开始对特定参数进行追溯。因此，必须为生产的每个电池单元分配一个具有原材料质量特征的特定材料标识符。这使得分析原材料质量（例如化合物的密度、纯度、均匀性和比表面积）对后续过程以及最终电池质量的影响成为可能（图 8-8）。例如，活性材料的粒度分布可以与电池单元的电导率相关联。

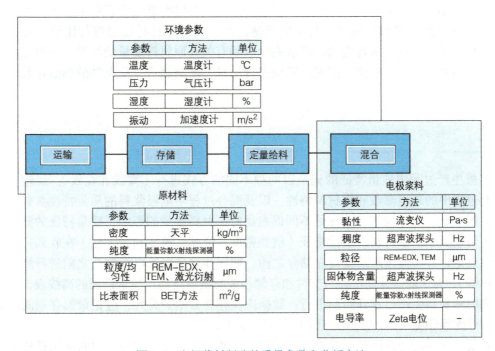

图 8-8　电极浆料制造的质量参数和分析方法

8.3.2 原料质量特性

为了表征原材料的质量,必须考虑特殊参数。粒度分布、水分含量、堆积密度、化学成分(纯度、杂质种类和比例)、比表面积和比电阻是活性材料的重要质量特性。这些参数显着决定了原材料的质量,影响着电芯的质量。出于这个原因,原材料供应商也会分析这些参数,通常会提供分析证书。除了质量特性外,还有其他原材料参数,例如原材料类别(例如活性材料、黏结剂)、名称、供应商、批号、用于识别的 CAS 编号和储存条件(空气温度和湿度),与原材料标识符相关联。

下面以测量粒度分布为例,概述质量特征的实时测量。粒度是描述原料质量的最重要参数之一,不仅影响浆料的黏度,而且影响其离析行为。通过在原始状态下的浆料生产过程之前实时测量粒度分布,可以检测批次波动。因此,可以在早期阶段识别出超出粒度分布或可接受粒度范围的原材料,并在生产浆料之前将其从工艺中移除。粒度分布的实时测量可以用粒度测量装置进行,其测量原理基于激光衍射。数据输出和分析是使用制造商的专用软件以数字方式实时完成的。数据也可以同时通过计算机上传到云端。

8.3.3 整合供应商信息

为了将原材料供应商的数据集成到云端数据中,需要创建数据表的标准化模板。诸如 XML 或 JSON 格式之类的数据格式使数据既可被人为查阅,也可以被计算机识别。模板需要由具有所需质量特性的供应商使用,并在原材料交付前传输。该模板对所有原材料都是统一的,因此可以自动解释质量特征。供应商需要将这些信息上传到云端,然后提供给 EMS 用于实验分配。通过这种方式,原材料的状况在交付前被记录下来并进行数字登记。

在将供应商提供的质量特征与从电极制造商获得的原材料数据进行比较并分析原材料和电池质量之间的相关性之后,供应商会收到有关其原材料质量的反馈,并可以在必要时进行任何调整。因此,供应商可以利用进货质量特征与制造过程反馈的参数比较表进行对比。

8.3.4 进货检验和过程监控

电极生产过程中质量特征的记录以两种不同的方式进行(离线和在线)。运输、储存和给料过程中的环境参数和原材料特性,以及混合过程中电极浆料的质量特性参数被跟踪获取(图 8-5)。为了能够分别评估不同误差源对原材料质量的影响,质量特征的测量额外设计了可变频率。原材料的质量特征(例如密度、纯度、粒度和均匀性)在收到货物(离线)时确定,并将通过跟踪设备在储存之前、期间和之后以及电极制造之前进行测量(离线和在线)。为了能够分别检查与交付和存储相关的质量波动,质量特征的离线表征应在收到货物时和浆料生产过程开始前进行,数据应保存在云端。此外,应记录储存期间的空气温度和湿度等环境条件,并分配相应的材料标识符。

在货物交付时通过随机抽样检查质量特征。然后将数据保存在与材料标识符相关的云端系统中,并与制造商的数据进行比较,这可以检查制造商提供的信息。此外,还可以识别交付过程中可能存在的质量差距。供应商在数据分析后收到反馈。为了及时发现原材料因储存条件而造成的质量损失,在储存过程中要始终检查原材料的质量特征,特别是在电极浆料生产的原材料配料之前,并在云端保存和分析。批次内的波动可以通过质量特征的在线实时表征来检测。收到货物后检查所有六个确定的质量特征,化学成分、比表面积和比电阻也在浆料生产原料投加之前离线测定,粒度分布、水分含量和体积密度等质量特征可以在配料过程中直接在线测量。储存条件(温度、湿度、压力、存储时间等)也得到实时监控,并可与原材料质量参数相关联。

8.3.5 离线和在线概念的实施

下面根据某些质量特征描述离线和在线概念。原材料中的杂质对电芯质量影响很大。为确定原料中杂质的纯度和种类及数量,可采用能量色散X射线荧光光谱法对粉末状原料进行定量物质分析。

对于其他质量特征,有具有数字数据输出和云存储能力的测量和测试设备进行检测。离线测量的示例包括用于在恒定压力下测量特定粉末电阻的粉末测量系统以及使用BET(Brunauer-Emmett-Teller)方法测量比表面积的设备。同时利用微波实时测量水分含量和容重,可采用在线测量装置。

这使得算法或其他系统能够在后续过程中对原材料的特定特性做出反应(图8-9)。可以调整工艺参数和条件,以获得高质量的浆料,并整合有关原材料质量特征的可用信息。

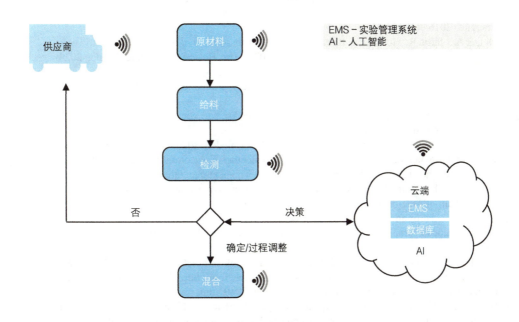

图8-9 实施数字化概念的供应商

8.4 结论

供应链管理和原材料质量控制的数字化概念都被认为是高效电池生产的关键因素。

基于 SCOR 模型，通过应用人工智能、大数据和传感器技术等现代技术，可以揭示处理电池生产方面供应链管理复杂性的策略。基于这些潜力，下一步首先根据各自的物流目标值（产能利用率、遵守时间表、库存和交货时间），为实现和实施各自的潜力制定一个粗略的概念和详细的概念设计。

此外，引入了电极材料浆料生产的原材料和过程控制的数字化概念，这将减少原材料消耗。提出了用实验管理系统的所有过程参数的自动化和云端数据收集，它使数字化概念可以在运输、储存和配料过程中跟踪多种原材料质量特征，从而向原材料供应商提供积极反馈。电极浆料的这些质量特征可以与原材料的性质相关联。因此，电极浆料的制造过程可以数字化控制和优化，具有提高电池质量和资源效率生产过程的巨大潜力。

参 考 文 献

[1] USGS. Mineral commodity summaries 2020: U.S. Geological Survey. Reston, VA; 2020. Mineral Commodity Summaries [cited 2020 Sep 5]. Available from: http://pubs.er.usgs.gov/publication/mcs2020

[2] Tosarkani BM, Amin SH. A possibilistic solution to configure a battery closed-loop supply chain. Expert Syst Appl. 2018;92(C):12–26.

[3] Hohmann M. Globaler Bedarf an Lithium, Kobalt und Nickel zur Produktion von Lithium-Ionen-Batterien im Jahr 2017 und Prognosen für die Jahre 2023 und 2028; 2020. Available from: https://de.statista.com/statistik/daten/studie/982144/umfrage/bedarf-an-wichtigen-metallen-zur-produktion-von-lithium-ionen-batterien-weltweit/

[4] Smekens J, Gopalakrishnan R, Steen N, Omar N, Hegazy O, Hubin A, *et al.* Influence of electrode density on the performance of li-ion batteries: Experimental and simulation results. Energies. 2016;9(2):104.

[5] Dinger A, Martin R, Mosquet X, Rabl M, Rizoulis D, Russo M; *et al.* Batteries for electric cars: Challenges, opportunities, and the outlook to 2020; The Boston Consulting Group, 2020; p. 1–14.

[6] Schnell J, Reinhart G. Quality management for battery production: A quality gate concept. Procedia CIRP. 2016;57:568–73.

[7] Seiter M, Grünert L, Berlin S. Betriebswirtschaftliche Aspekte von Industrie 4.0. Wiesbaden: Springer Fachmedien Wiesbaden; 2017.

[8] APICS. Supply Chain Operations Reference (SCOR) model; 2020. Available from: https://www.ascm.org/membership-community/corporate-membership/scormark-benchmarking/

[9] Alicke K, Rachor J, Seyfert A. Supply Chain 4.0 — The next-generation digital supply chain; 2016. Available from: https://www.mckinsey.com/business-functions/operations/our-insights/supply-chain-40--the-next-generation-digital-supply-chain

[10] Fend L, Hofmann J, editors. Digitalisierung in Industrie-, Handels-und Dienstleistungsunternehmen: Konzepte–Lösungen–Beispiele. Wiesbaden: Springer Gabler; 2018.

[11] Schiffer M, Wiendahl H-H, Saretz B, Lickefett M, Pietrzak G, Forstmann B. SCM2040 — Wie verändert sich die Supply Chain in der Zukunft? Available from: https://www.ipa.fraunhofer.de/de/Publikationen/studien/supply_chain_management_2040.html

[12] Diekmann J, Hanisch C, Froböse L, Schälicke G, Loellhoeffel T, Fölster A-S, *et al.* Ecological recycling of lithium-ion batteries from electric vehicles with focus on mechanical processes. J Electrochem Soc. 2017;164(1):A6184–91.

[13] Kwade A, Diekmann J. Recycling of lithium-ion batteries: The lithorec way. Cham: Springer; 2017. (Sustainable Production, Life Cycle Engineering and Management Ser).

[14] Berckmans GJ, Messagie M, Smekens J, Omar N, Vanhaverbeke L, van Mierlo J. Cost projection of state of the art lithium-ion batteries for electric vehicles up to 2030. Energies. 2017;10(9):1314.

[15] Sarangi S. Business intelligence systems: A necessity for agile supply chains. Parikalpana. 2016;12(2):52.

[16] Reitmaier T. Aktives Lernen für Klassifikationsprobleme unter der Nutzung von Strukturinformationen. In: Ausgezeichnete Informatikdissertationen 2015. Bonn: Gesellschaft für Informatik; 2015. p. 239–48.

[17] Ghadge A, Dani S, Chester M, Kalawsky R. A systems approach for modelling supply chain risks. Suppl Chain Manage. 2013;18(5):523–38.

[18] Geerts GL, O'Leary DE. A supply chain of things: The EAGLET ontology for highly visible supply chains. Decis Support Syst. 2014;63:3–22. Available from: https://www.sciencedirect.com/science/article/pii/S0167923613002352

[19] Brett D. Smart move for containers; 2015. Available from: https://www.lloydsloadinglist.com/freight-directory/adviceandinsight/Smart-move-for-containers/62491.htm#.X8y1GshKiUk

[20] Cerasis. The future of supply chain, logistics & manufacturing: how technology is transforming industries; 2015. Available from: https://ftp.idu.ac.id/wp-content/uploads/ebook/ip/LOGISTIK/Technology_Manufacturing_SupplyChain_Logistics_eBook.pdf

[21] Haddud A, Khare A. The impact of digitizing supply chains on lean operations. In: Khare A, Kessler D, Wirsam J, editors. Marktorientiertes Produkt- und Produktionsmanagement in digitalen Umwelten. Wiesbaden: Springer Fachmedien Wiesbaden; 2018. p. 27–46.

[22] Thielmann A, Wietschel M, Funke S, Grimm A, Hettesheimer T, Langkau S, et al. Batterien für Elektroautos: Faktencheck und Handlungsbedarf: Sind Batterien für Elektroautos der Schlüssel für eine nachhaltige Mobilität der Zukunft? 2020. Available from: https://www.isi.fraunhofer.de/content/dam/isi/dokumente/cct/2020/Faktencheck-Batterien-fuer-E-Autos.pdf

[23] Bogaschewsky R. Digitalisierung in Einkauf und Supply Chain Management. In: Obermaier R, editor. Handbuch Industrie 4.0 und Digitale Transformation: Betriebswirtschaftliche, technische und rechtliche Herausforderungen. Wiesbaden: Springer Fachmedien Wiesbaden; 2019. p. 139–64.

[24] Bogaschewsky R, Müller H. Industrie 4.0: Wie verändern sich die IT-Systeme in Einkauf und SCM? Universität Würzburg: Lehrstuhl für Industriebetriebslehre; HTWK Leipzig: Fakultät Wirtschaftswissenschaften; 2016. Available from: http://downloads.cfsm.de/Studien/I40/Studie_Industrie_4_0_2016.pdf

[25] Tsiropoulos I, Tarvydas D. Li-ion batteries for mobility and stationary storage applications scenarios for costs and market growth; 2018.

[26] Kaus D, Singh S, Wanner J, Weeber M, Birke KP. Digitalization in battery cell manufacturing; 2020.

[27] Nadareishvili I, Mitra R, McLarty M, Amundsen M. Microservice architecture: Aligning principles, practices, and culture. 1st ed. Beijing, Boston, Farnham, Sebastopol, Tokyo: O´Reilly; 2016.

[28] Zhou T, Li D. Application of microservice architecture in battery monitoring system; 2019.

[29] Thiede S, Turetskyy A, Loellhoeffel T, Kwade A, Kara S, Herrmann C. Machine learning approach for systematic analysis of energy efficiency potentials in manufacturing processes: a case of battery production. CIRP Ann. 2020;69(1):21–4.

[30] Barata J, Cunha PR. Mobile supply chain management: moving where? 2016.

[31] Wessel J, Turetskyy A, Wojahn O, Herrmann C, Thiede S. Tracking and tracing for data mining application in the lithium-ion battery production. Procedia CIRP. 2020;93:162–7.

[32] Werner H. Supply chain management: Grundlagen, Strategien, Instrumente und Controlling. 5., überarb. und erw. Aufl. Wiesbaden: Springer-Gabler; 2013. (Lehrbuch).

[33] Organisation for Economic Co-operation and Development. Improving recycling markets. Paris: OECD Publishing; 2006. Available from: https://www.oecd.org/env/waste/38093900.pdf

[34] Wilts CH, Berg H. Digitale Kreislaufwirtschaft : die digitale Transformation als Wegbereiter ressourcenschonender Stoffkreisläufe; Working Paper. Wuppertal: Wuppertal Institut für Klima, Umwelt, Energie; 2017. In brief. Available from: http://nbn-resolving.de/urn:nbn:de:bsz:wup4-opus-69775

第 9 章
服务于生产工人信息需求的视觉辅助系统技术评估

本章探讨了哪种数字视觉信息媒体适合协助电池制造中的生产工人，定义了代表电池制造中具有信息需求和任务特定要求任务的第一个实例，并根据不同的实例定义了相应的需求。技术的适用性最终由专家打分的加权计算确定，此过程是一种独立的方法。总而言之，平板电脑和智能手表可以使用视觉信息来支持员工，固定屏幕也是一个很好的选择，但只适用于特定的实例。AR 技术不适合在生产环境中支持员工，其限制因素为操作困难、设置工作量大以及与用户的兼容性差等。

9.1 概述

到 2030 年，全球电动汽车的数量将增加到 5430 万辆。总体而言，未来十年将售出近 4400 万辆配备可充电储能装置的汽车[1]。电动汽车普及的关键因素是高质量电池的生产和使用。人们对电动汽车不断增长的需求导致对高质量电池的需求随之提高。因此，电池生产过程成为电动汽车制造商的关键生产过程。

生产过程是将原材料和资源用于制造成品的转化过程。工厂中使用工具和机器的生产工人执行这一增值过程[2]。因此，生产工人在生产中发挥着重要作用，应得到支持以高效且有效地实现这一目标。数字化被视为支持生产工人并提高生产速度和准确性的革命性方法。在"工业 4.0"的背景下，生产行业的数字化被描述为继蒸汽机、工业化和计算机时代之后的第四次工业革命[3]。

本章分析了最适合电池生产用例的数字视觉信息工具；定义了本章的术语和基本概念，并介绍了数字视觉信息媒体的发展现状；介绍了电池制造中生产工人的典型案例，并确定了视觉信息工具的要求；评估了不同电池制造流程中不同解决方案所选择的工具；在对视觉信息工具进行评估之后，最后给出了结论与展望。

9.2 技术发展水平

本节首先在现有技术中定义了术语"生产工人"；然后，描述了电池制造过程；最后，回顾和分析现有的解决方案。我们发现，在电池制造过程中，缺乏为生产工人提供可视化支持的信息。

9.2.1 制造业的生产工人

生产工人通常被定义为从事制造、装配和相关操作的员工，包括材料处理、物流、机器维修和维护，以及与上述工作密切相关的其他工作[4]。

现代制造系统由高技术水平的机器和信息技术系统组成[5]。然而，人为因素在大多数制造系统的运作中仍然起着重要的作用。为了在生产中快速反应以适应生产能力和改变产品特性，生产工人被认为是昂贵的自动化数字生产解决方案的经济有效的选择。如果生产工人积极参与制造过程，并且过程中存在不稳定性，那么生产工人便是影响制造系统效率的一个因素。

为了改进制造技术并整体提高质量，人为因素造成的损失成为更大的关注焦点，因为它极大程度地影响生产系统的效率[7]。因此，支持生产工人解决在执行其分配的任务时出现的问题是非常重要的。在这一节中，我们将讨论如何满足电池生产中生产工人的信息需求。为了更好地理解这些概念和用例，以下将介绍电池制造的一般步骤。

9.2.2 电池制造过程

电池制造包括三个主要流程[8]。从高层次来看，电池制造包括电极制造、电池组装以及化成和质量控制。表 9-1 展示了主要的电池制造工艺及其子工艺。

工艺的第一步是制造电极。该步骤包括以下子过程：混合活性材料、黏结剂和导电剂以制备浆料，以及将浆料涂覆在载体材料上并干燥。接下来，电极被压缩并被切割（或冲压）成所需形状。

第二步是组装电池。这包括将电极片与隔膜卷绕或堆叠在一起，此后放入电池壳中并密封，此后注入电解液激活电池。

在最后的工艺步骤中，电池被重复充电和放电（化成）以形成固体电解质界面。在化成过程中积累的气体被压出电池，电池最终被密封。最后一步是老化，电池储存 1~3 周后，监控电池开路电压，这可以在质量控制中辨别出短路电池[8]。

表 9-1 电池制造的生产流程

步骤	子步骤
电极制造	混合 涂布和压延 分切
电池组装	卷绕/堆叠 包装 电解液填充
电池精加工	化成 脱气和密封 老化

9.2.3 生产工人辅助系统的相关综述

生产工人在生产线上完成任务需要具有与任务相关的特定技能，并且还需要正确的信息来应用这些技能，因为制造过程中的产品多样性会很难处理。例如，机器操作员需要能够执行启动机器的程序，为当前工件设置机器需要处理该特定工件的信息。生产工人所需的信息可以通过多种方式提供。视觉辅助系统在屏幕上向生产工人显示信息；声学辅助系统通过生产工人听到的音频信号传递信息；触觉辅助系统能够传输生产工人可以感觉到的信息（例如通过振动）。根据一项调查，这些不同系统在生产组织的不同领域（调试、服务、包装、支持、制造、装配和培训）中，视觉辅助系统的潜力最大。声学辅助系统的潜力被认为明显较低（在任何地区都低于60%）。触觉辅助系统被认为作用更加微小[9]。声学系统的感知潜力较低。这可以用嘈杂的环境来解释，这可能显著削弱声学辅助系统提供信息的能力。触觉辅助系统的低潜力可以通过可以传达的信息量来解释。由于传递信息的能力有限，只能传递非常浅显的信息，例如任务是否正确执行的一般反馈。研究结果表明，视觉辅助系统在支持电池制造中的生产工人方面具有最大的潜力。

视觉辅助系统是一个相当广泛的范畴，固定显示器、投影仪、增强现实耳机、智能手机、平板电脑、智能手表等移动设备就属于这一类。这些设备的特征各有不同，如外形因素、交互类型或可移动性。因此，并非所有设备都适合所有生产工人的任务。为了确定特定设备功能的应用模式，已经进行了系统的文献综述以确定合适的实例。由于该主题的实践性，对现有方法的分析不仅侧重于学术文献，还包括工业项目报告。为了在此背景下调查工业项目的相关应用，检索了公共机构的数据库。来自工业组织的工业4.0实例由德国联邦经济事务和能源部[8]和"安联工业4.0"（Allianz Industrie 4.0）公开展示，总共展示了534个关于工业4.0实例的项目[8, 10]。在这些项目中，有23个项目涉及对车间生产工人的支持[11-33]。

在检索科学文献数据库Scopus中，可以通过利用搜索矩阵，依次对每个关键词和同义词/相关术语进行搜索，以缩小搜索范围，并找到与生产工人视觉辅助系统相关的文献。通过检索科学文献数据库Scopus，对生产工人视觉辅助系统的学术研究进行分析。为了识别文献，创建了一个关键词和同义词或密切相关术语的搜索矩阵，以将搜索范围缩小到制造业工人辅助系统领域（表9-2）。这些术语在垂直方向上用"OR"合并，在水平方向上用"AND"合并，形成一个元搜索字符串（表9-3）。

表9-2 研究矩阵

术语		
生产	工人	辅助系统
制造	员工	支持系统
组装	以人为本	
操作		

表 9-3 数据库搜索关键词

数据库	搜索关键词
Scopus	生产或制造或组装或操作；工人或员工或以人为本；辅助系统或支持系统

应用搜索关键词，可以检索到 73 篇论文。这些论文中有 15 篇涉及问题主题，并且从时效性的角度来看是相关的（定义为在 2012—2020 年间发表）[34-47]。辅助系统的实施可分为传递信息的三种信息类型[48]：

- 移动设备上的信息
- 固定屏幕上的信息
- 增强现实（AR）信息

图 9-1 显示了设备类别在检索的工业项目和科学文章中出现的次数。根据这些发现，固定屏幕比其他技术更常被使用和选择，以使车间生产工人的信息可视化。其中一个原因可能是这些设备的普及，使得它们更容易获取。增强现实显示信息的低使用率可能与它在操作和交互方面的烦琐有关。

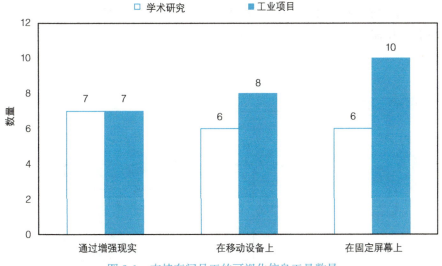

图 9-1 支持车间员工的可视化信息工具数量

然而，这种分布只显示了各种技术支持工作人员的视觉信息的一般使用情况，然而基于评估，并不能够说该技术是否用可于特定的任务。因此，本章的任务是评估哪种技术适合于特定的实用案例。下一节将介绍评估电池制造中特定任务的解决方案的适合性的方法。

9.3 评价视觉信息方法的途径

评价满足生产工人信息需求的视觉信息方法的途径是建立在以人为本的设计理论基础之上的。本节首先介绍了这一理论基础，然后实例化了以人为本设计的关键要素、电池制造中的生产工人实例，以及实例的具体要求和解决方法。

9.3.1 以人为本的设计过程

ISO 9241-210 是一个描述服务系统设计过程的国际标准。该标准的第 210 部分详细介绍了开发项目中面向用户的（以人为本的设计）方法，并涵盖了可用性和用户体验。以人为本的设计是开发交互系统的一种方法，旨在使系统可用且有用。这种设计过程应以用户、用户需要和要求为中心，并将人体工程学的知识和技术应用于可用性领域。为了使生产工人尽可能提高效率，必须适当地提供特定于任务的信息，以便将重点放在实现目标上，设备或技术本身的操作绝不能成为焦点。换句话说，提供信息的解决方案必须对特定任务可用且有用。因此，以人为本的设计方法被作为评估解决方案方法的基础。这种方法是一个多阶段的迭代过程（图 9-2）。

以人为本的设计方法始于设计过程的规划。在本章介绍的情况下，技术可以用于解决电池生产过程中出现的问题。然后，定义和分析了使用环境，在这里指支持生产工人的日常任务，以便深入理解。基于这种理解，定义了所有流程的使用需求。替代解决方案的设计是为了满足使用需求。然后通过基于需求的效用价值分析来评估这些解决方案。在以人为本的设计方法中，对需要进一步设计的结果的评估可以进行多次迭代。然而，由于本研究的目标只是一般的技术评估，因此不需要多次迭代。这与设计特定的解决方案实例相关，其中在设计空间中有比底层技术选择更多的选项（例如用户界面元素的特定位置）。因此，可以看到支持使用需求的最高级解决方案方法。

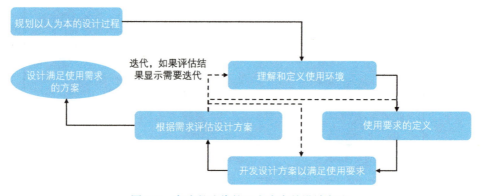

图 9-2　多阶段迭代的以人为本的设计方法

9.3.2 电池制造实例

对使用环境的定义和理解对于设计有用和可用的解决方案至关重要。为支持生产工人选择适当解决方案的范围主要集中在电池制造中生产工人的不同实例上。本节总共定义了四个实例，并在表 9-4 中连同发生的频率和工人类型一起展示。下面给出了这些实例的详细描述。

表 9-4 电池制造中的使用案例，包括发生频率和工人类型

实例	发生频率	工人类型
材料使用（UC1）	每次充电一次	训练有素的工人
参数支持（UC2）	每批一次	程序设置人
系统维护（UC3）	每天一次/两次（预定）	技术员
过程监控（UC4）	连续	训练有素的工人

（1）实例 1—材料使用

电池制造过程，特别是浆料混合、电池包装和电解液填充，消耗的材料需要随时由生产工人更换。因此，生产工人需要知道物料在特定机器上的种类、用量和程序。生产工人需要快速有效地访问这些指令。

（2）实例 2—参数支持

迄今为止，并非所有电池制造设备都具有机器-机器接口，以便在产品变化或调整其他必要的工艺参数的情况下自动设置机器工艺参数。在这种情况下，需要为生产工人提供正确的信息，以便为当前要生产的产品配置具有正确参数的设备。

（3）实例 3—系统维护

与其他生产线一样，电池生产中的设备也需要定期维护，包括检查、更换零件和精度检查，以确保设备的最佳运行条件[50]。生产工人（通常是维护技术员）需要了解接下来要维护哪些设备以及维护的原因，包括定期维护计划或是由于故障导致的系统行为异常。

（4）实例 4—过程监控

制造过程的产品是由机器磨损或过程输入（如材料）变化引起的过程变化的基础。根据工艺变化的原因和程度，需要采取纠正措施或报废材料。例如，需要进行槽喷嘴和铝箔传输速度的必要调整，以微调电极厚度。然而要求铝箔封闭以便在生产线上进一步使用。为了达到条件，生产工人需要来自制造过程传感器的信息以及如何处理特定变化的信息。

每个实例描述了生产工人的特定任务。在这些实例中，对于有效地支持生产工人的解决方案的使用有特定的需求。这些需求的定义将在下文详细描述。

9.3.3 使用要求

在评估支持运营商的合适解决方案时，使用要求起着关键作用。为了确定适当的要求，咨询了三位具有长期电池生产线操作经验的专家进行验证。所有要求都可以在一个离散的尺度上进行评估。表 9-5 简要概述了这些要求。简短的描述简化了对需求的解释，本说明将在以后的内容中进行补充，以避免在专家的独立评级中出现不同的解释。

表 9-5 专家调查的结果要求及其简短描述

	要求	描述
R1	免提操作	无须占用双手就能与技术互动
R2	移动性	技术的便携性使行动半径成为可能
R3	预期的用户兼容性	技术的普及致使与一般人群的兼容性
R4	交互丰富度	用户可以向技术传达的信息量
R5	定制工作	为实例定制/更新技术所需的工作
R6	交互稳定性	输入（如不准确的识别）和输出（如光线的影响）的易错性
R7	常规设置	技术常规操作准备所需的工作
R8	协作能力	在同一信息显示器上同时交互的可能性
R9	信息的定向分发	潜在信息接收者范围的限制
R10	平均感知时间	用户识别信息变化所需的时间
R11	所需占地面积	技术在实例环境中占据的空间

9.3.4 技术解决方案

仅有视觉辅助系统被认为能够支持生产工人。如前文所述，视觉辅助系统最有可能为生产工人提供有效支持，从而减少错误[9]。替代解决方案的评估进一步受到市场可用性的限制。未经现场测试（技术成熟度等级 ≥ 5）的解决方案不被视为可能的候选解决方案。视觉辅助系统可通过向生产工人传达生产任务相关信息的方法进行分类[48]。这些类别作为以人为本的设计流程中的替代解决方案，见表 9-6。

表 9-6 可能满足要求的技术解决方案

技术解决方案		描述
移动设备屏幕 T1	T1.1 平板电脑/智能手机	移动设备用于以合适的方式呈现信息，并提供交互可能性。平板电脑和智能手机被归入移动设备，而智能手表被独立评估，因为它们允许解放双手
	T1.2 智能手表	
静止的设备 T2	T2.1 触摸界面	固定屏幕在工作场所的使用分为带触敏显示和不带触敏显示的屏幕
	T2.2 鼠标和键盘	
增强现实 T3	T3.1 智能眼镜	任务相关信息覆盖在工作人员的环境上（通过投影仪或智能眼镜）或环境的视觉呈现上（通过移动设备）
	T3.2 AR 平板电脑	
	T3.3 投影仪	

如上述解释，所呈现的每个类别可以通过所使用的设备来进一步区分，因此，总共有七种不同的解决方案需要评估。

9.3.5 评估技术方案的方法

从可用的备选方案中选择最合适的解决方案需要对其进行评估。评估的目标是为电池制造使用案例中的备选方解决方提供一般性建议。由于我们根据一般使用案例而非特定电池制造商的特定使用案例进行评估，因此选择了一种定性评估方法，即效用分析。效用分析根据每个选项的特征为其赋值。每个备选方案的总价值由每个特征的加权和计算得出。

具有最高价值（得分）的备选方案被视为可用备选方案中的最佳决策[51]。具体的效用分析执行如下。

1. 挑选专家

对备选方案的定性评分容易带有主观性。为了达到合理的评价，选择三位专家独立进行效用分析。

2. 质量评分

前面介绍的需求根据它们对每个实例的重要性进行评分。每个专家在 0~2 的 Likert 等级上单独打分[51]，其中 0 代表没有相关影响，2 代表用例需求的高相关性。此外，以连续文本的形式为每个需求更精确地定义了 0~2 的标度值。如果没有详细的描述，专家可能会误解给定的标度值。每个用例的详细描述确保没有误解（表 9-7）。

表 9-7　描述 R1- 免提操作要求重要性的权重等级

评分	重要性	描述
0	无相关影响	免提操作在用例中不起作用，工作人员不需要腾出双手来完成用例所需的任务
1	显著影响	在用例的大部分时间里，工作人员并不严格要求双手空闲，但手持设备会使任务变得更加烦琐
2	决定性影响	在用例的大部分时间里，工作人员需要用双手来完成任务（例如，拿着工具）

3. 技术备选方案评分

所有技术备选方案均由每位专家按照"Likert 表"的要求进行单独评分，其中 0 分表示该技术完全不符合要求，1 分意味着考虑中的技术仅部分满足要求的标准，因此，只要一项技术具有满足要求的所有标准，就分配分数 2。下面列出了对要求评级的描述。这也是为了避免误解和创建统一的视角，并且适用于所有需求（表 9-8）。

表 9-8　描述 R1- 免提操作要求实现情况的技术评分

得分	等级	描述
0	未满足	设备或技术不满足免提操作的要求
1	合理	对于如何操作设备 / 技术，存在某些限制或各种选择
2	完全符合	不用手也能使用设备或技术

4. 进行专家评级

到目前为止，已经为评估定义了三个术语。用例描述了哪种类型的员工执行哪种活动以及执行的频率。需求描述了所需的属性，这些属性可能或多或少与用例相关，并且可以通过技术选择来实现。

每位专家都有以下评估方案：表 9-9 和表 9-10。这两个表格必须由每位专家填写。在表 9-9 中，每一列对应于四个定义的用例之一，这些行代表前面定义的 11 个需求。专家现在必须为所有实例的每个需求分配一个权重（0、1或2）。

根据类似的方案完成表9-10。在这种情况下，列代表技术的选择，列1对应于技术T1.1，根据分配对应于平板电脑。如前所述，也使用从0到2的范围，专家根据替代技术满足要求的程度来赋值。

表9-9　显示每个用例重要性的所有需求的权重

要求	用例			
	材料使用（UC1）	参数支持（UC2）	系统维护（UC3）	过程监控（UC4）
免提操作（R1）	(0, 1, 2)	(0, 1, 2)	…	…
可移动性（R2）	(0, 1, 2)	…	…	…
…				
所需占地面积（R11）	…	…	…	…

5. 总结专家评分

采访几个独立的专家不可避免地会得出不同的结论。这种客观性是可取的，但必须达成共识，以便进一步评估。为此，表9-11中定义了基本规则。

在本案中，总共采访了三名专家。这意味着表9-9和表9-10的三个变量都必须根据上述方案进行评估。总共创建了两个总表，我们总结了表9-9中的权重，第二部分（表9-10）总结了技术评级。

表9-10　符合要求的技术等级

需求	移动设备屏幕		静止屏幕		增强现实		
	平板电脑/智能手机（T1.1）	智能手表（T1.2）	触摸界面（T2.1）	鼠标和键盘（T2.2）	智能眼镜（T3.1）	AR平板电脑（T3.2）	投影仪（T3.3）
R1	(0, 1, 2)	(0, 1, 2)	(0, 1, 2)	…	…	…	…
R2	(0, 1, 2)	(0, 1, 2)	…	…	…	…	…
…	…	…	…	…	…	…	…
R11							

表9-11　定义规则以在不同专家的投票中找到一致意见（仅在三个专家的考虑下有效）

规则	描述	举例				结果/意见
		评级专家1	评级专家2	评级专家3		
N0.1	同意—所有专家赋予相同值	2	2	2	→	2
N0.2	多数票—两位专家赋予相同值	1	0	1	→	1
N0.3	每个专家赋予不同的价值	2	1	1	→	1

6. 加权分数的计算

现在，给定两个总表，可以根据用例计算每种技术的加权分数。考虑用例1"材料使用",这是通过从表 9-9 中取出权重的第一列,并将每个单元格值乘以表 9-10 中每列技术的单元格值来完成的。如果对每个用例重复这个过程,那么总共会有四个加权技术表。

7. 总分和排名的计算

要计算总分,只需形成各栏(技术)之和即可,这是通过将该列的所有元素相加来完成的。该程序在每项技术的一个用例中执行,能够比较出适用性,因为总分越高,专家对技术的评估就越好。这导致了每个用例的七个总体评级,每个技术一个。

9.4 结果

在前一节中,详细介绍了实例、需求和技术。与评估方法一起,现在可以评估与实例相关的技术。下面使用一个示例来显示加权分数的计算。

9.4.1 专家评估

所有三位受访专家都根据上述方案填写了表 9-9 和表 9-10。然而,由于文件篇幅有限,这里没有显示这些表格。汇总表(表 9-12 和表 9-13)根据上面介绍的规则(表 9-11)进行总结。

为了说明计算方案的应用,以实例 1 "材料使用"为例进行说明。表 9-12 中权重的第一栏相应地与表 9-13 中技术一栏相抵消,结果见表 9-14。在执行列乘法之后,可以通过将一列中每个元素的值相加来计算每列的总分。基于这些值,最终可以在最后一行执行排名。评估矩阵(表 9-14)总共存在四次(每个实例一个表)。唯一的区别是使用进行计算的权重列(表 9-12)。

表 9-12 关于不同实例的需求的重要性评级(在连接所有专家评级之后)

要求	使用实例			
	材料使用(实例1)	参数支持(实例2)	系统维护(实例3)	过程监控(实例4)
免手动操作(R1)	2	1	2	0
机动性(R2)	1	0	2	0
预计用户兼容性(R3)	1	1	0	2
交互丰富度(R4)	1	1	2	0
定制工作(R5)	0	1	2	1
交互鲁棒性(R6)	1	2	2	2
例行设置(R7)	2	2	1	2
协作能力(R8)	0	0	2	2
信息分发(R9)	1	1	2	0
平均意识时间(R10)	1	1	2	2
所需占地面积(R11)	1	1	2	0

表 9-13 每个要求的技术评级（在连接所有专家评级后）

需求	移动设备屏幕		固定式屏幕		增强现实		
	平板电脑／智能手机（T1.1）	智能手表（T1.2）	触摸屏（T2.1）	鼠标和键盘（T2.2）	智能眼镜（T3.1）	AR 平板（T3.2）	投影仪（T3.3）
R1	0	1	0	0	2	0	2
R2	2	2	0	0	2	1	0
R3	2	1	2	2	0	1	0
R4	1	0	1	2	1	1	2
R5	1	1	2	2	0	0	1
R6	1	1	1	2	1	0	0
R7	1	1	2	2	0	0	2
R8	2	1	2	2	0	0	0
R9	2	2	1	1	2	2	0
R10	1	2	0	0	2	1	1
R11	1	2	0	0	2	1	0

表 9-14 考虑实例 1 "材料使用"的技术备选方案评估矩阵

需求	移动设备屏幕		固定式屏幕		增强现实		
	平板电脑／智能手机（T1.1）	智能手表（T1.2）	触摸屏（T2.1）	鼠标和键盘（T2.2）	智能眼镜（T3.1）	AR 平板（T3.2）	投影仪（T3.3）
R1	2×0=0	2×1=2	2×0=0	2×0=0	2×2=4	2×0=0	2×2=4
R2	1×2=2	1×2=2	1×0=0	1×0=0	1×2=2	1×1=1	1×0=0
R3	1×2=2	1×1=1	1×2=2	1×2=2	1×0=0	1×1=1	1×0=0
R4	1×1=1	1×0=0	1×1=1	1×2=2	1×1=1	1×1=1	1×2=2
R5	0×1=0	0×1=0	0×2=0	0×2=0	0×0=0	0×0=0	0×1=0
R6	1×1=1	1×1=1	1×1=1	1×2=2	1×1=1	1×0=0	1×0=0
R7	2×1=2	2×1=2	2×2=4	2×2=4	2×0=0	2×0=0	2×2=4
R8	0×2=0	0×1=0	0×2=0	0×2=0	0×0=0	0×0=0	0×0=0
R9	1×2=2	1×2=2	1×1=1	1×1=1	1×2=2	1×2=2	1×0=0
R10	1×1=1	1×2=2	1×0=0	1×0=0	1×2=2	1×1=1	1×1=1
R11	1×1=1	1×2=2	1×0=0	1×0=0	1×2=2	1×1=1	1×0=0
总计	12	14	9	11	14	7	11
排位	3	1	6	4	1	7	4

9.4.2 总分的解释

为了便于直观解释，得分（表 9-14 倒数第二行）以条形图形式呈现。然而，查看绝对值很难比较不同的实例。这是因为每个实例的不同权重可以实现不同的最大值。

当表 9-12 的一列（实例）的每个值乘以最大值 2，然后将所有值相加时，很容易看出这一点。对于实例 1 和实例 2,最高分是 22,实例 3 是 38,实例 4 是 18。

最大值可用于标准化每项技术的得分。这使比较不同的实例变得容易,因为在 Y 轴上使用了统一的标度。同样,要达到最大值,差异有多大也变得很明显。这种分析最初是针对每个用例单独进行的。

(1) 实例 1——材料使用

图 9-3 展示了不同技术的得分分布。根据柱状图的信息,智能手表和智能眼镜是最适合此使用案例的技术。这在一开始似乎是合理的,因为在这个用例中假设在混合过程中必须快速准确地提供信息。理想情况下,操作不需要工人使用双手。智能电脑/智能手机、带鼠标和键盘的固定屏幕以及投影仪的评分稍低,因为在这里无法使用免提功能。

触摸界面和 AR 平板电脑不适合目前的使用情况,虽然触摸界面和平板电脑是由触摸手势控制的,但平板电脑提供了移动性的优势。在许多情况下,这比使用固定屏幕更容易。AR 平板电脑由于处理和控制不佳而排在最后。在这种情况下,通过 AR 呈现所需信息是无效的。

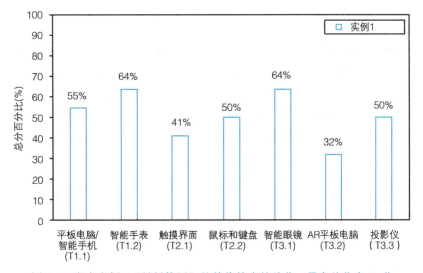

图 9-3 考虑实例 1 "材料使用"的替代技术的总分,最高总分为 22 分

(2) 实例 2——参数支持

在这种应用中,有必要向用户清楚地显示要设置的过程参数而不出现错误。例如,当设置机器或在过程中纠正设置时,这是必要的。图 9-4 显示了每项技术的总得分。带有鼠标和键盘的静止屏幕获得了最高分。在这里,总得分的 68% 得到了实现。这项技术非常容易使用。此外,可以快速访问信息,并且可以进行精确的输入和输出。平板电脑,加上智能手表、触控界面和智能眼镜,也处于类似的水平。这些技术有一个共同的事实,即交互是直观的,但不一定没有错误。然而,在这个实例中,需要快速且安全的交互。这可以从交互鲁棒性要求(R6)和例行设置(R7)的重要性评级中看出(比较表 9-12)。

AR 平板电脑和投影仪排在最后两位,这里没有给出与技术和参数再现的足够精确的交互。

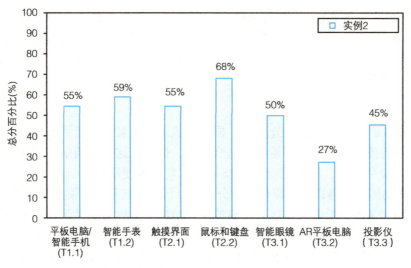

图 9-4　考虑实例 2 "参数支持"的替代技术的总分，最高总分为 22 分

（3）实例 3—系统维护

分配给实例 3 的权重非常有趣。专家们几乎完全将最高优先级分配给了大多数需求（图 9-5）。这是因为在维护工作期间会与设备发生大量交互，输入和输出都要进行，通常内容还必须与同事共享。由于这个实例是由专业人员专门执行的，因此对预计用户兼容性（R3）的要求相应较低。例行设置（R7）的持续时间和工作量也具有较低的相关性，因为这种使用执行的频率较低，每轮执行不了几次。

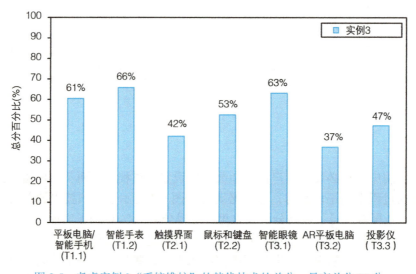

图 9-5　考虑实例 3 "系统维护"的替代技术的总分，最高总分 38 分

智能手表和智能眼镜获得了两个最佳评级，紧随其后的是平板电脑/智能手机。智能手表有许多优点，因为它占地面积小，可以戴在手腕上，这提供了最大的可移动性，信息

可以立即提供给用户并使他们意识到这一点。智能眼镜也有类似的优势,最大的优点是不用手就能使用。因此,控制可以在没有接触的情况下进行,这在维护方面带来了很大的优势。

固定屏幕由于其有限的移动性和相对烦琐的交互方式而得分较低。AR 平板电脑和投影仪也不是很好的选择,因为交互和信息的显示是重要的问题。

(4)实例 4——过程监控

对于这个实例,特别需要高水平的用户兼容性,必须尽快检测到任何故障,以便可以立即调整流程(图 9-6)。平均意识时间(R10)要求的优先级相应较高。此外,信息应该对许多人可见。18 分的最高分相对较低,因为免手动操作(R1)、机动性(R2)、交互丰富度(R4)以及交互鲁棒性(R6)等要求并不重要。总之,相关的不是技术的操作,而是信息的呈现和尽可能快的可见性。

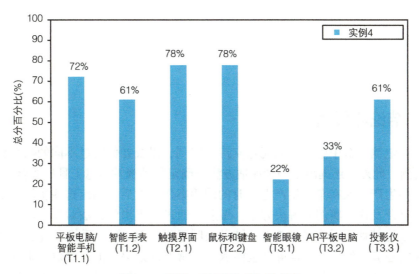

图 9-6 实例 4 "过程监控" 的总分

基于这些权重,固定屏幕在每种情况下都获得了 78% 的最佳结果。这是相对于一个用例来说全面的评价结果,表明了该技术的最佳适用性。固定屏幕提供的优势是,它们以一种非常简单的方式永久地显示信息。它们可以非常容易地与用户进行视觉交流。这款平板电脑还满足了一些重要的要求,比如高用户兼容性(R3)和协作能力(R8)。它不擅长快速提醒工人注意信息。

(5)归纳总结

图 9-7 中的柱状图说明可以评估几种实例的一般适用性。例如,在这里平板电脑和智能手表显然适用于广泛的应用。这也适用于 AR 平板电脑和投影仪,但是这里需要注意的是,它们的适用范围较低。静止屏幕就像智能眼镜一样,适用于各自实例中更具体的应用,这可以从柱状图高度的波动中清楚地看出。

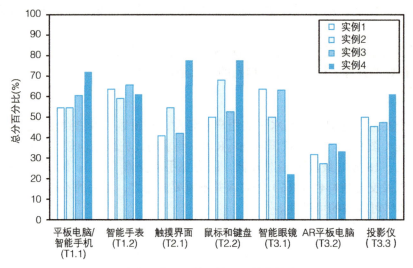

图 9-7 考虑所有四种使用情形的替代技术的总分

9.5 结论与展望

本章研究电池制造中生产工人视觉支持的实例,以及如何通过不同的数字化概念有效支持这些实例。此外,还提出了一种评估方法来确定哪种视觉信息工具最适合生产工人。

首先介绍生产工人在车间生产电池时的使用案例。然后,确定这些实例的要求,并考虑这些需求以开发这些实例的解决方案。最后,通过所提出的方法对视觉信息工具进行评估。评估结果清楚地显示在图 9-7 中。结果表明平板电脑/智能手机和智能手表技术具有通用可用性的趋势。然而,固定屏幕也能取得非常好的效果,但这些效果更依赖于实际用例。智能眼镜的 AR 技术在特定实例中也表现出了极大的适用性,但 AR 平板电脑和投影仪整体表现出较低的适用性。

实际案例中最终选择哪种技术,除了技术分析之外,还需要进行额外的成本分析。所产生的成本很大程度上取决于技术的进步和所需的数量。另一个不可低估的因素是人的因素。如果操作需要培训,也必须考虑这一点。

除了考虑成本或经济之外,还应该指出的是,目前的分析只是一个大致描述。特别是,如果新技术在不久的将来融入人们的日常生活中,对预期用户兼容性要求的技术评估可能会随着时间的推移而改变。因此,上述使用情况的权重可能会发生变化。

此外,扩大专家组并使之多样化也是有意义的,拥有大量的专家可以确保样本能够反映公众的意见。采访业内专家以及流程专家也很重要,这能反映二者的观点是否存在分歧以及分歧程度如何。

总之,所提出的方法为评估特定用例的技术提供了一个良好的起点。在对结果进行合理性检查后,可以设置一个实际的测试场景,对两种最佳技术进行比较。

参 考 文 献

[1] https://de.statista.com/statistik/daten/studie/973273/umfrage/prognostizierte-anzahl-der-neuzulassungen-von-elektroautos-weltweit/ bis 2030; 2019.

[2] Westkämper E, Löffler C. Strategien der Produktion: Technologien, Konzepte und Wege in die Praxis. Berlin, Heidelberg: Springer; 2016. Available from: http://gbv.eblib.com/patron/FullRecord.aspx?p=4530194

[3] Bauer W, Hämmerle M, Bauernhansl T, Zimmermann T. Future work lab. Springer Vieweg, Berlin, Online ISBN: 978-3-662-55890-4. pp. 171–87.

[4] International Labour Office. Key indicators of the labour market, 2001–2002. 1st ed. Geneva: Psychology Press; 2002. ISBN: 9780415939522.

[5] Kłosowski G, Gola A, Świć A. Application of fuzzy logic controller for machine load balancing in discrete manufacturing system. In: Jackowski K, Burduk R, Walkowiak K, Woźniak M, Yin H, editors. Intelligent Data Engineering and Automated Learning–IDEAL 2015: 16th International Conference, Wroclaw, Poland; 2015 Oct 14–16. Proceedings. Cham, Heidelberg, New York, Dordrecht, London: Springer; 2015. pp. 256–63 (Lecture Notes in Computer Science; vol 9375).

[6] Mossa G, Boenzi F, Digiesi S, Mummolo G, Romano VA. Productivity and ergonomic risk in human based production systems: a job-rotation scheduling model. Int J Prod Econ. 2016;171:471–7.

[7] Nowakowski T, Mlynczak M, Jodejko-Pietruczuk A, Werbinska-Wojciechowska S, editors. Safety and reliability: methodology and applications. CRC Pr I Llc; 2014.

[8] Allianz Industrie 4.0 Baden-Württemberg. 100 Orte für Industrie 4.0 in Baden-Württemberg; 2020 [cited 2020 Mar 2]. Available from: https://www.i40-bw.de/de/100-orte/

[9] Kasselmann S, Willeke S. Interaktive Assistenzsysteme: International Performance Research Institute; Institut für Integrierte Produktion Hannover; 2017 [cited 2020 Feb 19]. Available from: https://www.iph-hannover.de/_media/files/downloads/Projekt_40-Ready_Technologie-Kompendium.pdf

[10] Bundesministerium für Wirtschaft und Energie. Landkarte Anwendungsbeispiele Industrie 4.0: Bundesministerium für Wirtschaft und Energie; 2020 [cited 2020 Mar 2].

[11] Adtance GmbH & Co. KG. Adtance support [cited 2020 Jan 10]. Available from: https://www.plattform-40.de/PI40/Redaktion/DE/Anwendungsbeispiele/341-adtance-gmbh/beitrag-adtance-gmbh-support.html

[12] ASYS Group. ASYS PULSE Softwarelösung: Intelligentes Assistenzsystem für die Produktionsumgebung; 2016 [cited 2020 Jan 10]. Available from: https://www.i40-bw.de/de/100orte/asys-group/

[13] aucobo GmbH. Mobile Maschinenbedienung mit Smartwatches; 2017 [cited 2020 Jan 10]. Available from: https://www.i40-bw.de/de/100orte/aucobo-gmbh/

[14] Balluff GmbH. Transparenz durch Mold ID-System; 2016 [cited 2020 Jan 9]. Available from: https://www.i40-bw.de/de/100orte/balluff-gmbh/

[15] BASF SE Ludwigshafen. Mobile Bereitstellung von Informationen in Produktion und Instandhaltung [cited 2020 Jan 10]. Available from: https://www.plattform-i40.de/IP/Redaktion/DE/Anwendungsbeispiele/042-augmented-reality/beitrag-augmented-reality-mobile-solutions-basf.html

[16] Bosch Rexroth AG. Hydraulikventil-Montage Homburg: Multi-Produktmontagelinie–Industrie 4.0 in der Kleinserienfertigung [cited 2020 Jan 13]. Available from: https://www.plattform-i40.de/IP/Redaktion/DE/Anwendungsbeispiele/235-hydraulikventil-montage-homburg-bosch-rexroth/beitrag-hydraulikventil-montage-homburg-bosch-rexroth.html

[17] Cioplenu GmbH. Cioplenu–Die Software für digitale Arbeitsanweisungen, Checklisten und Protokolle: Variantenvielfalt beherrschen und Mitarbeiter entlasten: Mit einer Software für die Erstellung und Nutzung von digitalen Arbeitsanweisungen und Checklisten [cited 2020 Jan 13]. Available from: https://www.plattform-i40.de/PI40/Redaktion/DE/Anwendungsbeispiele/508-cioplenu/beitrag-cioplenu.html

[18] E. Zoller GmbH & Co. KG. Werkzeugüberwachung im Fertigungsprozess; 2016 [cited 2020 Jan 10]. Available from: https://www.i40-bw.de/de/100orte/e-zoller-gmbh-und-co-kg/

[19] Era-contact GmbH. "Papierlose Fertigung" — Softwarelösung zur Optimierung der Fertigungsprozesse bei der era-contact; 2017 [cited 2020 Jan 10]. Available from: https://www.i40-bw.de/de/100orte/era-contact-gmbh/

[20] Essert GmbH. Augmented Automation: Allianz Industrie 4.0 Baden-Württemberg; 2016 [cited 2020 Jan 10]. Available from: https://www.i40-bw.de/de/100orte/essert-gmbh/

[21] Fischerwerke GmbH & Co. KG. Prozessleitsystem für die Mischerei; 2018 [cited 2020 Jan 10]. Available from: https://www.i40-bw.de/de/100orte/fischerwerke-gmbh-und-co-kg/

[22] Gambro Dialysatoren GmbH. Intelligente Vernetzung von Fertigungsdaten steigert die Effizienz in der Produktion: Intelligente Produktionssteuerung [cited 2020 Jan 13]. Available from: https://www.plattform-40.de/PI40/Redaktion/DE/Anwendungsbeispiele/302-gambro/beitrag-gambo.html

[23] GPIO Solutions GmbH. Assemble-by-Light; 2017 [cited 2020 Jan 10]. Available from: https://www.i40-bw.de/de/100orte/gpio-solutions-gmbh/

[24] Grundig Business Systems GmbH. Grundig Business Systems GmbH: Traceability: Grundig Business Systems setzt auf Traceability und Prozessüberwachung [cited 2020 Jan 13]. Available from: https://www.plattform-i40.de/PI40/Redaktion/DE/Anwendungsbeispiele/080-grundig-business-systems-setzt-auf-traceability-und-prozessueberwachung/beitrag-grundig-business-systems-setzt-auf-traceability-und-prozessueberwachung.html

[25] HARTING KGaA. Flexibles Montagekonzept durch autonome Fertigungskomponenten: Modulare Produktionsplattform ermöglicht Losgröße 1 Fertigung für die individualisierte Herstellung von Steckverbinderkomponenten [cited 2020 Jan 13]. Available from: https://www.plattform-i40.de/IP/Redaktion/DE/Anwendungsbeispiele/227-flexibles-montagekonzept-durch-autonome-fertigungskomponenten/beitrag-flexibles-montagekonzept-durch-autonome-fertigungskomponenten.html

[26] Kinemic GmbH. Gestensteuerung mittels Wearables und Smartwatches; 2017 [cited 2020 Jan 10]. Available from: https://www.i40-bw.de/de/100orte/kinemic-gmbh/

[27] memex GmbH. Qualifizieren und Instruieren auf dem Shopfloor: mit Utility Film; 2017 [cited 2020 Jan 10]. Available from: https://www.i40-bw.de/de/100orte/memex/

[28] Optimum datamanagement solutions GmbH — Kognitive Assistenzsysteme; 2017 [cited 2020 Jan 10]. Available from: https://www.optimum-gmbh.de/industrie-40/kognitive-assistenzsysteme

[29] Picavi GmbH. Picavi Pick-by-Vision beim Kosmetikhersteller Dr. Babor im Echtbetrieb: Picavi ist das erste Unternehmen weltweit, das Pick-by-Vision — die Kommissionierung mit Datenbrillen — von einer Vision zur marktreifen Lösung für die Intralogistik entwickelt hat; [cited 2020 Jan 13]. Available from: https://www.plattform-i40.de/PI40/Redaktion/DE/Anwendungsbeispiele/339-picavi-gmbh/beitrag-picavi-gmbh.html

[30] Schnaithmann Maschinenbau GmbH. Navigationssystem für den Arbeitsplatz; 2016 [cited 2020 Jan 10]. Available from: https://www.i40-bw.de/de/100orte/schnaithmann-maschinenbau-gmbh/

[31] TRUMPF Werkzeugmaschinen GmbH + Co. KG. Die digital vernetzte Blechfertigung; 2016 [cited 2020 Jan 9]. Available from: https://www.i40-bw.de/de/100orte/trumpf-werkzeugmaschinen-gmbh-und-co-kg/

[32] Volkswagen AG. Einsatz der Pick-by-Vision-Lösung in den Volkswagen-Werken Wolfsburg und Emden; [cited 2020 Jan 13]. Available from: https://www.plattform-i40.de/IP/Redaktion/DE/Anwendungsbeispiele/261a-xpick-ubimax-volkswagen/einsatz-der-pick-by-vision-loesung.html

[33] WS System GmbH. Optimierung der Produktion und Qualitätssicherung mit Werkerführungslösung xMake und Smart Glasses bei WS System GmbH; [cited 2020 Jan 13]. Available from: https://www.plattform-i40.de/IP/Redaktion/DE/Anwendungsbeispiele/261b-werkerfuehrung-in-der-produktion-ws-system-ubimax-gmbh/einsatz-von-datenbrillen-gestuetzter-werkerfuehrung.html

[34] Aksu V, Jenderny S, Kroll B, Röcker C. A digital assistance system providing step-by-step support for people with disabilities in production tasks. In: Ahram TZ, Falcão C, editors. Advances

in usability, user experience and assistive technology: proceedings of the AHFE 2018 International Conferences on Usability &User Experience and Human Factors and Assistive Technology, held on 2018 Jul 21–25, in Loews Sapphire Falls Resort at Universal Studios, Orlando, Florida, USA. Cham: Springer; 2019. pp. 775–785 (Advances in Intelligent Systems and Computing; vol 794).

[35] Hahn J, Ludwig B, Wolff C. Mixed reality-based process control of automatic printed circuit board assembly lines. In: Extended Abstracts of the 2018 CHI Conference on Human Factors in Computing Systems. Erscheinungsort nicht ermittelbar: Verlag nicht ermittelbar; 2018. pp. 1–6.

[36] Haslgrubler M, Gollan B, Ferscha A. A cognitive assistance framework for supporting human workers in industrial tasks. IT Prof. 2018;20(5):48–56.

[37] Langer M, Soffker D. Situation-based process guiding and supervision assistance system for semi-automated manufacturing processes. In: 2012 IEEE International Conference on Systems, Man, and Cybernetics. [Place of publication not identified]: IEEE; 2012. pp. 820–5.

[38] Muller R, Horauf L, Bashir A. Cognitive assistance systems for dynamic environments. In: Proceedings, 2019 24th IEEE International Conference on Emerging Technologies and Factory Automation (ETFA): Paraninfo Building, University of Zaragoza, Zaragoza, Spain, 2019 Sep 10–13. Piscataway, NJ: IEEE; 2019. pp. 649–56.

[39] Müller R, Vette-Steinkamp M, Hörauf L, Speicher C, Bashir A. Worker centered cognitive assistance for dynamically created repairing jobs in rework area. Procedia CIRP. 2018;72:141–6.

[40] Nelles J, Kuz S, Mertens A, Schlick CM. Human-centered design of assistance systems for production planning and control: the role of the human in Industry 4.0. In: 2016 IEEE International Conference on Industrial Technology (ICIT): Proceedings: The Howard Plaza Hotel Taipei, Taipei, Taiwan, 2016 Marc 14–17. Piscataway, NJ: IEEE; 2016. pp. 2099–104.

[41] Paelke V, Röcker C. User interfaces for cyber-physical systems: challenges and possible approaches. In: Marcus A, editor. Design, User Experience, and Usability: 4th International Conference, DUXU 2015, Held as a Part of HCI International 2015, Los Angeles, CA, USA, 2015 Aug 2–7; proceedings. Cham: Springer; 2015. pp. 75–85 (Lecture Notes in Computer Science; vol 9186).

[42] Saggiomo M, Loehrer M, Kerpen D, Lemm J, Gloy Y-S. Human-and task-centered assistance systems in production processes of the textile industry: determination of operator-critical weaving machine components for AR-prototype development. In: 2016 49th Hawaii International Conference on System Sciences (HICSS). [S.l.]: IEEE; 2016–2016. pp. 560–8.

[43] Rauh S, Zsebedits D, Tamplon E, Bolch S, Meixner G. Using Google Glass for mobile maintenance and calibration tasks in the AUDI A8 production line. In: 2015 IEEE 20th Conference on Emerging Technologies & Factory Automation (ETFA): 2015 Sep 8–11, City of Luxembourg, Luxembourg. Piscataway, NJ: IEEE; 2015. pp. 1–4.

[44] Schafler M, Lacueva-Pérez FJ, Hannola L, Damalas S, Nierhoff J, Herrmann T. Insights into the introduction of digital interventions at the shop floor. In: PETRA 2018: The 11th ACM International Conference on PErvasive Technologies Related to Assistive Environments: 2018 Jun 26–29, Corfu, Greece: Conference Proceedings. New York, NY, USA: ACM; 2018. pp. 331–8 (ICPS).

[45] Söffker D, Fu X, Hasselberg A, Langer M. Modeling of complex human-process interaction as framework for assistance and supervisory control of technical processes. Int J Inf Technol Web Eng. 2012;7(1):46–66.

[46] Tao W, Lai Z-H, Leu MC, Yin Z, Qin R. A self-aware and active-guiding training & assistant system for worker-centered intelligent manufacturing. Manuf Lett. 2019;21:45–9.

[47] Waechter M, Loeffler T, Bullinger AC. Towards a mobile assistance system to raise productivity in maintenance. In: Nunes IL, editor. Advances in Human Factors and Systems Interaction: proceedings of the AHFE. [S.l.]: Springer; 2019. pp. 56–64 (Advances in Intelligent Systems and Computing).

[48] Hinrichsen S, Riediger D, Unrau A. Assistance Systems in Manual Assembly: 6th International Conference Production Engineering and Management; 2016 [cited 2020 Feb 19]. Available from: https://www.researchgate.net/publication/311535944_Assistance_Systems_in_Manual_Assembly

[49] DIN EN ISO 9241-210:2011-01, Ergonomie der Mensch-System-Interaktion_-_Teil_210: Prozess zur Gestaltung gebrauchstauglicher interaktiver Systeme (ISO_9241-210:2010); Deutsche Fassung EN_ISO_9241-210:2010. Berlin: Beuth Verlag GmbH.

[50] Kosicka E, Gola A, Pawlak J, editors. Application-based support of machine maintenance. Elsevier; 2019. (IFAC PapersOnLine52-10).

[51] Likert R. A technique for the measurement of attitudes, 1932.

第 10 章
电池生产线环境的可持续性管理

由于缺乏数据支持,很难评估电池制造的可持续性。数字化的兴起为促进、收集和处理可持续发展数据奠定了基础,从而使电池制造系统价值链上的碳核算成为可能。我们提出了一个概念框架,用于根据 ISO 20140 对电池以及电池组进行基于数据的生命周期评估(Life Cycle Assessment,LCA)。该框架直接从车间自动跟踪能源消耗以及相关的二氧化碳(CO_2)排放,通过采用由数据仓库和模拟推动的标准化流程模型来进行 LCA。这为实现生产系统和生产策略基准和分析奠定了基础,还可以实现电池和车辆生命周期能源标签的愿景。

10.1 概述

责任制生产和减少温室气体排放是可持续发展的两个目标[2],因此越来越受到科学和工业界的关注。总体而言,人们逐渐意识到数字化在最大限度地减少工业能源消耗和二氧化碳排放方面的潜力。德国全球变化咨询委员会在报告[3]中指出,工业 4.0 带来的数据可用性的增加也可能促进资源利用效率的进一步提升。德国工业 4.0 正在促进可持续发展,具体而言是减缓气候变化和促进循环性经济,作为全球数字生态系统的一部分[4]。

根据波士顿咨询集团的一项研究[5],电池制造中的"数字化增强结构和流程"可以将德国电池制造的总体成本比目前中国的制造成本降低 20%。这个令人印象深刻的数字是指电动汽车供应商电池制造的到岸成本比较,以每千瓦时容量的电池成本(不包括材料)来衡量。仔细研究成本项目就会发现,在德国数字化增强的电池制造场景中,即使采用智能生产,特定地点的能源成本也比中国更高(德国 +1.9 美元 /kW·h)。与中国制造相比,所谓的 20% 成本降低的最大杠杆似乎是基于物流成本的降低(德国 –7.5 美元 /kW·h)。然而,该研究并未量化智能制造在能源效率或环境可持续性方面的总体改进潜力,因为其重点是特定地点的能源成本结构。

之所以没有进一步详细说明,是因为缺乏可用数据以及电池制造系统可持续性评估的数据质量。从行业和政策的角度来看,需要对电池制造进行特定于地点和制造系统的可持续性评估。欧盟委员会关于电动汽车电池管理的循环经济视角的科学和知识服务的综合研究得出的结论是,目前"很难确保采用最可持续的电池制造方法",并且强调使用国际标准进行此类评估的重要性[6]。

10.2 定义和问题陈述

环境可持续性是电池制造背景下的一个广泛领域[6]。本书重点关注环境可持续性的两个要素——电池制造价值链中的能源消耗和相关二氧化碳排放。

电池制造的价值链由以下要素组成[6]：
- 原材料提取（采矿/回收）和加工
- 电池组件制造
- 电池制造
- 电池组制造

数字化制造一词是指制造业中网络物理系统（Cyber-Physical Systems，CPS）的采用。一般来说，CPS 反映了一种将物理世界与信息世界深度连接的技术前景[7]。对于电池制造，这种模式的应用可以通过在线质量监控和自适应制造流程对所有电池组件进行追溯来提高产量控制。

这些数据还可用于测量和优化环境可持续性，为解决可持续性测量工具的基本挑战提供了可能：缺乏数据或需要付出很大的努力来获取数据。

以下例子在不同层面上强调了这一基本挑战：

1）流程层面的可持续性优化。面向价值流的工具[8]，通过将"耗时的数据收集"列为不足，优化流程层面的资源效率。

2）制造系统层面的可持续性评估。在特定部门制造系统层面，可持续性基准的通用超效率框架将"数据采集的巨大努力"称为一项挑战[9]。这对于基于类似 UL 880 框架的认证来说也是一个挑战。

3）在价值链层面评估产品的可持续性。分析一个产品组（例如绝缘材料）价值链中的能源消耗和能源成本结构，需要在数据采集和数据质量保证方面付出巨大努力。解决这个问题的方法可以是生命周期清单（Life Cycle Inventory，LCI）形式的动态数据基础。这可以减少数据采集的工作量并提高数据质量[10]。LCI 可以描述为用于进行生命周期评估（Life Cycle Assessment，LCA）的结构化数据库。

尽管获取的真实数据有限，过去几十年的研究仍旧产生了一系列广泛的可用工具。文献 [11-12] 中的工具集审查以及大规模定制和可持续性评估框架[13]提供了概述。考虑到工具的数量和种类，应用研究的重点现在应该是发展现有工具以及将这些工具作为智能服务应用于 CPS 中。如文献 [14] 中所述，CPS 中针对单个能耗制造设备组件的自动生命周期成本计算（Life cycle Cost Calculation，LCC）提供了一个很好的例子。由于 LCC 和 LCA 可以集成以相互支持[15]，以便在 CPS 背景下有实现 LCA 自动化的潜力。这反过来又可以提高数据质量并使其与管理系统集成[16]。

"德国电池生产设备路线图 2030"中概述了类似的想法[17]，该路线图将"实时 LCA"认定为提高数据可用性和质量的解决方案，以便在一般技术评估中实现更精确的 LCA。然而，它将 LCA 的使用确定为在"车间"层面优化可持续性的工具，并将集成软件作为研发领域。本书以这一想法为基础，概述了基于数字电池制造中不断增加的数据可用性的基于主要数据的生命周期评估（LCA）的概念。这一概念的发展受到以下研究问题的指导：电池制造中碳核算当前面临哪些挑战？基于数据的 LCA 是什么？该领域的研究现状如何？是否可以将现有的解决方案合并为电池制造中的数据库 LCA 框架？

每个问题将在下面的章节中得到解决。

10.3 电池制造碳核算现状分析

为了概述电池制造中 LCA 面临的挑战，我们在第 10.3.1 节中对测量和比较电池制造二氧化碳排放的相关性进行情况分析，在第 10.3.2 节中，我们重点讨论电池制造中 LCA 当前面临的挑战：数据的可用性。

10.3.1 测量和比较电池制造系统二氧化碳的相关性

实际 LCA 或产品碳足迹（Product Carbon Footprint，PCF）分析表明，车辆制造从内燃机转向电动汽车的过程中，很大一部分二氧化碳排放量从车辆的运行阶段转移到车辆的制造阶段。然而，与车身等其他汽车部件的制造相比，电池制造中减少二氧化碳排放的潜力是巨大的。这可能是因为车身制造经过了数十年的优化，而大规模电池制造是一个相对较新的发展。

电池制造与二氧化碳排放具有高度相关性[19]，因为在当前的交通政策中，电动汽车是交通系统脱碳的重点解决方案。然而，目前运输领域的监管重点是车辆使用阶段的二氧化碳排放[20]，还没有考虑到制造过程排放或产品内含能源的综合监管方法。此外，电池指令[21]目前并未涉及全生命周期。目前欧盟关于产品环境足迹（Product Environment Footprint，PEF）的试点项目仅涉及消费品，包括手机电池[22]。BDI 批评试点项目的中期结果为 PEF 方法的现状和可用输入的质量数据对于广泛的常规应用来说还不够成熟[23]。此外，PCE 还因可比性有限而受到批评[24]。

这意味着几乎没有适当的监管框架来指导电池行业实现引言中提到的可持续发展目标。然而，线性经济向循环经济的全面转变，更加注重持久设计、维护、维修、再利用、再制造、翻新和回收[25]的产品，将导致以循环为导向的二氧化碳评估。这种评估方法将能够量化未来移动系统中电动汽车电池循环方法的优势。

目前，从行业角度来看，随着自愿公告说明脱碳计划，碳核算的相关性似乎越来越大[26]。然而，如今通过二氧化碳补偿实现碳中和的经济相关性相对较低。2019 年第一季度，欧洲排放交易体系中当前二氧化碳价格水平平均为 21 欧元 /tCO_2，自愿抵消项目的价格为 14~21 欧元 /tCO_2[27-28]。这意味着生产一辆电动汽车（10tCO_2）将花费约 200 欧元的补偿。

10.3.2 生命周期评估数据不足且数据质量不确定

20 世纪 80 年代初期累积能源需求（Cumulative Energy Demand，KEA）的发展引发了关于产品隐含能源的讨论。KEA 用于技术评估，并在德国工程协会（VDI）的指南中进行了详细描述。该评估旨在比较能源和建筑系统层面技术系统制造和寿命结束过程中所体现能源的不同技术规划方案[31]。它不支持对生产的电池等产品进行比较。尽管评估程序具有与碳核算中使用的 LCA 方法相当的要素，但不同的制造系统之间存在差异。

LCA 主要用于技术评估，其结果往往是政治或产业战略制定或技术替代决策的基础。

影响电池制造过程中二氧化碳排放的关键因素包括电力和热力消耗[32]以及用于评估的相应二氧化碳排放因子。在电池制造方面，约 50% 的二氧化碳排放量直接分配给电池制造，其余 50% 分配给电池生产的上游价值链[33]。但具体数字各不相同，例如，电池制造本身只占二氧化碳排放量的 20%[34]。

一般来说，当前锂离子电池的材料特定能耗和由此产生的二氧化碳排放量的数据可用性多年来一直很低[35-36]。这也被视为当前德国交通部门脱碳研究中的一个基本问题[19]。

关于电池制造中的制造合格率的信息很少。在电池生产线的起步阶段，只能实现 15% 的合格率[35]。已建立的生产线的合格率较高，但与半导体行业长期运行的优化生产线 90% 的合格率相去甚远[17]。此外，还有 LCA 研究中没有关于如何将这种产量及其低质量电池的潜在份额分配给电池制造系统的二氧化碳排放量的信息或指南。此外，当系统未处于生产状态时，电池制造系统的能耗如何分配给电池也没有标准。这包括维护、材料缺失或产品需求低（这种情况至少出现 10%）[17]。

正如前文所述，电池制造碳中和的最大挑战在于上游价值链，而不仅仅是电池制造本身。当前价值链中最大份额是用于生产正极材料的能源输入[19]。这意味着目前 NMC111 等正极粉末的原材料提取、运输和化石燃料驱动的能源密集型加工可以占据近电池制造过程中累积二氧化碳排放量的 40%[34]。由于需要额外的材料加工步骤，改用氢氧化锂（$LiOH \cdot H_2O$）预计将进一步增加所需的二氧化碳排放量[38]。尽管原材料对二氧化碳排放影响很大，但公开的生命周期清单（life cycle inventory，LCI）数据却非常有限。在超过 79 个锂电池 LCA 中，只有 9 个 LCA 发布了具体的生命周期数据，并且其中大多数都基于相同的数据源[39]。

此外，在下一代电池材料和工艺的基础研究中的数据很少，例如文献 [40] 中有相关报道。因此，很难量化新发展的潜力，例如新的生物技术。基于电极材料[41]或具有更高能量密度的固态设计[42]，可以减少二氧化碳排放。

总之，有关电力需求和电池制造二氧化碳排放量的科学且可公开访问的数据库很少。

10.4　基于原始数据的碳核算和最新技术

为了解决可用数据的稀缺问题，需要显著减少 LCI 所需的数据采集工作，作为产品相关 LCA 的基础。理想情况下，应从电池制造系统本身和相关价值链中提取尽可能多的信息，因为这也将提高数据库的质量。

一方面，LCI 中数据质量和精确度的提高应该使 LCA 成为一种管理工具，用于分析电池制造系统子流程级别的变化。由于工艺操作参数的变化、工艺调整、再制造甚至相关工业能源干燥室和能源供应系统的变化而导致的单独优化结果应触发 LCI 的自动更新。数字孪生的模拟优化场景应生成 LCI 场景，以评估可能调整的影响。

另一方面，改进的数据应该能够在不同电池制造厂和组织的水平上比较产品相关的 LCA 结果。应包括价值链中生产过程步骤的主要数据，而不向其他市场参与者披露生产成本结构和生产策略（价值流等）。这将显著提高数据质量，因为这些数据目前基于通用 LCI 数据库。此外，这还将使企业层面基于主要数据的碳核算成为可能，以跟踪脱碳目标和可持续发展报告的状态。其目的是降低成本并提高可持续发展报告的可比性，达到企业管理层实时二氧化碳核算的水平。

下面，对基于主要数据的碳账户的最新技术进行文献综述。第10.4.1节解决了如何包含供应链中生产流程步骤的原始数据的问题，第10.4.2节解决了如何将LCA的粒度扩展到流程级别的问题。

10.4.1 整合供应链的原始数据

温室气体协议（Greenhouse Gas Protocol，GHG）标准通常用于企业层面的可持续发展报告。供应商的排放量在此指定为范围3（SCOPE 3）排放量[43]。

世界顶级汽车制造商之一戴姆勒也采用这一标准。

2018年，戴姆勒计算其内部二氧化碳排放量为290万t，乘用车供应链二氧化碳排放量为1740万t。换算成乘用车销量，这相当于每辆乘用车排放7.5t二氧化碳[44-46]。可以假设，通过将产品组合从内燃机转向电动汽车，该值将显著增加，因为轻质结构和电池生产的能源消耗要大得多。因此，上游供应链的排放越来越需要纳入汽车原始设备制造商的气候战略。戴姆勒计划"将二氧化碳目标作为供应商决策和合同的重要标准"，并就"与供应商的具体二氧化碳措施达成一致"[47]。目前，该标准的实施方式尚不清楚。可以想象以下场景：

1）发布年度可持续发展报告，其中包含基于现有碳会计标准的二氧化碳目标。

2）每个生产单位的生产系统特定能源消耗和二氧化碳排放量的供应特定指示，以及交付时测量值的报告（如果适用）。

3）供应商还应对其供应链上游的排放负责，包括委托的物流公司。这意味着供应商还将这些排放的要求传递给其供应商或支付其排放补偿项目的费用。

然而，为了比较供应商的气候中和性，肯定需要高质量的数据。对此的要求可以扩展到详细的能源消耗数据[43]，供应商可能必须在范围3报告之一中提供这些数据。然而，详细的能源消耗数据通常被供应商视为商业秘密，因为它们可以洞察成本结构[48]。

目前尚不明确如何交换数据[49]。例如，可以扩展现有的产品合规结构。在汽车行业，材料数据系统有一个事实上的行业标准——国际材料数据系统（International Material Data System，IMDS）。在这里，供应商在组件级别记录各个组件的材料成分，例如，详细到回收材料比例的信息。供应商层面已部署IT系统，以系统地维护数据[50]。因此，IMDS可以进一步开发为生产系统特定的LCI数据库。

(1) 研发领域已经存在的考虑因素

1）在Live LCA项目中，没有涉及IMDS的扩展，但IMDS迄今为止仅被命名为数据源。

2）在DFG项目的框架内，提出了"环境产品生命周期管理"的概念。通过将LCA与mySAP Business Suite集成，并尽可能自动将能源和物料流纳入LCI，可以降低复杂性。通过这种方式，LCA可以集成到管理人员现有的工作流程中。IMDS被视为自动创建产品和生产系统特定LCI的信息供应商，但并未明确用于能源和物质流的更新数据传输[51]。

3）论文《汽车产品生命周期评估》描述了IMDS如何被大众汽车用作LCI的基础[51]。

此外，还有一个部分自动化生成 LCI 的概念[52]。

4）沃尔沃的案例研究显示，使用 IMDS 数据生成 LCI 时可节省 90% 的时间[53]。

（2）有关数据交换的更多概念

1）"Agora Verkehrswende"的一项研究提出了一个用于供应链中匿名数据聚合的信息交换所。欧洲生命周期评估平台可以为这一想法提供基础方法[19]。

2）在工业 4.0 标准化框架内，可持续性数据可以在所谓的管理层中传递[54]。在能源方面，ISO 20140-5 被提议作为管理层的一个特征[55]。

3）基于分布式账本技术（distributed ledger technology，DLT）的具有开放、分布式和安全通信协议的新创新系统可以使聚合供应链中的可持续性数据成为可能。以可追溯和防篡改的方式进行[56, 11]。

4）Circularize 是一家初创企业，开发了一种用于跟踪供应链中材料的协议[57-58]。智能提问使利益相关者能够提出有关产品的问题并获得值得信赖的答案。数据分散存储在各个企业，响应仅包括沿价值链汇总的数据。这可能是披露与竞争相关的成本结构或供应链细节的解决方案。当前应用的重点是原材料的可追溯性，例如汽车供应链中的塑料[58]。

5）在供应链碳管理[59]这个术语下，科学领域已经有了根据碳足迹选择供应商的方法。然而，这仅涉及电子行业的特定评估标准[60]。

6）使用图表[61]链接数据也可以成为碳核算技术解决方案的基础。

对现有技术的分析表明，存在一些使用 IMDS 作为汽车行业 LCA 基础的早期方法。此外，还有链接和交换数据的基本思想，但这些尚未在 LCA 的背景下应用。总之，普遍缺乏可用于关注电池制造供应链，特别是范围 3 排放平衡实施的经验和解决方案概念。

10.4.2　在产品层面整合数据

产品相关标签，也称为产品碳足迹（Product Carbon Footprint，PCF）分析。它的一个关键挑战是缺乏全球标准化系统[62]，同时实施成本高昂也是一个障碍[48]。企业内部数据收集所需的工作量流程在很大程度上取决于能源管理系统中的可用数据。废物或废料的数量也非常重要。这些记录储存在库存管理系统中。PCF 面临的另一个挑战是所确定值的准确性。这是由方法变化、数据不确定性和不同的系统限制引起的。如果没有特定的产品类别会计规则标准，则对不同制造商的产品进行比较是没有意义的[63]。通过与 ERP 系统的数据集成自动生成 PCF[64-65]是使 PCF 建立在更可靠和可比较的数据的第一步。然而，ERP 系统通常仅提供粗略流程级别的数据。对于更精细的流程级别，制造执行系统（Manufacturing Execution Systems，MES）中的流程结构将更适合。然而，MES 是否能够为子流程级别提供数据取决于其底层流程信息模型。ERP 和 MES 中的流程模型通常是专有的，因此如果用作 LCA 的基础，则可比性将受到限制。此外，过程模型必须能够将测量或模拟数据映射到过程结构以充当数据库。下面介绍的方法能够实现产品级别碳核算的自动化，从而能够在子流程级别解决 LCA。

ASTM E3012-16 标准（制造过程的 2 个环境方面的特征标准指南）是一个信息模型，用于描述与其环境影响相关的生产过程的结构和程序。该标准的目的是通过促进沟通和交流以及提供与分析服务的兼容性来实现制造团队的协作。该标准允许将生产流程分解为各个流程步骤，即所谓的"单元制造流程"（Unit Manufacturing Process，UMP）。对于这些UMP，输入是根据能源（电力、热力、压缩空气）、材料（工件/批次、操作材料）和资源（设备，包括工艺参数、工具、软件）以及输出（产品和废料）来定义的。与价值流相比，该方法允许将可持续性数据分配给具有可变量时间的流程。E3012 标准主要以 XML 模式中编码的文本性质描述此信息[66]。尽管可以使用 MathML 中建模的数学表达式捕获不同制造操作和 KPI 之间发生的物理转换，但 E3012 模型不能直接用于计算由于其文本性质而产生的目的[67]。为了能够使用捕获的信息作为分析、数据驱动的仿真模型的基础来优化生产过程，需要将信息转换为用于进行此类分析的其他建模格式。这一原则已通过 E3012 模型和 MOca（MOdel 组合和分析）领域特定语言的正式映射得到证明。通过这种方式，可以构建用于分析目的的操作模型，例如实验设计、离散事件模拟（Discrete Event Simulations，DES）和制造优化研究[67]。这种从静态模型到动态模型的转换使得 UMP 模型能够链接到传统的 LCA 工作流程。利用 UMP 模型生成 LCI 数据可以在 LCA 中建立更准确的生产模型。为此，E3012 模型需要映射到符合 ISO 14048 的 ecoSpold2 格式，旨在整理 LCI 数据集。这是必要的，格式由于目的不同而不兼容。尽管两种格式之间映射的工作流程需要大量的人工输入，但这显示了提高 LCA 精确度到各个生产步骤的准确性的潜力。此外，这将使制造商能够进行自动化设计空间探索，从而更好地了解生产过程中的变化，例如，评估齿轮箱设计中齿数的变化以及生产过程中的相关变化以及由此产生的环境影响[68]。

以下为与电池制造背景下的可持续性数据管理相关的项目和框架：

1）合作项目"Live LCA"于 2017 年启动，旨在集成不同的现有软件解决方案[69]，使企业能够结合可用的材料和能源消耗数据，实时计算 LCA 和物流成本核算（material flow cost accounting，MFCA），从而减少成本，如环境产品声明（Environmental Product Declarations，EPD）和 LCA 的成本降低 90%。从方法上讲，LCA 和 MFCA 与生产（例如能源管理）的原始数据相关联。

2）2003—2008 年，"网络生命周期数据"项目为数据提供了科学依据，成为生命周期分析的重要基础。使用 SAP 数据生成企业特定的 LCI 的挑战是这些系统之间的"语义差距"。这意味着员工需要将相关 DAP 数据集成到 LCI 中。此外，可行性很大程度上取决于生产数据采集[70]。

3）在 LCA 中使用大数据的前景中，指出可以映射本地或生产系统特定的特征因素[71]。

4）已经存在一个架构概念，用于为 DES 建模提供资源事件数据，以减少工作量决策支持所需的工作量[72]。

5）在汽车行业转型以及由此产生的生产系统变化的背景下，需要对环境影响进行全面评估[73]。已经提出了一个全面评估不同生产系统变体对环境影响的框架[73]。然而，缺乏数据管理规范和相应的系统架构。尽管本文中未提及 ISO 20140 标准，但它可以被视为此类评估框架的实施变体。数据管理和架构的规范不能被排除在框架之外。ISO 20140 也没有在此前后流程中命名，但该标准基本上解决了这些框架的变体。

6）将电池生产过程中的能源数据集成到数据库中，能够基于数据优化生产系统的环境影响（能源消耗、排放）。到目前为止，只有与经济效益（产品质量和成本）相关的环境影响已被关注[74]。这种基于数据的方法在概念上[75]已被转移到电池的整个生命周期。

总之，产品级别的数据集成受到流程操作级别数据的可用性以及 LCA 所需的转换流程的限制。设想利用 CPS 作为 LCA 的数据源，直接集成来自车间的数据。然而，从利用机器数据到 LCA 的工作流程缺乏解决方案概念。

10.5 可持续发展数据管理系统实现基于原始数据的生命周期评估

德国工业 4.0 标准化路线图的第三版[54]将数据和可持续发展管理描述为战略发展。在此背景下，可持续性数据管理一词尚未得到进一步定义，甚至在标准化路线图的第四版中也没有进一步定义[76]。我们认为，可持续性数据管理系统应能够聚合和评估制造数据，以便从制造系统的不同角度创建能源效率和可持续性概况。角度可以与流程相关（单个耗能制造设备组件、子流程、流程、制造系统）或与产品相关。这种产品相关概况的一个例子是提议的基于主要数据的 LCA（参见第 10.4 节）。在此背景下，ISO 20140 系列是一项重要的标准化活动。本质上，它是一种标准化数据管理方法，用于捕获、汇总和分析制造系统中的能源和资源消耗数据[1]。ISO 20140-1 系列标准列出了几个优势，可概括为三点：

1）针对通用生产系统或不同生产系统进行基准测试。
2）优化场景分析。
3）设定改进目标并监控车间运营。

国际标准化工作组目前正在制定由五部分组成的系列标准。图 10-1 显示了 ISO 20140 的概述并代表了当前的开发状态。ISO 20140 系列的应用可以实现制造系统特定地点的认证，以在电池和电池组系统级别上进行有效的可持续性量化。通过有效性，可以比较特定于制造系统的产品相关的配置文件。术语"特定制造系统"是指生产系统的整个特定地点生命周期，包括能源和供应系统。从长远来看，还可以包括生产设备、能源供应系统的制造以及建筑物的建造或其重新设计和退役对环境的影响。从产品设计的角度来看，整个生产系统特定的生命周期考虑因素可以整合到生命周期中。将数据传输到上游产品设计流程可以分析生产系统中设计变体的影响（图 10-2）。

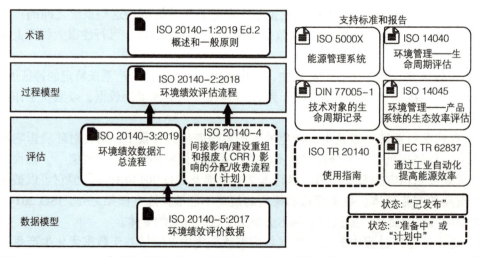

图 10-1　ISO 20140 自动化系统和集成——评估生产系统中的能源效率和其他影响环境的因素[1]

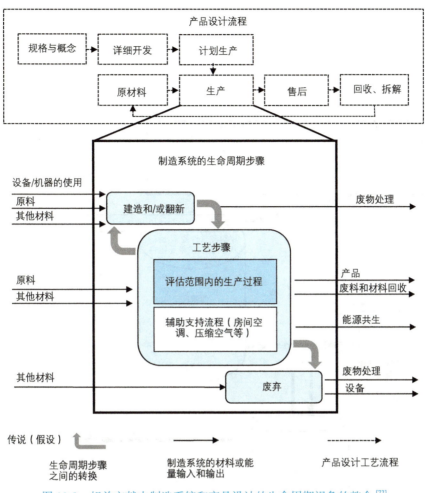

图 10-2 相关文献中制造系统和产品设计的生命周期视角的整合 [72]

可持续性数据管理系统的概念视图见图 10-3，它应自动聚集并符合 ISO 20140，以使其能够映射标准化流程模型和生产运行。这样可以专门根据生产批次号及其相关废品创建生命周期库存数据，作为 LCA 的基础。通过这种方式，可以将实际制造过程与估计数字进行对比分析。在标准化流程模型的基础上，仿真结果还可以集成到分析过程中，以评估不同的生产策略。我们的假设是，特定于生产系统的生命周期库存数据可以采用与面向事件的模拟的基本数据相同的方式构建，其中必须存储每个生产步骤的能源和资源消耗。

在价值链中，企业不愿意向中央数据库提供基于数据的主要 LCI。通过扩展生命周期清单数据的循环协议 [57-58]，可以从几家企业以汇总形式检索这些数据，而无须得出有关成本结构的直接结论，因为这些数据仅以汇总形式提供给汽车 OEM。这可以在 LCA 中集成来自整个价值链的主要数据。

为了执行这一概念，将需要采取进一步的步骤。以下进行重点介绍：

1）根据质量管理、维护和能源管理的实际输入，对可持续性数据的具体过程数据采集进行差距分析。

2）数据映射到生产批号或可追溯性概念中的数据链接，以便能够将生产的电池单元的每个子组件分配到其创建参数和可持续性数据。

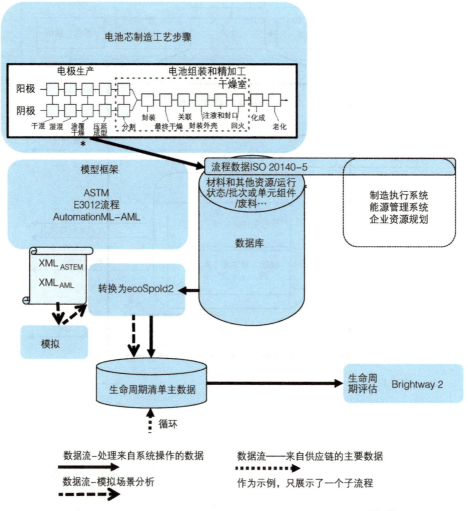

图 10-3 基于主数据的 LCA 的可持续性数据管理系统概念[67, 77]

3）将可持续性数据映射到每批可用单元的程序，以便能够充分分配废料（例如，分配到一个批次）。

4）根据 ASTM E3012-16 和现有工具将单元制造过程（UMP）模型应用于电池生产。

5）分析来自 ASTM E3012 和 AutomationML 或资产管理 Shell 的混合建模是否通过集成机器和工艺级别简化了数据收集。

6）基于 ISO 20140 数据管理的 ASTM 模型，开发用于生成生产系统特定 LCI 数据集的工具。

7）协调数据格式和概念，为所提用例的供应链数据传输提供循环协议规范（累计能耗、二氧化碳排放系数、累计二氧化碳产量、二氧化碳生命周期产量）。

10.6 电池和车辆的生命周期能量标签

基于所提出的概念，电池和车辆的二氧化碳或能源消耗标签的创建和认证是可能的。图 10-4 显示了标签所涵盖的能耗示例。

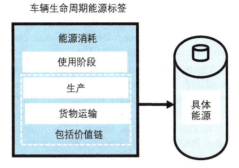

图 10-4　生命周期能源标签的概念（完善中，回收也可包括在内）

将二氧化碳排放标准从车辆运行扩展到电动汽车的生产可能是未来气候保护政策的一部分。因此，在销售车辆时就会出现这样的标签。此外，在全球经济出现保护主义倾向或气候保护政策在国际上出现分歧的情况下，电池的生产系统特定的二氧化碳排放或能源标签可以根据可持续性标准对电池的进口进行管制。引入二氧化碳进口税作为对来自没有基于 LCA 方法排放交易的经济体的产品保护税也已经讨论了多年。到目前为止，这被认为是不可行的。然而，目前这场辩论正在被可能的新气候保护政策要求重新评估。例如，在《绿色协议》的背景下，欧盟可以对进口产品引入跨境补偿，其中进口产品的价格反映了产品的二氧化碳足迹。德国能源转型智库 Agora Verkehrswende 在其关于电动汽车的最新研究中，建议为欧洲市场的电动汽车生产引入二氧化碳限制。此外，这样的标签可以作为欧盟及各国政府补贴分配的一个评估组成部分，用于建立高效电池生产或推广电动汽车。该概念的首次参考实施可能为这种监管前景铺平道路。

10.7 结论

在我们看来，欧洲电池制造能力的持续发展与新一代数字化电池制造工厂提供了设计、实施和测试管理系统和工具的机会，以测量、评估和优化电池制造整个价值链的环境可持续性。可持续性评估方法，如我们的概念所述，将生产场所和生产系统对其产品的具体影响联系起来，并在国际标准的基础上应用，可以实现对结果的具体地点认证。这将在电池和电池组系统层面实现有效的可持续性量化和比较。在国际上的推广可以通过行业推动，基于将电池系统集成到其产品中的制造商的可持续采购。另一个驱动因素可能是更强的环境政策可持续性的要求，例如对来自国际价值链的进口商品、产品本身或进一步制定针对特定部门的脱碳政策。

参 考 文 献

[1] Reisinger M, Dierolf C, Schneider C, Sauer A, Hörcher G. Intelligente Druckluftsysteme und Datenmodellierung. wt-online 6-2019. 2019;109:508–12.

[2] United Nations. Transforming our world: the 2030 Agenda for Sustainable Development: A/RES/70/1 2015 [cited 2020 Feb 3]. Available from: https://sustainabledevelopment.un.org/content/documents/21252030%20Agenda%20for%20Sustainable%20Development%20web.pdf

[3] Messner D, Schlacke S, Fromhold-Elisabith M, Grote U, Matthies E, Pittel K, et al. Unsere gemeinsame digitale Zukunft: Empfehlungen. Berlin: Wissenschaftlicher Beirat der Bundesregierung-Globale Umweltveränderungen (WBGU); 2019.

[4] Plattform Industrie 4.0. 2030 Vision for Industrie 4.0: Shaping digital ecosystems globally; 2019 [cited 2020 Jul 27]. Available from: https://www.plattform-i40.de/PI40/Redaktion/EN/Downloads/Publikation/Positionspapier%20Leitbild%20(EN).pdf?__blob=publicationFile&v=6

[5] Küpper D, Kuhlmann K, Wolf S, Pieper C, Xu G, Ahmed J. The future of battery production for electric vehicles; 2018 [cited 2019 Aug 26]. Available from: https://www.bcg.com/de-de/publications/2018/future-battery-production-electric-vehicles.aspx

[6] Hill N, Clarke D, Blair L, Menadue H. Circular economy perspectives for the management of batteries used in electric vehicles. Luxembourg: Publications Office of the European Union; 2019.

[7] Lee EA, Seshia SA. Introduction to embedded systems: a cyber-physical systems approach. 2nd ed. Cambridge, Massachusetts, London, England: MIT Press; 2017.

[8] Sheehan E. A simulation-based method for improving material efficiency within the constraints of existing production systems [Dissertation]; 2017.

[9] Waltersmann L, Kiemel S, Bogdanov I, Lettgen J, Miehe R, Sauer A, et al. Benchmarking holistic optimization potentials in the manufacturing industry — A concept to derive specific sustainability recommendations for companies. Procedia Manuf. 2019;39:685–94.

[10] Albrecht S. Systematischer Ansatz zur Analyse der Energiekostensensitivität von Produktionssystemen unter Berücksichtigung der Wertschöpfungskette im Rahmen der Ganzheitlichen Bilanzierung [Zugl.: Stuttgart, Univ., Diss., 2014]. Stuttgart: Fraunhofer Verl.; 2014. (Forschungsergebnisse aus der Bauphysik; vol 17). Available from: http://www.bookshop.fraunhofer.de/buch/241390

[11] Brundage MP, Bernstein WZ, Hoffenson S, Chang Q, Nishi H, Kliks T, et al. Analyzing environmental sustainability methods for use earlier in the product lifecycle. J Cleaner Prod. 2018 [cited 2019 Aug 15];187.

[12] Wulf C, Werker J, Ball C, Zapp P, Kuckshinrichs W. Review of sustainability assessment approaches based on life cycles. Sustainability. 2019 [cited 2020 Jan 7];11(20):5717.

[13] Boër CR. Mass customization and sustainability: an assessment framework and industrial implementation. London, New York: Springer; 2013.

[14] Schneider C, Reisinger M, Adolf T, Heßberger N, Sauer A. A novel 'automated hardware upgrade service' for manufacturing systems. SCAP — Stuttgart Conference on the Future of Automobile Production 2020 In Press 2020.

[15] Shi J, Wang Y, Fan S, Ma Q, Jin H. An integrated environment and cost assessment method based on LCA and LCC for mechanical product manufacturing. Int J Life Cycle Assess. 2019 [cited 2020 Aug 4];24(1):64–77.

[16] Bicalho T, Sauer I, Rambaud A, Altukhova Y. LCA data quality: a management science perspective. J Cleaner Prod. 2017 [cited 2019 Dec 19];156:888–98.

[17] VDMA Batterieproduktion. Roadmap battery production equipment 2030. Frankfurt am Main; 2018 Update 2018 [cited 2019 Aug 19].

[18] Reisinger M. Life cycle energy labels for products. Berlin; 2016. (Industrial Efficiency 2016; Panel 2. Sustainable production design and supply chain initiatives) [cited 2019 Aug 26]. Available from: https://www.eceee.org/library/conference_proceedings/eceee_Industrial_Summer_Study/2016/2-sustainable-production-design-and-supply-chaininitiatives/life-cycle-energy-labels-for-products/2016/2-162-16_Reisinger_presentation.pdf/

[19] Helms H, Kämper C, Biemann K, Lambrecht U, Jöhrens J, Meyer K. Agora Verkehrswende–Klimabilanz von Elektroautos: Einflussfaktoren und Verbesserungspotential; 2019 [cited 2019 Aug 14]. Available from: https://www.agora-verkehrswende.de/fileadmin/Projekte/2018/Klimabilanz_von_Elektroautos/Agora-Verkehrswende_22_Klimabilanz-von-Elektroautos_WEB.pdf

[20] The European Parliament and of the Council of the European Union. REGULATION (EU) 2019/ 631 of 17 April 2019 — Setting CO2 emission performance standards for new passenger cars and for new light commercial vehicles, and repealing Regulations (EC) No 443/2009 and (EU) No 510/2011 [cited 2020 Jul 27].

[21] The European Parliament and of the Council of the European Union. DIRECTIVE 2006/66/EC of 6 September 2006 on batteries and accumulators and waste batteries and accumulators and repealing Directive 91/157/EEC [cited 2020 Jul 28].

[22] European Commission. The environmental footprint transition phase; 2019 [cited 2019 Aug 16]. Available from: https://ec.europa.eu/environment/eussd/smgp/ef_transition.html

[23] BDI. Product Environmental Footprint (PEF): Industrie am weiteren Prozess angemessen beteiligen! 2019 [cited 2019 Aug 16]. Available from: https://bdi.eu/artikel/news/product-environmental-footprint-pef-industrie-am-weiteren-prozess-angemessen-beteiligen/

[24] Bach V, Lehmann A, Görmer M, Finkbeiner M. Product Environmental Footprint (PEF) pilot phase — comparability over flexibility? Sustainability. 2018;10(8):2898.

[25] Geissdoerfer M, Savaget P, Bocken NM, Hultink EJ. The circular economy — A new sustainability paradigm? J Cleaner Prod. 2017 [cited 2020 Jul 28];143:757–68.

[26] Schneider C, Büttner S, Sauer A. Klimaneutralität in der produzierenden Industrie. wt-online (in Press). 2020.

[27] Bundesministerium der Finanzen. Bericht des Bundesministeriums der Finanzen über die Tätigkeit des Energie- und Klimafonds (EKF; Kap. 6092) im Jahr 2018 und über die im Jahr 2019 zu erwartende Einnahmen- und Ausgabenentwicklung; 2018.

[28] Teucher T. CO2-Emissionen: Kompensationsanbieter im Vergleich: Hintergrundinfos & Anbieter-Vergleich. Inspiring sustainable business; 2017 [cited 2019 Aug 26]. Available from: https://www.tinateucher.com/wp-content/uploads/2017/12/co2-emissionen-kompensationsanbieter-vergleich.pdf

[29] Seebacher F. Energieproduktivität als Indikator für Nachhaltigkeit im Innovationsprozess; 2006. (Berichte aus dem Maschinenbau).

[30] VDI 4600. Cumulative energy demand (KEA) — Terms, definitions, methods of calculation. VDI-Gesellschaft Energie und Umwelt; 2012.

[31] Mahler B, Idler S, Nusser T, Gantner J. Energieaufwand für Gebäudekonzepte im gesamten Lebenszyklus [cited 2020 Aug 2].

[32] Regett A. Klima- und Ressourcenwirkung von Elektrofahrzeugbatterien: Begleitdokument zum Artikel "Klimabilanz von Elektrofahrzeugen — Ein Plädoyer für mehr Sachlichkeit" Begleitdokument. München: Forschungsstelle für Energiewirtschaft e.V. FfE; 2019.

[33] Philippot M, Alvarez G, Ayerbe E, van Mierlo J, Messagie M. Eco-efficiency of a lithium-ion battery for electric vehicles: influence of manufacturing country and commodity prices on GHG emissions and costs. Batteries. 2019;5(1):23.

[34] Dai Q, Kelly JC, Gaines L, Wang M. Life cycle analysis of lithium-ion batteries for automotive applications. Batteries. 2019 [cited 2020 Aug 2];5(2):48.

[35] Gaines L, Sullivan J, Burnham A, Belharouak I. Life-cycle analysis of production and recycling of lithium ion batteries. Trans Res Rec. 2011;2252(1):57–65.

[36] Gaines L, Sullivan, John, Burnham, Andrew, Belharouak I. Life-cycle analysis for lithium-ion battery production and recycling; 2010 [cited 2020 Jan 31].

[37] Jordan F. How predictive quality analytics increased battery cell manufacturing yield; 2019 [cited 2020 Aug 2]. Available from: https://elisaindustriq.com/how-predictive-quality-analytics-increased-battery-cell-manufacturing-yield-by-16-percent/

[38] Grant A. The CO2 impact of the 2020s battery quality lithium hydroxide supply chain. Jade Cove. 2020 [cited 2020 Aug 2].

[39] Cusenza MA, Bobba S, Ardente F, Cellura M, Di Persio F. Energy and environmental assessment of a traction lithium-ion battery pack for plug-in hybrid electric vehicles. J Cleaner Prod. 2019;215:634–49.

[40] Deng Y, Li J, Li T, Gao X, Yuan C. Life cycle assessment of lithium sulfur battery for electric vehicles. J Power Sources. 2017;343:284–95.

[41] Lee YJ, Yi H, Kim W-J, Kang K, Yun DS, Strano MS, et al. Fabricating genetically engineered high-power lithium-ion batteries using multiple virus genes. Science. 2009;324(5930):1051–5.

[42] Lee Y-G, Fujiki S, Jung C, Suzuki N, Yashiro N, Omoda R, et al. High-energy long-cycling all-solid-state lithium metal batteries enabled by silver–carbon composite anodes. Nat Energy. 2020;5(4):299–308.

[43] Bhatia P, Cummis C, Brown A, Rich D, Draucker L, Lahd H. Corporate value chain (scope 3) accounting and reporting standard: supplement to the GHG protocol corporate accounting and reporting standard. Greenhouse Gas Protocol; 2011 [cited 2019 Aug 26]. Available from: https://ghgprotocol.org/sites/default/files/standards/Corporate-Value-Chain-Accounting-Reporing-Standard_041613_2.pdf

[44] Daimler AG. Nachhaltigkeitsbericht 2018; 2019. Available from: https://www.daimler.com/dokumente/nachhaltigkeit/sonstiges/daimler-nachhaltigkeitsbericht-2018-de.pdf

[45] Daimler AG. Mercedes-Benz. Nummer 1 im Premiumsegment; 2019 [cited 2019 Aug 16]. Available from: https://media.daimler.com/marsMediaSite/de/instance/ko/Mercedes-Benz-schafft-achtes-Rekordjahr-in-Folge-und-bleibt-die-Nummer-1-im-Premiumsegment.xhtml?oid=42197316

[46] Daimler AG. Scope 3 Emissionen; 2018 [cited 2019 Aug 16]. Available from: https://www.daimler.com/dokumente/nachhaltigkeit/sonstiges/2018-scope-3.pdf

[47] Källenius O. Ambition2039: Unser Weg zu nachhaltiger Mobilität; 2019 [cited 2019 Aug 16]. Available from: https://media.daimler.com/marsMediaSite/de/instance/ko/Ambition2039-Unser-Weg-zu-nachhaltiger-Mobilitaet.xhtml?oid=43348842

[48] The Economist. Following the footprints; 2011 [cited 2019 Aug 16]. Available from: https://www.economist.com/technology-quarterly/2011/06/04/following-the-footprints

[49] BCG. The factory of the future [cited 2020 Jul 30]. Available from: https://www.bcg.com/en-us/publications/2016/leaning-manufacturing-operations-factory-of-future

[50] Betz M. Product compliance und material reporting–aber richtig! thinkstep; 2018 [cited 2019 Aug 16]. Available from: https://www.software-journal.de/author/firma_thinkstep/

[51] Abele E, Feickert S, Kuhrke B, Clesle F-D, editors. Environmental product lifecycle management-customizing the enterprise specific manufacturing processes; 2006. (Proceedings of LCE 2006).

[52] Koffler, C. Methoden der Erstellung und Auswertung von automobil-spezifischen LCAs (Ökobilanzwerkstatt 2005). Bad Urach, 15-16.06.2005. [cited 2019 Aug16] URL: https://www.oekobilanzwerkstatt.tu-darmstadt.de/media/oeko/2005/praesentationen_abstracts_der_arbeitsgruppe_c_oebw_1/C5_Koffler.pdf

[53] Dahllöf L, editor. How the chemical and material management in the automotive industry became a quality improver for LCA studies in the Volvo Group; 2013.

[54] DIN e. V. and DKE Deutsche Kommission Elektrotechnik. German Standardization Roadmap Industrie 4.0–Version 3. Berlin: DIN/DKE; 2018 Version 3 [cited 2019 Aug 26]. Available from: https://www.din.de/blob/95954/97b71e1907b0176494b67d8d6d392c54/aktualisierte-roadmap-i40-data.pdf

[55] BMWi. Struktur der Verwaltungsschal–Fortentwicklung des Referenzmodells für die Industrie 4.0-Komponente. Berlin: Plattform Industrie 4.0; 2016 [cited 2019 Aug 16].

[56] CLI. Climate Ledger Initiative [cited 2019 Aug 16]. Available from: https://climateledger.org/en/

[57] Licht J, Jong Td, Oudshoorn K, Pasotti P. Circularise: whitepaper [cited 2020 Aug 3].

[58] Tramutola L. Data sharing for a circular economy [cited 2020 Aug 3].

[59] Goodarzi S, Fahimnia B, Sarkis J. Supply chain carbon management. Sydney: University of Sydney; 2019. Available from: https://ses.library.usyd.edu.au/bitstream/2123/20261/1/ITLS-WP-19-07.pdf

[60] Hsu C-W, Kuo T-C, Chen S-H, Hu AH. Using DEMATEL to develop a carbon management model of supplier selection in green supply chain management. J Cleaner Prod. 2013;56:164–72. Available from: http://www.sciencedirect.com/science/article/pii/S095965261100343X

[61] Hedberg TD, Bajaj M, Camelio JA. Using graphs to link data across the product lifecycle for enabling smart manufacturing digital threads. J Comput Inf Sci Eng. 2020 [cited 2020 Jan 31];20(1):21001.

[62] Banerjee A. Re-engineering the carbon supply chain with blockchain technology. Infosys; 2018.
[63] Hottenroth H, Joa B, Schmidt M. Carbon Footprints für Produkte: Handbuch für die betriebliche Praxis kleiner und mittlerer Unternehmen. Institute for Industrial Ecology Pforzheim; 2013.
[64] Horng-Huei W, Chih-Hung T, Chia-Chu L, Neng-Hao K, Yi-Chan C. The carbon footprint calculation model of the integrated ERP framework — Green production. Int J Oper Logist Manage. 2015 [cited 2020 Aug 4].
[65] Funk B, Möller A, Niemeyer P. The prospects of product carbon footprints in ERP systems: he prospects of product carbon footprints in ERP systems environmental protection proceedings of the 22nd International Conference Environmental. Aachen: Shaker; 2008 [cited 2020 Aug 4].
[66] Rebouillat L, Barletta I, Mani M, *et al*. Understanding sustainability data through unit manufacturing process representations: a case study on stone production. Procedia CIRP. 2017;57:686–91.
[67] Kulkarni A, Bernstein WZ, Lechevalier D, Balasubramanian D, Denno P, Karsai G. Towards operational use of unit manufacturing process models. In: Proceedings, 2019 IEEE International Conference on Industrial Technology (ICIT): Melbourne Convention and Exhibition Centre, Melbourne, Australia, 2019 Feb 13–15. [Piscataway, New Jersey]: IEEE; 2019. pp. 818–23 [cited 2019 Aug 15].
[68] Bernstein WZ, Tamayo CD, Lechevalier D, Brundage MP. Incorporating unit manufacturing process models into life cycle assessment workflows. Procedia CIRP. 2019 [cited 2019 Aug 15];80:364–9.
[69] Genest A, Klein M, Schiffleitner A, Hedemann J. Live LCA: how Industry 4.0 changes the way we perform life cycle assessment [cited 2019 Aug 26]. Available from: https://www.google.com/url?sa=t&rct=j&q=&esrc=s&source=web&cd=1&cad=rja&uact=8&ved=2ahUKEwiKjdvogKDkAhWBL1AKHciZASgQFjAAegQIBRAC&url=http%3A%2F%2Favnir.org%2Fdocumentation%2Fcongres_avnir%2F2017%2FPPT%2FUsine_du_futur_IFU_Congres_avniR_2017.pdf&usg=AOvVaw32MGGumoEBuHbMjk3Op_y4
[70] Möller A, wohlgemuth V, Lang-Koetz C. Gewinnung und Ntuzung von Lebenszyklusdaten im betrieblichen Konztext: Projektbericht; 2007 [cited 2019 Aug 21].
[71] Cooper J, Noon M, Jones C, Kahn E, Arbuckle P. Big data in life cycle assessment. J Ind Ecol. 2013;17(6):796–9.
[72] Boulonne A, Johansson B, Skoogh A, Aufenanger M. Simulation data architecture for sustainable development. In: Simulation Conference (WSC), Proceedings of the 2010 Winter: Date, 2010 Dec 5–8. Piscataway, N.J.: IEEE; 2010. pp. 3435–46.
[73] Gebler M, Cerdas F, Kaluza A, Meininghaus R, Herrmann C. Integrating life-cycle assessment into automotive manufacturing — A review-based framework to measure the ecological performance of production technologies. In: Schebek L, Herrmann C, Cerdas F, editors. Progress in life cycle assessment. Cham: Springer International Publishing; 2019. pp. 45–55 (Sustainable Production, Life Cycle Engineering and Management) [cited 2019 Aug 14].
[74] Turetskyy A, Thiede S, Thomitzek M, Drachenfels N von, Pape T, Herrmann C. Toward data-driven applications in lithium-ion battery cell manufacturing. Energy Technol. 2019 [cited 2020 Jan 31];12:1900136.
[75] Singh S, Wanner J, Glanz C, Riexinger G, Birke KP. Development and utilization of a framework for data-driven life cycle management of battery cells. 2019 [cited 2020 Jan 31].
[76] DIN e. V. and DKE Deutsche Kommission Elektrotechnik. German Standardization Roadmap Indutrie 4.0 — Version 4; 2020 [cited 2020 Jul 27].
[77] iPoint. LCA of lithium-ion batteries — There's more to it than you think. Reutlingen; 2018 [cited 2019 Aug 16]. Available from: https://www.ipoint-systems.com/blog/lca-of-lithium-ion-batteries-theres-more-to-it-than-you-think/

第四部分

使用数字化工具优化电池生产线

第 11 章
电池制造中的生产力和质量扩展模型

化石燃料资源的限制和二氧化碳减排的要求导致了纯电动汽车销量的增加。为了满足需求,大规模的动力电池制造已成为发展的关键部分。然而,电池制造是一个复杂的过程,有多种挑战必须解决,以提供高生产力和质量。在电池制造生产线上实施数字化工具可以支持这些目标。此外,本章提出了一个质量流模型和衍生的数学方程,用于优化带有检查和维修站的系列电池生产线。

▼ 11.1 在线数据采集——用于质量控制和提高生产力的传感器集成

车辆和移动应用对电池的需求在不断增加。为了满足需求,大规模的电池制造已成为发展的一个关键部分。一方面,有必要生产大量的电池,另一方面,产品质量是最重要的。因此,任何制造企业的关键关注点都是生产力和质量。然而,这两个方面是相互对立的。因此,要求在不降低电池质量的情况下提高生产力。

电池制造是一个复杂的多阶段过程,其中生产力和质量是最关键的方面。对这两个特点已经有了广泛的研究,但在大多数情况下是独立的。许多科学研究的重点是分析生产线的吞吐量[1-3]。在这里,生产布局被大力简化。其他的工作则考虑到了更复杂的装配/拆卸生产线的布局[4-5]。Jacobs 等人还额外整合了返工回路,用于修正有缺陷的零件[5]。尽管如此,详细的层级相对较低,因为在制造生产线中没有明确纳入分割和合并的过程。后来,Ju 等人在汽车喷漆车间的质量流模型中引入了这些方面[6]。还有其他各种更具体的方面,如多种产品[7]或多种故障模型[8],都被详细研究。这些研究大多是基于两种分析模型,即聚集和分解。

除了对生产力的研究,近年来还有对多种质量方面的研究。变异传播,如尺寸误差和板材拉伸成型工艺,已经获得了很多关注[9-10]。这些研究使人们对多阶段生产线中的误差传播领域有了深入了解。此外,各生产阶段的误差对最终产品的影响也得到了研究。然而,电池制造由不同的阶段组成,这些阶段的质量控制特征各不相同,相互之间有偏差。在这里,不是每个阶段都需要相同形式的质量控制。例如,连接、尺寸和电阻,不能仅仅借助于物理质量模型来确定。数据驱动的方法是质量计算的另一种方式,尽管其中许多只适用于特定的情况或不包括中间的维修。

相反，最近的研究关注的是生产系统设计方面的产品质量的整合。有证据表明，生产系统设计可以影响产品质量，而且两者都可以受到质量控制的影响[1, 11]。此外，布局设计问题及其对产品质量的影响也得到了分析[1, 12]。这些方法在电池生产中的一个重要缺陷是，没有实现各种组件与系统的相互作用。因此，这些模型不能考虑到机器故障或有限的缓冲区。

在制造过程中以质量检查的形式进行的检查是另一个在建模中必须考虑的重要方面。为了分析这样一个系统，需要考虑质量和生产力的变化以及它们的相互作用。Jacobs 等人研究了一个渐进可靠的双机一缓冲器的基本模型[13]。此后，该模型的复杂性增加，因为它被扩展到更长的生产线[14]，并制定了分析评估 Bernoulli-Markovian 类型的错误行为，因此，连续的零件之间没有关联性。但是，马尔科夫型故障在生产系统中普遍存在，例如，一个零件的质量取决于前一个零件。Meerkov 和 Zhang 提出了质量 - 数量耦合（QQC）的概念[16-17]。它通常适用于有多台机器和检查点的生产线，质量比率会随着机器效率的提高而降低。QQC 可以作为定位和质量瓶颈识别的起点，正如 Arinez 等人对工业油漆车间生产线所做的那样[18]。Biller 等人[19] 研究了生产线上的维修循环和瓶颈，但没有考虑到质量问题。质量瓶颈是多项研究的重点[17, 20-21]，并使用基于工厂车间原始数据的瓶颈指标，这使得它们在实际工业应用中具有优势。

总而言之，多项研究都集中在不同的制造挑战上，但没有一个多阶段系列生产线的综合生产力和质量的分析模型。然而，这些主要是用于电池制造的，还没有明确的研究。因此，本章将重点讨论多阶段、有多个缓冲区、检查和维修点的系列电池生产线的生产力和质量的综合分析。

11.2 串联式电池生产

本节提出了一个普遍采用的电池组装系统，包括一条串行的生产线、多个检查和维修站。该系统结构将被用作详细调查生产力与质量的基础。在这里，产量和质量故障率的相关性是一个分析模型的核心部分。然而，复杂的电池制造过程的多条制造线被分解成独立的串行线，并对其中一条进行了详细研究。

在这个电池制造系统中，每个部件在每个工位都要进行检查。如果部件在质量检查中没有显示出不需要的行为，它就继续在主装配线上进行。否则，不合格的部件会被送到相应的维修站。在此之后，修复后的部件被送回下游作业，并可在下一个生产步骤中进行处理。图 11-1 显示了所讨论的带有质量检查和维修站的系列制造生产线的布局。

为了理解和使用这个图，以下对所有符号进行解释。

1）主要的串行生产线由 M 台机器组成（M_0，M_1，M_2，…，M_n）。所有机器都有两种可能的状态，一种是启动和运行，另一种是停机，完全没有生产。如果运行，每台机器每个时间步长可以生产一个零件。

2）在分割检查之前，在检查期间和合并过程之后，在主线内有一个缓冲区（B_1、$B_{1,s}$ 和 $B_{1,m}$）。此外，在修复过程前后也有缓冲区（$B_{1,1,r}$ 和 $B_{1,2,r}$）。这种设置存在于每个检查和修复循环中。

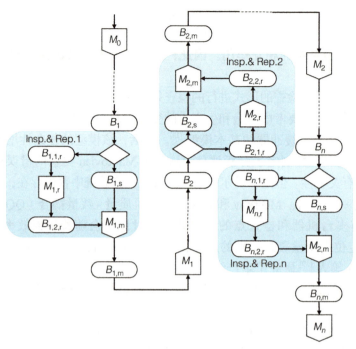

图 11-1 带有综合质量检查点、缓冲器和维修站的系列电池生产线的布局示意图

3）n 是系列化生产线中检测和维修站的数量。

4）在每个阶段，维修站机器被标记为 $M_{n,r}$，合并机器为 $M_{n,m}$。

生产线模型有多种规则。每个缓冲区都有一个有限的容量，其特征是它的位置。如果上游的缓冲区是空的，并且上游的机器没有生产，那么机器就是空的，在这个时间步长中不能生产。此外，起始机器 M_0 永远不会被饿死，而合并机器只有在两个上游缓冲区都是空的情况下才会没有零件。相反，如果一台机器的下游缓冲区被填满，则被视为阻塞。然而，机器 M_n 永远不会被阻塞，因为它处于生产线的末端。此外，在通过质量检查和维修站后，每个零件可以有三种状态之一：无须维修的高质量（h_i），维修后的高质量（r_i）和有缺陷的状态（d_i）。对于这个模型，我们假设不可能出现检查失败，而且在这个过程中没有零件报废。由此产生的生产率是所有缓冲器和机器参数在其稳定状态下的函数。这个问题将在第 11.2.2 节内详细讨论。

11.2.1 用于电池制造的传感器网络

电池生产仍在不断发展，过程中出现各种挑战，如提高产能以及整合新技术。为了正确分析和模拟电池生产过程，有必要在生产过程中收集数据。此外，必须预期到市场的波动，因此，柔性制造作为一个研究领域得到了关注。然而，大多数传统的生产模型集中在长期的稳态制造上，不能描述不断变化的情况。文献 [22-23] 介绍了由于集成的传感器网络，有可能在快速变化的制造环境中实现高的建模质量。图 11-2 显示了一个锂离子电池生产线的设置。

生产线由多种机器和工艺步骤组成，从电极的形成（搅拌、分切、干燥、涂布）开始，一直到组装（卷绕、堆叠、转移）。并非每个工艺步骤都必须是可控的。

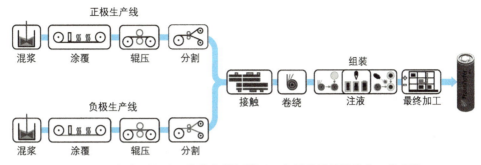

图 11-2　锂离子电池生产线的详细模型，包括关键的转移和工艺步骤

重点必须放在主要影响产品质量的环节上。在这种情况下，多个参数的传感器分布在整个生产线上。它从搅拌器开始，在这里，一个转矩控制传感器可以监测电机，从而间接测量黏度。此外，混合比例可以通过一个高速数据记录器单元来确定，并存储在一个在线数据库中。传统的涂布过程与张力波动和涂布均匀的问题作斗争。在这种情况下，适合集成一个简单的张力控制器，它可以快速实现高度精确的张力控制。此外，所有轴的同步速度控制器提高了涂层的均匀性。对分切机可以采用相同的工艺步骤监督，以抑制卷绕偏差或紧缩。卷绕环节最关键的参数之一是电极和隔膜之间的位置偏差。可以安装一个边缘传感器，以便用光离子化控制来补偿位置，从而使卷取的成品准确。

对于下游的装配步骤，堆放过程对产品质量至关重要。一方面，必须要有最合适的张力控制。有多种可能的解决方案，从简单的张力检测器到直接监测放卷轴电机的转矩。另一方面，必须消除设置电极时的任何振动。在这里，一个伺服放大器可以检测并抑制设备应用臂的振动。转移过程通常是用机器人进行的。因此，必须安装视觉系统和机器人之间的协调监控，以防止工件因可能的碰撞而损坏。适当的监督可以由多个光学传感器加上二维校准功能来进行。最后，数据管理系统应连接所有生产线上的机器，并保证健康的质量控制和可能的可追溯性操作。

11.2.2　质量和故障传播

在具有多个检查和维修站的系列电池生产线中，即使每次检查都是独立的，但质量特性在连续的阶段之间也是相互关联的。重要的是，上游的产量与上游的质量有关，从而影响到下游的生产力。在这里，质量和生产力之间的相互关系是显而易见的。由此产生的生产率可以通过结合质量传播和修复过程来确定。为了研究这样一个串行生产线的质量，一个基于 Ju 等人的研究开发一种流动模型[6]。

基于该流程模型，需要一个系统的方法来研究质量检查和维修站对最终产品的质量的综合影响。图 11-3 显示了质量流程模型，强调了修理和质量传播之间的提及关系。

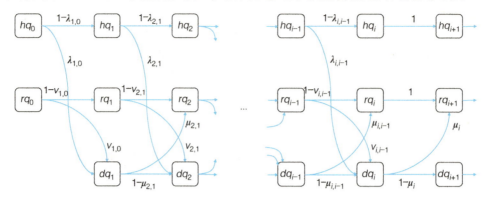

图 11-3　质量流程模型，突出了一个系列电池生产线中质量检查和维修过程之间的关系。
左侧显示流程模型的起始步骤，右侧显示 i 次迭代后的模型行为

在成功的修复和不成功的尝试之间存在着一般的区别。然而，在电池生产的情况下，必须区分无错误的组件和修复后的组件，这些组件的质量可能仍然略低。因此，流程模型容纳了之前介绍的每个检查的三种可能状态：无须维修的良好状态（h_i），修复后的无故障状态（r_i）和有缺陷的状态（d_i）。在这里，可以看出，每个被分类的部分都表现为不同的故障概率。为了可靠地追踪这些，为第 i 次检查引入了加权故障率 Λ。

$$\Lambda_1 = P(h_0)\lambda_{1,0} + P(r_0)\vartheta_{1,0} \tag{1}$$

$$\Lambda_i = P(h_{i-1})\lambda_{i,i-1} + P(r_{i-1})\vartheta_{i,i-1} + P(d_{i-1})(1-\mu_{i,i-1}) \tag{2}$$

$$\Lambda_{i+1} = P(d_i)(1-\lambda_i) \tag{3}$$

其中 $\lambda_{i,i-1}$ 是从状态 h_i 到状态 d_{i+1} 的过渡概率，$1-\lambda_{i,i-1}$ 保持在符合要求的状态 h_{i+1}。此外，$\vartheta_{i,i-1}$ 是从状态 r_i 到状态 d_{i+1} 的过渡概率，并且分别有 $1-\vartheta_{i,i+1}$ 在 f_{i+1}。最后，一个零件从 d_i 到 f_{i+1} 的过渡过程有概率 $\mu_{i,i-1,i}$ 以及分别有概率 $1-\mu_{i+1,i}$ 保持在缺陷状态 d_{i+1}。

因此，通过解决所提出的质量流模型的平衡方程，可以直接得到维修概率。修复概率函数如下：

$$P(h_i) = P(h_{i-1})(1-\lambda_{i,i-1}) \tag{4}$$

$$P(r_i) = P(r_{i-1})(1-\vartheta_{i,i-1}) + P(d_{i,i-1})\mu_{i,i-1} \tag{5}$$

$$P(d_i) = P(g_{i-1})\lambda_{i,i-1} + P(r_{i-1})\vartheta_{i,i-1} + P(d_{i-1})(1-\mu_{i-1}) \tag{6}$$

$$P(d_{i+1}) = P(d_i)(1-\mu_i) \tag{7}$$

这些方程可以用矩阵形式表示，以简化递归公式的表述，然后将其与加权故障率方程相结合。这样一来，我们就得到了一个零件处于缺陷状态的概率

$$\Lambda_1 = P(d_1) = \gamma_1 \cdot Y_0 \tag{8}$$

$$\Lambda_i = P(d_i) = \gamma_i \cdot \left(\prod_{j=1}^{i-1} \tau_j\right) \cdot Y_0 \tag{9}$$

$$\Lambda_{i+1} = P(d_{i+1}) = (1-\mu_i)\gamma_i \cdot \left(\prod_{j=1}^{i-1} \tau_j\right) \cdot Y_0 \tag{10}$$

其中 τ_i 是故障概率的参数矩阵。最后，必须指出的是，$P(d_i)$ 代表生产线上每一次检查的加权故障率 Λ_i（参见图 11-1）。这个加权故障率模型的开发使我们能够进一步开发一个产量模型以及所考虑的生产线的生产率。

11.3 总结

在这一章中，介绍了一个质量和控制的综合模型。它包括一条具有多个检测站和修复回路的串行电池制造生产线。本章的另一部分侧重于电池制造的智能传感器的整合。在这里，各种生产步骤需要选择合适的传感器来监测和调节质量。此外，基于这种方法，提出了一个质量流模型来计算检查站的故障概率。这种方法还可以应用于具有类似布局的独立制造生产线，如汽车喷漆车间或动力总成装配。因此，这项工作是为一般生产工程提供更具体的定量工具的基础。

参 考 文 献

[1] Dallery Y, David R, Xie X-L. An efficient algorithm for analysis of transfer lines with unreliable machines and finite buffers. IIE Trans. 1988;20(3):280–3.
[2] Emmons H, Rabinowitz G. Inspection allocation for multistage deteriorating production systems. IIE Trans. 2002;34(12):1031–41.
[3] Han MS, Lim JT, Park DJ. Performance analysis of serial production lines with quality inspection machines. Int J Syst Sci. 1998;29(9);939–51.
[4] Inman RR, Blumenfeld DE, Huang N, Li J, Li J. Survey of recent advances on the interface between production system and design and quality. IIE Trans. 2013;45(6): 557–74.
[5] Jacobs D, Meerkov SM. Asymptotically reliable serial production lines with a quality-control system. Comput Math Appl. 1991;21(11):85–95.
[6] Ju F, Li J, Xiao G, Arinez J. Quality flow model in automotive paint shops. Int J Prod Res. 2013;5:6470–83.
[7] Lawless JF, Mackay RJ, Robinson JA. Analysis of variation transmission in manufacturing processes: part I. J Qual Technol. 1999;31(2):131–42.
[8] Li J, Meerkov SM. Bottlenecks with respect to due-time performance in pull serial production lines. Proc IEEE Int Conf Rob Autom. 2000;3:2635–40.
[9] Li J. Performance analysis of production systems rework loops. IIE Trans. 2004;36(8):755–65.
[10] Li J. Modeling and analysis of manufacturing systems with parallel lines. IEEE Trans Autom Control. 2004;49(10):1824–32.
[11] Colledani M, Tolio T. Performance evaluation of production systems monitored by statistical process control and off-line inspections. Int J Prod Econ. 2011;120(2):348–67.

[12] Chiang SY. Bernoulli serial production lines with quality control devices: theory and application. Math Probl Eng. Article No. 81950. 2006;1–31.

[13] Lim JT, Meerkov SM, Top F. Homogeneous, asymptotically reliable serial production lines: theory and a case study. IEEE Trans Autom Control. 1990;35(5):524–34.

[14] Liu XG, Buzacott JA. Approximate models of assembly systems with finite inventory banks. Eur J Oper Res. 1990;45(3):143–54.

[15] Liu Y, Li J. Split and merge production systems: performance analysis and structural properties. IIE Trans. 2010;42(6):422–4.

[16] Arinez J, Biller S, Meerkov SM, Zhang L. Quality/quantity improvement in automotive paint shops: a case study. IEEE Trans Autom Sci Eng. 2010;7(4):755–61.

[17] Meerkov SM, Zhang L. Bernoulli production lines with quality-quantity coupling machines: monotonicity properties and bottlenecks. Ann Oper Res. 2011;182(1):119–31.

[18] Papadopoulos HT, Heavey C, Browne J. Queueing theory in manufacturing systems analysis and design. London, UK: Chapman & Hall; 1993.

[19] Tolo T, Matta A, Gershwin SB. Analysis of two-machine lines with multiple failure modes. IIE Trans. 2002;34(1):51–62.

[20] Meerkov SM, Zhang L. Production quality inspection in Bernoulli lines: analysis bottlenecks, and design. Int J Prod Res. 2010;48(16):4745–66.

[21] Mhada F, Hajji A, Malhalme R, Gharbi A, Pellerin R. Production control of unreliable manufacturing systems producing defective items. J Qual Maint Eng. 2011;17(3):238–53.

[22] Chang Q, Ni J, Bandyopadhyay P, Biller S, Xiao G. Supervisory factory control based on real-time production feedback. ASME Trans J Manuf Sci Eng. 2007;129:653–60.

[23] Chang Q, Biller S, Xiao G, Liu J. Transient analysis of downtimes and bottleneck dynamics in serial manufacturing systems. ASME Trans J Prod Sci Eng. 2010;132:051015.

第 12 章
电池生产中过程品质特性识别方法及适宜的测量系统

具有竞争力的电池生产离不开在效率和质量方面的持续改进,且了解生产过程中的因果关系是改进的必要前提。如最初的方法,数字化的方法及其行业特定实施"工业4.0"有利于关系的了解,并有助于电池生产竞争力的改进。然而,只有在决定性的过程变量被正确记录情况下,数字化的方法才能提供有益的贡献。因此,本章旨在集中描述当前研究工作中存在的不足,并对电池生产相关变量的识别以及测量系统的应用可能性进行概述。

12.1 概述

在产能不断增加和产能可能过剩的情况下,降低总成本是锂离子电池保持竞争力的关键。通过增加能量密度以及降低制造成本,相关参数"每千瓦时货币"能够得到优化。能量密度的提升可以通过提高制造精度和改善电池化学来实现,降低制造成本则需要减少投资和运营成本,以及提高产率和回收率来实现[1-2]。

在制造方面,目前电池生产中最具决定性的挑战是制造精度和效率的提高,且研究主要集中在降低制造成本的同时提高制造质量。经文献对比,电池生产过程中 10%~16% 的废料减少率与优异的效率提高潜力相对应[4-5]。如何改善电池生产过程中复杂工艺链的参数仍然面临挑战。在提高制造精度和效率方面,系统的工艺改进依赖于多个工艺-结构-特征之间的关系(图 12-1)。因此,就电池生产的现状而言,这些改进必不可少[3]。

因此,必须了解整个过程链的工艺-结构-特征关系,也称为因果关系。这为电池生产改进过程提供指导:

1)提高最终产品质量。
2)减少不合格品。
3)检验计划优化。
4)自适应过程控制。

过程中的优化设置可以根据已知关系推导出。对因果关系的了解,有利于最终产品质量的显著提升和废品率的减少,这也指明了中间产品特性的重要性。因此,合适的基础测量设施可以优化检查计划,在初始阶段检测和消除缺陷,这避免了有缺陷零件的进一步加工。此外，因果关系的了解是自适应过程控制的基础。对过程链关系的了解直接影响后续的工艺步骤和优化结果，合理的认识有助于减少不合格品和提高产品质量（图12-2）。

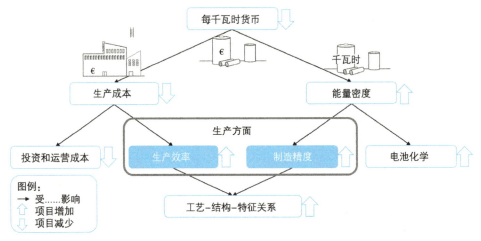

图12-1 制造业对电池市场竞争力的影响

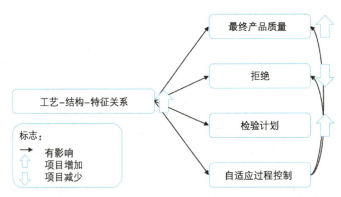

图12-2 通过了解工艺-结构-特征关系提高电池生产的潜力

12.2 研究议题

已经存在了几十年的六西格玛（Six Sigma，一种管理策略）、实验统计设计以及这些方法的各种变体为产品和过程因果关系的获取提供支持。然而，由于电池生产的复杂性，这些方法尚未获得广泛的认可。提高对生产过程的理解，一种方法是数字化，另一种是与工业相关的子领域"工业4.0"。在此，算法能够用来分析生产过程中的大量数据点，并实现最终优化[6]。

节俭式创新（Frugal innovations）是由Michaelis提出的另一种方法。基于对过程的充分理解，通过持续的数据收集和分析，节俭创新能够降低过程的复杂性，符合"工业4.0"的理念。两种方法都基于"工业4.0"的使用，因此发展更多的信息技术联网生产设施是有必要的[7]。

第 12 章　电池生产中过程品质特性识别方法及适宜的测量系统

一些研究利用数字化，描述了锂离子电池制造中因果关系，确定了相关工艺变量，优化了电芯生产制造工艺[8-12]。与前面所描述的方法相反，关于过程变量的记录以及过程变量如何成为研究范围的一部分，这将在所提出的方法中重点讨论。

根据已知方法，推导因果关系的步骤总是相似的：首先，必须确定调查的范围和目的；在此基础上，需要识别所有可能的影响变量，选择最相关的，并且需要在测试或产品生产过程中记录下来；因此，事先选择合适的测量系统是有必要，还需对记录的数据进行分析，并推导出描述因果关系的模型。

如果模型是合理的和正确的，且模型质量满足要求，则可以应用，并且可以应用于第12.1 节中提到的生产实施潜力的改进中。如果模型质量不满足要求，则必须重复如图 12-3 所示的步骤。循环表示法表明，目标—足够的模型质量—步骤是相互关联的，因此目标取决于每个步骤。

在提出的方法中，特别注意第二步和第三步：影响变量的识别和选择以及测量系统的选择。

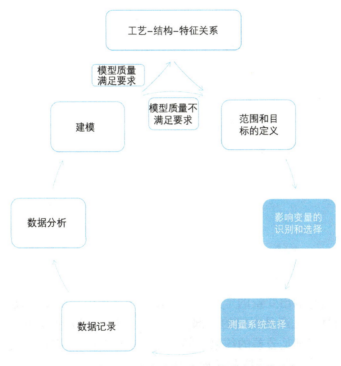

图 12-3　推导因果关系的过程和提出方法的重点

12.3　目前发展水平

文献综述的重点来自于第 2 节确定的关键研究问题：影响变量的识别和选择；测量系统选择。

在讨论当前技术状态之前，澄清工艺 - 结构 - 特征关系中的变量类型是必要的。

12.3.1 工艺-结构-特征关系中的变量

在确定工艺-结构-特性关系时,定义表征生产过程的变量是有必要。如图 12-4 所示,过程通常由输出、输入、控制和干扰变量来表征。根据 Jung 和 Wappis 的研究[13],生产过程中的输出变量是产品特性,例如直径、表面质量或长度。输入变量是过程中使用的材料、信息和服务。控制变量是影响过程的变量,可以调整为特定值。相反,湿度等干扰变量(如干燥室的湿度)通常较难调控[13]。

通过一种不同于以往的变量分类方式,Kleppmann[14]对生产过程进行了全新的描述。Kleppmann 主要关注目标变量,而不是输出变量,且将影响变量进一步细分为控制变量和干扰变量。Wappis 和 Jung 引入的附加输入变量是 Kleppmann 提出的控制变量的一部分。

将输入变量、控制变量和干扰变量概括为"影响变量",是本文主要讨论的方法。为了对过程中设置的(控制)变量和由预处理产生的(输入)变量进行明确区分,"影响变量"进一步划分为输入变量、控制变量和干扰变量,且统一使用"输出变量"表示过程结果的变量,如图 12-4 所示。

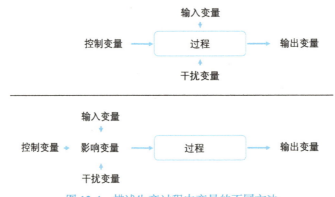

图 12-4 描述生产过程中变量的不同方法

12.3.2 过程相关变量的识别和选择

特征变量的确定与输出变量的定义有关。在生产过程中,由设计或开发提供的过程相关变量反应产品特性,是产品规格的一部分。例如,过程相关变量可从产品图纸中获得,且在制造过程中通常需满足公差的约束,影响变量则根据产品特性设置。不同产品特性影响因素的确定通常需要创造性思维和各种工具的支持[13-14]:

- 石川图
- 工艺过程图
- 影响因素-目标变量-矩阵
- 失效模式和影响分析

以图形和结构化的方式说明事件与其可能涉及的所有影响因素之间的关系,石川图也称为因果图。此外,由于其形式抽象地类似于鱼的骨头,石川图也被称为"鱼骨图"[15]。利用创造性思维,石川图有助于组织主题,并进一步提供灵感,是寻找影响变量最常见的工具。在本应用程序中,事件是由生产过程产生的输出变量,且输出变量受一些因素的影响。为了更好地构建影响变量,使用了所谓的"5M"[16]:

1)人力:人为影响因素。
2)机器:设备(如机器、工具、仪器、技术)影响因素。
3)材料:何种缺陷或材料特性影响因素。
4)方法:方法(标准)影响因素。
5)大自然:环境影响因素。

首次查询通常会提到上级影响变量,因此需要将这些变量进一步拆分为基本影响。相比于上级影响变量,基本影响变量代表根本原因,有利于提供更精确的参数设置或调整[17]。

工艺过程图实现了各个生产工艺步骤的可视化,对每个步骤的程序进行了描述,为过程相关变量的确定提供了进一步的支持,有助于识别输入和输出变量。过程的起点和终点的定义和各个步骤的确定和排序是有必要的,分支和循环的定义进一步连接了过程步骤[18]。工艺过程图示例如图 12-5 所示。

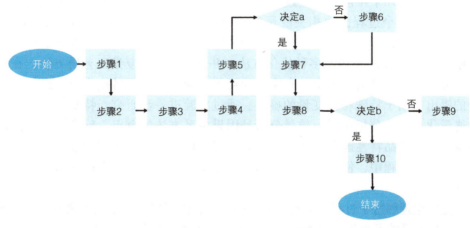

图 12-5　工艺过程图示例[18]

与石川图相比,工艺过程图用矩阵显示与多个输出变量之间的相关性。影响因素 - 目标变量 - 矩阵适用于表示影响变量与输出变量之间的相关性,其示例见表 12-1,且将在下面进行阐述。

表 12-1　影响因素 - 目标变量 - 矩阵示例

因素	输出变量1	输出变量2	…
影响因素 1	3	0	…
影响因素 2	3	2	…
影响因素 3	1	3	…
影响因素 4	2	2	…
…	…	…	…

将最上面一行列出的输出变量与第一列列出的影响因素进行比较,矩阵可以显示影响因素与产品特性之间的依赖关系。除了石川图或工艺过程图中简单的依赖关系外,影响因素 - 目标变量 - 矩阵可以反映各个影响因素对相应目标变量的影响强度,并通过特殊的标

记来表示，例如用数字表示 [14, 18]。在表示影响强度方面，影响因素 - 目标变量 - 矩阵比石川图和工艺过程图更具优势，可以推导出影响因素的优先次序。在工业 4.0 的背景下，尽管配有低成本的传感器技术和高水平的计算能力，但可用资源有限，因此优先级是必要的，必须从大量的可能影响因素中进行选择。

失效模式和影响分析也能够识别变量 [18]，其实际应用领域是产品和过程调查中的预防性风险分析 [15]。由于失效模式和影响分析具有良好的可行性，它也适用于识别过程中可能的影响因素 [19]。尽管在过去 15 年中，失效模式和影响分析已越来越多地用于最初的风险分析领域，并以网格形式进行可视化，但仍主要以表格形式应用 [20]。相比于表格形式，网格可视化的链接数量不受限制。前一个工艺步骤的变量通过中间变量会对后续工艺步骤产生影响，因此链接数量不受限制对跨工艺链生产工艺尤其必要。链接链的优势已经被 Aichele 和 Landwehr 在电池制造中体现，但只是用于涂层制造的具体步骤 [21]。

与石川图相比，工艺过程图包含影响因素矩阵，不存在与超出中间变量的联系。由于不能并行考虑多个输出变量，石川图不能表示与过程相关的影响变量对几个输出变量的影响。然而，在几十年前，跨过过程链因果关系，作为有限映射的缺陷就已经被认识和研究，这对于整个过程链的相关变量的选择是至关重要的。在 20 世纪 90 年代中期，陶瓷部件存在的问题就与工艺链中工艺结合的特殊相互关系有关。以锂离子电池生产为研究对象，Westermeier 提供了多种优化方法，并开发了一种复杂工艺链方法。在失效模式和影响分析过程改进的基础上，专家认为可能的因果关系可转换为矩阵进行表示。定性评价的提出有助于特殊相关变量的确定。通过实验进一步研究，特殊相关变量的影响得到最终量化。以上分析说明，质量分析是因果关系方法的重点，确定了与工艺相关的影响因素，并从产品特性改善方面对产品质量进行优化。基于测试的性能以及随后的评估，在测试执行过程中，使用优化（或部分优化）能够体现预先选择的质量相关变量的具体数据值 [23-27]。

为了更好地理解这个过程，需要补充说明的是，除了提供一个表格之外，所述方法并没有提供因果关系的可视化。然而，Schloske 认为多达 30% 的效应关系可以通过网络结构来识别，因果关系图就是网络结构的一个例子 [28]。

12.3.3 测量系统

通常，以正确的形式记录相关变量是对过程进行有效分析和评价的前提。前面章节对所有相关变量进行了讨论，本章将主要介绍合适测量系统的使用，以及记录的正确形式。

目前，一些技术能够确保测量系统的正确使用。例如，在测量系统分析 [29] 或测试过程适用性 [30] 的帮助下进行的适用性测试。适用性测试是关于"不确定度、可重复性、再现性和范围内（线性）变化的测量"的综合调查 [15]，在采购和安装测量系统后进行。然而，目前提出的方法还未对测量系统的选择提供支持，且有关寻找合适测量系统的研究较为广泛。例如，基于网站对特定变量测量进行的搜索会产生大量结果，且对搜索结果的评估需要大量的时间，甚至在制造商网站上的搜索也很耗时。首先，在原则上，需证实是否提供有特定变量的传感器；然后，需对特征值进行检查。然而不同制造商所述范围不同、描述方式不同，测量系统的对比相对困难。

12.3.4 现有技术总结

如第 12.2 节所述，在不使用已有测量数据的基础上，许多文献中的描述方法能够识别生产过程中的影响变量。这些方法不局限于简单的过程，可用于复杂的过程链，也被用于电池生产的案例中，同时提供了改进识别影响变量的可能性。然而，针对电池生产中的复杂工艺链，这些方法缺乏适当的可视化，且无法证明与不同影响变量的相关性。因此，只能在有限的程度上对相关影响变量的选择进行分析，且因果关系的确定方法不能为适当测量系统的选择提供支持。

12.4 建立过程质量特征和适当测量系统程序的步骤

作为质量预测和制造过程动态调整的基础，本书开发了一个程序，旨在提高对锂离子电池生产因果关系的理解。基本过程如图 12-6 所示，可分为两个不同区域的七个步骤。这两个区域分别是：过程相关因素的识别和合适测量系统的选择。

因此，下面的章节将对此结构进行阐述。

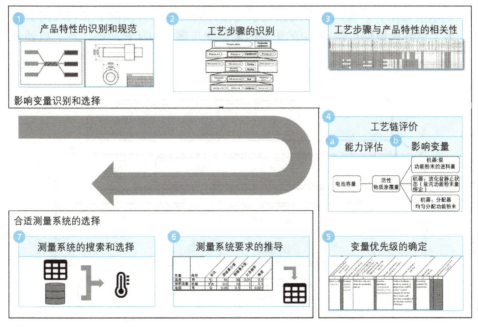

图 12-6　因果关系建立程序

12.4.1 影响变量的识别和选择

识别和选择影响变量过程的五个步骤如下。

1. 产品特性的识别和规范

第一步是明确制造电池的所有产品特性（第 12.2 节中所述的输出变量）。

所有产品特性和施工图可作为支持标识和规范。由于产品特性是通过功能网络确定,失效模式和影响分析能够得出产品特性对电芯或关键特性的影响。此外,产品特性的评估有助于进一步识别相关的工艺特性,对电池关键特性影响的重要性评价也很重要。使用的评价逻辑见表 12-2。

表 12-2 单个产品特性的重要性评价方案

估值	意义
3	客户安全无法保证
2	主功能无法保证
1	子功能、外观、使用寿命等无法实现

2. 工艺步骤的识别

第二步是确定锂离子电池生产的所有工艺步骤。对于现有的生产线,建议采用价值流方法。另外,过程图也是一种可行的信息源。确保工艺步骤符合正确的加工顺序至关重要。

基于与专家的讨论,例如通过研讨会等,确定过程步骤的另一种方法是分解过程链,可以通过单个过程、主过程、子过程对活动进行分解。

同时展示前视图和后视图能够确保记录完整,同时考虑自顶向下和自底向上能够确保完整性。为了更好地识别步骤 4b 中的影响因素,此步骤应包括相应的工厂、机器和工具建议等。图 12-7 说明了这个过程。

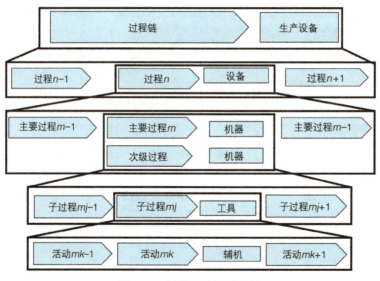

图 12-7 过程链的活动分解

3. 工艺步骤与产品特性的相关性

在已识别的工艺步骤中,产品特性与工艺步骤相关联,表格形式在此过程中显示出优势。通过应用表 12-3 中的逻辑关系,专家个人或团队完成该过程。经进一步评估,能够确定特定工艺步骤中的产品特性。

表 12-3　工艺步骤与产品特性的相关性评价方案

估值	意义
3	工艺步骤对产品特性影响较大
2	工艺步骤对产品特性影响适中
1	工艺步骤对产品特性没有影响

4. 工艺链评价

将获得的数据合并到每个过程步骤中，受过程步骤影响的产品特性得以展现。在许多情况下，针对受过程影响的产品特性以及非规范制造对客户产生的不良影响，过程所有者并不明确。因此，表 12-4 所列的步骤应在车间中完成。

表 12-4　用于工艺步骤产品可靠性评价的建议

估值	意义
3	工艺步骤没有能力稳定获得产品特性
2	工艺步骤具有较大可能稳定获得产品特性的能力
1	工艺步骤具有稳定获得生产产品特性的能力

（1）相应工艺步骤中获得产品特性的能力评估

对个别产品特性及其对变量相关性的影响进行差异化评估，有助于评估在一个工艺步骤内稳定地获取一个产品的特性的可行性，即工艺步骤的当前状态没有重大偏差。表 12-4 为评估提供了依据。

（2）各自工艺步骤中影响每个产品特性变量的确定

在确定影响整个工艺链变量的过程中，不同工艺步骤中影响每个产品特性的变量需要分别确定。使用网络结构时，影响变量的数量明显较多（参见第 12.2 节），通常使用失效模式与影响分析。网络可视化示例如图 12-8 所示。

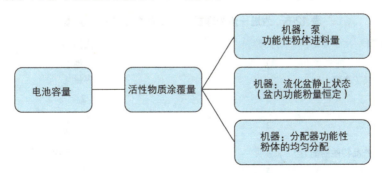

图 12-8　失效模式与影响分析的网络示意

失效模式与影响分析可以同时就变量对产品特性的影响程度进行评估，为进一步评估提供了更多可能。影响程度的可评估性在影响力评估上具有优势。除了数字评估外，书面文字也提高了评估的可理解性。针对影响强度及其不确定性评估的建议见表 12-5。

表 12-5　关于评价变量对产品特性影响强度的建议和变量相关信息

估值	影响强度的评估	影响强度不确定性的评价
3	高影响	未经证实影响
2	中影响	低影响
1	评价获得经验证实	强影响

5. 变量优先级的确定

产品特性及影响因素可以根据步骤 1、4a、4b 的估值进行排序。根据步骤 1 的显著性、步骤 4a 的过程稳定性和影响强度，结合步骤 4b 强度的不确定性，产品特性及影响因素可以由计算出的具体值来表示。产品特性和影响变量计算方法，见以下公式：

产品特性权重的计算：$W_{PCx} = \sqrt{SxA}$　（1）

影响变量的权重计算：$W_{IVx} = \sqrt[3]{\dfrac{SxAx\sqrt{IxK}}{3}}$　（2）

式中，W 为重量；PC 为产品特性；IV 为影响变量；x 为特定的产品特性或影响变量；S 为意义（步骤1）；A 为过程步骤的能力（步骤3）；I 为影响变量的影响强度（步骤4a）；K 为了解影响变量的影响强度（步骤4b）。

表 12-6 中的示例记录了步骤 1~5 中用于进一步处理的关键元素。在第一行和第二行中，表 12-6 显示了受影响的电池单元功能或关键特性、特定产品特性，以及重要性的评估（步骤 1）。在第 4 行和第 5 行（步骤 3）中，表 12-6 针对特定工艺步骤的产品特性影响力进行了评价。第 6~10 行显示了步骤 4 的结果。第 5 行是对产品特性的影响变量进行积分，第 6 行是对影响力评估的整合。第 11 行为第 5 步的结果，即每个变量的优先级。

由于优先级值始终在 1~3 的范围内而不受乘数影响，产品特性及影响变量的计算具有优势。优先级值可作为对产品特性和影响变量进行排序的依据，进而确定测量系统的优先级，在整个测量链中有效。然而，为了对评价建立足够的数据库，此方法需采用优先级值高于 1.5 的测量系统。一旦获得进一步的测量系统，计算优先级的排序方可实现。

表 12-6　为进一步处理提供的步骤 1~5 的关键要素

步骤	序号	描述
产品特性的意义（步骤1）	1	[电池] <容量>
	2	2
产品特点	3	[涂层] <活性物质数量>
工艺步骤产生相应产品特性的能力（步骤4a）	4	只在生产启动时出现的困难
	5	2
过程特征/影响变量	6	[机器：经销商] <功能粉末分布均匀>
影响强度（步骤4b）	7	在确保的范围内均匀分配；水管堵塞可能很严重；为避免堵塞：请勿使用纤维，否则纤维会在分配器中积聚而导致堵塞
	8	2

（续）

步骤	序号	描述
认知（步骤 4b）	9	通过实验证实的认知
	10	1
确定优先级（步骤 5）	11	1,24

12.4.2 合适测量系统的选择

本节将对选择合适测量系统的各个步骤进行介绍。

1. 测量系统要求的推导

当在一个团队中工作时（例如在车间或由团队成员依次处理的环境中），测量系统需求确定需根据前一步中优先考虑的变量，这可以参考包含所有优先变量的表格。

起初，变量可能涉及以下测量类别：

1）机械性质：长度、时间导数、压力、力、体积流量、振动、时间、机械应力、几何形状和重量。

2）化学性质：材料成分、pH 值、气体和粒度。

3）热学性质：湿度、露点，液体、空气和材料的温度。

4）辐射性质：激光参数。

5）电学性质：能量、功率、电流、电压、电阻和电导率。

根据类别，不同的标准被定义为要求，包括要记录的预期测量范围，记录数据的频率和必要的测量精度，进而获得测量分辨率。

在确定要求时，影响变量对产品特性的影响是部分未知的，因此测量精度难以准确估计。由于资源有限和价格较高，高分辨率测量系统的使用相对受限。通常，根据预期测量范围以及对目标量的期望灵敏度，必要分辨率需适当变化。例如，具有高灵敏度的测量系统需要在低百分比范围内进行分辨，低灵敏度只需要较粗的分辨率，因此，该测量系统在某些情况下具有优势。此外，安装过程中可能出现的情况也需要进行考虑，包括可用空间的大小、室内环境条件（温度、湿度、辐射等）。除了可以进一步补充的具体测量要求，数字化背景下的更高层次系统十分重要，包括接口或要处理的最大数据量，且处理数据通常需要额外逻辑。

2. 测量系统的搜索和选择

合适测量系统的选择可根据步骤 6 对每个变量定义的要求进行选择，包含不同制造商的测量仪器，且可用的数据库能简化研究过程中测量仪器的选择。

此外，在步骤 6 中对每个测量仪器定义的要求应在数据库中进行整合和定义。将数据库中可用的测量仪器与步骤 6 中的类别（机械、化学、热学、辐射、电学性质）依次对应，对测量仪器进行评估，这为更具体的选择奠定基础（例如，关于价格、与系统的其他连接）。

12.5 结论

在本章中，介绍了一种电池生产数字化质量的管理方法，包括电池生产过程中质量改进的必要性和复杂工艺链中存在的挑战。数字化和人工智能的可能性在应对这些挑战中至关重要，需要建立充分的数据基础，以对电池生产的相关变量数字进行记录，并应确保过程能通过人工智能进行正确评估。通过系统地使用合适工具，对电池生产的基本变量的优先级进行适当排序，本章提出的方法实现了这两点，并推导出计量和记录变量的要求，对合适的测量系统提出建议，确保得出的基础数据和后续分析能够提高电池生产的质量。

参考文献

[1] Kuepper D, Kuhlmann K, Wolf S, Pieper C, Xu G, Ahmad J. The future of battery production in electric vehicles; 2018 Sep 11 [cited 2019 Jul 9]. Available from: https://www.bcg.com/publications/2018/future-battery-production-electric-vehicles

[2] Wood DL, Li J, Daniel C. Prospects for reducing the processing cost of lithium ion batteries. J Power Sources. 2015;275:234–42.

[3] Michaelis S. Roadmap Batterie-Produktionsmittel 2030. Update 2018. Frankfurt am Main: VDMA Batterieproduktion; 2018.

[4] Brodd RJ, Helou C. Cost comparison of producing high-performance Li-ion batteries in the U.S. and in China. J Power Sources. 2013;231:293–300. Available from: https://www.sciencedirect.com/science/article/abs/pii/S0378775312018940

[5] Hakimian A, Kamarthi S, Erbis S, Abraham KM, Cullinane TP, Isaacs JA. Economic analysis of CNT lithium-ion battery manufacturing. Environ Sci Nano. 2015;2(5):463–76.

[6] Roland Berger Strategie Consultants / BDI. Die digitale Transformation der Industrie; 2015.

[7] Drossel W-G, Brecher C, Bauernhansl T, Gumbsch P, Hompel M ten, Miehe R, *et al.* Biointelligenz: Eine neue Perspektive für nachhaltige industrielle Wertschöpfung. Stuttgart: Fraunhofer Verlag; 2019.

[8] Thiede S, Turetskyy A, Kwade A, Kara S, Herrmann C. Data mining in battery production chains towards multi-criterial quality prediction. CIRP Ann. 2019;68(1):463–6.

[9] Schnell J, Nentwich C, Endres F, Kollenda A, Distel F, Knoche T, *et al.* Data mining in lithium-ion battery cell production. J Power Sources. 2019;413:360–6.

[10] Kornas T, Daub R, Karamat MZ, Thiede S, Herrmann C. Data-and expert-driven analysis of cause-effect relationships in the production of lithium-ion batteries. In: 2019 IEEE 15th International Conference on Automation Science and Engineering (CASE). IEEE; 2019. pp. 380–5. Vancouver, BC, Canada.

[11] Kornas T, Knak E, Daub R, Bührer U, Lienemann C, Heimes H, *et al.* A Multivariate KPI-based method for quality assurance in lithium-ion-battery production. Procedia CIRP. 2019;81(3):75–80.

[12] Kornas T, Wittmann D, Daub R, Meyer O, Weihs C, Thiede S, *et al.* Multi-criteria optimization in the production of lithium-ion batteries. Procedia Manuf. 2020;43:720–7.

[13] Wappis J, Jung B. Null-Fehler-Management: Umsetzung von Six Sigma; [extra mit kostenlosem E-book. 4., überarb. und erw. Aufl. München: Hanser; 2013. (Praxisreihe Qualitätswissen).

[14] Kleppmann W. Versuchsplanung: Produkte und Prozesse optimieren. 9., überarbeitete Auflage. München: Hanser; 2016. (Praxisreihe Qualitätswissen). Available from: https://www.hanser-elibrary.com/doi/book/10.3139/9783446447172

[15] Schmitt R, Pfeifer T. Qualitätsmanagement: Strategien–Methoden–Techniken. 5., aktualisierte Auflage. München: Hanser; 2015. Available from: https://www.hanser-elibrary.com/isbn/9783446440821

[16] The Ishikawa Diagram: identify problems and take action. 1. Aufl. s.l.: 50 Minutes; 2015. (Management & Marketingv.5).

[17] Winz G. Qualitätsmanagement für Wirtschaftsingenieure: Qualitätsmethoden, Projektplanung, Kommunikation. München: Hanser; 2016.
[18] Meran R, John A, Staudter C, Roenpage O, Lunau S. Six Sigma+Lean Toolset: Mindset zur erfolgreichen Umsetzung von Verbesserungsprojekten. 3. Aufl. 2012. Berlin, Heidelberg: Springer; 2012. (SpringerLink Bücher).
[19] Medina-Oliva G, Iung B, Barberá L, Viveros P, Ruin T. Root cause analysis to identify physical causes; 2012.
[20] Produkt- und Prozess-FMEA: Sicherung der Qualität in der Prozesslandschaft; Allgemeines, Risikoanalysen, Methoden, Vorgehensmodelle; 2006. Band 4.
[21] Aichele A, Landwehr I. Identification and selection of parameters in battery cell production for analyses of process improvement using FMEA using the example of dry coating. In: LabFactory TUB/B, editor. 3rd International Battery Production Conference. 2020 Nov 2–4, Virtuell; 2020. 1 Poster.
[22] Westermeier M. Qualitätsorientierte Analyse komplexer Prozessketten am Beispiel der Herstellung von Batteriezellen. München: Herbert Utz Verlag; 2016. (Forschungsberichte IWB).
[23] Mayers B. Prozeß- und Produktoptimierung mit Hilfe der statistischen Versuchsmethodik [Zugl.: Aachen, Techn. Hochsch., Diss., 1997]. Als Ms. gedr. Aachen: Shaker; 1997. (Berichte aus der Produktionstechnik; vol 97,9).
[24] Molitor M. Prozesskettenorientierte Qualitätstechnik: Dargelegt am Beispiel der Getriebe-Serienfertigung [Zugl.: Aachen, Techn. Hochsch., Habil.-Schr., 1995]. Als Ms. gedr. Aachen: Shaker; 1997. (Berichte aus der Produktionstechnik; vol 97,4).
[25] Steins DJ. Entwicklung einer Systematik zur qualitätsgerechten Optimierung komplexer Produktionssysteme. Aachen: Shaker; 2000. (Berichte aus der Produktionstechnik).
[26] Eichgrün K. Prozesssicherheit in fertigungstechnischen Prozessketten: Systemanalyse, ganzheitliche Gestaltung und Führung. Kaiserslautern: Universität, Lehrstuhl für Fertigungstechnik und Betriebsorganisation, 2003.
[27] Schäfer L. Analyse und Gestaltung fertigungstechnischer Prozessketten: Konzept zur datenbasierten Ermittlung qualitätswirksamer Einfluss-Ursache-Wirkzusammenhänge und zur Ableitung von Maßnahmen zur Prozesssicherung [Zugl.: Kaiserslautern, Univ., Diss., 2003]. Kaiserslautern.
[28] Stuttgarter Produktionsakademie, Schloske A, Mannuß O, editors. Prozess-FMEA, Besondere Merkmale und Control-Plan : Integriert und durchgängig erstellen. Seminar, 2019 Sep 19, Stuttgart; 2019.
[29] Chrysler Group LLC, Ford Motor Company, General Motors Corporation, Automotive Industry Action Group. MSA–Measurement Systems Analysis [Reference Manual]. 4th Ed., Second Printing 2017. Southfield, Mich.: Automotive Industry Action Group; 2010.
[30] Verband der Automobilindustrie e.V. Prüfprozesseignung. Berlin; Juli 2011. VDA-Band 5.

第 13 章
通过数字网络化过程站实现电池生产的跨工艺稳定与优化

本章讨论了锂电池制造中存在的挑战,并提出了先进的开发方法。由于工艺步骤之间复杂的关联性,锂离子电池生产制造过程不稳定,因此稳定工艺和优化方法的开发至关重要。针对过程的复杂性,跨学科团队认为过程知识的结合很重要。因此,通过在优化过程的不同阶段使用不同的统计工具,本章提出的方法提升了制造过程的稳定性,并在单个过程中得到了验证。

13.1 概述

除了特斯拉,电池系统生产主要集中于欧洲以外的地区,几乎完全被亚洲制造商垄断[1]。经预测,在电池系统生产方面,特斯拉的市场份额在未来也将逐年提升。社会对电动汽车的认可程度也越来越高,而对内燃机的接受程度却在下降[2]。此外,近年来注册的电动汽车数量不断增加也进一步突显了这一趋势[3]。

因此,通过经济刺激,德国政府侧重于推动替代驱动概念和数字化等前瞻性领域[4]。由于一直把重点放在内燃机等传统驱动策略上,德国汽车工业在电动汽车领域发展滞后。在电动汽车大力发展的背景下,德国在电池生产方面处于技术领先地位的企业少之又少。

因此,德国汽车供应商的内燃机部件生产订单逐年下降[5]。由于缺乏专门技术知识,实施具有高成本的电池制造工艺被认为具有重大风险[6]。

在交通运输系统的电气化领域,电池技术决定企业的竞争力。因此,在建立厂商市场竞争优势方面,一种资源节约型和成本效益好的高性能电池系统显得至关重要。基于目前的数字化技术和过程知识,欧洲有望向领先的技术迈出关键一步,但必须消除电池生产方面的知识差距,并开发优化潜力[7]。工艺分析表明,电池生产的启动阶段具有巨大的优化潜力,因此加速启动阶段是解决问题的关键。通过数字化措施,这一方法有望帮助中型企业克服电池生产中的挑战。

本书讲述的实践活动实施于电池制造中心。电池制造中心主要研究电池的可持续生产,并开发生命周期优化使用策略。多种单独的电池生产工艺在实验室环境中被实施[8]。

13.2 锂离子电池和制造方法发展——理论背景

本节对影响锂离子电池和制造方法发展的基本内容进行了概述，介绍了锂电池电芯的工作原理和制造工艺，随后介绍了"工业4.0"和机器通信技术。

13.2.1 电化学存储系统

电池涵盖了所有能够供电的电化学存储单元，包括一次电池（不可充电）和二次电池（可充电），二者都使用碳（石墨）和有毒重金属，如铅、镉、汞、镍或锂，作为化学原料[9]。本章主要围绕圆柱形锂离子电池展开系统讨论。

作为汽车电池使用的最新技术，锂离子电池由两个电极、隔膜和高纯度的电解质组成[10]。电解质通常是含有锂盐的有机溶液，位于正负极之间的隔膜起着隔离两个电极的作用[9]。电极通过与锂发生反应，在其表面形成保护性钝化层（固液界面）。锂离子在电极之间进行交换，在放电或充电过程中以不同的流动方向通过隔膜层[11]。

总之，电池由电池壳、正极、负极、隔膜和电解质组成。电池壳依据应用有进行选择，钮扣式电池、袋状电池、圆柱形电池和棱柱形电池是最常见的类型[11]。

电池单体经串联或并联组装于一个模块中，几个模块经组合构成电池组。作为机械负载，电池壳为电池提供保护功能，抵抗外部的影响。此外，电池组还包含电气、机械和热元件，用于监测电池的状态的电池管理系统也通常被连接于系统中[12]。

锂离子电池的制造过程包含电极生产、电池组装、形成和老化等步骤，整个过程需在严格控制的洁净室中进行。为了满足生产中高洁净度的要求，所设置的房间操作、配备的合适设备和自动化机器增加了生产成本[13]。

电池制造过程从电极生产开始，并由一系列工艺步骤构成。在正极和负极制备过程中，通过将活性材料、电导体、黏结剂和添加剂在溶剂中进行混合，制备出一种类似浆料的混合物。混合过程会对电池的后续质量造成影响，需小心进行[13]。

在涂覆浆料过程中，电池容量受涂覆厚度影响。在温度和分布固定的空气流中，对涂覆材料与集流体进行干燥处理，经加热烘干溶剂；再通过有序排列的辊（一个在另一个之上），将电极滚动到规定厚度。辊压工艺参数会对电池的性能和质量指标产生重大影响[13]。通过刀或激光切割系统将电极材料切割到适当宽度的过程被称为分切。最后，在真空干燥箱中干燥24~48h，该过程能去除电极线圈上的残留水分[11]。下一个工艺步骤是将电极与隔膜一起缠绕在电芯上，并将接触板焊接到端面和覆盖组件上。然后，电池被置于真空中以加速电池中电解质的填充。最后，电池被放置并密封于电池壳中[13]。电池制造过程的最后一个步骤由几个单独的过程组成。首先，电池缓慢充电，负载电流随充电周期依次增大，这有助于完整固液界面层的形成，称为化成[11]。随后，在正常或高温下，长达3周的储存为电池老化过程。由于所需空间增加，电池存储发生在存储塔中，存储后未发生明显变化的电池属性可作为性能优异的判据。最后，依据测量值对电池进行分类并对每个电池质量等级进行评估[13]。

13.2.2 过程稳定与优化方法

过程优化涵盖了过程在质量、成本、速度、效率和有效性等方面的改进，工艺稳定则要求根据检测的产品偏差提出应对措施。稳定的过程需具备在规定的公差范围内交付产品的能力[14]。下面对应用的统计工具进行简要概述。

过程控制统计遵循质量持续改进的原则，因此涉及多种统计程序和工具。通常，为了获得令人满意的质量并尽量减少过程的分散，质量控制图的使用较为常见。在使用公差带时，目标是目标导向的利用，而非整个公差带的利用。在质量控制图中，样品被用作检测过程与相关质量特性之间的偏差[15]。

作为应用统计学的一个分支，实验统计设计（也称为实验）涉及控制实验的计划、执行、分析和解释，能够确定和分析影响参数对整体结果（输出）的影响，可通过迭代过程中的过程参数调整，进而建立稳定的过程[16]。

在计划的早期阶段，失效模式和影响分析用于发现产品或过程中的潜在错误来源。为了能够在必要时采取适当的措施，误差来源相关性的评估十分重要[17]。

将统计过程控制、运行以及运行和故障检测与分类等多个组件连接在一起，起源于半导体制造业的高级过程控制具有完整的系统，能够处理复杂的过程，其质量和吞吐量息息相关[18]。

数据挖掘对大型数据集中模式的收集和识别进行了描述。总而言之，过程步骤包括数据选择、预处理、转换，以及使用各种方法对结果进行分析和解释。数据挖掘方法可以提供影响工艺参数的信息。例如，足够大的数据集能够确定质量和影响变量之间的相关性，同时又可以在稳定过程的设置或统计实验设计中发挥有益作用。先进过程控制将大量不同类型和不同来源的数据组合在一起，具有较高复杂性，因此数据挖掘方法通常是唯一方法，特别是在神经网络中[19]。

13.2.3 机器间通信

信息物理系统是将信息和软件组件与机械和电子组件结合在一起获得的。作为使用数据基础设施系统，信息物理系统的通信是"工业4.0"的核心。有线或无线通信互联嵌入式系统网络经组织能够创建物理系统。

生产环境对信息物理系统提出特殊要求，包括设备需要与网络兼容，并需要具有与外部设备通信的合适接口。经总线系统的应用程序需要具备实时功能，如生产环境中的可控自动化系统[20]。

机器和软件构成了一个涵盖所有参与者的灵活互联网络。根据"工业4.0"参考体系结构模型，所有参与者之间允许进行通信，并与层次结构和级别无关。通信的实现不仅需要通过语法互操作性，还需要启用语义互操作性。因此，2008年发布的独立于平台的对象程序过程设计统一架构可用于机器之间通信，允许对数据进行语义建模[21]。

13.3 研发方法

本节对在电池生产中的稳定和优化过程方法的发展进行了阐述。

电芯的制造过程涉及各个子步骤之间的复杂相互作用，过程中的任何偏差和影响都可能导致产品质量的下降。因此，跨过程依赖关系、来源或相互依赖关系的记录是有必要的，并需要随后的评估。本节重点对该方法的装配、焊接、填充等工艺步骤进行了介绍。

在针对性方法的开发中，稳定和优化之间存在本质区别，工厂的生产运行阶段、单个过程、高级过程、核心过程及其知识载体也得到了区分。

单个过程被理解为单个操作或过程步骤，例如，电池单体的电解质填充。电池制造整个生产过程的进一步描述需要各种标准化模型。本节使用的模型为 ISA-88 过程模型，如图 13-1 所示[22]。

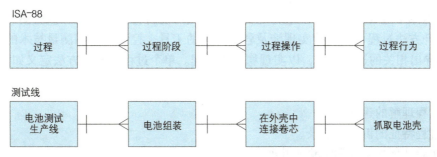

图 13-1　工艺模型（上）和在测试单元生产线中的应用（下）

在工艺的优化和稳定中，除了常见的工艺过程知识，机器操作员的具体工艺知识储备起着决定性的作用。除了基于经济和战略方面的业务理解（项目目标）之外，操作性知识同样至关重要。过程知识、数据知识和分析理解之间存在区别。

（1）过程知识

1）资质：理想情况下，过程的开发人员具备实际工艺知识（化学、物理、技术），或者在直接或间接相关的过程中拥有多年的经验。

2）职位名称：工艺工程师、化学家、材料科学家和物理学家。

3）作用：除其他事项外，通过有意义或相关的参数、特性或测试标准的识别，产品和过程的定性评估得以实现。

4）以混合工艺为例：在混合工艺、原料特性方面有丰富经验的人，最好有电极材料混合工艺经验。

（2）数据知识

1）特性：从技术角度，人员充分了解过程或自动化的实施，即在机器中如何、何时和何处执行过程。

2）职位名称：过程工程师、控制工程师、程序员和自动化工程师。

3）角色：通过设计和实施测试系统，能够由传感器获得测量值的工程师。此外，工程师是技术控制和调节方面的专家，能够识别和修改甚至生成相应变量和数据。

4）以混合过程为例：能对混合过程进行编程，并能从机器控制中提取适当的实际值和设定值（如黏度）的控制技术人员。

因此，来自不同领域专家的合作是后续步骤顺利开展的基础。

13.3.1 单个过程的开发方法

稳定和优化过程的方法分为三个阶段：提升、稳定和优化。在每个阶段，重要子任务的执行对复杂过程的掌控十分重要，三个阶段都需要来自领域交叉点的专家团队。

阶段 1：提升—单个过程

首先，单个过程的提升涉及全部知识载体（过程知识、数据知识和分析理解），以实现过程专家之间最大程度的知识交换。

本节对单个过程提升的方法进行定义，确定其可能特性，并建立和执行测试计划。单个过程提升方法过程可视化的实现涉及各种各样的工具、控制程序和测量技术的使用。总体目标是导出相关的过程参数，以实现稳定的过程。单个过程提升的方法定义如下：

（1）程序

1）过程理解的建立。
2）过程特征的识别和记录。
3）实验计划的制订和实验的开展。
4）评价和调整。

（2）工具

1）可视化过程、过程图、技术图纸、调节技术。
2）控制程序、测量协议、过程图、模拟文件、测量技术、电路图、数据记录仪。
3）实验统计设计软件工具、建模软件（例如统一建模语言）、数据库。
4）陈述工具、适度技巧。

（3）目标/结果/效果

1）容许范围内的稳定过程。
2）变量或工艺参数数目的减少。
3）统计过程控制参数的推导。
4）以图表形式展示结果并作为讨论的基础。

阶段 2：稳定—单个过程

在阶段 2 中，通过所获得的知识将过程稳定运行所需的变量减少到最少，并在统计过程控制中完成（图 13-2）。过程分散的最小化获得允许，波动的影响参数得到正确设置，最终实现稳定过程的创建。在实践中，这通常是一个迭代过程[23]。

阶段 3：优化—单个过程

阶段 3 是针对单个工艺的封闭工艺优化，即明确地排除上游和下游的过程参数，只考虑单个工艺的参数。单个工艺的优化方法为，通过使用优化的工具或传感器对工艺参数、新的配方参数或修改的工艺序列进行记录。

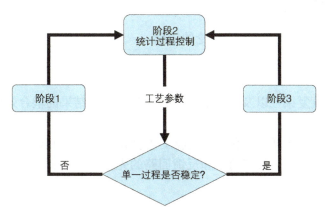

图 13-2　不同阶段单一过程方法之间的关系[23]

13.3.2　交叉过程方法

整个过程是稳定和优化措施的重点，而非单个过程分析。针对整体过程分析，不同方法的差异集中在过程之间的相互影响。

阶段 1：提升—交叉过程

与单个过程相比，过程之间的相互作用增加了影响参数的数量，导致重要特征的识别和过程知识的开发变得更加困难。对下游工艺、最终产品或中间产品以及最终产品的直接质量参数有直接影响的数据是阶段 1 中需确定的变量。因此，在对单个过程和整个过程的分析常采用同一组专家。

（1）步骤

1）过程理解的建立。
2）各过程之间依赖关系的证明。
3）过程特征和记录。
4）实验计划的制订和执行。
5）评价和调整。

（2）工具

1）过程可视化、过程图、技术图纸、模拟文件。
2）过程图和过程可视化。
3）可编程逻辑控制器、测量协议、测量技术、电路图。
4）能源部软件工具、统一建模语言、数据库。
5）表示和调节技术。

（3）目标/结果/效果

1）本质稳定的交叉过程。

2）单一过程之间的依赖关系。

3）先进过程控制的参数推导。

4）结果以图表形式展示并作为讨论的依据。

阶段 2：稳定—交叉过程

制造过程的高度复杂性以及多个输入参数对最终过程结果的耦合效应，导致单变量反馈系统的使用相对受限。

交叉过程的稳定离不开上游和下游适应工艺参数的概念。如图 13-3 所示，根据机床条件和个别产品本身的特点，具有前馈和反馈回路的先进过程控制系统能够自动确定每种产品的最佳配方[24]。

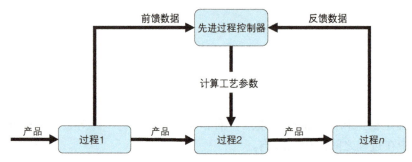

图 13-3　先进过程控制系统前馈和反馈回路动作模式[25]

通过使用测量技术、过程模型和复杂的控制算法，先进过程控制系统为中间过程目标提供了动态微调，进而改善了最终产品。过程一旦稳定下来，先进过程控制系统就可以在容差范围内选择性地移动分散带，例如，在保证质量的同时，补偿机床上的刀具磨损。在这种情况下，先进过程控制器提供了一个离散控制器，为每次运行预先参数化，可用于具有运行到运行特性的过程，且运行本身与批处理（批量加工或批量生产）或单个产品相对应[25]。当前工艺步骤的测量值可用于后续工件工艺参数的调整，同时补偿由刀具磨损引起的工艺波动。

与单一过程稳定的统计过程控制方法相比，先进过程控制的稳定性更高，主要体现在第一阶段产物或中间产物特性上。跨单个过程信息的使用能够对上游和下游过程中偏离的过程结果进行补偿。

此外，上游工艺的附加价值不会丢失，特别是在生产线成功启动后的"加速"阶段，最终实现废料的最小化[25]。

阶段 3：优化 - 交叉过程

在阶段 3 中，已经稳定的过程链的交叉过程优化（在阶段 2 之后）最为复杂。在某些条件下，对最高的复杂性表现也可以进行实验的统计设计（类似于阶段 3 对单个过程的优化）。然而，总体过程专家再次参与进来，并使用合适的方法对复杂的相互关系进行可视化。实验努力必须减少到最低限度,并与预期的改进成比例。

由于相互关系和本身的复杂性以及较高的人员能力培养成本,交叉过程的经济性较差。根据统计方法,进化操作法能够对正在进行的生产过程策略进行优化。然而,进化操作法的参数数量有限,仅在一定条件下适用于多维数据的分析。

数据挖掘方法可作为一种替代方法应用于模式特征识别、关联、回归或敏感性分析。此外,方法的选择取决于应用程序和可用数据。一般来说,充足的数据量和较长时间的数据记录是选用挖掘方法的先决条件。有效的统计陈述需具备完整性和较高的质量(例如,基于时间的传感器数据采样率)。

单个过程和综合过程的优化和稳定受开发方法的影响。后文将以应用于生产圆柱形锂离子电池的工厂部件的实际测试为例,对所开发方法的部分内容进行介绍。表 13-1 为过程稳定和优化建议方法的发展比较。

表 13-1 单个过程和交叉过程中两方法发展比较

阶段	单个过程	交叉处理方法
阶段 1	• 单个过程处于测试和提升阶段 • 采用统计实验设计 • 结果是稳定的过程 • 关键特征提取	• 整体过程处于测试和提升阶段 • 采用统计实验设计 • 结果是稳定的流程链 • 识别交互
阶段 2	• 在公差范围内增加稳定性 • 在单个过程中使用统计过程控制方法	• 在公差范围内增加稳定性 • 在整个过程中使用先进过程控制方法
阶段 3	• 新参数测试 • 结果优化 • 适合进行系列实验	• 全流程链优化(数据挖掘) • 适合进行系列实验

13.4 过程理解和系统分析

本节对锂离子电池生产线必要的工艺进行详细阐述,确定了相关特性,并随后进行了特性获取计划。

13.4.1 方法测试的系统边界

在电池生产中,系统边界是不可缺少的,尤其是在为分析和测试定义清晰的框架时。整个流程链如图 13-4 所示,在之后的过程中单个过程的开发方法被应用于装配工艺步骤(第 5、第 6 条),第 11 条工艺步骤中电解质的填充也有提及。

13.4.2 锂离子电池生产结构示例

根据美国国家标准协会/国际自动化协会的规范,分层模型能够简化整个制造链的表示,如图 13-5 所示。流程模型包含从属流程部分,从属流程部分又包含流程操作,因此有可能存在冗余过程操作和剩余参数。

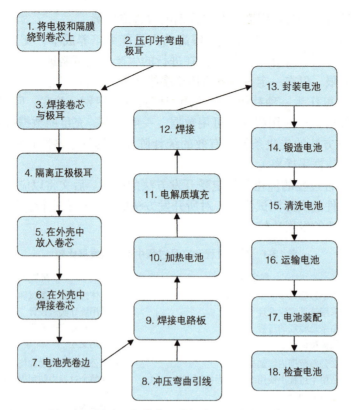

图 13-4　测试生产线中生产锂离子电池的工艺流程

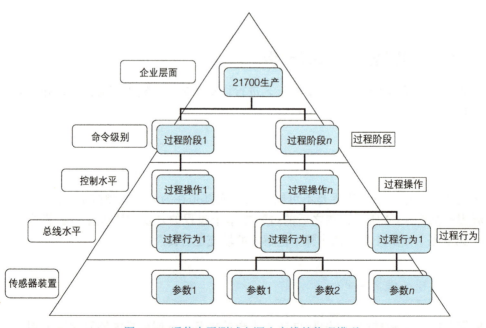

图 13-5　通信水平测试电源生产线的物理模型

在不同的粒度级别上，金字塔通过抽象链对进程和变量进行一致命名，因此可以明确赋值。

流程步骤在单元生产中的正确分配见表 13-2。以装配过程步骤为例，由于包含多个过程操作，一台机器、控制器或其位置可能并非与一个过程段相匹配。

表 13-2　锂离子测试电池生产工艺阶段

工序 [PA]	描述
PA010	混合
PA020	涂层
PA030	干燥
PA040	压延成型
PA050	切割
PA060	真空干燥
PA070	卷绕
PA080	组装
PA090	电解质填充
PA100	电池密封
PA110	化成
PA120	老化
PA130	线路末端控制

13.4.3　过程阶段 PA082 和过程阶段 PA082.1 的分析和特征识别

装配过程部分由六个单独的操作过程组成。输入材料是线圈、隔板和容器，输出产物是除电解质外的组装电池。灌装在下游工艺段进行。为了提供更好的概述，装配过程中的各个流程操作在表 13-3 列出。

表 13-3　组装过程中的操作步骤

工序 [PQ]	描述
PA080	组装
PA081	接触
PA082	安装
PA082.1	卷绕体焊接
PA083	卷边
PA085	加热

由于焊接装置集成在机器人单元中进行装配，PQ082 操作流程包括两部分。

此外，焊接站装配在同一安全电路和母线系统的主控制器部分。装配和电阻焊接的相互关联过程是通过一个应用于装配作业的机器人手臂进行耦合的。

根据虚拟桌面架构标准进行分类，流程操作所执行的操作可被准确描述。标准对连接、搬运、检查、调整和特殊操作进行了区分，涵盖了制造和生产中发生的全部行为，因此能够提供明确的分配。

在数据模型中，索引能进行明确分类，并提供有关组件、生产状态和工艺步骤类型的信息。引入的类别可直接对过程步骤分类，例如，对测量结果（类别 I）或其他类别的目标进行了搜索。对于大量数据的手动或部分自动化分析，该方法至关重要，比非结构化数据的搜索节省时间。表 13-4 为过程在装配过程中的应用示例，第三列为明确分配的过程步骤类别。

表 13-4　PQ082 装配工艺步骤概述

处理步骤 [PS]	描述	类别
PA080PQ082.1PSxxx	装配	
PS010	标签识别	I_IC
PS020	卷芯测量	I_JR
PS030	提取卷芯托盘	H_JR
…	…	…
PS180	电池单体放入蓄电池组外壳	H_CELL

焊接工艺 PA080 是单一工艺稳定示范性实施的重点，表 13-5 是详细描述。例如，缩写"H_CELL"表示单元处理步骤，而"I_CELL"表示单元检查步骤。

表 13-5　"在壳体内焊接卷芯"PQ082.1 工艺步骤

处理步骤	描述	类别
PA080PQ082.1PSxxx	卷芯上焊接	
PS010	电极测量 1	I_WEL
PS020	未焊电池测量	I_CELL
PS030	聚酰胺（AP）电池权衡	H_CELL
PS040	卷芯上焊接	P_CELL
PS050	符合德国产品安全法（GS）电池权衡	H_CELL
PS060	焊接电池测量	I_CELL
PS070	电阻测量	I_CELL
PS080	电极测量 2	I_WEL

13.5　个性化流程技术实现与建模

本节对执行后续测试所需的技术框架进行概述。除了 IT 系统和控制系统的体系结构，本节还提到了装配过程部分的数据模型，并对两个实例进行建模。

13.5.1　IT 系统和控制技术体系结构设计

控制系统主要由多核控制器（PLC）、机器人控制器库卡（KUKA）KR C2、高频逆变系统普里默斯炉（PrimusHFI）和以太网控制自动化技术（EtherCAT）总线系统组成。

在现场总线端，分散外设转换后的总线信号数据通过主控机传送给多核控制器。控制系统与 IT 环境之间的连接通过用于过程控制的对象连接与嵌入（Object Linking and Embedding，OLE）统一架构（OPC UA）实现。德国倍福自动化有限公司可编程逻辑控制器（Beckhoff PLC）作为服务器，IT 环境作为客户端。

制造运营管理系统（MOMS）的微服务映射制造运营管理系统环境，凭借服务简化了生产过程和操作。此外，制造运营管理系统还提供中央数据库和相关服务，例如测试计划或参数管理。

13.5.2 PA082 过程部分数据模型

数据模型的基本结构来源于第 13.4 节中对流程的系统分析，并与企业系统与控制系统集成国际标准（International Standards Authority，ISA 95）保持一致。建模直接在用于流程控制的对象链接与嵌入统一架构（OLE for Process Control，OPC-UA）的统一架构建模工具（Unified Architecture Modeler，UaModeler）软件中完成[26]。

在建模中，每个流程部分都分配了特定文件夹结构（对象文件夹类型）。在此，分配的操作和流程步骤依次映射到子文件夹结构中。过程变量根据其特征存储在相应的层次结构级别中。

根据层次结构级别，在过程段对象中，过程变量已经创建（例如机器控制的全局变量，如机器状态）。相关的流程参数位于各个流程步骤中，例如以毫秒为单位的当前流程时间（PS040）。

13.5.3 单个过程 PA082 过程建模

通过图形化方法，示例获得建模（例如因果关系图）。在此基础上，"将卷芯焊接到电池壳上"的单个过程将在后续测试中进行详细检测。为了确定实验的目的，目标变量在初始阶段即被定义。

焊接工艺质量、几何形状、光学和强度，是实现此目的的四个关键标准。基于国际标准化组织（International Organization for Standardization，ISO）17677-1：2019 标准[27]，电阻点焊和缝焊是实施要点，评估是根据学校的评分制度（1～6 级）进行的。

因果关系图记录了所有影响变量，并根据影响程度对变量进行评价。研究表明，焊接电流、焊接时间和电极力是影响焊接过程的主要因素。

焊接电流是由单位时间内两个相对电极间传输的电荷量来定义。焊接时间的设定和测量可根据焊接电流连续流动的时间，也可通过焊接逆变器进行。电极力是通过电极作用在工件上的力，由比例控制阀设定的，并通过弹簧系统传输。

焊接头上的电极支架与气动穿越轴刚性连接，可以进行垂直运动。焊条上的电极以确定的力移动到待焊接的部件上。然后，焊接逆变器设定所需的电流，待焊材料通过局部产生的热量熔化并接合。选择多阶段析因方案作为实验方案，在 Minitab 软件的支持下，多水平因子实验设计获得最终设置[28]。

13.6 实验步骤与评价

实验在现场的装配和焊接单元中进行（图 13-6），实验过程中始终保持相同的顺序十分重要。过程执行的操作如下：

1）从载体系统中移除烧杯（随机编号）。
2）用酒精清洗外壳。
3）接触板材料的清洗。

4)将待焊物体放置在电阻焊机内。

5)参数设置。包括：

①逆变系统的焊接电流和时间。

②气动压力计的施加力。

6)开始记录。

7)焊接工艺启动及观察。

8)拆卸外壳。

经测试后，所有收集到的数据都被传输到美国能源部（department of energy，DoE）认证软件中，并根据标准进行评估。

在3.5kA电流下，测试过程产生强烈的焊缝飞溅，且将黏附杯从电极上分离出来需施加更大的力。焊接透镜尺寸具有显著的差异。焊接透镜较明显，表明过程中热量输入越多，对应评级越差，如图13-7所示。通过对记录数据进行评估，得知：焊接电流越大，焊缝的评价越差。

 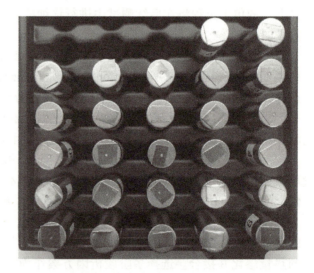

图13-6 外壳在电阻焊机焊接前进行加工　图13-7 电阻焊过程中外壳详细视图（焊接镜头清晰可见）

影响目标变量的因素，如图13-8所示，焊接电流增加会导致焊缝质量下降，而焊接时间的影响很小。此外，随着电极力的减小，焊缝质量得到改善。

实验结果显示，最佳参数组合为：理想焊接电流为2.5kA，焊接时间为16ms，电极力为70N的效果最佳。由于电池的内部视图显示没有变色或损坏，可以得出结论：在焊接过程中，既没有高的热输入，也没有极高的力。

因此，与美国能源部认证软件中相同的焊接参数适用于焊缝的进一步测试，并可作为装配和焊接单元启动阶段的默认或基本参数。

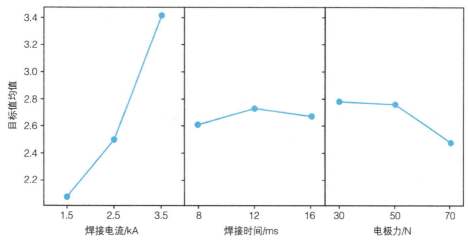

图 13-8 焊接过程的主要影响因素示意图（根据分级系统进行评价）

13.7 跨过程方法的理论思考

本节包括流程分析以及流程建模。在撰写时，工厂仍在建设中，因此本节只涉及理论上的讨论。

13.7.1 PA090 的分析与特征识别

电解质灌装 PA090 工艺段跟随装配，该装置可在之后对该方法进行测试和验证。

在气密手套箱中，填充系统与激光焊接系统一起安装。尽管共同安置，电解质的填充仍被认为是单一过程步骤。电解质充注由几个工艺步骤组成，每个过程步骤的确定见表 13-6。

表 13-6 "电解质填充" PQ091 工艺步骤

处理步骤	描述	类别
PA090PQ091PSxxx	电解质填充	
PS010	电池 & 载体识别	I_WEL
PS020	电池转移	I_CELL
PS030	电池壳重量	H_CELL
PS040	真空室权衡	P_CELL
PS050	电池真空处理	H_CELL
PS060	电解质填充	I_CELL
PS070	阻抗测试	I_CELL
PS080	测量电极 2	I_WEL
PS090	电池处理	H_CELL

13.7.2　PA090 交叉方法过程建模

由于高度复杂性和相互依赖性，本工作只能对子过程进行理论检查。本工作的分析目的是识别和模拟工艺部分组件（PA080），特别是工艺操作组件（PQ082）和电解质填充的跨工艺相互作用，且确定的特性将用于跨工艺稳定概念的开发。

第一步是工艺操作 PQ082 与工艺段 PA090 所有关系在影响图中的可视化，并引入依赖关系。图 13-9 分析了 PQ082 和 PA090 之间的相互关系，顶部和底部展示了每个工艺的送料器零件，中间行对应实际过程。锂离子电池的关键工艺参数对寿命、性能和安全性有直接影响，并在每个表中列出。

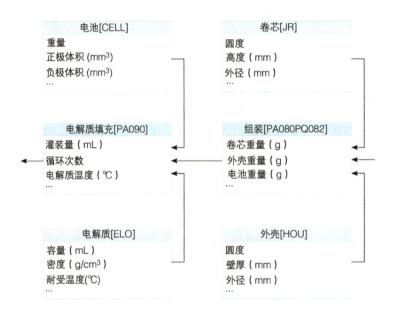

图 13-9　PQ082 与 PA090 相互作用

根据电池单体调整电解质的填充参数，跨工艺稳定法需要以下参数：
1）PA080PQ082：外壳、卷芯和电池的重量；卷芯和外壳的尺寸。
2）PA090PQ091：填充参数（数量，周期，填充时间）。
3）电池参数：计算空腔体积。
4）制订实验计划，进行实验：使用 DoE 软件工具，统一建模语言、数据库。
5）评估与调整：表示和调节结束的使用；电解质渗透速率。

利用沃什伯恩方程等数学模型，从电池材料、电解质性质和空腔体积等方面，电解质在多孔材料中的理论渗透速率得以确定。多孔材料分为隔膜材料和电极材料（正极和负极）[29]。在很大程度上，电极的微观结构取决于电极制造过程中的压缩步骤，因此可通过先进过程控制实现跨工艺稳定。多孔材料更快、更稳定的润湿性改善了电解质性能，有利于电池的性能和质量的提升。

13.8　总结与展望

新的电池制造试验线可为新生产工艺和制造环境的测试提供了一个很好的框架，比如位于斯图加特的弗劳恩霍夫园区。

基于前人的研究工作，测试系列生产线的稳定运行和优化方法获得关注。生产圆柱形锂离子电池的单个过程的复杂性也得到了展示。开发方法的使用能够缩短爬坡阶段，实现高过程稳定性，同时提升整个工艺链的透明度。

在讲解了本课题的必要基础知识后，又围绕工艺稳定和优化的方法进行了讨论，提出了解决问题的具体步骤；除了对实际工艺的分析外，还建立了详细的工艺知识。

此外，本章提出了一个建筑概念，其贯穿于生产的不同启动阶段，从爬坡到优化。在考虑单个过程时，统计方法的使用能稳定初始过程，以便优化下游过程。

基于现有的行业标准和规范，第 13.4 节进行了系统分析；从控制技术和信息技术到过程的最终建模，第 13.5 节对技术实现进行了描述。

最后，以电阻焊接为例，该方法获得了应用和验证。首先，确定重要的工艺参数。然后，在多个实验计划的多个阶段，工艺参数在适当的范围内变化。通过后续的评估和计划的执行，理想的工艺参数最终确定。

针对自动化过程和统计过程控制使用稳定概念的实施，实际应用的结果提供了证据。然而，在该方法实施于整个测试生产线之前，还缺少进一步的步骤。专家组的组建能够为单一过程提供理论基础。在流程稳定之后，团队任务是将知识转移到下一阶段，以实现跨流程稳定。

在数据结构和 IT 系统连接实现之后，对交互进行复杂的建模是必要的，但具有挑战。一方面，项目管理涉及大量的参与人员；另一方面，工具和软件在大规模上的使用需要合适基础结构的创建。

存储和直接传输相关的过程变量等方法也可通过智能工件载体来实现。因此，在 IT 系统平台的微服务上添加特定的功能，能够减少建模和知识获取过程的工作量。

研究表明，统计实验设计随着影响参数的增加日益达到极限。人工智能方法可以应用于分析大量数据，并具有巨大潜力。

参 考 文 献

[1] Statista. Elektroautobatterien–größte Hersteller nach Absatz H1 2018. Statista; 2021 [cited 2021 Mar 5].

[2] Statista. Batterieproduktion E-Autos Marktanteil Hersteller weltweit 2022. Statista; 2021 [cited 2021 Mar 5]. Available from: https://de.statista.com/statistik/daten/studie/1113139/umfrage/prognose-des-marktanteils-der-hersteller-von-elektroautobatterien-nach-laendern/

[3] Statista. Zulassungszahlen von Elektroautos 2021. Statista; 2021 [cited 2021 Mar 5]. Available from: https://de.statista.com/statistik/daten/studie/244000/umfrage/neuzulassungen-von-elektroautos-in-deutschland/

[4] Bundesfinanzministerium. Eckpunkte des Konjunkturprogramms; 2021 [cited 2021 Mar 5]. Available from: https://www.bundesfinanzministerium.de/Content/DE/Standardartikel/Themen/Schlaglichter/Konjunkturpaket/2020-06-03-eckpunktepapier.html

[5] Ludwigsburg24. Stuttgarter Mahle-Konzern plant Abbau von fast 8000 Arbeitsplätzen. AG Group24 Ludwigsburger Nachrichten UG; 2020 Sep 17 [cited 2021 Mar 5]. Available from:

[6] Frankfurter Allgemeine Zeitung. Wasser Marsch! Frankfurter Allgemeine Zeitung; 2020 Feb 13 [cited 2021 Mar 5]. Available from: https://www.faz.net/aktuell/stil/quarterly/die-rolle-des-wasserstoff-im-verkehr-der-zukunft-16622466.html

[7] Krause E. LB1. thesen-zur-industriellen-batteriezellfertigung-in-deutschland-und-europa; [cited 2021 Mar 5]. Available from: https://www.bmwi.de/Redaktion/DE/Downloads/S-T/thesen-zur-industriellen-batteriezellfertigung-in-deutschland-und-europa.pdf?__blob=publicationFile&v=5

[8] S-TEC. S-TEC–Zentrum für Digitalisierte Batteriezellenproduktion; 2020 [cited 2021 Mar 5]. Available from: https://s-tec.de/zentren/zentrum-fuer-digitalisierte-batteriezellenproduktion/

[9] Kurzweil P, Dietlmeier OK. Elektrochemische Speicher: Superkondensatoren, Batterien, Elektrolyse-Wasserstoff, rechtliche Grundlagen. 1. Aufl. 2015. Wiesbaden: Springer Vieweg; 2015.

[10] Kampker A, Vallée D, Schnettler A. Elektromobilität: Grundlagen einer Zukunftstechnologie. Berlin, Heidelberg: Springer; 2013. Available from: https://publications.rwth-aachen.de/record/210661?ln=de

[11] Korthauer R, editor. Handbuch Lithium-Ionen-Batterien. Berlin, Heidelberg, s.l.: Springer Berlin Heidelberg; 2013. Available from: https://link.springer.com/book/10.1007%2F978-3-642-30653-2

[12] Heimes HH, Kampker A, Wessel S, Kehrer M, Michaelis S, Rahimzei E. Montageprozess eines Batteriemoduls und -packs. 3. Auflage, [revidierte Ausgabe]. Aachen, Frankfurt am Main: PEM der RWTH Aachen; VDMA; 2018.

[13] Heimes HH, Kampker A, Lienemann C, Locke M, Offermanns C, Michaelis S, et al. Produktionsprozess einer Lithium-Ionen-Batteriezelle /Autoren Dr.-Ing. Dipl.-Wirt.-Ing. Heiner Hans Heimes, Prof. Dr.-Ing. Achim Kampker, Christoph Lienemann, Marc Locke, Christian Offermanns [und weitere]. 3. Auflage, [revidierte Ausgabe]. Aachen, Frankfurt am Main: PEM der RWTH Aachen; VDMA; 2018.

[14] Becker T. Prozesse in Produktion und Supply Chain optimieren. 3., neu bearbeitete und erweiterte Auflage. Berlin: Springer Vieweg; 2018.

[15] Geiger W, Kotte W. Handbuch Qualität: Grundlagen und Elemente des Qualitätsmanagements: Systeme, Perspektiven. 5., vollständig überarbeitete und erweiterte Auflage. Wiesbaden: Friedr. Vieweg & Sohn Verlag | GWV Fachverlage GmbH Wiesbaden; 2008. (Praxis und Studium).

[16] Dietrich E, Schulze A. Statistische Verfahren zur Maschinen- und Prozessqualifikation. 7., aktualisierte Auflage. München: Carl Hanser Verlag; 2014.

[17] REFA.de. FMEA; 2021 [cited 2021 Mar 5]. Available from: https://refa.de/service/refa-lexikon/fmea

[18] Partners O. How to implement Advanced Process Control (APC) in a manufacturing facility to improve process capability and product quality. https://objectpartners.com/2013/06/14/how-to-implement-advanced-process-control-apc-in-a-manufacturing-facility-to-improve-process-capability-and-product-quality/

[19] Otte R, Wippermann B, Otte V. Von Data Mining bis Big Data: Handbuch für die industrielle Praxis. München: Hanser Carl; 2018.

[20] Vogel-Heuser B, Bauernhansl T, Hompel M ten, editors. Handbuch Industrie 4.0: Bd. 1: Produktion. 2., erweiterte und bearbeitete Auflage. Berlin: Springer Vieweg; 2017. (Springer Reference Technik).

[21] Wiki–Cyber-Physical Production System (CPPS); 2021 [cited 2021 Mar 5]. Available from: https://i40.iosb.fraunhofer.de/Cyber-Physical%20Production%20System%20(CPPS)

[22] Enterprise-control system integration: models and terminology. Research Triangle Park, N.C.: International Society of Automation (ISA); 2000.

[23] Kleppmann W. Versuchsplanung: Produkte und Prozesse optimieren. 10., überarbeitete Auflage. München: Hanser; 2020. (Praxisreihe Qualität).

[24] Kübler K, Verl A, Riedel O, Oberle M. Simulation-assisted run-to-run control for battery manufacturing in a cloud environment: 21–23 Nov. 2017. Piscataway, NJ: IEEE; 2017.

Available from: http://ieeexplore.ieee.org/servlet/opac?punumber=8168204
[25] Philipp S. Ansätze zur Prozessstabilisierung in der Fertigung von Batterie-Rundzellen. Stuttgart; University of Stuttgart (university publication — not publically available) 2016.
[26] UaModeler "Turns Design into Code"–Unified Automation; 2021 [cited 2021 Mar 6]. Available from: https://www.unified-automation.com/products/development-tools/uamodeler.html?gclid=CjwKCAiAiML-BRAAEiwAuWVggjeAjWCBzzCGrio-Cxlvow8Fg0pGG4qHNEiKivg1vsmImrrCUsdbsBoCCIsQAvD_BwE
[27] DIN EN ISO 17677-1:2019-06, Widerstandsschweißen_- Begriffe_- Teil_1: Punkt-, Buckel- und Rollennahtschweißen (ISO_17677-1:2019); Dreisprachige Fassung EN_ISO_17677-1:2019. Berlin: Beuth Verlag GmbH.
[28] Softwarepaket für Statistik und Datenanalyse. Minitab; 2021 [cited 2021 Mar 6]. Available from: https://www.minitab.com/de-de/products/minitab/
[29] Knoche T, Surek F, Reinhart G. A process model for the electrolyte filling of lithium-ion batteries. Procedia CIRP. 2016;41:405–10.

第 14 章
生产线生产效率的分析和最大化——瓶颈识别和预测性维护

电池制造是在相互连接的生产线上进行的,产品质量、生产效率和输出受材料性能和工艺等诸多参数影响。因此,生产线参数的优化具有挑战,可通过三方面实现:增加设备可用性,提高性能和减少质量损失。

由于质量的评判相对主观,本章主要关注可用性和性能提升的优化方案。实际上,根本原因分析和预测性维护方法已有报道。在此,根本原因分析侧重于性能优化和生产系统可用性的预测性维护。

接下来,性能优化和生产系统可用性的预测性维护将以文献综述和概念介绍的形式进行阐述,并以讨论或举例的形式对两方面的应用进行介绍。最后,对预测性维护和根本原因分析进行讨论,并对二者在电池生产中的应用进行展望。

14.1 概述

由于电池生产制造工艺之间相互关联,各个过程相互影响,且都会直接影响生产效率和生产质量,因此影响性能的工艺参数较多。其中,材料性能和工艺参数对制造过程的有效性和产量都有影响。

德国机械设备制造业联合会(Verband Deutscher Maschinen- und Anlagenbau,VDMA)表示,电池制造的设备有效性约为90%[1],且直接影响生产的经济效益。因此,有效性的提高是电池制造业不断追求的目标。

导致制造中有效性损失的原因包括:停机时间、性能损失或质量问题。工艺参数数量较多造成有效性不足的原因较复杂且较难识别。由于制造工艺的相互关联,在特定工艺步骤中表现出的有效性损失可能是由先前制造工艺造成的,因此问题分析较为复杂。

识别瓶颈和识别预测性维护将受益最大的组件,图14-1展示了一个电池组件的生产步骤,包括从分离到填充。该示例是基于对亚琛工业大学(RWTH, Aachen University)的电动汽车零部件生产工程(PEM)[2]和VDMA发布的电池生产设备路线的研究[1]。基于VDMA提供的路线图,在小批量和大批量生产情况下单个生产步骤的数量分别见表14-1。电极的片数和电池中电解质体积的选择均基于额外的假设,即所有生产步骤同时操作的连续生产是可能的。切割速度和分离极板所需的机器数量需要根据技术路线图进行调整,以适应每个电池单元中包含 40 个极板的假设。

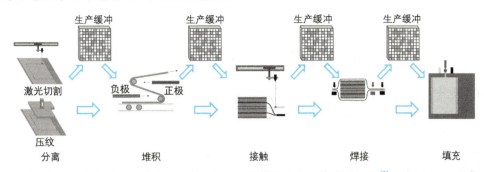

图 14-1 由亚琛工业大学的电动汽车零部件生产工程提供的电池组装步骤概念[2]和由 VDMA 发布的电池生产设备路线[1]

表 14-1 在小规模和大规模电池组装中，每个生产步骤的机器数量和最大电池数量（目标和数字基于 VDMA 的生产技术路线[1]）

小规模目标：0.2 电池单元/s	制造步骤									
	分离		堆积		接触		焊接		填充	
大规模目标：0.5 电池单元/s	小	大	小	大	小	大	小	大	小	大
每道工序的生产机器数量	4	10	4	5	1	4	1	1	3	4
每台机器的交互设备数量	20	60	4	4	6	12	1	1	7	15
每台机器每秒的最大电池单元数	0.06	0.54	0.07	1	0.75	6	0.2	2	0.32	2.08
过程每秒的最大电池单元数	0.24	5.36	0.27	5	0.75	24	0.2	6	0.32	8.33

在此例子中，由于部分过程的分步骤可能涉及不同技术和不同的相互连接程度，只考虑电池组件。此外，技术和中间存储的可能性是影响瓶颈检测和维护策略选择的主要因素。因此，此例子对分离、堆积、接触、焊接、填充的装配步骤进行了描述、总结，并用于概念演示，且暂不考虑站内和站间的物料搬运以及配套设备。

在一个工艺步骤中，组装在同一类型的不同机器上完成，实现平行生产线。在大多数情况下，单一线路由多个组件构成，可以对线路上的电池单元进行并联或串联（相互作用的设备）处理。根据装置的配置和辅助技术，在过程步骤之间发生的连续过程和中间缓冲会影响瓶颈检测和最佳维护策略。

板材的分离可以通过激光切割和线圈压纹实现。在压纹过程中，刀具的刃口会受到磨损，因此需要相应的维护策略，而激光切割对生产设备几乎没有任何磨损。电芯的内部构造为正极和负极与隔膜的堆叠和接触。电池内部充满电解质并通过焊接封装。根据制定的生产情况，表 14-1 展示了机器数量、每台机器相互作用的组件数量（电池的处理）、每台机器计算出的最大电池单元（或一个电池单元的材料）数，以及小规模组装和大规模组装中每个生产步骤的所有机器组合情况。小规模和大规模之间的差异是机器数量不同以及使用不同技术的结果,并基于 VDMA 的生产技术路线图,其最大值可用于识别瓶颈和相应的维护策略的选择。

14.2 停机时间和性能损失的根本原因分析

在工业中,制造业的有效性测量和分析需要使用多种方法。例如,生产数据采集(Production Data Acquisition,PDA)可用于记录生产设备的错误,并使用统计方法汇总这些错误。通常,生产数据采集依赖于生产人员的手工输入,进而报告特定的错误,并指出假定原因和解决措施。此外,某些生产参数由统计过程控制(Statistical Process Control,SPC)等方法进行监控。

这些方法通常只考虑相互关联制造过程中的特定部分,在分析中并没有明确地囊括前后过程。此外,大多数方法只使用少量的输入变量,因此侧重于分析错误的影响,而非导致错误的原因。

在识别错误模式中,数据挖掘和机器学习方法的使用有助于解释错误形成的原因。包含大量描述制造过程特征的数据库方法侧重于多变量关系的识别[3],并在几个开放的工业研究领域中得到广泛的应用。例如,对无法在详细级别上确定错误根本原因的传感器数据,错误识别模式能够识别。此外,通常需要一个对原因进行分类的标记,这需要人工输入和资源密集型方法。

14.2.1 文献综述

少数文献专门对有效性损失分析进行了讨论,且主要集于电池制造中的质量问题进行分析。基于采样集参数和测量的锂离子电池质量参数,Thiede 等人采用多元回归进行预测[4]。Schnell 等人对在化成过程之前预测电池容量方法进行分类和比较[5]。电极制造工艺和电解质填充工艺是影响电芯质量的主要因素。通过这两种方法,有质量问题的电池能够在制造过程中被识别出,并且可以提前被排除。此外,获得的模型(回归、分类)可以用来理解导致质量问题的潜在原因。

在文献中,许多有效性损失分析方法可用于多个制造过程。方法可转移性的一个重要标准是对连续或离散制造过程的适应性;在此,Niggemann 和 Frey 介绍了一个在制造过程中检测异常的模型[6]。基于传感器数据,将制造过程建模为一个有限单元机器,映射出连续的制造过程步骤。该模型还包括转换的最佳(最小)时间,可用于检测制造过程中异常的时间偏差。

Laxmann 等人开发了一种方法,用来识别制造过程中误差之间基于时间的关系[7]。如果在单个错误之后经常发生某一特定事件,则可以检测到这些事件之间基于时间的关系。

14.2.2 概念

经济效益的提高需要电芯制造的持续优化。由于受多个参数和工艺的影响,针对单一制造工艺或参数分析方法和基于数据的分析方法往往不足以确定有效性损失的根本原因。

之后的概念侧重于确定电池生产中停机的根本原因,并可以看作是两者的混合,这是一种由专业知识补充且基于数据的方法。概念被细分为多个构建块,如图 14-2 所示。

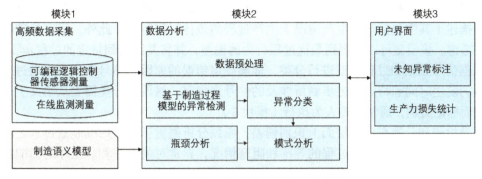

图 14-2　停机时间根本原因分析构建块

造成错误根本原因需要根据制造过程的详细数据进行确定。例如,如果一个错误是由传感器故障引起的,则需要故障情况的传感器数据,而非使用综合制造数据,例如,在制造执行系统(Manufacturing Execution Systems,MES)中,可以使用来自制造过程的可编程逻辑控制器(Programmable Logic Controllers,PLC)的传感器和执行器数据(模块 1)。对于可编程逻辑控制器数据的收集,采样率需根据测量信号的变化率来定义,旨在测量所有信号值的变化,以便完整地描述制造过程。对于机器数据的高频采集,市场上存在各种软件解决方案,通过专有和开放协议从可编程逻辑控制器中读取数据,例如数据采集分析系统(iba-analyzer)[1]。

制造过程的行为分析需要一个描述模型,其中包括过程的结构(如图 14-3 所示的过程步骤序列)以及用于信号分析的语义描述,例如,过程步骤 9 可以被识别为焊接。

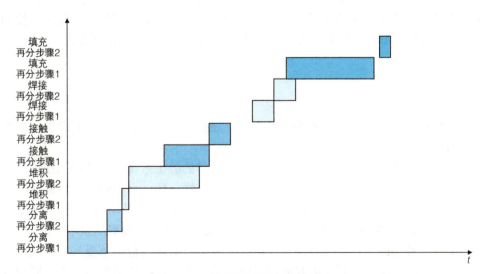

图 14-3　抽象过程模型的甘特图

可以通过不同方式和方式聚合对收集到的数据进行分析(模块 2)。过程行为模型对生产过程中的异常进行检测。生产设备的过程可以按发生的顺序细分为多个生产步骤，且单一生产步骤可以通过特定信号矢量描述为一种状态。由一种状态到另一种状态的转换可以用转换时间进行注释，以描述转换的最佳持续时间。因此，通过一批信号数据，该模型能够自动描述（其中包括最优生产情况）生产过程的最佳时间行为。此外，设定参数的变化也需要考虑。该模型可以检测到最优过程行为的偏差，并将其隔离到特定的过程步骤。

根据信号数据和过程模型进行分类，能够确定错误的原因。信号数据可以通过工艺步骤偏差的发生时间和特定工艺步骤所涉及的信号来指定。错误的分类需要从语义上进行描述，进而标记类别，通常需要人为执行（模块3）。

异常检测和分类在详细层面上识别偏差，瓶颈分析侧重于分析后续制造过程之间的相互依赖关系。通过分析制造过程的等待和阻塞情况，异常对前工序和后工序的影响能够被确定。

根据瓶颈分析以及异常检测和分类的结果，总体模式得以识别，例如，关于异常与一般参数（如白天或空气温度）之间基于时间的关系。

14.2.3　利用迁移学习方法进行高效建模

在生成分析所需的模型时，由于模型应适应各个制造设备和技术的需要，人工工作量需求较大。迁移学习方法可以将模型及其参数转移到类似的生产设备上，能够对基于数据的分析方法进行有效的利用。基本思想是为类似的生产设备重用一次生成的模型，假设行为是相似的，并且在那里会发生类似的错误。因此，有必要通过语义描述对生产设备的相似性进行评估，以确定可转移性的水平。在此基础上，现有模型或其部分可以作为新生产过程的起点。

机器数据能够详细描述生产过程，进而识别和分析异常，以确定根本原因，可用于优化措施的定义。特别是，迁移学习是一种很有前途的方法，能够在更大的范围内使用基于机器数据，可以将模型转移到类似的生产系统中，从而减少模型创建所需的工作量。

14.2.4　瓶颈分析的应用

对于应用程序来说，由于在静态瓶颈和动态瓶颈等方面存在差异，对象的粗略把握是必要的，如分类。

在瓶颈检测和容量管理方面，生产系统是最简单的静态系统。在这些系统中，没有随机波动，没有失败、转换或其他更改，系统的行为始终一致。由于周期时间的变化，故障的平均故障间隔时间（Mean Time Between Failure，MTBF）和平均修复时间（Mean Time To Repair，MTTR）是随机的，静态系统的假设与数据所表示的观察结果不匹配。

在现实中，静态的生产系统是不存在的，任何真实系统的行为都受到无数随机事件的影响，这使得系统每次都不同，因此假设系统为动态的。这些随机事件产生不同的概率函数，以描述随机性的行为。因此，动态系统中的瓶颈会发生变化，即瓶颈可能会随着时间的推移而变化。

从表 14-2 中获取信息，除了静态瓶颈"焊接"之外，其他每一个生产步骤都可能出现故障和瓶颈转移。失败过程步骤的位置只会影响换档速度，其位于静态瓶颈之前还是之后都无关紧要。

表 14-2　在小规模和大规模电池组装中，每个生产步骤的机器数量和最大电池数量（基于突出瓶颈过程的 VDMA 生产技术路线图的目标和数字[1]）

小规模目标：0.2 电池单元 /s	生产步骤									
大规模目标：5 电池单元 /s	分离		堆积		接触		焊接		填充	
生产规模	小	大	小	大	小	大	小	大	小	大
每道工序的生产机器数量	4	10	4	5	1	4	1	3	1	4
每台机器的交互设备数量	20	60	4	4	6	12	1	1	7	15
每台机器每秒的最大单元数	0.60	0.54	0.07	1	0.75	6	0.2	2	0.32	2.08
过程每秒的最大单元数	0.24	5.36	0.27	5	0.75	21	0.2	6	0.32	8.33

然而，在定义和使用动态瓶颈之前，需要澄清一个常见的误解。如前所述，由于动态瓶颈仅在一段时间内是系统约束，将某个过程确定为恒定瓶颈的直观假设是不正确的，实际上这只有暂时的瓶颈。然而，为了能够对生产系统的瓶颈做出一般性陈述，有必要进行全面的检查，如图 14-4 所示。

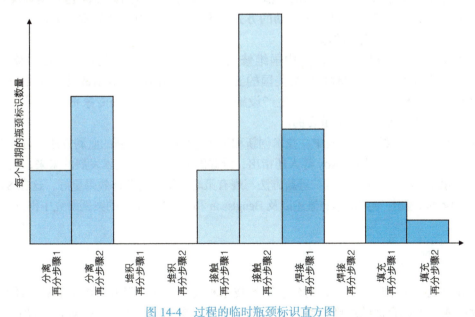

图 14-4　过程的临时瓶颈标识直方图

因此，长期瓶颈可以根据当前瓶颈过程的持续时间来确定。尽管持续时间最长的瓶颈过程不一定是唯一的长期瓶颈，但却是当前瓶颈中最常见的，也是最大的长期瓶颈。

14.3 预测性维护

电池生产线维护的中心任务之一是掌握所需的工厂技术，维护的目的是确保设备的可用性，同时将所涉及的成本降至最低[8]。除了工厂范围大之外，有关创新生产步骤和使用的新技术维修经验较少进一步增加了电池生产线的维护难度[5]。

由于所使用技术的不确定性，维护策略的选取相对困难。预先维修策略，如固定的维修和监测间隔、必要时对磨损进行预测等，通常有利于维护正常的生产活动，但会比被动维修策略产生更高的成本[9]。这意味着，战略决策包括权衡所需的可用性、技术可能性、失败概率以及直接和间接成本。在案例研究中，Bengtsson 和 Lundström 指出了维修方面的新发展，认为预测性维护只是维护的另一种工具，不应该作为通用解决方案[10]。

为了选择合适的电池生产线维护策略并充分利用预测性维护的优势，在引入之前对机器和工厂进行技术和经济分析和评估是有必要的。由于缺少相关经验知识，且创新技术彼此之间具有很强的相关性，在系统的执行方面，员工需要一个维护概念作为依据。

14.3.1 文献综述

通常，已发表的论文表明电池制造的维护还有待研究。例如，2018 年 Pfleging 在锂离子电池生产中使用纳秒激光器对电极进行切割，并发现针对批量生产，该系统及其维护还不成熟，迫切需要一个经过验证的概念[11]。然而，将电池制造作为一个整体且不涉及个别技术或工艺步骤时，有关于维护主题的相关信息报道较少。Pei 等人对电池制造工厂的生产计划进行研究，仅考虑维护成本的汇总值[12]。尽管锂离子电池的许多问题与设备及其生产状况相关[13]，Thiede 等人仍以数据驱动的方式对电池制造设施的产品质量进行了预测，并没有考虑设备的维护和策略的选择[5]。

尽管文献中很少提及，美国与中国维修人员时薪的差异可以间接反映出维修的重要性：中国建筑物维护人员的时薪仅为美国的五分之一，而两国电池制造设施的维护人员时薪是相同的，甚至在任务复杂时负责生产设施的维修人员的费用与专家费相等[14]。由此可见，维护对于电池制造是非常重要的。

除了电池制造，维护主要集中在技术创新和工作过程的集成。新的监测方法和可能性磨损预测会定期发表。在展望中，Roy 等人还指出，维修的未来不仅是技术发展的未来，而且是智能技术使用的未来[17]。预测性维护等新方法与现有策略相结合的总体效果更好，这在 Sakib 和 Wuest[18] 对各种预测性维护操作的概述以及 Bengtsson 和 Lundström[10] 的案例研究中得到证实。

14.3.2 概念

正如问题描述中所指出的，对较新颖的技术和设备，缺乏经验是电池制造中维修面临的最大挑战，因此合适的维修策略的选择是必要的。在电池制造中，针对合适设备的经济技术选择和预测性维护开发的实施得到了发展。

图 14-5 所示的概念分为四个阶段，第一阶段是如何选择系统，并对要监控的单个组件进行详细描述，以便在经济上合理地引入预测性维护。第二阶段是如何分析现有数据，以

确定预测模型是否需要更多信息。前两阶段描述了如何选择必要的数据以及如何创建信息模型。在第三阶段，创建磨损模型，并对电池剩余使用寿命进行预测。第四阶段描述的是如何将新信息集成到电池制造的维护过程中。

图 14-5　电池制造中实施预测性维护概念

监控组件的选择需率先确定系统，预测性维护的实现也能显著提升经济效益。首先，所有电池制造设备需记录在检查表上，并对因故障可能带来严重后果的设备进行重点标记。故障成本模型能够描述不可预见的故障成本，并表明故障成本与故障的持续时间相关。失效成本模型示例如图 14-6 所示。根据设备的组件对设备进行技术分析，并将故障概率与先前确定的故障成本相抵消，这些信息能够提供故障模式和影响分析。

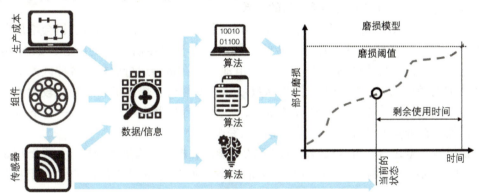

图 14-6　组件、数据/信息算法与剩余使用寿命的关系

故障模式和影响分析可以对风险进行估计，并与引入预测性维护所造成的额外成本进行比较。因此，在故障模式和影响分析期间，各组成部分技术分析的结合能够确定需实行剩余使用寿命监测的组分以及预测经济上可行性。

组件确定后，各个组件上的数据分析也很必要。用于识别缺失信息的不同方法，如石川图或间隙分析，能够确定状况并预测磨损的可能性。以此方式获得的信息和数据以及制定的处理规则（数据采集、预处理、存储、处理和文件），可以通过与现有机器接口，也可以通过部署额外的传感器和预处理设备获得，进而将信息转换为数据和信息模型。

依据可用的信息、数据，和生产计划，通过各种算法获得磨损模型。结合单个部件的相关信息，磨损模型可对剩余使用寿命进行预测，如图 14-6 所示，并可根据历史数据和运行过程进行验证。

在选择合适的组件和应用预测性维护概念之后，最后一步是将预测集成到电池生产线维护的现有过程中。根据自动状态监测和故障预测的可能性，现有的过程可获得扩展，并确保在采用新技术情况下电池制造设施的可用性。根据预测的磨损和其他相关参数，完全数字化的电池制造还可以进行智能维护调度。

14.3.3　识别预测性维护机器和部件的示例

关键组件的确定是将识别预测性维护组件的概念应用于上述示例的前提。压花分离工艺步骤较为常用，但切割边缘会经受较大磨损。以线路的总体目标是每秒 0.2 个电池的小规模生产为例。通过工艺图可以发现，在四台压花机并行工作时，每台压花机每秒可以压花 0.06 个电池，一旦一台机器出现故障，尽管其他三台机器同时满负荷运行，也会形成每秒 0.02 个电池的损失。

在每个工艺步骤之间，如果有 30 个电池的缓冲（或 30 个电池的材料），则需要 25min 才能将缓冲耗尽，进入下一个工艺步骤。由于堆积和接触不是工艺链中的瓶颈，机器可以空载而不会中断输出。当到达焊接阶段时，缺货数量才能在不采取额外措施的情况下再次弥补。以此开始，每秒产生的电池比计划少 0.02 个。在压花过程中，如果机器出现故障，维修人员最多有 75min 进行修理，并将其重新整合到工艺中。生产线下游的机器能够更快地处理积压并重新填充缓冲区。在小规模生产中，图 14-7 显示了初始缓冲为 0、30 和 60 个电池机器的停机时间与电池损耗之间的关系。

生产步骤填充在瓶颈后，每秒能够填充 0.32 个电池。存在缺陷的灌装机会增加漏装电芯的数量，一旦缺陷修复后，充分运转的机器可以弥补焊接后缓冲的电芯，如图 14-7 所示。因此，生产损失是线性的，每分钟 12 个电池，并在机器运行后根据缓冲区大小减少。

从维护的角度出发，根据生产损失函数可知，接触机、焊接机和灌装机较为关键。分离和堆叠步骤使用多台机器的。在分离步骤，一旦一台机器出现缺陷，另一台下可以大部分弥补损失；在堆叠的情况下，损失甚至可以完全弥补。

关键机器确定之后，需对机器出现故障的可能性和根本原因进行分析。如果磨损是根本原因，则确定为磨损机制，并通过技术和经济分析来确定是否需要对部件进行预测性维护。

14.3.4　预测性维护集成到维护过程中的示例

预测性维护集成到维护的过程可以节省直接和间接成本，并通过更好的规划提高生产时间。在损害产生之前，即可对预测到的故障进行处理，因此可以减小维修范围，进而增加生产时间和减少维修资源。此外，事先掌握的信息有助于显著改进测量的程序。例如，可以在其他停机时间实施维护计划，也能与其他组件的定期维护同时执行，可以通过减少机器的整体停机时间推动实施计划任务的实现。此外，在执行计划任务之前，专门增加的缓冲级别可以避免生产线的中断；备件的采购协调能够避免不必要的储存费用，并可以在使用之前及时获得所有零件。根据同样的原则，涉及的专门工具和合格的人员操作得以确保。

第 14 章 生产线生产效率的分析和最大化——瓶颈识别和预测性维护

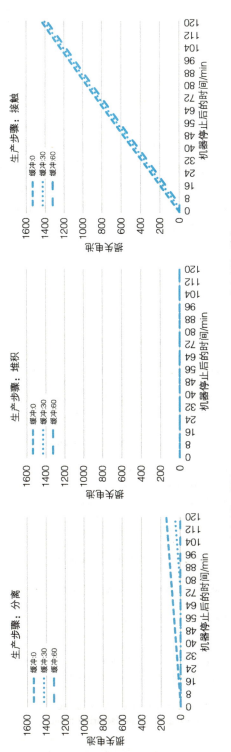
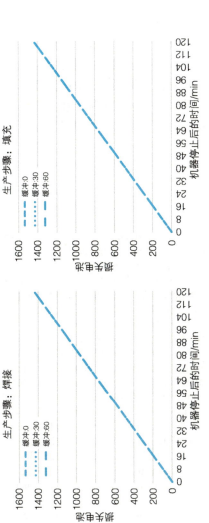

图 14-7 由机器故障导致的电池损失数和工艺步骤之间缓冲的函数关系（指定的工艺步骤中）

217

单个过程和依赖关系的记录和必要的分析能够更好地发挥优势，将它们集成到维护计划软件中。接口（特别是生产计划）必须在两个方向上工作（两个系统需能够同时完成维修计划和生产计划），或者至少允许维修系统的输入，以便在生产计划中考虑到所有必要的操作。

14.4 总结与展望

在根本原因分析上，完全数字化的电池制造是互联生产线的一种特殊形式，因此可以参考互联生产线的优化方法。在此，确保在每个生产周期中执行瓶颈识别至关重要，进而导出一个通用语句。通过预测性维护的使用，选定系统中与磨损相关的故障能够被消除，电池制造中不可预见的中断所带来的成本得以显著降低。概念框架对所需资源与预期节约成本进行对比，并对单个故障可能产生的经济影响进行评估。在完全数字化的电池制造中，通过集群和重排，形成了系统的维护事件，因此智能维护计划使生产停机时间的减少成为可能。

参考文献

[1] Maiser E, Michaelis S, Müller D. Roadmap Batterie-Produktionsmittel 2030: Update 2016. Frankfurt am Main: VDMA Verlag; 2016.

[2] Heimes HH, Kampker A, Lienemann C, Locke M, Offermanns C, Michaelis S, *et al.* Produktionsprozess einer Lithium-Ionen-Batteriezelle /Autoren Dr.-Ing. Dipl.-Wirt.-Ing. Heiner Hans Heimes, Prof. Dr.-Ing. Achim Kampker, Christoph Lienemann, Marc Locke, Christian Offermanns [und weitere]. 3. Auflage, [revidierte Ausgabe]. Aachen, Frankfurt am Main: PEM der RWTH Aachen; VDMA; 2018.

[3] Wuest T, Weimer D, Irgens C, Thoben K-D. Machine learning in manufacturing: advantages, challenges, and applications. Prod Manuf Res. 2016;4(1):23–45.

[4] Thiede S, Turetskyy A, Kwade A, Kara S, Herrmann C. Data mining in battery production chains towards multi-criterial quality prediction. CIRP Ann. 2019;68(1):463–6.

[5] Schnell J, Nentwich C, Endres F, Kollenda A, Distel F, Knoche T, *et al.* Data mining in lithium-ion battery cell production. J Power Sources. 2019;413:360–6.

[6] Niggemann, O., Frey, C. Data-driven anomaly detection in cyber-physical production systems. at-Automatisierungstechnik 2015;63(10):821–32.

[7] Laxman S, Shadid B, Sastry PS, Unnikrishnan KP. Temporal data mining for root-cause analysis of machine faults in automotive assembly lines; 2009 Apr 29.

[8] Strunz M. Instandhaltung: Grundlagen–Strategien–Werkstätten. Berlin: Springer Vieweg; 2012.

[9] Swanson L. Linking maintenance strategies to performance. Int J Prod Econ. 2001;70(3):237–44.

[10] Bengtsson M, Lundström G. On the importance of combining "the new" with "the old" — One important prerequisite for maintenance in Industry 4.0. Procedia Manuf. 2018;25:118–25.

[11] Pfleging W. A review of laser electrode processing for development and manufacturing of lithium-ion batteries. Nanophotonics. 2018;7(3):549–73.

[12] Pei W, Ma X, Deng W, Chen X, Sun H, Li D. Industrial multi-energy and production management scheme in cyber-physical environments: a case study in a battery manufacturing plant. IET cyber-phys syst. 2019;4(1):13–21.

[13] Wu Y, Saxena S, Xing Y, Wang Y, Li C, Yung W, *et al.* Analysis of manufacturing-induced defects and structural deformations in lithium-ion batteries using computed tomography. Energies. 2018;11(4):925.

[14] Brodd RJ, Helou C. Cost comparison of producing high-performance Li-ion batteries in the U.S. and in China. J Power Sources. 2013;231:293–300.

[15] Lughofer E, Sayed-Mouchaweh M. Prologue: predictive maintenance in dynamic systems. In: Lughofer E, Sayed-Mouchaweh M, editors. Predictive maintenance in dynamic systems. Cham: Springer International Publishing; 2019. pp. 1–23.

[16] Lorenzoni A, Kempf M, Mannuß O. Degradation model constructed with the aid of dynamic Bayesian networks. Cogent Eng. 2017;4(1):1395786.

[17] Roy R, Stark R, Tracht K, Takata S, Mori M. Continuous maintenance and the future — Foundations and technological challenges. CIRP Ann. 2016;65(2):667–88.

[18] Sakib N, Wuest T. Challenges and opportunities of condition-based Predictive Maintenance: a review. Procedia CIRP. 2018;78:267–72.

第五部分

 智能电池产品的生命周期优化

第 15 章
电池循环经济——定义、意义和报废策略

本章首先阐述了电动汽车在交通运输领域实现环境目标的重要性。对比于当前的线性经济，本章提出循环经济，并在废物层次结构中对技术产品生命周期的结束进行概述。由于电池的体积不断增长、使用寿命有限、原材料昂贵，在产品和物料流方面电池系统的闭环是至关重要的。据预测，到 2030 年，电池循环经济带来的收入约 100 亿美元。针对适用于锂离子电池系统的寿命终止策略，如再利用、再制造和再循环，更详细的技术实施和工业可行性比较和研究十分重要。最后，本章还对当前建立电池系统循环经济的相关问题进行了分析。

15.1 概述

2030 年欧盟温室气体排放量比 1990 年减少 55%，并在 2050 年实现气候中和，该目标的实现需大幅减少运输部门的排放[1]。目前，占欧盟温室气体排放量五分之一的公路运输气体排放发挥着至关重要的作用[2]。在欧盟，轻型车辆（轿车和货车）的二氧化碳排放量约占总排放量的 15%[3]。因此，一方面，通过规范新车的允许排放量，欧盟委员试图减少温室气体排放[4]。另一方面，在私人交通工具方面，以电动汽车取代内燃机车辆，目的是进一步减少温室气体排放[5]。据研究，在行驶 5 万～8 万 km 后，电动汽车比传统内燃机汽车能实现更好的气候平衡[6-7]。在补贴和政策的支持下，电动汽车的数量继续增加，并在乘用车数量中具有较大占比[8]。据统计，到 2030 年，电动汽车的销量占比达 30% 以上，全球电动汽车的数量有望超过 3 亿辆[9]。

然而，锂离子电池也存在一些问题，例如寿命有限[10]。研究显示，锂离子电池系统的平均日历寿命约为 8～10 年[11-13]。据专家预测，随电池系统的技术进步，2030 年的电池平均使用寿命可能增加到 12 年左右[14]。到 2030 年，大约有 400 万辆电动汽车的电池系统将达到使用寿命[9]。作为昂贵的电动汽车部件，电池系统包含许多有价值的、稀有的材料，如锂、钴、镍和锰[14]，其成本份额超过 30%[10, 15]。电动汽车的重要性日益增加以及电池系统的预期容量增长，产品和材料流方面的闭环至关重要[10, 13]。据预测，到 2030 年，电池循环经济将产生约 100 亿美元的收入[9]。

在此背景下，下面将对循环经济的基本概念进行详细阐述，重点是技术产品和适用的

使用寿命战略。请参阅艾伦·麦克阿瑟基金会（Ellen MacArthur Foundation）等机构对生物材料使用寿命策略的概述[16]。

15.2 电池循环经济——定义与意义

现有的经济和工业体系面临着超越线性消费体系的挑战。艾伦·麦克阿瑟基金会将这种线性关系描述为"获取-制造-处理"模式，自工业化开始以来这种模式就已经存在[16]。众所周知，地球生态超载日每年都会提供证据，证明人类在某一年对生态资源的需求超过了地球在该年可再生的能力[17]。在线性消费系统中，原始材料被捕获并部署到制造中，以创造产出，例如，产品出售给客户，客户在其使用寿命结束时将其处理掉[16]。线性经济是廉价和丰富的资源供应的结果。因此，在线性过程中，对环境影响的关注相对缺乏，回收策略也未开发。

在这种背景下，循环经济概念被引入，旨在将经济增长与不良资源利用脱钩，循环经济中的企业旨在通过管理市场上已有的资源来创造价值[18]。许多学者和机构都试图定义循环经济的概念[16, 19-21]。Geissdoerfer 等人对系统文献综述中的各种定义进行回顾，并提出了循环经济的一般定义：通过减缓、关闭和缩小材料和能源循环，循环经济是将资源投入、浪费、排放和能源泄漏降至最低的再生系统。循环经济可以通过持久的设计、维护、维修、再利用、再制造、翻新和回收来实现[22]。

因此，通过废物和可回收材料的最终处置，例如堆填，循环经济旨在缓解天然原材料的耗竭[23]。通过闭合材料循环和跨行业联系，已经使用的资源应该尽可能长时间地保留在循环中[16]。在这种情况下，作为进一步加工的输入材料，废物可以重新使用，而不会降低产品或材料质量[24]。

级联系统尽可能长时间和频繁地使用原材料或制成的产品，只在所有技术、经济和生态方面的可能性都已用尽之后才考虑恢复。因此，级联系统的利用涉及从高到低的价值创造水平。

层叠是循环经济中物质流动最突出的代表之一，可通过艾伦·麦克阿瑟基金会的蝴蝶图表示，与理光公司（Ricoh）的彗星圈并列[16, 25]。蝴蝶图代表了一个价值圈以及其中技术和生物材料的连续流动。

在生物循环中，食物和以生物为基础的材料（如木材和棉花）被设计成通过厌氧消化和堆肥等过程重新进入循环。生物循环为生命系统（如土壤）提供可再生资源。

技术材料的循环如图 15-1 所示，左边是线性消费系统，右边是转向循环经济的不同选择闭合循环。生命周期结束策略，也称为价值保留过程，用于延长或确保产品生命周期的完整性，并通过节省输入来创建新的价值流[18, 24]。投入包括产品功能、材料、几何设计的体现价值，以及精力和劳动[16, 24]。综上所述，循环可以减少当前原始材料的价格波动，改善整个材料链的资源性能，简化供应短缺。[18]然而，从线性消费系统逐步过渡到循环系统的重要性不应被低估[26]。

在欧盟 2008/98/EC 指令的废物等级中，级联使用合法化，该指令要求成员国遵循有关废物管理的优先顺序。如图 15-1 所示，防止浪费是首要任务。产生的废物需按次序排列优先进行选择，依次是准备再用，再循环，其他形式的回收，例如能源的回收和处置[27]。

经 2018/851/EC 修订的指令规定应提高再利用和回收目标,以提高资源效率和实施循环经济[28]。

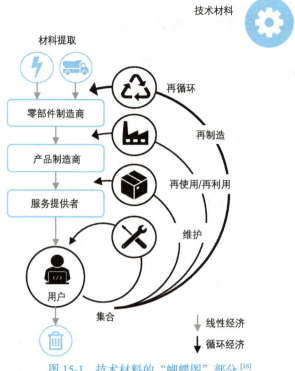

图 15-1　技术材料的"蝴蝶图"部分[16]

在各种类型的电动汽车中,工业电池的使用都有具体的指导方针。例如,禁止电池垃圾填埋的 2006/66/EC 指令,规定截至 2016 年电池的最低回收率为 45%。由于属于"其他废电池"范畴,按平均重量计算的最低回收效率为 50%[30]。此外,欧盟委员会法规 No. 493/2012 规定了锂离子电池的回收效率计算方法[31]。

在层次式废物管理方法中,回收只是循环经济中的一种选择(图 15-2)。实现闭环需要采用多种使用寿命策略,并需根据不同的标准对多种使用寿命策略进行分类和结构化。例如,可根据产品的拆解程度、产品或材料回收形式的结果[32]。在 9R 框架中,Potting 等人对 10 种不同的使用寿命策略进行区分,如图 15-3 所示[33]。

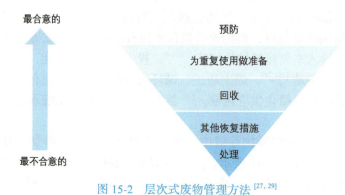

图 15-2　层次式废物管理方法[27, 29]

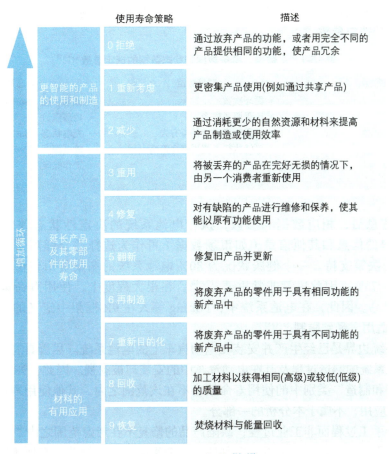

图 15-3　9R 架构 [33, 27]

9R 框架的使用寿命策略可以进一步分为三类：更智能的产品使用和制造、延长产品及其部件的使用寿命和有用的材料应用 [33]。Parker 等人的研究总共包含了 15 种使用寿命策略，而其他作者只考虑了 2~3 种 [34-35]。Reike 等人对近 70 份出版物中使用寿命策略进行概述 [36]。

文献表明使用寿命策略数量的选择需考虑多种因素。在描述使用寿命策略术语部分，由于定义和同义词的不统一，术语部分的解释不同。此外，使用寿命策略的数量还与作为分析基础的抽象程度相关。无论数量多少，使用寿命策略通常按优先级排列 [37]。用于产品的使用寿命策略的数量并不是统一定义的，并且根据研究的不同具有很大差异 [36]。使用寿命策略也适用于电动汽车的电池系统，其策略的级联使用在未来十分重要。

下一节中通过一般术语对电池系统的使用寿命策略进行描述。

15.3　电池系统的寿命终结策略

无论选择何种使用寿命策略，电池系统都会在第一步被从系统中移除。电池系统通常附着在车辆地板上，可以使用特殊工具拆卸 [38]。随后，锂离子电池系统的所有可用数据被收集，包含主数据、事务数据和有助于获取必要信息的状态数据。主数据包括有关电池系统结构的一般信息，状态数据记录电池系统在整个生命周期中当前的健康状态。相比之下，交易数据提供了有关电池系统使用的历史信息[39-40]。表 15-1 概述了主数据、事务数据和状态数据所包含的选定参数[39-41]。

表 15-1 主数据、事务数据和状态数据的选定参数[39-41]

主数据	交易数据	状态数据
• 电池化学	• 循环次数	• 健康状况（SoH）
• 电池设计	• 历程服务寿命	• 内部阻力
• 每个模块的单元数	• 扩展生产者责任持有人	• 充电状态（SoC）
• 模块数量	• 已经执行了使用寿命策略	• 放电深度（DoD）
• 电池管理信息	• …	• 工作温度
• 热管理信息		• …
• …		

在获得信息后，相应数据和参数，执行电池系统的决定性状态评估都需要考虑到[39, 41]。获得的信息和其他信息（如市场数据）可作为选择适合锂离子电池系统的使用寿命策略的决策支持。一个健康状况为 80% 电池系统的剩余货币价值仍约为新电池系统的 70%～75%，因此决策非常重要[10, 42]。在很大程度上，使用寿命策略的适用性取决于单个产品。因此，在电池系统中，Potting 等人在 9R 框架中定义的使用寿命策略（图 15-3）的适用，受到限制[32-33]。

分析的系统边界是已经生产并安装在电动汽车上的电池系统。尽管具有提高资源效率的潜力，电池系统的制造过程及其在电动汽车中的安装却被忽视。因此，9R 框架中"更智能的产品使用和制造"类别中的使用寿命策略不在该范围之内，其他使用寿命策略只能在有限的范围内应用，不属于本分析的一部分。

由于属于手工过程而非工业过程，缺陷产品的修复不在考虑范围之内[43]。作为再制造的一种形式，翻新也不被单独考虑。两种使用寿命策略只是在细节上有所不同，例如，与再制造相比，翻新成本更低，并且很难区分[44]。由于其主要涉及焚烧材料的能量回收，且只能间接地为下游工艺提供投入，使用寿命策略的回收也没有被考虑。

图 15-4 对适用于工业环境中电池系统的使用寿命策略进行了概述。这些策略是电池系统在汽车应用和其他应用中的再利用，例如固定应用、再制造到同一全新状态，以及材料回收，例如制造新的电池单元。

15.3.1 再使用

当移除的电池系统重复应用时，即当移除的电池系统的状态恢复初始状态，锂离子电池系统的使用寿命策略获得重用[32]。在此情况下的电池系统可以再次用于电动汽车，无须进行复杂的后处理步骤[39]。作为一种部署的寿命使用策略，重用已被各种原始设备制造商提及，但执行的通常不是重复使用，而是重新利用[45]。

在工业规模上，电池系统原始用途的再利用尚未实现。实际上，由于从电动汽车中移除的电池系统的健康状态已经低于一定阈值，使用寿命策略的潜在应用是有限的，并且不适合在其他电动汽车中重复使用。

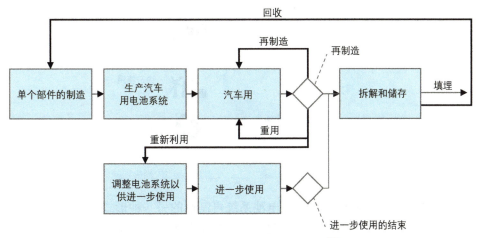

图 15-4 电池系统的使用寿命策略[32]

15.3.2 再利用——调整应用场景

如果电池系统不再适合于电动汽车的重复使用，则通常会进行重新利用，即在其他应用中进一步使用[32,46]。第一步，将电池系统拆卸成模块级，以便在下一步更换电池管理系统[40]。电池管理系统通常因应用程序而异，必须专门为特定的重新利用程序设计[46-47]。然后，新的 BMS 用于单元的重新配置[47]。清洗所有其他部件，更换易损件，如螺钉和密封件[46]。最终，独特电池系统的规格重建可通过应用程序来实现[47]。

从几个电池系统中组装更多的电池模块也可以满足重新利用要求[40]。电池系统需存储并运输到安装的重新利用设备上。重新利用的电池系统通常是可再生能源分散储能的固定应用[40,46]。许多汽车原始设备制造商已经将该使用寿命策略应用于旧电池系统中[48-51]。

15.3.3 再制造

通常，再制造包括五个过程步骤：拆卸、清洗、检查和分类、修理和补充以及重新组装[43,52]。首先，电池系统必须拆卸[45,47]。电池系统是在单体还是模块层面进行拆卸取决于模块或电池的数量、相关的拆卸工作量以及总成本效益比。每个电池的容量不同，每次循环的放电深度不同，因此老化的影响也不同。电池系统总容量的减少并不等同于每个电池的退化，因此随后需对所有电池进行测试[53]。单个电池的差异也会导致电池系统内的温度不均匀，从而增加电池故障的可能性。因此，单个电池的容量损失可能导致整个电池系统容量的重大损失[46]。没有发生故障并且仍然显示充电特性的电池单元可以再次使用[46-47]。大约 15% 的电池必须更换，要么用新的电池，要么用其他同类型拆卸电池系统的功能电池[42,47]。电池模块的性能基于最弱电池的特性，因此具有相同特性值的电池应该连接在一起[10]。基于此，在濒临使用寿命时，废旧电池系统可通过重新组装以实现不同应用，如图 15-4 和图 15-5 所示[42,46,47]，不适合在电池系统中进一步使用的退役电池被进行回收操作[47]。

图 15-5　电池系统中电池/模块的不同老化（左）、新成分（中）和未来使用的示例（右）[52]

定期更换 5%～30% 的电池单元是电池系统再制造的另一种形式。例如，在 2000 次循环后，电池单元的更换能使电池系统的健康状态恢复到接近 100%。

更换电芯的下一步是更换所有易损件，例如螺钉[43]。如果有必要，其他组件也应进行清理，并在下一步中进行评估[10, 41-42]。允许再次使用是对组件的正面评估[10]。否则，相应的组件要么由新的备件替换，要么由另一个电池系统的功能部件替换。更换后的部件依次被回收。所有功能电池经权衡，根据原设备制造商规格与其他组件重新组装成电池系统[10, 47]。之后，根据原设备制造商对规格进行最终测试[10]。电池系统随后被储存、运输并安装在车辆中[32]。

作为一家汽车原设备制造商，戴姆勒公司在电芯层面对电池系统进行再制造，但这是一个例外[57]。目前，电池系统的非自动化拆卸面临的挑战需要格外关注。此外，再制造通常不适用于电池包的特殊设计。目前，德国的研究项目针对这些挑战的解决方案展开研究。

由于经济或技术原因，所有不能重复使用、重新利用或再制造的电池系统都应回收利用。已经应用使用寿命策略的电池系统也同样如此[32]。

15.3.4　再循环

由于不适合其他使用寿命策略，大约 15% 的被移除的电池系统需被回收[42, 47]，剩余 85% 的电池系统理论上可以通过更高价值的循环使用策略来保留[40]。此外，已经被重新使用、重新利用或重新制造的电池系统也被回收利用[32]。因此，应当指出，尽管存在价值较高的环境价值战略，但某些回收是有必要的。

锂离子电池系统的回收可以通过不同的过程来实现，包括湿法冶金、火法冶金、机械处理或这些工艺的组合，如图 15-6 所示[10, 40]。

在特定回收过程之前和之后，都存在一般的处理步骤。在第一步中，电池系统被完全拆解到模块或电池级别，为实际的回收过程做准备。之后，得到的材料被分成不同的部分，如铝、铜和塑料。收集的物料馏分将被运输到专业回收公司。

电芯是电池系统拆解过程中积累的重要材料，其价值约占整个电池系统的 2/3，因此电芯回收至关重要[10]。在进入回收过程之前，电池须停用，以确保在之后处理期间的安全。电池的钝化主要是通过在惰性气体中粉碎来实现的。由于停用后才是实际的回收过程，回收代表了锂离子电池系统的最终使用寿命策略。第19章详细介绍了材料回收过程、工业处理路线和目前安装的回收能力。

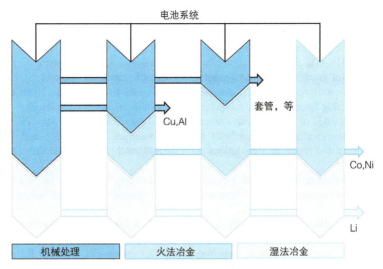

图15-6 电池回收的基本流程

15.4 归纳与总结

在级联系统中,使用寿命策略使得闭合产品和材料的循环成为可能,进而实现循环经济。

电池循环经济提供了可能挖掘的经济和生态潜力。通过建立电池循环经济,一方面可以减少稀有和有价值的原材料的浪费,从而降低成本;另一方面,使用寿命战略增强了汽车供应链的弹性和可持续性。

许多使用寿命策略仍处于研究阶段,正在探索工业规模。受欧盟提出的减少交通部门温室气体排放政策目标的支持,欧洲电动和混合动力汽车注册量逐渐增加。由于新电池系统的生产和销售与产品寿命结束后的回收之间存在时间差,未来销量将大幅增长。为了管理这些数量和闭环,在产品开发阶段考虑使用寿命策略是有必要的,例如通过简化电池系统再制造的拆卸。

闭环的实现需要克服各种各样的挑战,包括:

1)通过数字化和价值链上相应的数据交换,实现电池生命周期中所有利益相关者的互联互通。

2)通过适当的电池评估过程对电池进行表征,以评估哪些电池仍可用于要求较低的应用,例如固定式电池存储系统。

3)在电池系统使用寿命预期增加的背景下,将拆卸过程优化作为多个使用寿命策略的基础。

4)通过结合不同形式的回收,确保工业规模上有效的材料回收过程。

5)开发和建立合适的商业模式,将组装的电池重新引入第二个使用阶段。

参 考 文 献

[1] Proposal for a Regulation of the European Parliament and of the Council establishing the framework for achieving climate neutrality and amending Regulation (EU) 2018/1999 (European Climate Law); 2020.

[2] European Environment Agency. Greenhouse gas emissions from transport in Europe; 2020 [cited 2021 Feb 4]. Available from: https://www.eea.europa.eu/data-and-maps/indicators/transport-emissions-of-greenhouse-gases/transport-emissions-of-greenhouse-gases-12

[3] European Commission. Road transport: reducing CO2 emissions from vehicles; 2020 [cited 2021 Mar 17]. Available from: https://ec.europa.eu/clima/policies/transport/vehicles_en

[4] Regulation (EU) 2019/631 of the European Parliament and of the Council–of 17 April 2019 — Setting CO2 emission performance standards for new passenger cars and for new light commercial vehicles, and repealing Regulations (EC) No 443/2009 and (EU) No 510 / 2011; 2019. (vol. 62).

[5] Circular Economy Initiative Deutschland. Resource-efficient battery life cycles: Driving electric mobility with the circular economy. München: Acatech–National Academy of Science and Engineering; 2020.

[6] Helms H, Kämper C, Biemann K, Lambrecht U, Jöhrens J. Klimabilanz von Elektroautos: Einflussfaktoren und Verbesserungspotenzial. Berlin: Agora Verkehrswende; 2019.

[7] Regett A, Mauch W, Wagner U. Klimabilanz von Elektrofahrzeugen–Ein Plädoyer für mehr Sachlichkeit. Forschungsstelle für Energiewirtschaft (FfE) e.V.; 2019.

[8] International Energy Agency. Global EV outlook 2020: Entering the decade of electric drive? 2020.

[9] Niese N, Pieper C, Arora A, Xie A. The case for a circular economy in electric vehicle batteries. Boston Consulting Group; 2020. Online available: https://www.bcg.com/de-de/publications/2020/case-for-circular-economy-in-electric-vehicle-batteries

[10] Kampker A, Vallée D, Schnettler A, editors. Elektromobilität: Grundlagen einer Zukunftstechnologie. 2. Auflage. Berlin: Springer Vieweg; 2018. Available from: https://link.springer.com/book/10.1007%2F978-3-662-53137-2

[11] Skeete J-P, Wells P, Dong X, Heidrich O, Harper G. Beyond the EVent horizon: Battery waste, recycling, and sustainability in the United Kingdom electric vehicle transition. Energy Res Social Sci. 2020;69(2):101581.

[12] Kurdve M, Zackrisson M, Johansson MI, Ebin B, Harlin U. Considerations when modelling EV battery circularity systems. Batteries. 2019;5(2):40.

[13] Drabik E, Rizos V. Prospects for electric vehicle batteries in a circular economy. Brussels, Belgium: CEPS; 2008. (No 2018/5).

[14] Karabelli D, Kiemel S, Singh S, Koller J, Ehrenberger S, Miehe R, *et al*. Tackling xEV battery chemistry in view of raw material supply shortfalls. Front Energy Res. 2020;8:2873.

[15] Kampker A, Vallée D, Schnettler A. Elektromobilität: Grundlagen einer Zukunftstechnologie. Berlin, Heidelberg: Springer Vieweg; 2013. Available from: http://dx.doi.org/10.1007/978-3-642-31986-0

[16] Ellen MacArthur Foundation. Towards the circular economy vol 1: Economic and business rationale for an accelerated transition; 2013.

[17] Global Footprint Network. Overshoot day; 2021 [cited 2021 Jan 30]. Available from: https://www.overshootday.org

[18] Lacy P, Rutqvist J. Waste to wealth: The circular economy advantage. Basingstoke: Palgrave Macmillan; 2015.

[19] Geng Y, Doberstein B. Developing the circular economy in China: Challenges and opportunities for achieving 'leapfrog development'. Int J Sustainable Dev World Ecol. 2008;15(3):231–9.

[20] Webster K. The circular economy: a wealth of flows. 2nd Ed. Cowes, Isle of Wight, UK: Ellen MacArthur Foundation Publishing; 2017.

[21] Yuan Z, Bi J, Moriguichi Y. The circular economy: A new development strategy in China. J Ind Ecol, 2006;10(1–2):4–8.

[22] Geissdoerfer M, Savaget P, Bocken NMP, Hultink EJ. The circular economy — A new sustain-

ability paradigm? J Cleaner Prod. 2017;143:757–68.

[23] Haas W, Krausmann F, Wiedenhofer D, Heinz M. How circular is the global economy? An assessment of material flows, waste production, and recycling in the European Union and the world in 2005. J Ind Ecol. 2015;19(5):765–77.

[24] Russell J, Nasr N. Value-retention processes within the circular economy. In: Nasr N, editor. Remanufacturing in the circular economy: operations, engineering and logistics. Beverly, MA, Hoboken, NJ: Scrivener Publishing, Wiley; 2019. p. 1–29.

[25] Ricoh. The Ricoh Group contributes to the development of a sustainable society based on the Comet Circle concept; 2021 [cited 2021 Feb 1]. Available from: https://www.ricoh.com/sustainability/environment/management/concept.html

[26] Larsson M. Circular business models: developing a sustainable future. Cham: Springer International Publishing; 2018.

[27] Directive 2008/98/EC of the European Parliament and of the Council of 19 November 2008 on waste and repealing certain Directives (Text with EEA relevance): 2008/98/EC; 2008.

[28] Directive (EU) 2018/851 of the European Parliament and of the Council of 30 May 2018 amending Directive 2008/98/EC on waste; 2018 (vol. 61).

[29] Hernández Parrodi JC, Höllen D, Pomberger R. Potential and main technological challenges for material and energy recovery from fine fractions of landfill mining: a critical review. Detritus. 2018;(3):19–29. https://digital.detritusjournal.com/articles/potential-and-main-technological-challenges-for-material-and-energy-recovery-from-fine-fractions-of-landfill-mining-a-critical-review/139.

[30] Directive 2006/66/EC of the European Parliament and of the Council of 6 September 2006 on batteries and accumulators and waste batteries and accumulators and repealing Directive 91/157/EEC; 2006 (vol. 49).

[31] Commission Regulation (EU) No 493/2012 of 11 June 2012 laying down, pursuant to Directive 2006/66/EC of the European Parliament and of the Council, detailed rules regarding the calculation of recycling efficiencies of the recycling processes of waste batteries and accumulators; 2012 (vol. 55).

[32] Becker J, Beverungen D, Winter M, Menne S, editors. Umwidmung und Weiterverwendung von Traktionsbatterien: Szenarien, Dienstleistungen und Entscheidungsunterstützung. Wiesbaden: Springer Fachmedien Wiesbaden; 2019.

[33] Potting J, Hekkert M, Worrell E, Hanemaaijer A. Circular economy: Measuring innovation in the product chain; Policy Report. PBL Netherlands Environmental Assessment Agency; 2017.

[34] Diener DL, Tillman A-M. Component end-of-life management: Exploring opportunities and related benefits of remanufacturing and functional recycling. Resour Conserv Recycl. 2015;102(3):80–93.

[35] Parker D, Riley K, Robinson S, Symington H, Tewson J, Jansson K, et al. Remanufacturing market: For horizon 2020, grant agreement No 645984, November 2015 Study; 2015.

[36] Reike D, Vermeulen WJV, Witjes S. The circular economy: new or Refurbished as CE 3.0? — Exploring controversies in the conceptualization of the circular economy through a focus on history and resource value retention options. Resour Conserv Recycl. 2018;135:246–64.

[37] Kirchherr J, Reike D, Hekkert M. Conceptualizing the circular economy: an analysis of 114 definitions. Resour Conserv Recycl. 2017;127:221–32.

[38] Kampker A. Elektromobilproduktion. Berlin: Springer Vieweg; 2014.

[39] Beverungen D, Fabry C, Ganz W, Matzner M, Satzger G, editors. Dienstleistungsinnovationen für Elektromobilität: Märkte, Geschäftsmodelle, Kooperationen. Stuttgart: Fraunhofer-Verl.; 2015.

[40] Baltac S, Slater S. Batteries on wheels: the role of battery electric cars in the EU power system and beyond. Element Energy; 2019. See: https://www.transportenvironment.org/wp-content/uploads/2021/07/2019_06_Element_Energy_Batteries_on_wheels_Public_report.pdf

[41] Zhang H, Liu W, Dong Y, Zhang H, Chen H. A method for pre-determining the optimal remanufacturing point of lithium ion batteries. Procedia CIRP. 2014;15:218–22.

[42] Kampker A, Heimes HH, Ordung M, Lienemann C, Hollah A, Sarovic N. Evaluation of a remanufacturing for lithium ion batteries from electric cars. Int J Mech Mech Eng.

2016;10(12):1929–35.

[43] Steinhilper R. Produktrecycling: Vielfachnutzen durch Mehrfachnutzung. Stuttgart: Fraunhofer-IRB-Verl.; 1999.

[44] British Standards Institution. Design for manufacture, assembly, disassembly and end-of-life processing (MADE): Part 2: Terms and definitions: British Standards Institution; 2009.

[45] Bittner P. Zweites Leben für gebrauchte Akkus: Volkswagen AG; 2021 [cited 2021 Feb 1]. Available from: https://www.volkswagen.de/de/elektrofahrzeuge/elektromobilitaet-erleben/elektroauto-technologie/zweites-leben-fuer-gebrauchte-akkus.html

[46] Treffer F. Abschlussbericht zum Verbundvorhaben: Entwicklung eines realisierbaren Recyclingkonzepts für die Hochleistungsbatterien zukünftiger Elektrofahrzeuge (LiBRi). Hanau; Umicore AG & Co.KG; 2011.

[47] Standridge CR, Corneal L. Remanufacturing, repurposing, and recycling of post-vehicle-application lithium-ion batteries. Mineta National Transit Research Consortium; 2014. Online available: https://transweb.sjsu.edu/sites/default/files/1137-post-vehicle-Li-Ion-recycling.pdf

[48] Still B, Busse J. Audi und EnBW kooperieren bei Batteriespeichern: Gemeinsame Pressemitteilung; 2020 [cited 2021 Feb 26]. Available from: https://www.enbw.com/unternehmen/presse/second-life-batterien.html

[49] Stoker L. Renault looks to drive UK storage boom with second-life Powervault deal; 2017 [cited 2021 Feb 19]. Available from: https://www.energy-storage.news/news/renault-looks-to-drive-uk-storage-boom-with-second-life-powervault-deal

[50] BMW Group. BMW i Batterien werden als "Second Life Batteries" flexible Speicher für erneuerbare Energien und sichern die Stabilität des Stromnetzes. Hamburg; 2014 [cited 2021 Feb 18]. BMW AG. Available from: https://www.press.bmwgroup.com/deutschland/article/detail/T0193200DE/bmw-i-batterien-werden-als-"second-life-batteries"-flexible-speicher-fuer-erneuerbare-energien-und-sichern-die-stabilitaet-des-stromnetzes

[51] Chubu Electric Power Co., Inc., Toyota Motor Corporation. Chubu electric power and Toyota to commence electrified vehicle battery reuse and recycling verification project; 2018 [cited 2021 Mar 15]. Available from: https://global.toyota/en/newsroom/corporate/20929916.html

[52] Charter M, Gray C. Remanufacturing and product design. Int J Prod Develop. 2008;6(3/4):375.

第 16 章
数字化——循环经济解决方案的驱动力

《欧洲绿色协议》（2020 年 3 月）的主要组成部分之一是循环经济行动计划（Circular Economy Action Plan，CEAP）。该计划在产品的整个生命周期中引入立法措施和道德约束，以减少自然资源短缺带来的压力，鼓励可持续消费，并确保所使用的资源尽可能长时间地保留在欧盟经济中。电池行业的循环经济前景尤其具有巨大的潜力，可以通过提高资源生产率和采用废弃时能够安全地可重复使用的材料来提高社会经济效益。然而，数字化或广泛使用数字技术和加工对于实现信息驱动的循环经济是必要的。针对电池的循环经济措施包括报废跟踪、自动拆解、再制造和回收，从而促进具有成本效益、更高质量的产品和材料（再）使用。全面的数字化有助于生成与电池生命周期相关的商业模式数据，并在相关参与者之间共享，以最大限度地提高企业和社会效益。此外，信息驱动的循环经济的实施提高了产品跟踪的透明度和下游价值创造路径的连通性。

16.1 概述

在循环经济中，涉及多个利益相关者，如原材料供应商、原始设备制造商、用户、拆解商和回收商，他们在产品生命周期的不同阶段发挥各自的作用。因此，一个循环经济必然是一个地理上网络化的环境，涉及各种跨产品生命周期的组织。考虑到这两个维度的网络概念会带来一些挑战，如信息多样性、数据安全性、确保面向相关者的可用性、数据存储和数据管理，本章重点介绍提高电池系统循环的数字化机遇。因此，考虑采用不同的生命周期来跟踪电池在整个生命周期中不同系统级别的性能演变，生命周期涉及九个阶段，从原材料的精炼过程开始，直到通过再制造、再利用进行回收（图 16-1）。

在生命周期结束阶段，关于产品的可用性、位置和状况等详细信息，可以通过增强规划能力来提高回收效率，实现寿命终止策略的优化选择，优化寿命终止操作（如测试和拆卸）。在图 16-1 中，我们参考文献 [29] 确定了生命周期循环性的示例性相关数据。如今，无法对这些数据进行透明和全面的跟踪，造成了信息赤字，这使得高效循环经济的建立变得复杂。Wilts 和 Berg 等人将循环经济中的这些信息赤字分为四类：

1）有限的信息可用性：这涉及与回收物的质量和数量相关的某些信息。因此，将报废资产分配给最佳的后续应用变得更加具有挑战性。

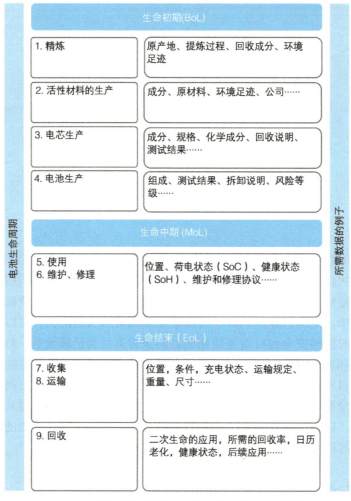

图 16-1 电池的生命周期阶段及其相关的产品数据

2）增加的交易和研究成本：信息缺失导致高成本，例如，找出产品的质量和组成。这使得确定价格变得复杂，并导致市场缺乏透明度。

3）用户的认知扭曲：二次产品和二次材料大多被认为比新产品和一次材料的价值低。

4）技术缺陷：循环性通常不被视为一种竞争优势，而且由于在设计阶段没有被考虑而变得更加困难。

16.2 数字化的定义和意义

电池生命周期管理或电池生命周期数据管理（Battery Lifecycle Data Management，BLDM），在循环经济的数字化中起着关键作用。如今，随着大量数据的创建、管理和跨功能使用，对产品生命周期数据的需求已经成为跨组织的现实。由于电气、机械、嵌入式软件和服务元素的增加，产品的复杂性日益增加，逐渐产生了对结构化产品数据管理的需求。在本节中，确定并进一步讨论了实现电池生命周期数据管理的技术，特别是在 EoL 阶段。

根据 Tezri 等人的说法[1]，产品生命周期管理（Product Lifecycle Management，PLM）是工具和技术的集成，可简化产品生命周期各个阶段的信息流。这是改进跨职能协作和利用组织领域之间的协同作用的先决条件。PLM 集成了人员、数据、流程和业务系统，并通过在正确的时间和正确的环境中提供正确的信息，充当组织的产品信息支柱。该概念基于协调的方法、流程和组织结构，通常使用 IT 系统来记录和管理数据。在文献 [2-4] 中，PLM 与数据生命周期管理（Data Lifecycle Management，DLM）的概念有一些重叠，例如数据采集和捕获、数据备份和恢复、数据管理和维护、数据保存和安全销毁。

图 16-2 突出显示了 BLDM 的组成部分。数据类型、数据源和数据管理方法是确定 BLDM 技术的重要因素。需要根据生命周期阶段确定数据类型和数据源，而数据管理方法可能包括来自 IT 基础架构内的各种数据采集、处理和传播方法。例如，数据挖掘跨行业标准流程（cross-industry standard process for data mining，CRISP-DM）是一个开放的标准流程模型，适用于锂离子电池电芯生产[5]。同样，电池使用过程中电池管理系统（Battery Management System，BMS）架构的数据分析在文献 [6] 中被提出，以驱动数据和电池寿命估算。

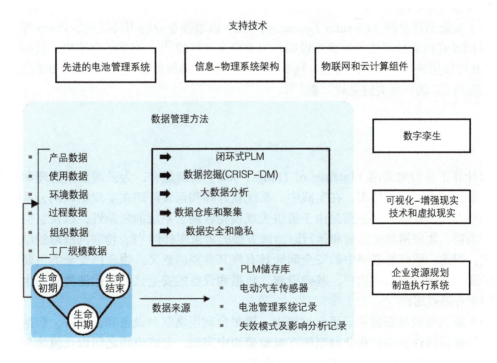

图 16-2　用于寿命结束时电池生命周期数据管理的支持技术

在 21 世纪初，生命周期管理的主要支持技术是传感器、指示器、RFID 和无线通信，用于促进数据从现实空间移动到虚拟空间[7]。随着工业 4.0 的到来，从技术角度来看，在工厂中建立智能制造系统已经有了重大发展。随着时间的推移，支持技术的相互整合和优化将变得更加简单、方便和准确[8]。图 16-2 中的支持技术进一步详述如下。

16.2.1　CPS 架构

　　网络物理系统（Cyber-Physical Systems，CPS）一词反映了一种"将我们的物理世界与信息世界深度连接的技术的愿景"，可以通过许多新方法与人类交互[9]。它被视为智能工厂"工业 4.0"的核心概念，也是未来技术的关键助手。随着最近的发展，传感器、数据采集系统和计算机网络的可用性和价格都有所提高，当今工业的竞争性质迫使更多的工厂采用高科技方法[10]。尽管如此，CPS 研究仍处于起步阶段。为了快速设计和部署 CPS，必须开发能够无缝集成控制、通信和计算的概念和架构的创新方法。

　　迫切需要标准化的概念和架构来充分支持集成和互操作性，并刺激网络物理系统中的类似创新。CPS 新引入的概念之一是虚拟电池。由于对电动汽车和混合动力汽车以及电厂储能需求的增加，电池变得越来越重要。电池功率受许多环境因素影响，如温度、湿度、充电水平和放电率。我们需要一个电池模型，通过在不同条件下的仿真，使用给定的信息评估电池的健康状况和故障预测。然而，CPS 也存在许多挑战。为了做出正确的决策，必须在正确的时间出于正确的原因发送正确的数据。此外，还需要确保传输数据的安全性及 CPS 的可靠性和安全性[11]。

　　为了实施循环经济（Circular Economy，CE）以增强企业的可持续性，Pham 等人提出了包括 CPS 在内的框架技术并举例说明，以克服实施障碍[12]。许多研究指出，数据驱动的工业 4.0 可以用来解决 CE 的问题。网络物理系统标准和规范以及 CPS 建模和建模集成被认为是实现 CE 的一些关键挑战因素[13]。

16.2.2　物联网和云组件

　　云计算正在与物联网（Internet of Things，IoT）紧密融合，为云端数据管理和可视化提供了新的技术支持。然而，在实践中，系统设计师和运营经理在实现物联网云系统方面仍然面临着许多挑战，这主要是由于提供大规模物联网云系统的复杂性，以及它们在物联网资源消耗、物联网功能定制和运行时治理方面的需求多样性[14]。物联网故障的结果可能很严重，因此，研究物联网中的安全问题具有极其重要的意义。物联网安全的主要目标是保护隐私，并确保物联网用户、基础设施、数据和设备的安全性，并保证物联网生态系统提供的服务的可用性[15]。

　　一种新型电池状态监测云平台被提出，该平台利用物联网设备和云组件，包括数据采集和无线通信组件在内的物联网组件在电池模块中实现，允许模块之间以及模块与云端之间通信。云组件需要包括云存储工具、分析工具和可视化工具[16]。

　　参考循环经济，Rajput 等人指出，采用物联网可用于检索实时信息，进一步帮助改善数据收集、共享资源消耗和减少材料浪费，进一步提高了制造系统的准确性和精确度[13]。此外，有研究指出，通过物联网可以使用移动设备连接人与物来促进 CE，从而为个人和企业带来多个领域的经济机遇[12]。

16.2.3 数字孪生

智能制造的一个重要先决条件是网络物理集成,这一点正越来越多地被制造商所接受。DT 是另一个与网络物理集成相关的概念。数字孪生(Digital Twins,DT)在虚拟空间中创建物理对象的高保真虚拟模型,以模拟其在现实世界中的行为并提供反馈[17]。

数字孪生反映了一个双向的动态映射过程:它打破了产品生命周期中的障碍并提供了产品的完整数字足迹[18]。因此,数字孪生使公司能够更快、更准确地预测和检测物理问题,优化制造过程,并生产出更好的产品。目前,新信息技术的进步正在促成数字孪生的发展。由于数字孪生开辟了一种使物理活动与虚拟世界同步的新途径,它已成为一个热门研究课题。关于电池系统,其生命周期的许多部分还没有得到准确的监管。用于自动驾驶电池系统的数字孪生结构具有可能性,在此基础上,可以为电池的制造和产品生命周期中的各利益相关者建立数字服务[19]。

关于循环经济,数字孪生是实现实时模拟过程、材料流和能源消耗的重要工具。然而,有研究指出,尽管 DT 可以很容易地适用于循环经济实践,但到目前为止,只有少数论文研究这一主题。在循环经济实践中采用 DT 重点关注实现拆卸的虚拟优化(例如监控材料和能源消耗)或回收和再制造(例如存储有关嵌入产品的组件和材料的知识)[20]。

16.2.4 可视化——AR 和 VR

自从增强现实(Augmented Reality,AR)技术诞生以来,工业一直是其突出的应用领域之一。便携式和可穿戴 AR 设备的最新进展以及工业 4.0 带来的新挑战进一步扩大了 AR 在提高生产力和增强用户体验方面的适用性。AR 的有效性并不在于可视化过程本身,而是数据的可视化方式使 AR 成为一项非常强大的技术[21]。

虚拟现实(Virtual Reality,VR)技术在工业 4.0 中的应用使企业能够降低设计和生产成本,保持产品质量,缩短从产品概念到生产所需的时间。工业 4.0 的范围是在实时生产线上叠加模拟,从而调查不为人知的现象,并帮助纠正错误[22]。虚拟电池有助于以可视化的形式实时收集健康信息、可靠性、操作准备信息,这有助于设计师解决缺陷和设计方面的问题,提高预期寿命[23]。

专注于 CE,AR/VR 可能是改进拆卸和再制造过程的关键因素。此外,VR 技术可以支持 CE 实践,通过一套专门的模拟工具,实现在拆解厂中对电子电气设备废弃物的虚拟测试。Demestichas 等人提出的基于 AR 的 CE 解决方案使工人能够为挖掘机探测埋在地下的公共设施,从而防止公共设施的损坏(如水/废水管道、导管、电缆等)及其后续的经济和环境影响[24]。

16.2.5 企业资源计划和制造执行系统

每个公司都需要改进生产系统内的流程,以便能够更好地监测和控制,以及提供对决策过程非常重要的所有实时信息,改进所有流程并同时控制流程中的所有要素。过程监控的系统为企业资源计划（Enterprise Resources Planning，ERP）和制造执行系统（Manufacturing Execution Systems，MES），但它们没有充分整合[25]。信息对象由 MES、ERP、质量管理软件（Quality Management Software，QMS）和产品数据管理（Product Data Management，PDM）以及电子文档管理系统决定。设计和生产程序的清单是由特定企业的自动化程序决定的，这决定了数字护照存在可变性[26]。

循环经济原则在 ERP 系统中的整合可以帮助开发一个涉及再制造和回收材料的竞争战略的采购系统。供应商发展战略和管理供应商库存的外包决策是 CE 中再制造业务卓越的关键[27]。有研究指出，数据处理系统支持循环经济的目标，因为它整合了由异构数据收集系统（如物联网、ERP 和 CRM 系统）产生的信息[28]。

参 考 文 献

[1] Terzi S, Bouras A, Dutta D, Garetti M, Kiritsis, D. Product lifecycle management — From its history to its new role. Int J Product Lifecycle Management. 2010;4:360–89.

[2] Gharaibeh A, Salahuddin MA, Hussini SJ, Khreishah A, Khalil I, Guizani M, Al-Fuqaha A. Smart cities: A survey on data management, security, and enabling technologies. IEEE Communications Surveys & Tutorials. 2017;19(4):2456–501.

[3] Higgins S. The lifecycle of data management. Manag Res Data. 2012:17–45.

[4] Reid R, Fraser-King G, Schwaderer WD. Data lifecycles: managing data for strategic advantage. John Wiley & Sons; 2007;11.

[5] Schnell J et al. Data mining in lithium-ion battery cell production. J Power Sources. 2019;413: 360–6.

[6] Zhou K, Chao Fu, Shanlin Yang. Big data driven smart energy management: From big data to big insights. Renew Sust Energy Rev. 2016;56:215–25.

[7] Grieves MW. Product lifecycle management: The new paradigm for enterprises. Int J Prod Dev. 2005;2(1/2):71.

[8] Wan J, Cai H, Zhou K, Industrie 4.0: Enabling technologies, Proceedings of 2015 International Conference on Intelligent Computing and Internet of Things, Harbin, China, 2015, pp. 135–140.

[9] Lee EA, Seshia SA. Introduction to embedded systems: A cyber-physical systems approach. 2nd ed. Cambridge, MA: MIT Press; 2017.

[10] Lee J, Bagheri B, Kao H-A. A Cyber-Physical Systems architecture for Industry 4.0-based manufacturing systems. Manuf Lett. 2015;3:18–23.

[11] Singh M, Gupta H. Significance of Virtual Battery in Modern Industrial Cyber-Physical Systems. In: Simulation for Cyber-Physical Systems Engineering 2020. pp. 305–319. Springer, Cham.

[12] Pham TT, Kuo T-C, Tseng M-L, Tan RR, Tan K, Ika DS, et al. Industry 4.0 to accelerate the circular economy: a case study of electric scooter sharing. Sustainability. 2019;11(23):6661.

[13] Rajput S, Singh SP. Connecting circular economy and Industry 4.0. Int J Inf Manage. 2019;49:98–113.

[14] Nastic S, Sehic S, Le D-H, Truong H-L, Dustdar S. Provisioning software-defined IoT cloud systems. In: 2014 International Conference on Future Internet of Things and Cloud. IEEE; FiCloud 2014, Barcelona, Spain, 2014. pp. 288–295.

[15] Mohamad Noor MB, Hassan WH. Current research on Internet of Things (IoT) security: a survey. Comput Netw. 2019;148:283–94.

[16] Adhikaree A, Kim T, Vagdoda J, Ochoa A, Hernandez PJ, Lee Y. Cloud-based battery condition monitoring platform for large-scale lithium-ion battery energy storage systems using Internet-of-Things (IoT). In: ECCE: 2017 IEEE Energy Conversion Congress and Exposition: 1–5 October 2017. New York: IEEE; 2017. pp. 1004–1009.

[17] Tao F, Qi Q, Wang L, Nee A. Digital twins and Cyber–Physical Systems toward smart manuf Industry 4.0: correlation and comparison. Engineering. 2019;5(4):653–61.

[18] Tao F, Cheng J, Qi Q, Zhang M, Zhang H, Sui F. Digital twin-driven product design, manufacturing and service with big data. Int J Adv Manuf Technol. 2018; 94(9–12): 3563–3576.
[19] Merkle L, Segura AS, Torben Grummel J, Lienkamp M. Architecture of a digital twin for enabling digital services for battery systems. In: 2019 IEEE International Conference on Industrial Cyber Physical Systems (ICPS 2019): Howards Plaza Hotel Taipei, Taiwan, 2019 May 06–09. Piscataway, NJ: IEEE; 2019. pp. 155–60.
[20] Rocca R, Rosa P, Sassanelli C, Fumagalli L, Terzi S. Integrating virtual reality and digital twin in circular economy practices: a laboratory application case. Sustainability. 2020;12(6):2286.
[21] Pace F de, Manuri F, Sanna A. Augmented reality in Industry 4.0. Am J Comput Sci Inf Technol. 2018;06(01):17.
[22] Liagkou V, Salmas D, Stylios C. Realizing virtual reality learning environment for Industry 4.0. Procedia CIRP. 2019;79:712–17.
[23] Singh M, Gupta H. Significance of virtual battery in modern industrial Cyber-Physical Systems. In: Risco Martín JL, Mittal S, Ören T, editors. Simulation for Cyber-Physical Systems engineering: a cloud-based context. 1st ed. Cham: Springer International Publishing; Springer; 2020. pp. 305–19. (Simulation Foundations, Methods and Applications).
[24] Demestichas K, Daskalakis E. Information and communication technology solutions for the circular economy. Sustainability. 2020;12(18):7272.
[25] Berić D. The implementation of ERP and MES systems as a support to industrial management systems; 2018 [cited 2021 Mar 1]. Available from: http://ijiemjournal.org/images/journal/volume9/IJIEM-3_018.pdf
[26] Julia D, Yuriy G. A generalization of approaches to creating a digital passport supporting the stages of the electronic product life cycle and the features of the formation of design decisions based on it Industry 4.0. 2020;5(3):101–104. Available from: https://stumejournals.com/journals/i4/2020/3/101.full.pdf
[27] Procurement 4.0 and its implications on business process performance in a circular economy [cited 2021 Mar 10]. Available from: https://www.sciencedirect.com/science/article/abs/pii/S0921344919304082?via%3Dihub
[28] Pagoropoulos A, Pigosso DC, McAloone TC. The emergent role of digital technologies in the circular economy: a review. Procedia CIRP. 2017;64:19–24.
[29] Wilts, Henning, and Holger Berg. The digital circular economy: can the digital transformation pave the way for resource-efficient materials cycles? Vol. 2017. Wuppertal Institut für Klima, Umwelt, Energie, 2018.

第 17 章 智能测量——回收电池的测量评估

电池制造是一个稳定增长的行业，需要各种资源。因此，电池回收的发展被推动，并将成为可持续市场的一个主要部分。除了直接回收的电池单体外，还存在二次应用的可能性。在这里，回收的未达到其使用寿命极限的电池单体被用于要求较低的应用，如固定式电池储能系统。不同的电池表征方法用于评估哪些电池仍可使用。本章介绍了合适的电池评估过程，并强调了不同评估过程的不确定性。

17.1 回收电池的生命周期优化使用

由于不同的电池化学成分和应用领域不同，电池的寿命有很大的不同。如今锂离子电池被用于各种移动设备，并越来越多地用于汽车领域。电动汽车（Electric Vehicles，EV）的动力电池尤其受到快速充电/放电循环以及恶劣温度环境的影响。因此，它们的使用寿命被限制在 3~5 年内。在此之后，电池容量将减少约 25%，在没有再充电的情况下电动汽车能达到的行驶里程也会减少。这些电池必须换成新的，旧电池往往被废弃，而不是被回收或重新用于二次应用（固定式电池储能系统）。然而，由于多种原因，这种情况可能会发生变化。首先，规章制度正在改变。例如，欧洲报废汽车指令要求汽车制造商重新使用或回收高达 85% 的汽车零部件[1]。此外，电池指令规定汽车制造商有责任收集和回收电池。由于锂和其他稀有金属的价格在过去几年一直在增长，因此，回收这些材料在经济上是可行的。

17.2 回收电池的评估——智能测量

全球电动汽车数量的增加导致了锂离子电池回收的快速发展，不仅回收电池特有的金属，如锂、钴、锰和镍，还回收有价值的材料，如铜、铝和石墨。

近年来的另一个趋势是在要求较低的领域翻新和重新使用废弃的电动汽车电池，如固定的储能系统。这个应用领域被称为二次应用。在这里，回收的锂离子电池可以作为峰值负荷管理的固定储能系统、电动汽车充电站或增强可再生能源电网的交互[2-4]。当一个汽车电池组失去其初始容量的 20% 或内阻增加一倍时，它的第一次使用寿命就结束了[5]。目前，该电池组不再适合作为动力电池,因为容量损失会影响加速、续驶里程和能量回收。如今,这些电池通常被转移到回收过程中。目前有多种回收程序,包括物理和化学处理。

主要的物理过程是机械分离、热处理或溶解。另一方面,关键的化学工艺包括酸浸、生物浸出、溶剂萃取、化学沉淀和电化学技术。此外,需要注意,这些过程并不局限于一种,技术之间经常发生重叠[6]。回收的原材料必须进行质量测试,并满足新浆料的规格要求。然而,最可能的是,新的浆料由大约 90% 的新材料和大约 10% 的回收成分组成。图 17-1 显示了电池回收和制造的封闭价值链。

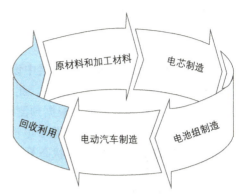

图 17-1 提出的电池生命周期价值链循环,从电池生产开始,到回收原材料添加到新电池中结束

在一个电池模组中,并非所有回收的电池单体都已经达到了它们的使用寿命。因此,打开回收的电池模组,回收单个电池单体而不是直接粉碎整个模组可能更具有经济效益。在这种情况下,必须对回收的电池进行评估,以决定它的进一步用途。电池的状态是否没有达到报废的标准?这些电池是否仍可用于移动设备或二次使用(如固定电池储能),或者只适合回收?由于不同的电池单体状态和进一步应用的潜力,有必要对其进行测试和评估。

17.3 电池电芯评估方法概述

相关文献中描述了多种表征电池电芯当前健康状态(State Of Health,SOH)的方法,其各有优势和缺点。对于可充电电池来说,需要测量的一个关键参数是荷电状态(State Of Charge,SOC)。这个常见的指标被用于多种电池表征方法中,并与 SOH 相关联。因此,人们对 SOC 进行了更广泛的研究,以确认电池处于健康状态。由于这两个值之间存在着隐含的耦合关系,两者的组合分析更为复杂。在这种情况下,可观察的数值很少,只能收集终端电压和电流参数的信息。因此,与单体电池相比,电池组的信息收集变得更加困难[7]。尽管如此,有多种方法可以在单体级别来估计 SOC 和 SOH。

例如,用于诸如铅酸电池的开路电压(Open-Circuit Voltage,OCV)测量利用了 SOC 和 OCV 之间的线性关系:

$$OCV(t) = a_1 \times SOC(t) + a_0$$

其中 $SOC(t)$ 为 t 时刻各自的电荷值,a_0 和 a_1 是系数。然而,不同的电池电化学表现出非线性行为,如锂离子电池,其必须在离线测试中确定。在这里,只有当电池在较长时间内与负载断开连接时,SOC 估计才能确定。这种方法不容易应用于车载 SOC 估计,也有一些更准确的电池评估方法可以在运行期间使用[8]。

另一种标准的表征方法是基于电化学阻抗谱(EIS)的频域识别。这种方法可以将电解质组成、电荷转移和双电层容量以及扩散等现象解耦[9-10]。与这些优点相比,传统的 EIS 方法不能在线运行。传统方法中,大多数基于 EIS 的方法只使用电池的内部电阻值,有时会在输入参数中加入电荷转移电阻[11]。然而,即使进行了这些调整,系统也不能在线运行,并且缺乏估计精度。将 EIS 结果和神经网络（Neural Network，NN）相结合，可以大大减少表征时间并提高估计的准确性。然而，其质量取决于神经网络的配置，其参数被选择作为训练和输入数据。加快剩余容量计算的一个聪明方法是在输入矢量中使用阻抗值，这与特定的频率有关。此外，输入的应用权重必须使用巧妙猜测的参数。因此，迭代优化需要更少的计算时间。

一项实验研究表明，在 1500 次充/放电循环后，电池容量估计非常快速，预测误差低于 0.5%[20]。所采用的 NN 在隐藏层中设置了 3~4 个人工神经元，只用 3 个高负荷的三星 15L 电池（1500mA·h）进行训练。此外，计算得出的电池容量值可用于进一步推测容量衰减，从而使回收的电池单体根据预测结果得到最合适的使用。

估算 SOH 的另一种方法是基于电池模型的参数识别，该方法用于车载性能评估。关于操作数据，这种技术采用最佳状态算法，如 Kalman 滤波或最小二乘滤波，以近似估计容量和内阻[12-14]。其他研究人员则将恒流/恒压充电的动力学作为日历老化研究的一种手段。总而言之，必须记住，每一种电池的表征方法都依赖于多输入数据，因此，由于众多因素的影响，总是会出现轻微的误差。在这里，知道计算结果的最大偏差可能会很有趣。

17.4 不确定性管理

不确定性管理是电池性能可靠评估的一个重要课题。不确定性主要分为测量不确定性、算法不确定性、环境不确定性、组合模型不确定性和模型参数不确定性四大类。首先，测量不确定性包括电流和电压的测量误差，在大多数研究中都有涉及。例如，通常将传感器噪声值集成到卡尔曼滤波器中。其次，算法的不确定性描述了数学估计的数值精度。许多研究集中在算法的不同拟合质量上。Li 等人比较了基于 Luenberger 观测器、sigma 点 Kalman 滤波器和顺序 Monte Carlo 计算的 SOC 估计[16-17]。其中环境不确定性的核心参数是温度检测，它对电池 SOC 和 SOH 有很大影响[18]。在电池建模领域，为了保证较高的预测质量，必须考虑两个重要的不确定性。

一方面，模型参数的不确定性包括物理不确定性的实现，如等效电路模型或电化学模型。在这里，制造的不精确是造成电池偏差的主要原因[19]。另一方面，模型的不确定性描述了电池模型和实际物理系统之间的差异。需要注意的是，没有一个电池模型会与实际电池完全相同，总会存在误差。然而，在大多数情况下，误差范围足够小，不足以表示与所调查系统的显著偏差。到目前为止，这些不确定性在电池预测中几乎没有被考虑到。

17.5 总结

为了成功地再利用回收的电池，表征每个电池当前的 SOH 至关重要，因为电池单体的状态存在很大差异，重点在于快速和准确地估计被测电池的 SOC 和 SOH。本章介绍了多种电池单体评估方法。主要来说，基于阻抗谱的测量与人工智能程序相结合是最有前途的。它能够精确估计电池状态，并结合例如神经网络，以最小的测量数据发挥作用。

此外，评估所采用的表征方法的各种不确定性是至关重要的。这些潜在的错误包括从简单的电流、电压值的测量不准确到复杂的建模不确定性。这代表了物理系统和建模方法之间的差异，并将始终存在。因此，所有不确定性的知识描述了电芯状态评估方法的质量。

参 考 文 献

[1] Office P. CL2000L0053EN0140020.0001.3bi_cp 1.1.
[2] Keeli A, Sharma RK. Optimal use of second life battery for peak load management and improving the life of the battery. In: 2012 IEEE International Electric Vehicle Conference. IEEE; 2012. pp. 1–6. Greenville, United States.
[3] Hamidi A, Weber L, Nasiri A. EV charging station integrating renewable energy and second-life battery. In: 2013 International Conference on Renewable Energy Research and Applications (ICRERA). IEEE; 2013. pp. 1217–21. Madrid, Spain.
[4] Koch-Ciobotaru C, Saez-de-Ibarra A, Martinez-Laserna E, Stroe D-I, Swierczynski M, Rodriguez P. Second life battery energy storage system for enhancing renewable energy grid integration. In: 2015 IEEE Energy Conversion Congress and Exposition (ECCE). IEEE; 2015. pp. 78–84. Montreal, Canada.
[5] Saxena S, Le Floch C, MacDonald J, Moura S. Quantifying EV battery end-of-life through analysis of travel needs with vehicle powertrain models. J Power Sources. 2015;282:265–76.
[6] Ordoñez J, Gago EJ, Girard A. Processes and technologies for the recycling and recovery of spent lithium-ion batteries. Renewable Sustainable Energy Rev. 2016;60:195–205.
[7] Li J, Zhou S, Han Y, editors. Advances in battery manufacturing, service, and management systems. Hoboken: New Jersey; John Wiley & Sons Inc; 2017. (IEEE Press series on systems science and engineering).
[8] Weng C, Sun J, Peng H. A unified open-circuit-voltage model of lithium-ion batteries for state-of-charge estimation and state-of-health monitoring. J Power Sources. 2014;258:228–37.
[9] Hang T, Mukoyama D, Nara H, Takami N, Momma T, Osaka T. Electrochemical impedance spectroscopy analysis for lithium-ion battery using Li4Ti5O12 anode. J Power Sources. 2013;222:442–7.
[10] Barré A, Deguilhem B, Grolleau S, Gérard M, Suard F, Riu D. A review on lithium-ion battery ageing mechanisms and estimations for automotive applications. J Power Sources. 2013;241:680–9.
[11] Annual Conference of the Prognostics and Health Management Societ, editor. An adaptive recurrent neural network for remaining useful life prediction of lithium-ion batteries; 2010.
[12] Wang S, Verbrugge M, Wang JS, Liu P. Multi-parameter battery state estimator based on the adaptive and direct solution of the governing differential equations. J Power Sources. 2011;196(20):8735–41.
[13] Remmlinger J, Buchholz M, Soczka-Guth T, Dietmayer K. On-board state-of-health monitoring of lithium-ion batteries using linear parameter-varying models. J Power Sources. 2013;239: 689–95.
[14] Jannesari H, Emami MD, Ziegler C. Effect of electrolyte transport properties and variations in the morphological parameters on the variation of side reaction rate across the anode electrode and the aging of lithium ion batteries. J Power Sources. 2011;196(22):9654–64.
[15] Eddahech A, Briat O, Vinassa J-M. Determination of lithium-ion battery state-of-health based on constant-voltage charge phase. J Power Sources. 2014;258:218–27.
[16] Li J, Klee Barillas J, Guenther C, Danzer MA. A comparative study of state of charge estimation algorithms for LiFePO4 batteries used in electric vehicles. J Power Sources. 2013;230:244–50.
[17] Li J, Klee Barillas J, Guenther C, Danzer MA. Sequential Monte Carlo filter for state estimation of LiFePO 4 batteries based on an online updated model. J Power Sources. 2014;247:156–62.
[18] Chen Z, Mi CC, Fu Y, Xu J, Gong X. Online battery state of health estimation based on Genetic Algorithm for electric and hybrid vehicle applications. J Power Sources. 2013;240:184–92.
[19] Xing Y, He W, Pecht M, Tsui KL. State of charge estimation of lithium-ion batteries using the open-circuit voltage at various ambient temperatures. Appl Energy. 2014;113:106–15.
[20] Speckmann, F.W, Stroebel, M, Birke, K.P. Accelerated state-of-health estimation for battery recycling, using neural networks. In: 2020 3rd International Conference on Power and Energy Applications (ICPEA); 2020. pp. 10–1. Hong Kong, China, published by IEEE Explore.

第 18 章
拆解——电池系统高效循环的要求

由于电动汽车生产过程中大量消耗资源，因此建立循环经济对于未来电动交通解决方案的可持续性至关重要。为了延长电池等单个汽车部件的使用寿命，并确保为制造提供纯材料的高质量回收过程，需要采取不同的循环经济策略。在这种情况下，产品拆解对于实现循环使用具有重要意义。在本章中，我们展示了电池拆解的重要性。然后，我们通过识别拆解模式来概述拆解场景，并提供拆解顺序规划的概述。最后，我们给出了拆解工厂的总体情况，并提出了一个灵活和自动化的电池系统拆解网络，直至电芯级别。

18.1 概述

电池系统的拆解是实施循环经济解决方案的一个重要步骤，它联系着上游操作（如收集）和用于处理电池组和组件的下游工艺（如重新组装和回收）。无论选择什么样的生命终止策略，电池都必须在其使用寿命结束后进行拆解。首先，拆解是获取适合后续应用（如固定储能）的模块和电芯所必需的工作；其次，通过提高回收材料的纯度来实现高质量和具有成本效益的回收[1]。电池拆解对减少需要湿法冶金或火法冶金处理的回收材料的数量也很重要。因此，这进一步减少了对水和化学制剂等额外资源的需求。如图 18-1 所示，拆解可以在不同的系统层面进行。第一个部分目的是移除模块。为此目的，Tan 等人[2]确定了五个主要步骤：第一步涉及测试和放电；第二步，拆除电池外壳；第三步，拆除外部组件（BMS、电力电子和加热/冷却系统）；第四步包括切割和拆除电线、电缆和连接件；第五步，在拆除了堆栈支架后，可以取出模块。如果所获得的模块不适合再利用，或者进一步拆解无利可图或存在安全风险，则可以随后将其拆解到单体水平。因此，可以从模块中提取六个部件：电池电芯、电池串接件、电池固定件、外壳、热管理和 BMS 部件[3]。此外，通过打开电芯，拆解可以更进一步。通过这种方式，可以回收用于制造电池的活性材料，并且通过确保回收的原材料具有更高的质量来提高回收过程的效率[1]。

然而，电动汽车电池的拆解是一项复杂而具有挑战性的技术任务。Wegener 等人[4]指出了三个主要的挑战：系统设计的多样性、柔性部件的处理以及高电压和化学品带来的危险性。Jin 等人[5]提到了关于回收物的数量、质量和时间的不确定性。Tan 等人[2]将严重影响电池系统拆解的参数分为三类：设计、安全和成本。另外的挑战是建立统一的消防和职业健康与安全标准，以及在拆解工厂雇用的工人的专业资格[6]。

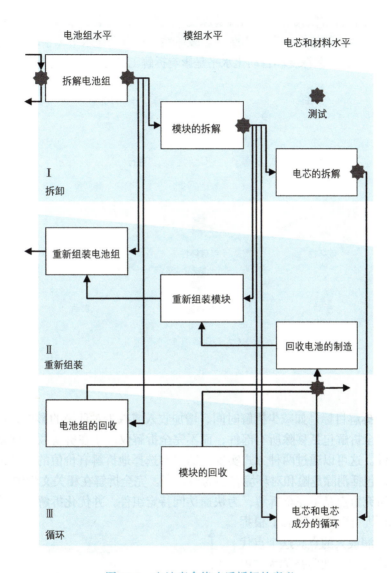

图 18-1　电池寿命终止后拆解的意义

总而言之，拆解对于可持续利用电动汽车来说非常关键，并与创造必要的循环系统伴随的多种挑战相关联。在下文中，将重点讨论模块级别，以得出电池系统的潜在拆解场景。此外，解释了拆解顺序规划（DSP）作为拆解预处理的步骤，它可以用来改善循环设计和支持拆解过程的规划。最后，简要地讨论了拆解工厂。

18.2 拆解场景

18.2.1 拆解模式

如图 18-2 所示，拆解模式可以根据拆解深度（完全、不完全）、同时拆解的部件数量（顺序/并行）、拆解技术（破坏性、半破坏性、非破坏性）和自动化水平（手动、半自动、自动）等方面来分类。其中，工艺深度和自动化水平是影响拆解工艺经济性能的重要因素[7-9]。

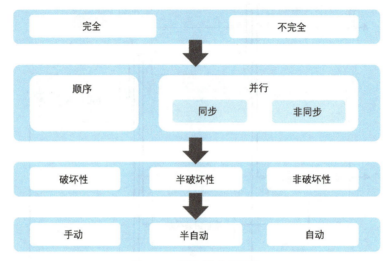

图 18-2　拆解模式的概述

1. 拆解深度

根据不同的拆解目标，如减少拆解时间、增加收入或减少对环境的影响，可以实现不同的拆解水平。完全拆解包括移除所有部件，而不完全拆解仅限于在拆解顺序规划中提取先前选定的回收部件。这可以通过两种方式实现：通过有选择地拆解有价值的部件是高价值战略或高影响战略，包括消除危险和对环境有害的项目[10]。完全拆解在相关文献中讨论得更多[7]。然而，目前的研究重点是不完全拆解，为快速访问特定组件，并优化拆解过程的经济和环境性能提供选择[11]。图 18-3 显示了根据拆解深度经济利润最大的点。这个点代表最优的拆解策略[12]，通常被称为"停止点"，超过这个点后，进一步拆解会减少可能的利润。

2. 并行拆解

根据使用的机械手数量，拆解可以分为两种类型：顺序拆解（Sequential Disassembly，SD）和并行拆解（Paral-

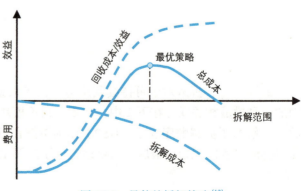

图 18-3　最佳的拆解策略[12]

lel Disassembly，PD）。在 SD 中，只使用一个机械手，这使得产品的子组件和零件只能一个一个地被移除。另外，当 PD 使用多个机械手的组合时，可以同时拆解几个零件。如果各机械手同时执行指定的拆解任务，则称为同步并行拆解（synchronous parallel disassembly，sPD）。但是，如果拆解任务占用不同的前置时间，则会导致空闲时间。因此，异步并行拆解（asynchronous parallel disassembly，aPD）在本文被概述为一种进一步的优化方法[9]，以减少产品的总拆解时间。因此，机械手在完成当前任务后可以立即执行下一个拆解任务。然而，这只有在不违反拆解顺序先决条件的情况下才有可能，这意味着 aPD 不能消除所有的闲置时间。图 18-4 显示了一个由 13 个部件组成的产品的可能拆解计划。这里使用了 3 个机械手。左边显示的是使用 aPD 时的总过程时间 T。可以看出，通过拆解任务的并行化，与顺序拆解相比，拆解的速度可以大大加快。此外，sPD 可以进一步优化处理时间（图 18-4 右）。在这种情况下，拆解时间减少了 T_2 [9]。

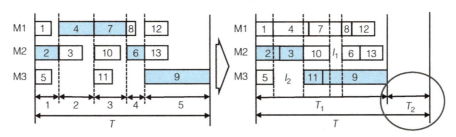

图 18-4 使用 3 个机械手时 aPD 和 sPD 的时间差[9]

电动汽车电池（Electric Vehicle Batteries，EVB）是一种体积庞大、结构复杂的产品。因此，线性顺序拆解可能导致较长的拆卸时间。一个拆解任务的几个步骤可以同时进行，如拆除电池盖的螺钉或取出模块和电芯。因此，在这种拆解情况下，推荐使用多个机械手进行并行拆解。然而，为实现 DSP 会导致较高的投资成本和额外工作。

3. 拆解技术

根据使用的分离操作，拆解可以分为非破坏性、半破坏性和破坏性拆解。其中，非破坏性拆解对于实施替代性循环经济战略至关重要，如再制造和再利用，这需要未损坏的部件被重新使用。然而，这种拆解类型是最昂贵的，需要高度的灵活性，因此，通常无利可图[8]。半破坏性拆解也可以满足建立闭环战略的要求，延长产品部件的使用寿命，因为只有连接部件和外壳可能被破坏，而主要部件保持完整。通过这种方式，可以处理拆解过程中的不确定因素，如被腐蚀的连接件。在破坏性拆解中，主要采用切割等破坏性分离方法，这类方法快速、高效且经济可行[8]。因此，破坏性拆解是报废产品回收时最常见的方法[13]。

4. 自动化水平

自动化水平可以用来对拆解过程进行分类，因此，可以分为手动、半自动和自动拆解。目前，拆解操作是手动进行的。如果制造商不重视拆解设计（Design for Disassembly，DfD）的指导方针，会导致成本增加，从而导致拆解经济效益受损。使用自动化拆解有望提高拆解利润率。此外，自动化有可能减少拆解过程中的安全风险。在半自动化的拆解解决方案中,机器人和人类操作者合作执行拆解任务。机器人执行危险的操作,如拆除危险的子组件,或单调、重复的任务,如拧开螺栓。由于 EoL 产品的种类或条件存在很大的不确定性,因此全自动拆解存在许多挑战。一个自动化拆解系统通常由三个子系统/操作模块组成:传感系统、智能规划器和机械系统(图 18-5)。传感系统包括一个检测产品及其部件位置的视觉系统和其他定义工艺参数所需的感应器。智能规划器至关重要,因为其能够根据存储在数据库中的历史数据和传感器数据做出针对产品的决策,并且能够找出最佳的拆解顺序和深度,自主地规划拆解过程。机械系统负责与 EoL 产品进行物理交互。其元素可分为三类:机械手(机械臂)、拆解工具(螺丝刀、切割机等)和处理装置(夹钳、物流系统等)。对自动化拆解站进行模块化设计,有利于为未来的调整提供灵活性[8]。

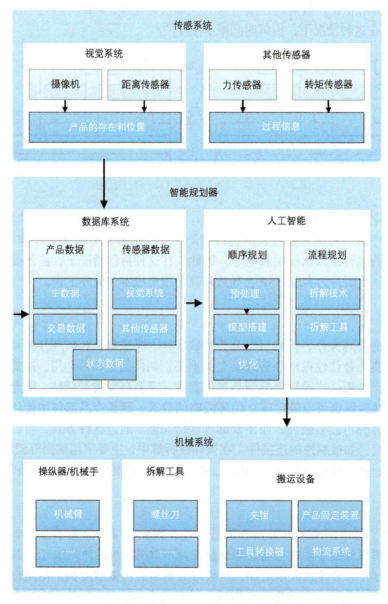

图 18-5 自动拆解系统的各级子系统

18.2.2 拆解计划

产品在报废阶段的拆解是一项复杂的任务，会导致高成本。因此，规划拆解过程对提高拆解效率和降低相关成本都至关重要[7]。当考虑到产品的整个生命周期时，拆解排序被应用于两个方面：一是拆解线的规划和优化；二是循环设计[14]。此外，拆解排序对提高回收过程的效率是必要的[15]。

拆解顺序规划（Disassembly Sequence Planning，DSP）是一个众所周知的优化问题，近年来在循环经济研究中备受关注。尽管拆解了相同的产品，移除了相同的部件，但影响结果的因素（如工艺时间）会因采用哪种拆解顺序而有所不同[16]。因此，在大量文献资料中，在规划拆解过程时，没有考虑适当的 EoL 策略的选择。通常假设 EoL 选项是已知的。然而，这种方法并不总是反映现实，特别是对于大型复杂的产品，由于多个部件的状态受到随机不确定性的影响，往往只能在拆解时确定。这就是为什么在最近发表的文献中，DSP 优化问题已经通过平行考虑 EoL 选择而得到了扩展[10-11]。

Zhou 等人将 DSP 过程分解为三个主要步骤（图 18-6）[7]。第一步是指定拆解模式（见第 18.2.1 节）。第二步是对拆解进行建模。预处理是必要的，在预处理中，产品拆解的优先关系被确定。例如，可以通过使用 CAD 数据或进行手工实验来模拟。最常见的拆解建模方法是无向图、拆解树、有向图、AND/OR 图和 Petri 网[17]。这些方法可以生成允许相对简单的数值实现的矩阵表示。第三步是计算最佳拆解顺序。这需要一个先被定义和优化的目标，例如降低成本和最大限度地减少对环境的影响。对于优化，主要使用自然启发的启发式算法，因为 DSP 是一个非确定性多项式时间（nondeterministic polynomial time，NP）完全问题[7]，这意味着线性规划和基于规则的方法是需要时间和计算量的。特别是遗传算法是一种简单的方法，通过三个步骤：选择、交叉和变异来提供最佳解决方案[8]。对于一个以上的目标，多目标蚁群算法是一种更有效的算法，该算法可以在不到遗传算法一半的 CPU 时间内提供 Pareto 解。显然，大多数规划方法是静态的。由于拆解过程中存在意想不到的不确定性，自适应规划是一种基于过去数据，利用实际拆解数据进行训练的动态方法。因此，机器学习技术对于生成拆解序列是必要的[8]。

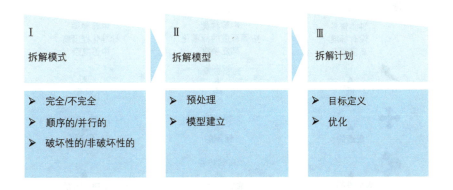

图 18-6 根据文献 [7] 绘制的拆解顺序规划的步骤图

18.2.3 电池系统的拆解场景

电动汽车电池的拆解场景取决于电池的种类、复杂程度等设计参数和回收数量，这将导致未来几年出现不同的拆解场景。电池设计通过产品的模块化设计、变型多样性的减少和连接技术的标准化来决定有效拆解方案的技术可行性，而经济效率则由电池回收的数量来驱动。上述两个因素随着时间的推移快速发展。因此，面向拆解设计（Design for Disassembly, DfD）的指导方针在产品开发阶段变得越来越重要，并且全球电动汽车的数量正在迅速增加，这将导致未来几年内将出现大量的 EoL 电池。一般来说，拆解包括前工序、主工序和后工序[18]。前工序是拆解操作前的准备步骤，包括分类、清洁、测试和拆解顺序规划。在主工序中，采用夹紧、处理、检测、旋开、切割等多种方式对零件和子组件进行拆解。后期过程包含测试、清洁和包装。在本节中，拆解指的是主要的拆解步骤。Herrmann 等人[19]用一个形态学盒子定义了三种拆解场景。在下文中，这些场景将根据提到的参考资料进行描述。在此过程中，方案的一些属性将被更新。不同场景的一般情况和主要特征如图 18-7 所示。目前，电池设计的特点是种类繁多，但高度复杂且缺乏标准化。回收量也很低。这就是为什么在一个单一的拆解场所，不需要任何特殊的拆解设备就能完全手工进行拆解。这意味着，在拆解完全结束之前，拆解网内没有任何运输操作。进出拆解站的运输是通过叉车完成的。破坏性拆解方法更具时间效率和成本效益，因为几乎所有的电池部件都可以被回收。此外，由于产品设计复杂，经常需要进行破坏性拆解。预分拣目前是可选的，可以减少拆解时间。中期可以看作是一个过渡阶段。无论是标准化还是非标准化电池，都会达到生命终期并需要强制性的预分拣。这就是为什么预先排序是强制性的。随后，拆解会由工人和机器人协作完成，是一个半自动化的流程。内部物流随之变化，涉及在拆解网内使用工件载体和辊式输送机，将电池运送到拆解站的叉车仍将继续使用。从长远来看，我们假设所有的电池都将按照标准化的设计准则来制造。因此，拆解工作可以完全自动

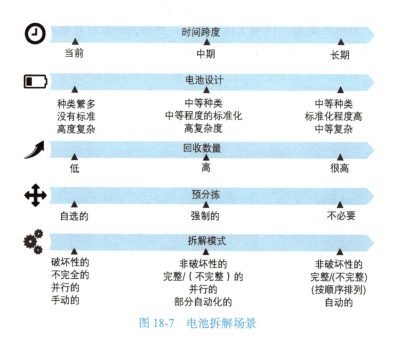

图 18-7 电池拆解场景

化。自动拆解系统以性能为导向，可以处理大量的所有标准电池系统，这使得预分拣变得没有必要。然而，为了确保高质量的回收，需要进行拆解的后分拣。非破坏性拆解在经济上是可行的，主要是为了在组件层面实现替代的循环经济战略，如再利用。拆解工厂的材料运输将使用与前一个过渡方案相同的方式，并有可能用自动导引车（Automated Guided Vehicles，AGV）取代叉车。

18.3 电池系统的拆解工厂

本节提供了拆解工厂的概述。首先，概述了分类标准。然后，对拆解网络进行了一般性的讨论。我们还为电池系统提供了一种灵活的拆解布局，直至电芯级别。

18.3.1 分类

拆解工厂是产品报废阶段的必要元素，它规定了循环经济中的材料流向[20]。因此，它可以执行两个主要功能：服务功能（处置任务）、生产者功能（提供适合进一步使用的拆解组件）[18]。根据制造商和拆解工厂之间的关系，可以识别出三种类型的拆解工厂。如果产品制造商自己进行拆解，这被称为制造商拆解。此外，制造商可以委托专业工厂在产品报废阶段对其进行拆解，这被称为合作拆解。第三种拆解模式不涉及明确的合作。在这种情况下，拆解是匿名进行的。

18.3.2 网络

在规划退役电池系统的加工网络时，工厂位置的选择是非常重要的。在工厂位置的选择方面，重点应放在最小化运输成本上[15]，因为运输成本占电池回收总成本的40%~50%[21]。这也是建立和安置拆解工厂时需要考虑的一个重要问题，拆解工厂决定了循环经济的主要材料流向。因此，在规划电池拆解的基础设施时，网络优化是必须进行的。这个问题包括在 DeMoBat 研究项目中，该项目由德国巴登 - 符腾堡州资助，主要针对自动化电池拆解解决方案。可以考虑不同的场景，其中拆解工厂的服务区配置不同。因此，工厂将根据所选择的网络战略来确定规模。例如，我们可以看看巴登 - 符腾堡州的 EoL 电池的可能情景。有五种可能的情况：本地、区域、国家、欧洲和国际。在本地方案中，电池将在其生产地被收集和拆解。例如，来自斯图加特市的电池将在斯图加特附近的一个工厂里进行拆解。因此，在整个州内将出现许多小型拆解点，从而形成分散的拆解基础设施，收集运输成本非常低。在区域方案中，很少会建造大型拆解工厂。此外，这些电池可以在全国甚至欧洲的拆解网络中进行处理[6]。这样的话，这些电池可能根本不会在巴登 - 符腾堡州被拆解。最后一种情况是假设电池将在欧盟以外的地方处理。这种情况可能会带来经济效益。然而，它对确保欧盟关键电池原材料供应链的弹性帮助有限。

18.3.3 布局

考虑到未来电池拆解工厂即将面对的挑战，我们提出了以下拆解网络布局，其中电池以自动化的方式拆解到电芯水平（图 18-8）。特别是，我们在系统和模组级别考虑了测试、放电和拆解的过程。紧接在拆解网之前和之后，放置精确尺寸的仓库或缓冲区以便顺利拆解。这是根据及时性原则完成的。通过这种方式，可以将电池储存在拆解工厂的安全风险降到最低。电池由叉车或 AGV 运到拆解网。因此，需要一定数量的运输车队围绕着拆解系统运行，并拾取收集的子组件。拆解网内的材料流动是通过不同尺寸的辊式输送机进行输送的，它可以运输整个电池系统、模组或电芯。当电池被运送到 3 号站时，拆解过程就开始了，首先它们将在那里被测试。如果它们适合再利用，只需要进行维修操作，或者如果对它们进一步拆解构成任何安全风险，它们将不会被转送，并立即被拒绝。针对这两种情况，在该拆解站设计了两个收集点。在测试之后，可以确定电池的下一个路线，并根据最优寿命终止策略选择放电方案，该策略可以使用智能拆解计划中实现的多目标优化技术来确定。之后，电池被转移到其中一个以矩阵形式排列的拆解站之一（5 号站）。这些拆解站可以独立供应，并可以进行不同的配置，以减少投资成本。例如，第一个拆解站必须只能处理深度放电的电池，而第二个拆解站可以独立处理充电状态的电池。然而，它们都只能拆解最常见和最普遍的电池。独立运行会降低工位灵活度，并造成高成本。然后，3 号站可以为系统提供高灵活性。因此，所有站点都是封闭的单元，并配备了空气净化器，以防止电池放气可能造成的危害。这些站点还配备了消防系统等其他安全装置。在拆解过程中，拆卸下来的部件将在当场进行预分拣，然后放在专门设计的容器或工件运输车中运往仓库。除了保留在拆解网中需要进一步处理的模块外，电池的其余拆解产品可分为四类：机械废料（螺钉、模块支架等）、电气元件（BMS、电缆等）、壳体底部和壳体盖。这就是为什么我们在模块级别的拆卸站设置了四个收集点。接下来，拆下的模块被带到其中一个站点（9 号站），如果需要回收，则在那里对电池进行测试和放电。可重复使用的或有害的模块由循环运输车队在该站收集。剩下的模块被带到工作站（7 号站），在那里它们被进一步拆解。电池单体通过辊式输送机离开拆解网，而其他的机械和电气产品，如外壳和电缆，则由运输车队运到输出仓库。

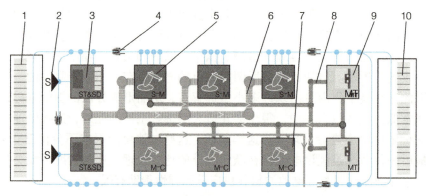

图 18-8 电池系统拆解工厂的拆解网配置

1—输入仓库　2—拆解网进入　3—站点：系统测试和放电　4—AGV　5—站点：拆卸系统到模块量级　6—电池系统的辊式输送机　7—站点：从模块中取出电芯　8—电池模块的辊式输送机　9—站点：模块测试和放电　10—输出仓库

18.4 结论

拆解是实施循环经济解决方案的关键技术。在本章中，我们讨论了电池系统拆解的高度重要性。然后，我们描述了拆解模式，并介绍了电池的拆解场景。此外，我们对拆解工厂进行了概述，并提出了一个灵活和自动化的拆解网的布局，该网络允许对电池系统实施各种循环经济策略。

目前，拆解是整个系统的一个瓶颈环节。因此，为电池系统实施拆解网络对于可持续的未来电动汽车具有特别重要的意义。但是，拆解厂为确保其长期竞争力将面临多项挑战。处理以下挑战将是至关重要的：电池种类繁多，回收量不断增加，回收质量、数量和时间的不确定性，电池技术的短生命周期以及循环经济战略的多样性。

参 考 文 献

[1] Wegener K, Chen WH, Dietrich F, Dröder K, Kara S. Robot assisted disassembly for the recycling of electric vehicle batteries. Procedia CIRP. 2015;29:716–21.

[2] Tan WJ, Chin CMM, Garg A, Gao L. A hybrid disassembly framework for disassembly of electric vehicle batteries. Int J Energy Res. 2021;45(5), S. 8073–82. DOI: 10.1002/er.6364.

[3] Gerlitz E, Greifenstein M, Hofmann J, Fleischer J. Analysis of the variety of lithium-ion battery modules and the challenges for an agile automated disassembly system. Procedia CIRP. 2021;96:175–80.

[4] Wegener K, Andrew S, Raatz A, Dröder K, Herrmann C. Disassembly of electric vehicle batteries using the example of the Audi Q5 hybrid system. Procedia CIRP. 2014;23:155–60.

[5] Jin X. A review on end-of-life battery management: challenges, modeling, and solution methods. In: Li Z, *et al.* (Hg.) 2016 — advances in battery manufacturing. pp. 79–98. Hoboken, NJ, USA John Wiley & Sons, Inc. DOI:10.1002/9781119060741.

[6] acatech/Circular Economy Initiative Deutschland/SYSTEMIQ. Resource-efficient battery life cycles: driving electric mobility with the circular economy; 2020 Oct 06. Available from: https://www.acatech.de/publikation/ressourcenschonende-batteriekreislaeufe/

[7] Zhou Z, Liu J, Pham DT, Xu W, Ramirez FJ, Ji C, *et al.* Disassembly sequence planning: recent developments and future trends. Proceedings of the Institution of Mechanical Engineers. Part B J Eng Manuf. 2019;233(5):1450–71.

[8] Vongbunyong S, Chen WH. Disassembly automation. Cham: Springer International Publishing; 2015.

[9] Ren Y, Zhang C, Zhao F, Xiao H, Tian G. An asynchronous parallel disassembly planning based on genetic algorithm. Eur J Oper Res. 2018;269(2):647–60.

[10] Ren Y, Jin H, Zhao F, Qu T, Meng L, Zhang C, *et al.* A multiobjective disassembly planning for value recovery and energy conservation from end-of-life products. IEEE Trans Automat Sci Eng. 2020:18:1–13. DOI: 10.1109/TASE.2020.2987391.

[11] Alfaro-Algaba M, Ramirez FJ. Techno-economic and environmental disassembly planning of lithium-ion electric vehicle battery packs for remanufacturing. Resour Conserv Recycl. 2020;154:104461.

[12] Feldmann K, Trautner S, Meedt O. Innovative disassembly strategies based on flexible partial destructive tools. *Ann Rev Control*. 1999;23:159–64. DOI: 10.1016/S1367-5788(99)90079-2.

[13] Chung C, Peng Q. Evolutionary sequence planning for selective disassembly in de-manufacturing. Int J Comput Integr Manuf. 2006;19(3):278–86.

[14] Lambert AJD. Disassembly sequencing: a survey. Int J Prod Res. 2003;41(16):3721–59.

[15] Yun L, Linh D, Shui L, Peng X, Garg A, Le MLP, *et al.* Metallurgical and mechanical methods for recycling of lithium-ion battery pack for electric vehicles. Resour Conserv Recycl. 2018;136:198–208.

[16] Ke Q, Zhang P, Zhang L, Song S. Electric vehicle battery disassembly sequence planning based

on frame-subgroup structure combined with genetic algorithm. Front Mech Eng. 2020;6. DOI: https://doi.org/10.3389/fmech.2020.576642, https://www.frontiersin.org/articles/10.3389/fmech.2020.576642/full

[17] Ren Y, Tian G, Zhao F, Yu D, Zhang C. Selective cooperative disassembly planning based on multiobjective discrete artificial bee colony algorithm. Eng Appl Artif Intell. 2017;64:415–31.

[18] Huber A, Marx-Gómez J. Ansatz zur Ermittlung der Wiedereinsetzbarkeiten von Demontageerzeugnissen im Rahmen reaktiver Demontageplanung; [cited 2021 Mar 4]. Available from: http://enviroinfo.isep.at/UI%20200/HuberA%20MarxG%F3mezJ.ath.pdf

[19] Herrmann C, Raatz A, Andrew S, Schmitt J. Scenario-based development of disassembly systems for automotive lithium ion battery systems. AMR. 2014;907:391–401. DOI: https://doi.org/10.4028/www.scientific.net/AMR.907.391

[20] Ciupek M. Beitrag zur simulationsgestützten Planung von Demontagefabriken für Elektro- und Elektronikaltgeräte. Stuttgart: Fraunhofer-IRB-Verl.; 2006. (Berichte aus dem Produktionstechnischen Zentrum Berlin).

[21] Beaudet A, Larouche F, Amouzegar K, Bouchard P, Zaghib K. Key challenges and opportunities for recycling electric vehicle battery materials. Sustainability. 2020;12(14):5837.

第19章
电池回收——材料回收过程

本章介绍了电池回收的现状和未来的挑战,重点是介绍主要的工艺步骤,包括热加工、机械加工以及火法、湿法和生物冶金加工。这些步骤都是在电池寿命结束时从电池系统中回收珍贵的材料所必需的。本章还根据不同的回收过程并参考各自公司,提供了全球可用回收能力的广泛总结。本章最后对直接回收及其前景和制约因素进行了简要介绍,并对新兴的锂离子电池回收加工路线进行了展望。

19.1 概述

如第 18 章所述,电池系统的拆解对于后续处理步骤是至关重要的。目前,电池拆解主要是手工处理。然而,由于 EoL 电池在不久的将来预计会增加,单步或整个拆解过程的自动化概念目前正在开发中,相关的研究项目包括 AutoBattRec 和 DeMoBat。然而,人工预处理和自动预处理的 TRL 之间仍有很大差距。反过来说,只要能确保 EoL 电池的均匀输入,或者自动化基础设施配备有效的自学习算法应用,自动化就有可能大大增加拆解车间的周转率(图 19-1)。此外,通过使用机器人而不是人类劳动力,可以减少工人受到电气伤害的风险[1]。拆解过程本身是图 19-1 概括的七个步骤中的一个序列。由于不是所有的电池系统都包括液体热管理系统,冷却液的排放是可选项。

由此产生的外围组件(外壳、电缆、电池管理系统 BMS 等)被直接引入传统的回收路线,例如铜、铝、不锈钢和电子废料[2-3]。大多数以工业规模运营的电池拆解车间在模块级别结束其流程。然而,对所获得的电池部件的后续处理有一些限制,需要进一步拆解到电芯级别。模块或电芯要么被引入现场的材料回收过程,要么被转移到集中的大型加工厂(例如 Umicore),这能减少运输成本,相当于回收锂离子电池成本的 40%~50%[1]。此外,如果只有材料部分被转移,与电池系统运输相关的安全风险就会大大减少。

一般来说,有五种处理电池模组/电芯的方法,在第 19.2 节介绍。大多数公司的个别回收操作包括这五个子过程中的一个或多个选择。第 19.3 节中描述了工业应用的组合。此外,提到了当前的回收操作,并对其进行了定位,还对直接回收的概念进行了简短介绍。

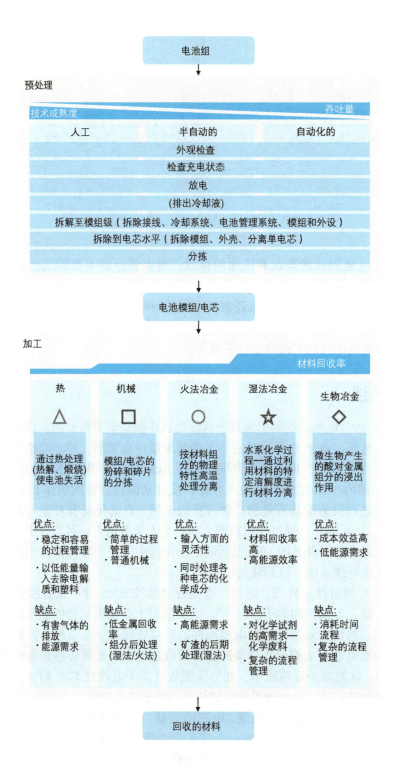

图 19-1 寿命终期的锂离子电池的预处理和加工

19.2 锂离子电池加工的一般类型

下文描述了锂离子电池的五种处理方法，这些方法旨在回收材料碎片，并且目前已应用在工业中。图 19-1 展示了一个扼要的概述。

19.2.1 热加工

热加工用于蒸发电解质和焚烧模组或电池单体中的塑料部件。这对于去除电池内正极材料和铝箔之间的黏结剂（主要是 PVDF）尤其适合。根据进行热加工的材料不同，所需的温度差异很大。蒸馏或热解是在蒸馏炉（如 Accurec）、回转窑（如三菱重工）或竖炉（如 Umicore）中进行的[4-5]。热加工后的正极材料，可以很容易地通过进一步的机械加工分离[6]。通过在下游冷凝器中引入气态部分，可以回收蒸发的电解质[5]。稳定和简单的过程管理使大规模处理锂离子电池成为可能。然而，热解过程中材料的分解会释放出对生态有害的气体[6]。这就需要对废气进行末端处理，增加了工艺的资源需求，从而降低了其生态效益。有时，机械加工是在低温环境下进行的[7]，这种低温处理也可以被看作是热加工的一种。

19.2.2 机械加工

机械加工有时被理解为预处理的一部分[6]。然而，由于在复杂的加工路线中可以获得近乎纯净的材料成分，我们将机械加工定义为材料回收过程的一个独立选项。机械加工从模组或单体的粉碎开始。商业操作使用大型粉碎机，如锤式或冲击式粉碎机（如 Recupyl、Retriev、Accurec）。AEA 技术公司采用了一种不同的方法，最初用激光和机械剪刀打开电池[7, 5, 8]。在大多数情况下，粉碎是在保护气的环境中进行的。然后，这些部分在粉碎机中进行处理[5]。液体（如锂盐水）或惰性气体（如氩气/二氧化碳、干燥氮气）被用来降低锂离子电池活性[7, 5, 8]，电动液压碎片整理是目前正在研究的另一种机械加工方法[9-10]。

通过使用振动筛分台（如 Recupyl、Retriev Technologies、Accurec）、磁力筛分（如 Recupyl、Accurec、Düsenfeld GmbH、Sony & Sumitomo）和应用人字形筛分机或类似设备（如 Recupyl、Accurec、Düsenfeld GmbH）进行密度筛分，对获得的材料颗粒进行物理分离[7, 5]。

因此，所使用的机器是传统物理分离过程中普遍使用的。除了必要的电池失活之外，机械加工的复杂性相对较低。然而，由于只有少数材料能够以纯净形式获得，因此金属回收率较低。所获得的材料有很大一部分是混合材料，无法用机械方法分离，因此需要进一步处理[6]。

19.2.3 火法冶金加工

火法冶金加工在竖炉（如 Umicore）或电弧炉（如 Accurec）中应用高温和超高温来还原金属[11-12]。电池模组或电芯中所包含的金属以合金的形式分离出来。热加工（参见第 19.2.1 节）有时被视为火法冶金加工的一部分，因为大多在同一炉子里进行（Umicore 在其 Val'Eas 工艺中使用三段式竖炉，其中前两段相当于热加工）[4]。因此，有机化合物充当燃料，减少了达到后续阶段较高温度所需的资源投入。此外，电池中包含的石墨和铝作为还原剂，可进一步减少对燃料的需求[4, 11]。相反，这大大减少了可回收材料的数量。例如，铝和其他金属（如锰和锂）大部分最终都留在炉渣中[4]。尽管有从炉渣中提取锂的方法[13]，但由于其在建筑业中被用作填充材料，目前大部分都被降级使用了[11]。此外，金属部件的熔化需要高温，导致高能量需求，从而对环境造成不利影响[2]。在火法冶金加工过程中，燃料燃烧和热分解后，废气的直接排放甚至加剧了对环境的负面影响。有毒排放物采用管道末端技术处理，这额外增加了对能源的需求[13]。此外，得到的合金还需要进一步加工。因此，大多数商业运作都将湿法冶金加工与火法冶金加工结合起来[4]。

火法冶金的优势在于其工艺的稳健性和高产量[6, 11]。成熟的过程不一定需要复杂的预处理，并且允许同时处理不同的电池化学物质[4, 11]。

19.2.4　湿法冶金加工

湿法冶金加工需要通机械或火法冶金加工进行预处理[11]。得到的合金或颗粒状材料组分，主要包括正极材料，被引入水化学过程[4]。大多数商业操作都是始于将引入的材料浸出以溶解其中的金属。硫酸是各企业（如 Umicore、Recupyl）常用的浸出剂[5]。虽然这能使材料产量提高，但使用无机酸会导致严重的环境危害。被广泛研究的有机酸是无机酸的潜在替代品[6]。溶解后，可通过溶剂萃取（如 Nickelhütte Aue、Glencore）和 / 或化学沉淀（如 Recupyl、Accurec、Düsenfeld、NickelhütteAue、Glencore）、离子交换（如 Glencore）和液 - 液反应来实现进一步提纯和分离[4, 14]。根据加工路线、使用的化学溶剂以及应用的预处理，可以获得不同的材料衍生物（Co、Ni、Mn、Cu、Al、Li 和 Fe）。

其中一些材料不能通过前面描述的加工路线回收（见第 19.2.1 ~ 19.2.3 节），或者至少不能以相同的质量和纯度回收[6]。这尤其适用于价值较高的正极材料。与火法冶金加工相比，湿法冶金加工具有很高的能源效率[11, 15]，因为其降低了温室气体的排放[4, 2, 1]。尽管湿法冶金处理确保了目前最高的金属回收率，但必须指出，它不能独立使用，因为需要先对模组或电芯进行机械或高温冶金加工的预处理[1]。

这种加工方式的缺点是必须使用大量的化学制剂[1, 6]。这导致了高昂的成本并产生大量的化学废物。其中一部分必须被当作有害废物处理[4, 11]。尽管在全球变暖潜势的生态影响类别 [IPCC（2013）：温室气体排放] 中表现明显优于火法冶金，但湿法冶金在海洋富营养化方面造成了负面的生态影响[2]。湿法冶金过程控制复杂，大多数工艺的参数需要根据处理的正极化学成分进行调整。这增加了对原材料碎片进行分类和预处理的工作量[4]。

19.2.5　生物冶金加工

生物冶金加工是未来锂离子电池回收处理的一个有前途的方法。该加工方法本身是对湿法冶金过程的一种衍生，其目的是减少材料回收的环境影响。浸出金属部分所需的酸不是从外部来源获得的，而是由微生物产生的[6]。产生的浸出剂取决于引入的微生物种类（细菌＝无机酸，真菌＝有机酸）[4]。生物浸出后，进行第 19.2.4 节中所述的常规湿法冶金工艺（例如化学沉淀）[4]。生物冶金加工虽然没有在工业规模上应用，但在近来被广泛研究。Zheng 等人对其的研究进行了详细的概述[6]。

与传统的湿法冶金加工相比，生物浸出更具有成本效益，并且能耗低[6]。回收材料的产量与常规处理处于相似的水平。然而，微生物的代谢需要时间。此外，生物体的培养也很复杂[6]，需要防止菌群的污染，因为它要么杀死细菌或真菌菌株，要么损害其冶金性能。因此，生物冶金加工目前比传统的处理方法需要更大的努力。

19.3　锂离子电池回收的工业应用加工路线

图 19-2 说明了目前在工业规模上应用的回收锂离子电池的加工路线。可以看出，为从 EoI 电池中回收材料，采用了众多策略。然而，所有的工业流程都是基于第 19.2 节中描述的一般程序的组合。虽然应用的工艺参数和部分子工艺的顺序有差异，但不同企业对一般过程的选择是相似的。为了清晰易懂，图 19-2 展示了 LIB 回收的工艺流程图，个别企业的具体工业加工路线回收所列元素的各种衍生品。考虑到其在当前研究活动中的巨大潜力和意义，直接回收作为可以直接回收活性物质的另一种方式，将在第 19.4 节中详细描述。有几家企业只应用了所介绍的工艺中的一种。然而，其中一些企业将其获得的合金、粉末或其他衍生物交由分包商进行进一步加工（例如，大众汽车集团将其获得的黑色粉末交由业务伙伴进行湿法冶金加工）[16-17]。尽管我们综述了现有的文献中不同企业的工艺流程，但我们对其完整性没有任何断言。考虑到这些情况和事实，高回收率只能通过合理的工艺组合来实现，图 19-2 忽略了对单一工艺路线的说明。关于商业应用的加工路线和各自企业的文献综述的总体结果如图 19-3 和图 19-4 所示。关于年回收能力、设施的位置和一般回收程序的选择等信息，文献来源都有说明，见表 19-1。这些文献中忽略了没有活跃在网络和/或有关其电池回收活动的最新信息的企业（如 AEA、Pilagest 等）。此外，一些企业在过去几年中被其他企业收购（例如，Xstrata＝Glencore，Recupyl＝TES-AMM，Toxco＝Retriev）。如图 19-4 所示，电池回收主要在欧洲（特别是德国、法国等）、美国、加拿大、中国和日本进行。图 19-3 说明了各大洲的锂离子电池回收能力。在韩国、新加坡、澳大利亚和墨西哥也可以找到零散的锂离子电池回收设施。在统计的 50 家回收企业中，有 30 家采用湿法冶金加工，而只有 17 家在电池回收过程中进行火法冶金加工。虽然欧美企业对加工步骤的选择相当多样化，但机械与湿法冶金相结合的加工方式在中国占主导地位。火法冶金加工虽然在世界各地都有应用，但在日本特别盛行。目前，直接回收只在德国和美国进行。

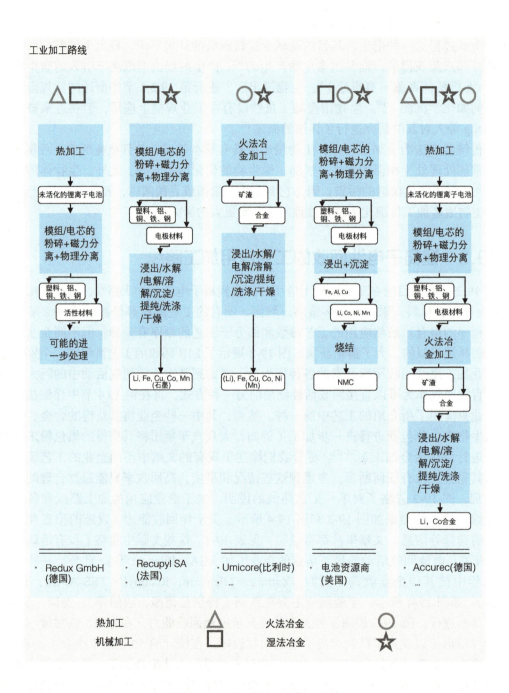

图 19-2 LIB 回收的工业加工路线

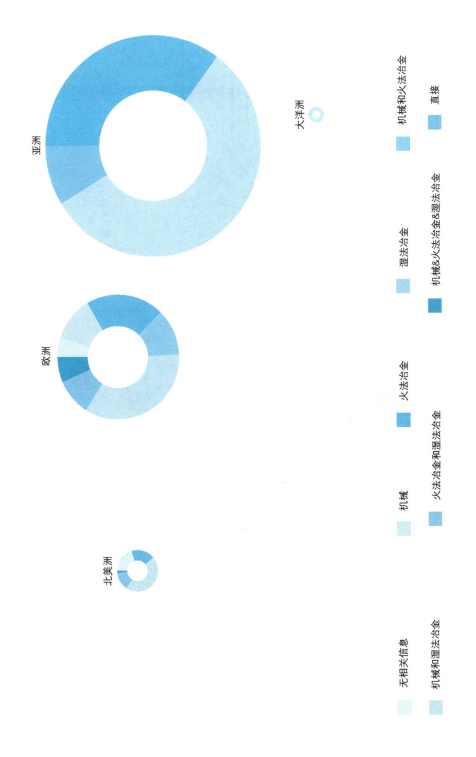

图 19-3 LIB 回收能力的份额

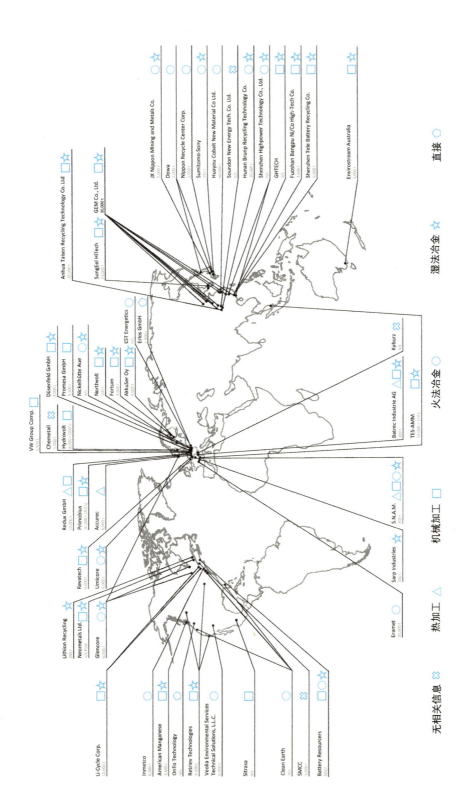

图 19-4 锂离子电池的回收业务

表 19-1 锂离子电池回收业务

企业名称	国家	产量/(t/年)	热加工	机械加工	湿法冶金	火法冶金	直接	参考文献
Accurec	德国	6000	×	×	×	×		[1, 5, 8, 11, 18, 19]
AkkuSer Oy	芬兰	4000		×		×		[1, 7, 8, 11, 18, 19, 20]
American Manganese	加拿大	3650		×	×			[4, 11, 21-23]
Anhua Taisen Recycling Technology Co. Ltd.	中国	20000		×	×			[11, 22]
BatRec Industrie AG	瑞士	200	×	×	×			[1, 5, 8, 11, 18]
Battery Resourcers	美国	500		×	×			[4, 7, 11, 24]
Chemetall bzw. Rockwood Lithium GmbH	德国	5000						[8, 11]
Clean Earth(AERC Recycling Solutions)	美国					×		[11]
Dowa Eco-System Co., Ltd.	日本	1000				×		[1, 8, 18, 25]
Düsenfeld GmbH	德国	3000		×	×			[5, 11]
Envirostream Australia	澳大利亚	3000		×	×			[22]
ERAMET	法国	20000			×			[18, 26]
ERLOS	德国	1500					×	[22]
EST Energetics	德国					×		[27]
Fortum Corporation	芬兰	3000		×	×			[28, 29]
Fuoshan Bangpu Ni/Co High-Tech Co.	中国	3600		×	×			[8, 11, 30, 19]
GEM Co., Ltd.	中国	30000		×	×			[4, 18, 31]
GHTECH	中国	1800		×	×			[4, 11, 32-34]
Glencore(former Xstrata)	加拿大, 挪威	7000			×	×		[1, 11, 18, 19]
Huayou Cobalt New Material Co Ltd.	中国	60000			×			[11, 35, 36]
Hunan Brunp Recycling Technology Co.	中国	10000			×	×		[1, 11, 18, 31, 37]
Hydrovolt (from 2021)	挪威	8000		×				[38]
Inmetco	美国	6000				×		[4, 7, 8, 11]
JX Nippon Mining and Metals Co.	日本	5000			×	×		[8, 11, 18, 39]
Kyburz	瑞士							[40]
Li-Cycle Corp.	加拿大, 美国	10000		×	×			[11, 41, 42]
Lithion Recycling	加拿大	200			×			[11, 43]
Neometals Ltd.	加拿大	pilot		×	×			[44-46]
Nickelhütte Aue GmbH	德国				×	×		[1, 11, 47]

（续）

企业名称	国家	产量/(t/年)	加工方式 热加工	机械加工	湿法冶金	火法冶金	直接	参考文献
Nippon Recycle Center Corp.	日本					×		[11, 18, 48]
Northvolt AB	瑞典	100		×	×			[49, 50]
OnTo Technology	美国			×	×		×	[1, 4, 11]
Primobius (Neometals & SMS Group)	德国	20000		×	×			[11, 51]
PROMESA GmbH & Co. KG	德国	3200		×				[11, 52]
REDUX GmbH	德国	10000	×	×		×		[11, 53, 54]
Retriev Technologies	加拿大, 美国	4500		×	×			[1, 5, 11, 18, 19]
REVATECH	比利时	3000			×			[8, 11]
S.N.A.M.	法国	300	×	×	×	×		[1, 8, 11, 18]
SARP Industries (Euro Dieuze Industrie)	法国	200			×			[8, 11, 18]
Shenzhen Highpower Technology Co., Ltd.	中国				×	×		[4, 11, 55]
Shenzhen Tele Battery Recycle Co., Ltd	中国	6000		×	×			[11, 56]
Sitrasa	墨西哥				×			[57]
SMCC (SungEel MCC Americas)	美国	3000						[4, 58-60]
Soundon New Energy Tech. Co. Ltd.	中国							[11, 61]
Sumitomo Sony	日本	150			×	×		[1, 8, 11, 18, 19, 62]
SungEel HiTech	韩国	24000		×	×			[4, 11, 63, 64]
TES-AMM (+Recupyl SAS)	新加坡	14110		×	×			[4, 4, 5, 11, 65, 66]
Umicore	比利时	7000			×	×		[1, 5, 8, 11, 18]
Veolia Environmental STS, L.L.C.	美国					×		[11, 53]
VW Group Components	德国	1500		×				[17, 67]

19.4 锂离子电池的一种新兴处理途径——直接回收

电池电极的直接回收描述了一种相对较新的可能性，其中保留了活性材料的结构和形态[68-70]。这可以在工艺的早期阶段通过机械分离负极、正极和隔膜组件并分别回收它们来实现。因此，活性物质不必通过湿法冶金或火法冶金方法从复杂溶液或合金中提取。由于火法冶金加工是非常耗能的，使用直接回收可以为每千瓦时的电池容量节省约50%的相关温室气体排放[72]。

回收物的质量取决于引入的电池[1]。为了获得高回收物质量，需要处理均匀的电池化学成分[73]。如果材料是生产废料，例如来自电极生产，它可以在回收后直接返回到电池生产。从废旧电池中回收的材料通常显示出老化的特征，即与新材料相比，正极材料的锂化学计量发生了变化，或在循环过程中基于副反应生成杂质。原始活性材料的特性几乎可以通过额外的加工步骤重构。这种处理被称为再生，例如可以通过添加 LiOH 和随后的加热步骤来完成。材料分析表明，这种二次原材料在结构上与未使用的材料没有区别[69, 74]。然而，实验室规模的研究表明，在不影响电池性能情况下，只能添加少量的回收物[75]。通过优化的过程控制，可以显著提高质量，以便将来二次原材料的电池也可以 100% 在工业规模上使用。

图 19-5 显示了一个可能的、简单的直接回收过程。电池打开后，对负极、正极和隔膜进行机械分离。随后，用略微加热的水流将电极材料从集流体的表面洗掉。而后集流体被干燥，并可以被回收利用。除了活性材料外，含有颗粒的混合物还含有导电添加剂（如炭黑）以及电解质和黏结剂的残留物。这些都可以在进一步的清洗步骤中去除[71, 69]。如前所述，其他提纯步骤可以提高材料的质量。

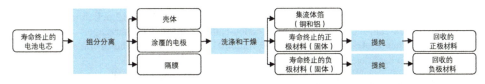

图 19-5　直接回收工艺的流程图—通过电极清洗进行材料回收

在设计电池时，就应该考虑电池的可回收性。通过水基电极的制造和水溶性黏结剂的使用，这个过程在能源使用方面可以变得更加有效。此外，回收的正极材料的质量也可以提高[69]。

另一个直接材料回收的工艺与经典的回收路线类似（图 19-6）。首先将电池切碎，然后从电池外壳等处去除磁性元件。随后，负极材料（石墨）和正极材料将通过密度介质分离法相互分离。由于这个过程不仅取决于密度，也取决于颗粒大小，所以在负极混合物中可以发现正极材料，反之亦然。例如，这些杂质在不改变给定的活性材料结构的情况下，从相关的组分中被浸出和去除。使用火法冶金步骤，负极和正极材料都可以被回收利用。OnTo 科技公司就采用了这种工艺[7]。

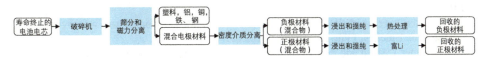

图 19-6　直接回收过程的流程图—电芯粉碎后的材料回收

19.5　结论

从报废的锂离子电池中回收材料存在各种方法。虽然所有的回收策略都需要对电池系统进行初步拆解，但随后的提取步骤是回收企业对四种最常见的处理方案（机械、热、火法和湿法冶金处理）的具体组合。相关的电池回收设施集群依次出现在亚洲、欧洲和北美洲。亚洲的企业更关注机械和湿法冶金回收以及火法冶金回收，而北美及欧洲的企业在选择回收 LIB 的方法方面更加多样化。

到目前为止，只有少数回收企业专注于直接回收，其目的是回收其结构和形态得到保留的活性材料。虽然有可能减少锂离子电池生命周期的生态影响，但这种回收方法是十分新颖的，因此目前正在研究中。

参 考 文 献

[1] Larouche F, Tedjar F, Amouzegar K, Houlachi G, Bouchard P, Demopoulos GP, *et al.* Progress and status of hydrometallurgical and direct recycling of li-ion batteries and beyond. Materials (Basel). 2020;13(3):801.

[2] Kiemel S, Koller J, Karabelli D, Singh S, Full J, Weeber M, *et al.* Untersuchung: Kreislaufstrategien für Batteriesysteme in Baden-Württemberg: Endbericht. Fraunhofer Institut für Produktionstechnik und Automatisierung (IPA): Stuttgart; 2020.

[3] Buchert M, Jenseit W, Merz C, Schüler D. Verbundprojekt: Entwicklung eines realisierbaren Recyclingkonzepts für die Hochleistungsbatterien zukünftiger Elektrofahrzeuge — LiBRi: Teilprojekt: LCA der Recyclingverfahren. Darmstadt: Öko-Institut e.V.; 2011. Available from: https://www.oeko.de/presse/archiv-pressemeldungen/presse-detailseite/2012/oekobilanzen-fuer-zwei-verfahren-zum-recycling-von-lithium-ionen-batterien-aus-elektrofahrzeugen

[4] Chen M, Ma X, Chen B, Arsenault R, Karlson P, Simon N, *et al.* Recycling end-of-life electric vehicle lithium-ion batteries. Joule. 2019;3(11):2622–46.

[5] Becker J, Beverungen D, Winter M, Menne S, editors. Umwidmung und Weiterverwendung von Traktionsbatterien. Wiesbaden: Springer Fachmedien Wiesbaden; 2019.

[6] Zheng X, Zhu Z, Lin X, Zhang Y, He Y, Cao H, *et al.* A mini-review on metal recycling from spent lithium ion batteries. Engineering. 2018;4(3):361–70.

[7] Velázquez-Martínez O, Valio J, Santasalo-Aarnio A, Reuter M, Serna-Guerrero R. A critical review of lithium-ion battery recycling processes from a circular economy perspective. Batteries. 2019;5(4):68. Available from: https://www.mdpi.com/2313-0105/5/4/68

[8] Knights B, Saloojee F. Lithium battery recycling — Keeping the future fully charged: green economy research Report No. 1, Green Fund. Midrand; 2015.

[9] Berg N, Eisert S. Bessere Verwertungsmöglichkeiten von Verbundmaterialien mittels Schockwellentechnologie. Deutsches Zentrum für Luft- und Raumfahrt (DLR): Freiberg, Germany; 2016. (Ressourceneffizienz vor Ort). Available from: http://docplayer.org/53757986-Bessere-verwertungsmoeglichkeiten-von-verbundmaterialien-mittels-schockwellentechnologie.html

[10] ImpulsTec GmbH. Zerkleinerung mittels Schockwellen: Das Verfahren von ImpulsTec setzt sich in der Recyclingindustrie durch; 2020. Available from: https://eu-recycling.com/Archive/28013

[11] Werner D, Peuker UA, Mütze T. Recycling chain for spent lithium-ion batteries. Metals. 2020;10(3):316.

[12] Georgi-Maschler T, Friedrich B, Weyhe R, Heegn H, Rutz M. Development of a recycling process for li-ion batteries. J Power Sources. 2012;207:173–82.

[13] Buchert M, Sutter J. Stand und Perspektiven des Recyclings von Lithium-Ionen-Batterien aus der Elektromobilität: Synthesepapier erstellt im Rahmen des vom Bundesministerium für Umwelt, Naturschutz und nukleare Sicherheit geförderten Verbundvorhabens MERCATOR "Material Effizientes Recycling für die Circular Economy von Automobilspeichern durch Technologie ohne Reststoffe". Darmstadt: Öko-Institut e.V.; 2020. Available from: https://www.oeko.de/publikationen/p-details/stand-und-perspektiven-des-recyclings-von-lithium-ionen-batterien-aus-der-elektromobilitaet

[14] Brückner L, Frank J, Elwert T. Industrial recycling of lithium-ion batteries — A critical review of metallurgical process routes. Metals. 2020;10(8):1107.

[15] Mayyas A, Steward D, Mann M. The case for recycling: overview and challenges in the material supply chain for automotive li-ion batteries. Sustainable Mater Technol. 2019;19:e00087.

[16] Schaal S. Volkswagen Group Components nimmt Pilot-Recyclinganlage in Betrieb; 2021.

Available from: https://www.electrive.net/2021/01/29/volkswagen-group-components-nimmt-pilot-recyclinganlage-in-betrieb/

[17] Volkswagen AG. Lithium to lithium, manganese to manganese; 2020. Available from: https://www.volkswagen-newsroom.com/en/stories/lithium-to-lithium-manganese-to-manganese-4662

[18] Lebedeva N, Di Persio F, Boon-Brett L. Lithium ion battery value chain and related opportunities for Europe. Petten; 2016. Available from: https://ec.europa.eu/jrc/en/publication/eur-scientific-and-technical-research-reports/lithium-ion-battery-value-chain-and-related-opportunities-europe

[19] Maiyalagan T, Elumalai P. Rechargeable lithium-ion batteries: trends and progress in electric vehicles. Boca Raton: CRC Press; 2020.

[20] AkkuSer Oy. AkkuSer Oy — Sustainable battery recycling; 2021. Available from: https://www.akkuser.fi/en/company/

[21] Jacoby M. It's time to get serious about recycling lithium-ion batteries. Chem Eng News. 2019;97(28). Available from: https://cen.acs.org/materials/energy-storage/time-serious-recycling-lithium/97/i28

[22] Agarwal S, Rosina M. Lithium-ion battery recycling market & technology trends 2020: Market and Technology Report 2020 [Sample]: Yole Development; 2020. Available from: https://www.google.com/url?sa=t&rct=j&q=&esrc=s&source=web&cd=&ved=2ahUKEwiDu-r449ruAhWgwAIHHWWpCtc4ChAWMAJ6BAgGEAI&url=https%3A%2F%2Fwww.i-micronews.com%2F%3Faction%3Ddownload-attachment%26file_id%3D129114%26source_id%3D128950%26key%3De27b34e2933009dcf4914f041f3e615b%26type%3Dsample&usg=AOvVaw1OMN5iX4WpxGxaXKHNmIlG

[23] Jung JC-Y, Chow N, Warkentin DD, Chen K, Melashvili M, Meseldzija Z, et al. Experimental study on recycling of spent lithium-ion battery cathode materials. J Electrochem Soc. 2020;167(16):160558.

[24] Battery Resourcers. Battery resourcers pilot plant online; 2018. Available from: https://www.batteryresourcers.com/news

[25] Dowa Eco-System Co., Ltd. Dowa Eco-System increases processing of lithium-ion batteries and enables both safe treating and efficient metal recycling; 2018. Available from: https://www.dowa-eco.co.jp/en/news/archive/20181217.html

[26] Recycling Today Staff. Eramet acquiring French metal recycler; 2009. Available from: https://www.recyclingtoday.com/article/umicore_battery_belgium/

[27] EST Energetics. Informationen zum Unternehmen; 2019. Available from: https://www.est-energetics.com/de/downloads__51/

[28] Fortum Corporation. Fortum to acquire Crisolteq, a recycling specialist of valuable metals in batteries; 2020. Available from: https://www.fortum.com/media/2020/01/fortum-acquire-crisolteq-recycling-specialist-valuable-metals-batteries

[29] Fortum Corporation. Fortum expands its EV battery recycling operations with a new mechanical processing plant in Finland; 2021. Available from: https://www.fortum.com/media/2021/01/fortum-expands-its-ev-battery-recycling-operations-new-mechanical-processing-plant-finland

[30] Company-List.org. Bangpu Nickel & Cobalt Technique Co., Ltd.: Company Details; 2020. Available from: https://www.company-list.org/bangpu_nickel_cobalt_technique_co_ltd.html

[31] Gu F, Guo J, Yao X, Summers PA, Widijatmoko SD, Hall P. An investigation of the current status of recycling spent lithium-ion batteries from consumer electronics in China. J Cleaner Prod. 2017;161:765–80.

[32] Guangdong Guanghua Sci-Tech Co., Ltd. About us: brief introduction; 2021. Available from: https://www.ghtech.com/Eabout/about_100000000298674.html

[33] Large Custom Lithium Ion Battery Pack. Only 5 companies are listed in the compliance list of power battery recycling market; 2019. Available from: https://www.large.net/news/7pu43n3.html

[34] Guangdong Guanghua Sci-Tech Co., Ltd. Comprehensive utilization of traction batteries; 2018. Available from: https://www.ghtech.com/Eapplication/recovery_100000000297454.html

[35] Zhejiang Huayou Cobalt. About us; 2021. Available from: http://en.huayou.com/about.

html?introId=29

[36] Tanaka Precious Metals. How China is cornering the lithium-ion cell recycling market; 2019. Available from: https://tanaka-preciousmetals.com/en/elements/news-cred-20191128-04/

[37] Lee A. Blast at Chinese recycler shows battery supply chain risks: Bloomberg L.P.; 2021. Available from: https://www.bloombergquint.com/business/blast-at-chinese-recycler-shows-battery-supply-chain-risks

[38] Breivik Ø. Hydro and Northvolt launch joint venture to enable electric vehicle battery recycling in Norway; 2020. Available from: https://www.hydro.com/en/media/news/2020/hydro-and-northvolt-launch-joint-venture-to-enable-electric-vehicle-battery-recycling-in-norway/

[39] Suzuki T, Fukao K. Rare metal miners dig into used batteries for lithium and cobalt: Recycled resources to fill shortages in an electric car future: Nikkei Inc.; 2018. Available from: https://asia.nikkei.com/Business/Business-trends/Rare-metal-miners-dig-into-used-batteries-for-lithium-and-cobalt

[40] Randall C. Kyburz opens battery recycling facility in Zurich; 2020. Available from: https://www.electrive.com/2020/09/07/kyburz-opens-battery-recycling-facility-in-zurich/

[41] Li-Cycle Corp. Making lithium-ion batteries a truly circular and sustainable product: in Progress. & Milestones Reached.; 2021. Available from: https://li-cycle.com/about/

[42] Fernandes L. Li-cycle announces commercial lithium-ion battery recycling plant now operational in Rochester, New York: New spoke is the largest capacity lithium-ion battery recycling facility in North America: Li-Cycle Corp.; 2020. Available from: https://li-cycle.com/news/li-cycle-announces-commercial-lithium-ion-battery-recycling-plant-now-operational-in-rochester-new-york/

[43] Lithion recycling. Lithion recycling's lithium-ion battery recycling plant development; 2019. Available from: https://www.lithionrecycling.com/lithium-ion-battery-recycling-plant/

[44] NS Energy. Neometals starts lithium battery recycling pilot plant; 2019. Available from: https://www.nsenergybusiness.com/news/neometals-starts-lithium-battery-recycling-pilot-plant/

[45] Maisch M. Neometals commissions li-ion battery recycling pilot plant; 2019. Available from: https://www.pv-magazine-australia.com/2019/02/14/neometals-commissions-li-ion-battery-recycling-pilot-plant/

[46] Neometals Ltd. Batterie-Recycling; n.d. Available from: https://www.neometals.com.au/de/unsere-projekte/core-projects/recycling/

[47] Nickelhütte Aue GmbH. Wir verwerten Lithium/NiMh-Batterien aus der Automobilindustrie; 2021. Available from: https://nickelhuette-aue.de/de/services/batterierecycling

[48] Nippon Recycle Center Corp. Business overview: Recycling of rechargeable batteries; 2021. Available from: https://www.recycle21.co.jp/recycle-e/service/pro.html

[49] Schaal S. "Revolt": Northvolt steigt in Batterie-Recycling ein; 2019. Available from: https://www.electrive.net/2019/12/13/revolt-northvolt-steigt-in-batterie-recycling-ein/

[50] Northvolt AB. Closing the loop on batteries; 2021. Available from: https://northvolt.com/loop

[51] Sagermann T. Primobius unterzeichnet MoU mit InoBat über den Betrieb einer kommerziellen Recyclinganlage für Lithium-Ionen-Batterien in Osteuropa: SMS Group; 2020. Available from: https://www.sms-group.com/de/presse-medien/pressemitteilungen/presseinformationen/primobius-unterzeichnet-mou-mit-inobat-ueber-den-betrieb-einer-kommerziellen-recyclinganlage-fuer-lithium-ionen-batterien-in-osteuropa-1544

[52] Promesa GmbH & Co. KG. Promesa Unternehmenspräsentation: Sichere Verwertung von Li-Batteriesystemen; n.d. Available from: https://vvg.eu/unternehmen/downloads

[53] Bernardes A, Espinosa D, Tenório J. Recycling of batteries: A review of current processes and technologies. J Power Sources. 2004;130(1–2):291–8.

[54] Redux GmbH. Geschichte; 2017. Available from: https://www.redux-recycling.com/de/unternehmen/geschichte/

[55] Shenzhen Highpower Technology Co., Ltd. Recycling & re-utilization: recycling project; 2021. Available from: https://www.highpowertech.com/products-recycling

[56] Tele Battery Recycle Co., Ltd. Products and services; 2021. Available from: http://www.telerecycle.com/

[57] Sistemas de Tratamiento Ambiental S.A. de C.V. Treatment and recycling of batteries and fluorescent lamps; n.d. Available from: http://www.sitrasa.com/SITRASA/Treatment_and_

recycling_of_batteries_and_fluorescent_lamps.html

[58] SMCC Recycling. Metallica Commodities Corp. and SungEel HiTech Announce Joint Venture; 2018. Available from: https://www.prnewswire.com/news-releases/metallica-commodities-corp-and-sungeel-hitech-announce-joint-venture-to-redefine-north-american-metals-recycling-and-energy-markets-300622736.html

[59] SMCC Recycling. SungEel MCC Americas; 2021. Available from: https://tracxn.com/d/companies/smccrecycling.com

[60] Recycling Technology Worldwide. SungEel MCC Americas announces lithium-ion battery recycling plant location in New York State; 2018. Available from: https://www.recovery-worldwide.com/en/news/sungeel-mcc-americas-announces-lithium-ion-battery-recycling-plant-location-in-new-york-state_3274245.html

[61] Soundon New Energy Technology Co. Ltd. Recycle secondary utilization; n.d. Available from: http://en.e-soundon.com/index/Ecology/Recycling

[62] Sumitomo Metal Mining Co., Ltd. Utilizing unused resources: achieving Japan's first "battery to battery" recycling; n.d. Available from: https://www.smm.co.jp/en/sustainability/activity_highlights/article_15/

[63] South China Morning Post. SungEel HiTech leads the way in eco-friendly recycling of lithium-ion batteries; 2020. Available from: https://www.scmp.com/country-reports/country-reports/topics/south-korea-business-report-2020/article/3079850/sungeel

[64] DGAP. EcoGraf Limited: Agreement with leading lithium-ion battery recycler located in South Korea; 2020. Available from: https://www.dgap.de/dgap/News/corporate/ecograf-limited-agreement-with-leading-lithiumion-battery-recycler-located-south-korea/?newsID=1403111

[65] TES-AMM. TES to acquire assets of Recupyl SAS: Acquisition of Recupyl's assets accelerates TES's move into the battery processing market in Europe; 2018. Available from: https://www.tes-amm.com/press-release/tes-to-acquire-assets-of-recupyl-sas-2

[66] TES-AMM. Commercial battery recycling helps your business and the planet; 2021. Available from: https://www.tes-amm.com/battery-recycling

[67] Schaal S. Volkswagen Group Components nimmt Pilot-Recyclinganlage in Betrieb; 2021. Available from: https://www.electrive.net/2021/01/29/volkswagen-group-components-nimmt-pilot-recyclinganlage-in-betrieb/

[68] Li Z. A cost-effective lithium-ion battery direct recycling process. Meet Abstr. 2018.

[69] Li J, Lu Y, Yang T, Ge D, Wood DL, Li Z. Water-based electrode manufacturing and direct recycling of lithium-ion battery electrodes-a green and sustainable manufacturing system. iScience. 2020 [cited 2021 Jan 26];23(5):101081.

[70] Sloop SE, Trevey JE, Gaines L, Lerner MM, Xu W. Advances in direct recycling of lithium-ion electrode materials. ECS Trans. 2018 [cited 2021 Feb 24];85(13):397–403.

[71] Schmidt M, Göckerlitz M, Paesold RD, Göbel F, Wienold H, Göckeritz M, et al. Inventors; Weck Poller holding GMBH [DE]; WKS Technik GMBH [DE]. Recycling Method for Lithium Ion Batteries. EP3563446 (B1). 2019 Nov 6.

[72] Vekic N. Lithium-Ionen-Batterien Für Die Elektromobilität: Status, Zukunftsperspektiven, Recycling. Thinktank Industrielle Ressourcenstrategie; 2020 März [cited 2021 Feb 23].

[73] Thompson DL, Hartley JM, Lambert SM, Shiref M, Harper GDJ, Kendrick E, et al. The importance of design in lithium ion battery recycling — A critical review. Green Chem. 2020 [cited 2021 Mar 12];22(22):7585–603.

[74] Sloop SE, Crandon L, Allen M, Lerner MM, Zhang H, Sirisaksoontorn W, et al. Cathode healing methods for recycling of lithium-ion batteries. Sustainable Mater Technol. 2019 [cited 2021 Jan 27];22:e00113.

[75] Shi Y, Zhang M, Meng YS, Chen Z. Ambient-pressure relithiation of degraded $Li_x Ni_{0.5} Co_{0.2} Mn_{0.3} O_2$ ($0 < x < 1$) via eutectic solutions for direct regeneration of lithium-ion battery cathodes. Adv Energy Mater. 2019 [cited 2021 Feb 24];9(20):1900454.

第 20 章
二次利用电池的商业模式

商业模式（Business Models，BM）可以被视为一个企业实现经济盈利的概念性计划。在描述业务模型时，必须调查需求和供给侧以及业务的内部价值创造。对于二次利用电池（Second Use Batteries，2uB），要想在市场上取得成功，必须开发潜在的商业模式。在 2uB 方面，我们区分了设想在车辆中重复使用电池（再制造）和用于非汽车用途（再利用）的电池。

再制造电池的商业模式有可能涉及汽车生产商，因为他们通过其品牌车间对需求和供应方有总体或部分控制。对于想要升级汽车的私人客户或二手车经销商来说，再制造电池可以作为具有成本效益的备件。

再利用的电池可以结合到工业或大规模存储系统。例如，工业电池系统可用作电动汽车（Electric Vehicle，EV）的快速充电站或在停电时提供电力。大规模的电池存储可作为固定的短期能源存储。例如，可能的应用是削峰填谷或电力套利。车辆的原始设备制造商（Original Equipment Manufacturers，OEM）和能源供应商可能会在专注于重新利用的 BM 中合作。

20.1 概述

本章仔细研究了可以建立的商业模式，以便将重新组装的电池重新引入第二个使用阶段。目前，市场上几乎找不到 2uB。然而，随着电动汽车注册量的预期增长，二手的电动汽车电池（Electric Vehicle Batteries，EVB）的供应将在未来十年内增加。需要关注潜在的商业模式，因为今天的设计和生产决定可能会影响 2uB 商业模式的经济和生态的成功。

接下来将简要介绍相关术语业务模型的含义和用法，以理解在进一步解释中的推理。第 10.3 节介绍了二次利用电池的再制造商业模式，这些电池与第一次使用时的目的相同，换句话说就是作为电动汽车的一个组成部分。此后，在第 10.4 节讨论了再利用的商业模式。最后，以一个简短的结论结束本章。

20.2 商业模式的背景和使用

Osterwalder 等人[1]将商业模式视为具有一系列维度的"概念性工具",可以传达出单个企业的经营逻辑。不同的学者描述了商业模式的基本要素[2-7]。这些要素大致分为企业的供应方、需求方和内部价值创造三个方面,同时还需要包括财务或资本[8]。根据 Amit 和 Zott 的说法[9],对商业模式的描述必须根据使用目的进行调整。同时,Morris 等人[10]讨论了从战略的角度来看,商业模式应该关注关键的组成部分,比如关于利益相关者的互动和联盟的信息,以及描述企业在市场中的定位的价值创造,这对尚未存在的企业来说是最重要的。根据 Geissdoerfer 等人[11]的说法,循环商业模式包括循环经济思维,如循环、延伸和 / 或去物质化的材料和能源循环,以减少浪费。这些循环经济要素在第 15 章进行了详细介绍。

本节对与 2uB 合作和交易的企业提出了概念性的战略观点:如果有足够的二手电动汽车电池,商业模式可以很快引入。

因此,根据企业的供应和需求方,本节讨论了哪些产品和服务的 2uB 可以匹配双方。此外,根据创收计划,本节省略了拆解和再制造或再利用的内部过程和资源,因为它们在第 18 章和第 19 章中已经提到过了。

考虑到所描述的商业模式目前尚未使用,本节进一步关注了外部因素,如我们所提出的商业模式的障碍,并讨论如何克服这些障碍。

20.3 电池再制造的商业模式

专注于在汽车应用中重新使用再制造的电池的商业模式,假定有一个庞大的电动汽车市场,最好是由一手和二手市场组成。这两个市场结合在一起,为售后市场或二手车贸易业务提供了潜在的商业机会。

由于与其他欧洲国家相比,德国拥有庞大的一手和二手车市场[12],对于 2uB 来说,德国似乎是开展潜在业务的合适地点。因此,进一步论证建立在德国市场的基础上。德国优质原始设备制造商一直积极参与发动机等传统汽车部件的再制造,并将其提供给售后市场[13]。此外,一些原始设备制造商宣布了未来几十年与循环经济相关的战略[14-17]。由于再制造业务可以成为循环经济的基石(参见第 19 章),原始设备制造商或其一级供应商似乎有可能在循环电池商业模式中占据核心地位。图 20-1 描述了这种商业模式的一个可能轮廓,省略了 OEM 业务的其他部分,如新车的生产和销售。

如图 20-1 所示,原始设备制造商与各种合作伙伴进行合作,通过利用现有的供应商关系来采购再制造所需的材料,而再制造过程中回收的废料可以转给回收厂。提供和需求再制造服务的合作伙伴是非常重要的。在这里,现有的经销商和车间的品牌系统(通常属于一起)被利用。"车间"是将再制造的零部件引入售后市场的中心。电池备件可以是单一的电池模组,也可以是完整的电池系统(如果它们已经失效)。完整的电池系统的更换可能作为质保索赔的一部分。

由于电池质保索赔而进行的更换应该只占整个电动汽车销售量的一小部分。然而,原始设备制造商有责任提供更换,如果再制造的电池比新电池便宜,则使用再制造的电池。

表 20-1 显示，原始设备制造商目前提供八年的电池质保或高里程保证。担保要求的总数将随着电动汽车数量的增加而增加。

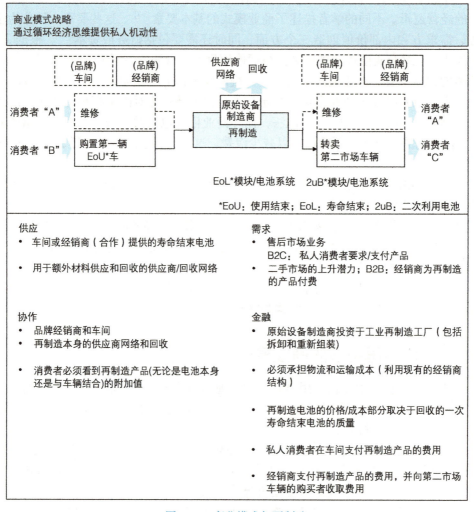

图 20-1　商业模式与再制造

表 20-1　德国各主机厂的电池质保条件

主机厂/OEM	质保条件	保证的 SOH	参考文献
奥迪 e-tron	160000 或 8 年	70%	[18]
宝马 i3	自 08/2019：160000km 或 8 年	70%	[19]
奔驰 EQC	160000km 或 8 年	70%	[20]
欧宝	160000km 或 8 年	70%	[21]
特斯拉 Model S	240000km 或 8 年	70%	[22]
大众	160000km 或 8 年	70%	[23]

在常规维修中，客户可以选择再制造的零件还是全新的零件。在德国，调查显示，客户通常根据价格来决定，许多客户一般对使用再制造的备件持开放态度[24]。使用品牌维修

点进行维修是很普遍的，尤其是客户不喜欢改变他们的维修点[25]。车间员工的综合建议使我们能够向客户解释使用再制造电池备件的可能性。

与通过维修车间进行的售后业务相比，在转售二手电动汽车时，也可能存在对再制造电池的需求。考虑到德国汽车贸易的收入中约有30%是由品牌经销商销售的二手车，而2019年新车销售占39%，一个运作良好的二手车市场的重要性是显而易见的[26]。2020年德国约有700万辆二手车被注册，约为新车注册数量的两倍[27]。2020年，电动汽车在二手车市场的份额不到1%，表明这仍然是一个小众市场[28]。尽管如此，我们预计电动汽车的二手市场将随着电动汽车销量的增加而大幅增长[29-30]。仔细观察二手车销售的特性，就会发现再制造OEM电池的潜在市场。

品牌经销商提供的二手车通常比私人销售的价格要高，因为这些车辆通常比较新，质量也比较好[24, 31]。Tolksdorf认为[28]，二手电动车的销售价格取决于电池健康状态（参见第17章）。Erich预测二手电动汽车的价格与普通汽车的价格相似甚至略高[32]。由于新电动汽车中电池系统在整车价格中所占比重最大，因此电池系统的质量将对汽车的销售价格产生重大影响[33]。

目前，几乎没有关于购买电动汽车时对客户偏好影响最大的因素的调查研究[12]。然而，从传统的二手车买家来看，可靠性和购买价格[31, 34]对二手车买家非常重要。同时，续驶里程的问题也被指出是电动汽车买家担忧的一个问题[5, 36]。

这些论点表明，只有在电池质量最好的情况下，（品牌）经销商才会对二手电动汽车实现高价销售。以再制造电池的形式整合最新的二次利用电池可能会提高电池的可靠性，从而提高电动汽车的价值。特别是对于那些电池保修期即将结束或已过保修期的车辆，再制造电池可能是正确的选择。再制造的电池应该有新的电池一样的性能保证。

值得一提的是，在某些情况下，品牌经销商的二手车车龄仍然很短，电池不需要重新维修。在德国，由授权经销商出售的车辆中只有15%的车龄超过6年[31, 34]。尽管如此，与传统车辆相比，电动汽车的维护费用较低[33]，而受磨损的功能部件较少，带有再制造电池的二手电动汽车可能提供比类似的传统二手车辆更具吸引力的转售选择。

如果再制造电池的成本低于更新电池所增加的车辆价值，经销商可能会增加其销售利润。我们必须记住，经销商会用再制造的电池来交换车辆的原装电池。使用所有现有的信息，包括关于原装电池的现有数字知识（参见第16章），可以帮助经销商推断出这一过程对哪些车辆是有价值的。再制造的可能成本结构可以与一次利用的电池的SOH条件相匹配。当然，固定成本（例如物流流程）也必须包括在内。品牌合作伙伴和原始设备制造商已经在合作，并且存在基本的商业结构和物流工作流程标准（备件物流），这些标准也可用于再制造电池[37]。因此，这些成本可能低于完全独立的合作伙伴。

再制造的最大挑战之一是确保整体核心供应，换句话说，有足够但不过分的产品进行再制造，以实现经济效益[38]。一个拥有广泛的经销商网络和"用新的再制造部件改变旧的部件"概念的OEM将在核心收购和销售的再制造产品之间有一个很好的配合。

由于OEM也负责电池的设计和生产，他们对再制造的可能性有深刻的认识，并能带来积极影响[39]。再制造（和维修）的设计如果符合整个循环经济的商业战略，在未来的设计过程中可能比过去有更重要的地位。

这种商业模式的挑战和威胁可以是针对电池的，也可以是一般再制造业务中的。由于只有很少的关于真正的电池退化的信息,很难预测有多少和什么时候会有用于再制造的电池。将再制造电池引入市场的第二个重要障碍是新电池价格的降低,因为再制造电池的价格取决于再制造时新电池的价格[40]。人们普遍预计,电池的价格将进一步下降,但速度不如过去几年[41]。因此,为了经济起见,未来的再制造成本必须更低。

不断发展的电池技术对再制造的备件供应提出了进一步的挑战。由于供应商的义务,在生产结束后,新备件的供应是有限的,因此可能会在再制造电池的需求结束之前停止供应。因此,通过使用几个回收电池的部件来重新配置新的电池模组和系统是不可避免的。在几种类型的车辆中,电池模组的标准化似乎是通过增加重新配置的可能性来提高供应可靠性的最佳途径。

此外,再制造总是伴随着一些市场挑战和风险,如竞争或法律问题[39]。欧洲委员会在2020年12月宣布了一项电池监管提案,涵盖了电池再制造现有的一些灰色地带[42]。在该提案中,对再制造电池重新进入市场提出了法律要求,如必须进行质量测试。这样的规定可以保护市场免受低质量的再制造产品的影响,因为它们越来越多地出现在传统零部件的市场上[39]。由于整体 OEM 的好处,如合作网络、较低的物流成本和可能的(自动匹配的)工业流程,独立的再制造企业的再制造风险更高,他们很可能针对不同的客户群。

20.4 电池再利用的商业模式

在过去的一段时间里,再利用电池的电池回收比再制造电池用于车辆应用获得了更多的关注[40, 43-45]。总的想法是,一旦回收电池系统或其组件不能再用于车辆,就将其用于要求不高的应用,通过级联延长使用时间。表 20-2 收集并简要描述了德国涉及电动汽车电池再利用的电池存储系统(Battery Storage System,BSS)项目。根据 Figgener 等人的研究[46],BSS 可以分为家庭电池存储系统(Battery Home Storage Systems,BHSS)、工业存储系统(Battery Industrial Storage Systems,BISS)和大型存储系统(Battery Large-scale Storage Systems,BLSS)。BLSS 的电池容量超过 1MW·h 或电池功率超过 1MW。相比之下,BISS 是根据其容量在 30kW·h ~ 1MW·h 之间进行分类的。BHSS 的容量小于 30kW·h[47]。

表 20-2 德国使用再利用电池的电池存储项目集合

类型	描述	行动者	参考文献
BLSS	• 13MW·h 容量 /13MW 功率,使用重新利用的(和新的)EVB • 来自 smart EQ fortwo 的 1000 个 EVB • 用于稳定初级平衡功率 • 存储可以作为"活体存储"来存储新的 EVB 作为备用零件	Daimler; The Mobility House AG, GETEC, REMONDIS SE	[48, 49]
BLSS	• 来自 100 辆 EV 的 2600 个电池模块(测试 Active E 和 BMW i3 的车队) • 2MW 功率和 2.8MW·h 容量 • 经测试,被用作光伏能源的储能和快速充电的性能缓冲站	BMW; Bosch; Vattenfall	[50, 51]

（续）

类型	描述	行动者	参考文献
BISS	• 可作为移动快速充电站重新使用，具有存储容量达 360kW·h，功率达 100kW • 可同时为 4 辆汽车充电（有直流和交流连接） • 可在不连接电网的情况下使用，例如在公共停车场或活动中使用 • 使用再利用和再制造的电池来建造模块 • 2020 年底：安装了 9 个充电站；系列生产即将开始	VW, E.ON	[52, 53]
BLSS	• 测试车辆配备 20 个 EVB，储能容量为 1.9MW·h • 用于电网稳定、削峰和储存光伏能源	Audi, BELECTRIC	[54]
BISS	• 叉车铅酸电池的更换 • 一辆奥迪 e-tron 的 36 个模块被拆解，24 个模块被重新组装 • 24 个模块的尺寸和重量与更换的铅酸电池相同	Audi	[55, 56]
BLSS	• 始于 2017 年：500 辆宝马 i3 的二手和新的电动汽车被用作固定的 BSS • 模块化布局；可集成 700 个 EVB；可进行扩展 • 位于宝马生产基地，用于储存公司拥有的风力涡轮机的能量 • 降低产品的二氧化碳排放量 • 附属于公共电力网络，能源也可能被卖给市场	BMW, Energy2Market GmbH	[57]
BISS/BLSS	• 2020 年 6 月开始：规划参考 2uB 存储 • 使用不同的配置和使用概况作为技术和流程模型对参考存储进行测试 • 功率和容量仍然未知 • 计划中的能源企业的光伏 / 风能园区的使用情况（削峰 / 降低缩减） • 注重长期合作 • 未来可能为其他工业公司提供 BSS	Audi, EnBW	[58]

由于电池储能市场随着可再生能源数量的增加而密集增长，重复利用二次电池是一个很有前景的市场[41]。BHSS 几乎完全与可再生能源生产结合使用，如私人住宅的光伏和热泵。BHSS 的典型好处是在能源生产和自我消费之间进行时间转换，或在需要时选择将电力输入电网[59]。

BISS 适用于商业或工业应用，例如，用于增加生产过程中的可再生能源份额，以实现产品的低二氧化碳足迹。由于欧洲绿色交易[60]和消费者整体可持续发展意识的提高，产品的二氧化碳足迹越来越重要[61]。BLSS 被用来克服风能和太阳能的削减，可再生能源的最大问题之一就是稳定配电系统[62]。

从 OEM 的角度来看，再利用电池的潜在商业模式如图 20-2 所示。虽然原始设备制造商处于商业概念的中心并进行再利用，但密切的合作，特别是与能源供应商的合作，延伸到整个再利用和第二次使用过程。根据表 20-2，OEM 和能源供应商的合作对现有 2uB 项目的成功起到了重要作用。再利用活动由从电动汽车拆解商和车间收集的废旧电池系统或模块提供。

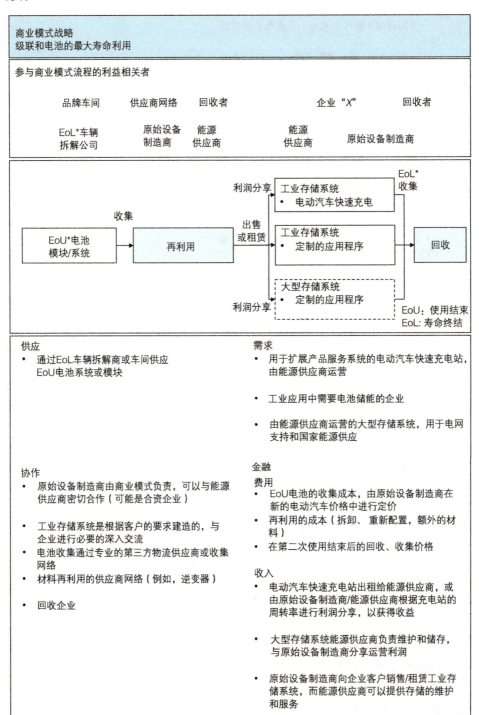

图 20-2　再利用电池的商业模式

该类企业的价值主张是创造和潜在地操作使用再利用的电池组件的 BISS 或 BLSS。这两种产品类型的共同点是它们是单独设计的应用。这对 2uB 来说很重要，因为再利用的模组有独特的特性（如不同的 SOH）。

这些个别的品质是在商业模式中排除 BHSS 的一个原因，因为私人客户习惯于购买具有准确的产品质量的产品[63]。此外，与 BISS 应用相比，BHSS 的第二次使用阶段预计较短[64]。而且由于其在不同家庭的分散分布，与其他 BSS 类型相比，报废收集成本较高。

工业电池存储的一个潜在应用是与电动汽车快速充电站一起使用，如果几辆汽车同时快速充电，它可以用来缓冲能量，以避免高峰负荷[65]。随着电动汽车普及率的提高，电动汽车充电基础设施的市场潜力将在未来几年增长。通过在电动汽车旁边提供充电基础设施，OEM 为其车辆引入进一步的增值服务，并可以了解电动汽车用户在使用期间的行为。能源供应商可以利用充电服务作为不断变化的能源部门的新收入来源，并有可能建立分散、灵活的短期能源存储[66]。在所描述的商业模式中，他们负责能源供应、为电动汽车快速充电站改造的 BSS 的维护，以及支付的数字流程。因此，在拟议的商业模式中，能源供应商是仅次于 OEM 的主要合作伙伴。

BISS 在各种商业和工业应用中显示出巨大的潜力。除了用于储存多余的可再生能源外，它们还可以提高企业或公共机构（如学校）在停电情况下的恢复能力[67]。再生电池还可以用作移动 BISS[68]，以确保冷冻食品供应链，在这方面它们比目前的铅酸电池性能更好[69]。BISS 应用的进一步集合可以在 Fischhaber 等人[40]和 Heymans 等人[69]的论文中找到。

与 BISS 相比，BLSS 的应用范围没有那么多样化：由于其体积较大，它们位置固定，用于能源需求和供应的即时削峰，或用于电力套利[70]。因为存在各种法律规定，BLSS 计划通过能源供应商进行管理和维护，进一步的规定正在制定中[71-72]。

在这个商业模式中，商业客户的独特产品价值正是以储能为主的。因此，在安装存储系统之前，应进行全面的能源需求分析。Rallo 等人[64]提出了一个计算过程，用于寻找工业应用中最经济的 2uB 存储。根据构建第二用途 BISS 的特定用例的能源概况，计算出备选方案。如果在 2uB 存储的预期寿命内找到一个具有正投资回报率的存储配置，就可以认为它是经济的。

在建造 BISS 和 BLSS 时，这种方法是合理的，因为有几个因素影响经济效益。首先，存储的功率和容量必须与应用相适应。同时，运营成本随着系统规模的增加而增加，资本成本也不容忽视[89]。由于其可扩展和模块化的系统设置，BLSS 的建设应基于同样的指导方针[73]。

根据客户的要求建造的 BISS，可以用于出售或租赁，购买或租赁企业也可能与能源供应商签订服务和维护合同。

对于 BLSS 来说，在重新利用电池的 OEM 和运营并维护 2uB 系统的能源供应商之间采取利润分享的方法，似乎是一种有希望的盈利方式。然而，找到一个合适的利润分享方式将是一个挑战，因为还必须考虑合作伙伴的不同成本。利润分享可用于电动汽车快速充电的 BISS，尽管不同的利润份额可能适用。

正如在某些情况下所指出的那样，在 BSS 中使用再利用电池在今天并不总是经济可行的[69, 74-76]，这意味着该商业模式在当今不会有利润。此外，由于目前可用的废旧电池太少，当下也不可能将再利用作为一项日常业务来进行。

由于各种因素的影响，如可用于再利用的电池的质量、新电池的未来价格以及用于存储的能源市场的动态和价格波动，今天对未来再利用的成本和收益的计算是不可靠的[40, 77-78]。

OEM 可以通过应用标准化的电池设计来影响未来再利用的经济吸引力。模组的标准化将导致再利用成本的降低，因为电池的拆解和重新组装的成本降低了，而重新配置变得更容易。此外，电池化学性能本身可以影响哪些 2uB 存储应用是有前景的[79]。

可以想象，一个原始设备制造商在推出新的电动汽车和相应的电池时，会对电池的二次使用进行规划。这样的规划概念可以包括为持有较大车队的选定客户群（如共享汽车供应商）提供第二生命优化的电动汽车租赁概念。如果 OEM 拥有电池使用期间的实时 SOH 数据，可以预测最佳更换时间，以最大限度地提高整体经济和生态的最佳电池寿命[80-81]。

由于政治和社会的整体发展倾向于促进循环经济，因此也应特别注意 BSS 的生态足迹，它影响到储存（可再生）能源的整体环境性能。计算 2uB 储存的生态足迹的标准化规则目前还不存在，但已经在研究中得到解决[82-85]。提供 2uB 的存储空间的二氧化碳排放量比使用新电池的同类 BSS 更低，这可能是一个决定性的卖点。

至少，缺少再利用的法律框架和批准的标准可能是原始设备制造商或其利益相关者在欧洲投资和加强再利用活动的一个主要障碍[72, 86]。对于重新使用的产品的测试和质量标准以及 2uB 存储本身的使用，都需要这样的指导方针。涵盖再利用电池评估的第一个标准已于 2018 年获得美国国家标准和加拿大国家标准的批准[87]。该标准为各种程序设定了准则，例如电池的分级以及在满足规定标准的情况下可能对电池和模块进行重新配置。可比较的欧洲或全球标准仍然有待完善[88]。

20.5 结论

在最后一章中，我们解释了如何从 OEM 的角度设计用于再利用和再制造电池的潜在商业模式。我们重点讨论了最重要的因素，如供应和需求以及对客户的附加值。此外，我们还讨论了商业活动的潜在缺点和障碍。

这两个提议的商业模式有一个共同点，即利用现有的合作结构来保证再制造和再利用电池的供应。特别是，再利用商业模式扩大了原始设备制造商的现有业务活动，因为所创造的产品并不用于汽车。因此，需要寻找新的合作者，大多数是能源供应商，似乎是这种商业模式不可缺少的成功因素。

虽然我们将再制造和再利用这两种循环经济活动分别展示在不同的商业模式中，但也可以采用特别针对 OEM 的组合方式。在进行再制造和再利用时，OEM 可以从额外的灵活性中获益。这将使再制造模式更容易满足对再制造电池的全部需求，而再制造所需的备件将更少地从供应商那里采购。由于这两个回收概念也包括许多相同的过程（如拆解），企业可能有额外的好处，如共同的规模经济，从而降低成本。

然而，这两个商业模式都面临着类似的障碍，如无法把握未来法律框架。这些障碍会阻碍今天对 2uB 友好设计的必要投资。此外，EVB 的预期使用阶段超过了商业战略决策的通常规划时间范围。如果原始设备制造商在产品退回之前就能获得收益，那么他们可能会在循环经济战略方面进行更多投资，这似乎是合理的。效益不一定是金钱上的，也可以是在决定产品的生态足迹或循环程度时的一种补偿。这表明，社会和政治可以制定激励措施，并影响循环二次利用电池商业模式的吸引力。

参 考 文 献

[1] Osterwalder A, Pigneur Y, Tucci CL. Clarifying business models: Origins, present, and future of the concept. CAIS: Communications of the Association for Information Systems, 2005;16: 1–25.

[2] Zott C, Amit R, Massa L. The business model: Recent developments and future research. J Manage. 2011;37(4):1019–42.

[3] Bieger T, Reinhold S. Das wertbasierte Geschäftsmodell — Ein aktualisierter Strukturierungsansatz. In: Bieger T, Knyphausen-Aufseß D zu, Krys C, editors. Innovative Geschäftsmodelle. Berlin, Heidelberg: Springer Berlin Heidelberg; 2011. pp. 13–70.

[4] Teece DJ. Business models, business strategy and innovation. Long Range Plann. 2010;43(2–3):172–94.

[5] Al-Debei M, Avison D. Developing a unified framework of the business model concept. Eur J Inf Syst. 2010;19:359–76.

[6] Gassmann O, Frankenberger K, Csik M. Geschäftsmodelle entwickeln: 55 innovative Konzepte mit dem St. Galler Business Model Navigator. 2., überarbeitete und erweiterte Auflage. München: Hanser; 2017. Available from: https://www.researchgate.net/publication/318212328_Geschaftsmodelle_entwickeln_55_innovative_Konzepte_mit_dem_St_Galler_Business_Model_Navigator

[7] Morris M, Schindehutte M, Allen J. The entrepreneur's business model: Toward a unified perspective. J Bus Res. 2005;58(6):726–35.

[8] Petrovic O, Kittl C, Teksten RD. Developing Business Models for Ebusiness (October 31, 2001). Available at SSRN: https://ssrn.com/abstract=1658505 or http://dx.doi.org/10.2139/ssrn.1658505 Titel anhand dieser DOI in Citavi-Projekt übernehmen

[9] Amit R, Zott C. Value creation in E-business. Strat Mgmt J. 2001;22(6–7):493–520.

[10] Morris M, Schindehutte M, Richardson J, Allen J. Is the business model a useful strategic concept? Conceptual theoretical and empirical insights. J Small Bus Strategy. 2006;17(1):27–50. Available from: https://libjournals.mtsu.edu/index.php/jsbs/article/view/62

[11] Geissdoerfer M, Pieroni MP, Pigosso DC, Soufani K. Circular business models: A review. J Cleaner Prod. 2020;277:123741.

[12] Bienias K, Kowalska-Pyzalska A, Ramsey D. What do people think about electric vehicles? An initial study of the opinions of car purchasers in Poland. Energy Rep. 2020;6:267–73.

[13] Casper R, Sundin E. Addressing Today's challenges in automotive remanufacturing. J Remanuf. 2018;8(3):93–102.

[14] Audi AG. Circular economy: Value creation and Produktion; 2019. Available from: https://www.audi.com/en/company/sustainability/core-topics/value-creation-and-production/circular-management.html

[15] Daimler AG. Special "Lebenszyklus Batterie"; [cited 2021 Feb 10]. Available from: https://www.daimler.com/nachhaltigkeit/lebenszyklus-batterie/

[16] emove306°. Interview mit Markus Schäfer, Daimler AG: "Das VISION AVTR unterstreicht den Mut und Pioniergeist unserer Marke"; [cited 2021 Feb 18]. Available from: https://www.emove360.com/de/interview-mit-markus-schaefer-daimler-ag-das-vision-avtr-unterstreicht-den-mut-und-pioniergeist-unserer-marke/

[17] Volkswagen. Volkswagen with new corporate mission statement environment "goTOzero"; [cited 2021 Feb 18]. Available from: https://www.volkswagen-newsroom.com/en/press-releases/volkswagen-with-new-corporate-mission-statement-environment-gotozero-5180

[18] Audi AG. Audi Garantie: Neuwagengarantie der AUDI AG; [cited 2021 Feb 24]. Available from: https://www.audi.de/dam/nemo/customer-area/warranty-guarantees/pdf/audi_garantie.pdf

[19] BMW AG. BMW i Battery Certificate für die Hochvolt- Batterie — Leistungen und Bedingungen; 2019. Available from: https://www.bmw.de/content/dam/bmw/marketDE/bmw_

[20] Jordan M. Erstmals mit dem EQC bestellbar: After-Sales Service Pakete; 2019 [cited 2021 Feb 24]. Available from: https://blog.mercedes-benz-passion.com/2019/05/erstmals-mit-dem-eqc-bestellbar-after-sales-service-pakete/

de/topics/offers-and-services/warranty/pdf/Zertifikat%20BMWi_BEV_Ab%2001.08.2019_final.docx%20V2.pdf

[21] Opel. Batterien für Elektroautos; 2021 [cited 2021 Feb 24]. Available from: https://www.opel.de/e-mobilitaet/fakten-vorteile/batterien.html

[22] Tesla. Neuwagengarantie; 2021 [cited 2021 Feb 24]. Available from: https://www.tesla.com/de_DE/support/vehicle-warranty

[23] Volkswagen AG. Hochvoltbatterie: Garantie und Pflege; 2021 [cited 2021 Feb 24]. Available from: https://www.volkswagen.de/de/elektrofahrzeuge/id-technologie/batteriegarantie-und-pflege.html

[24] Endlein M. DAT report 2017. Ostfildern; 2018.

[25] Endlein M. DAT report 2018. Ostfildern; 2019.

[26] ZDK. Umsatz des deutschen Kraftfahrzeuggewerbes im Jahr 2019 nach Geschäftsfeldern (in Milliarden Euro); 2020 [cited 2021 Feb 5]. Available from: https://de.statista.com/statistik/daten/studie/13266/umfrage/umsatz-im-kfz-gewerbe-in-deutschland/

[27] KBA. Neuzulassungen, Besitzumschreibungen, Außerbetriebsetzungen nach Zulassungsbezirken (FZ 5), Jahr 2019; 2020 [cited 2020 Feb 10]. Available from: https://www.kba.de/DE/Statistik/Produktkatalog/produkte/Fahrzeuge/fz5_nua_uebersicht.html?nn=1146130

[28] Tolksdorf B. So entwickeln sich die Restwerte von Elektroautos; 2020 [cited 2021 Feb 5]. Available from: https://www.mobile.de/magazin/artikel/restwert-entwicklung-elektroautos-41404

[29] Deloitte. Elektromobilität in Deutschland: Marktentwicklung bis 2030 und Handlungsempfehlungen; 2020 [cited 2021 Feb 5]. Available from: https://www2.deloitte.com/de/de/pages/consumer-industrial-products/articles/elektromobilitaet-in-deutschland.html

[30] Nationale Plattform Zukunft der Mobilität. Wege zur Erreichung der Klimaziele 2030 im Verkehrssektor: Arbeitsgruppe 1 Klimaschutz im Verkehr. Berlin; 2019 [cited 2021 Feb 19]. Available from: https://www.plattform-zukunft-mobilitaet.de/wp-content/uploads/2020/03/NPM-AG-1-Wege-zur-Erreichung-der-Klimaziele-2030-im-Verkehrssektor.pdf

[31] Endlein M. DAT report 2020. Ostfildern; 2020.

[32] Erich M. Future residual values of battery electric vehicles benefit from increased range; 2019 [cited 2020 Feb 5]. Available from: https://www.readkong.com/page/future-residual-values-of-battery-electric-vehicles-benefit-4002175

[33] Letmathe P, Suares M. A consumer-oriented total cost of ownership model for different vehicle types in Germany. Transp Res Part D: Transp Environ. 2017;57: 314–35.

[34] Endlein M. DAT report 2016. Ostfildern; 2017 [cited 2021 Feb 19]. Available from: https://www.dat.de/fileadmin/media/download/DAT-Report/DAT-Report-2016.pdf

[35] Linzenich A, Arning K, Bongartz D, Mitsos A, Ziefle M. What fuels the adoption of alternative fuels? Examining preferences of German car drivers for fuel innovations. Appl Energy. 2019;249:222–36.

[36] Letmathe P, Suares M. Understanding the impact that potential driving bans on conventional vehicles and the total cost of ownership have on electric vehicle choice in Germany. Sustainable Futures. 2020;2:100018.

[37] Volkswagen Original Teile Logistik GmbH & Co. KG. Wettbewerbsüberlegene Logistik liefert alles aus einer Hand; 2016 [cited 2021 Feb 18]. Available from: https://www.volkswagen-otlg.de/wettbewerbsueberlegene-logistik

[38] Kamper A, Triebs J, Hollah A, Lienemann C. Remanufacturing of electric vehicles: challenges in production planning and control. Procedia Manuf. 2019;33:280–7.

[39] Parker D, Riley K, Robinson S, Symington H, Tewson J, Jansson K, et al. Remanufacturing market study: for horizon 2020, grant agreement No 645984, November 2015; 2015 [cited 2021 Feb 19]. Available from: https://www.remanufacturing.eu/assets/pdfs/remanufacturing-market-study.pdf

[40] Fischhaber S, Regett A, Schuster S, Hesse H. Second-Life-Konzepte für Lithium-Ionen-

Batterien aus Elektrofahrzeugen; 2016.

[41] Lebedeva N, Tarvydas D, Tsiropoulos I. Li-ion batteries for mobility and stationary storage applications: scenarios for costs and market growth. Luxembourg: Publications Office of the European Union; 2018. (EUR, Scientific and technical research series; vol 29440).

[42] Proposal for a Regulation of the European Parliament and the Council concerning batteries and waste batteries, repealing Directive 2006/66/EC and amending Regulation (EU) No 2019/1020; 2020 [cited 2021 Feb 19]. Available from: https://eur-lex.europa.eu/legal-content/EN/TXT/HTML/?uri=CELEX:52020PC0798&from=EN

[43] Bowler M. Battery second use: A framework for evaluating the combination of two value chains; 2014 [cited 2021 Feb 6]. Available from: https://tigerprints.clemson.edu/cgi/viewcontent.cgi?article=2379&context=all_dissertations

[44] Martinez-Laserna E, Gandiaga I, Sarasketa-Zabala E, Badeda J, Stroe D-I, Swierczynski M, et al. Battery second life: Hype, hope or reality? A critical review of the state of the art. Renewable Sustainable Energy Rev. 2018;93:701–18.

[45] Plenter F, Menne S, Hindersmann C, Bräuer S, Voscort J, Mittmann R. Szenarien und Geschäftsmodelle für die Vermarktung umgewidmeter Traktionsbatterien. In: Becker J, Beverungen D, Winter M, Menne S, editors. Umwidmung und Weiterverwendung von Traktionsbatterien. Wiesbaden: Springer Fachmedien Wiesbaden; 2019. pp. 179–258.

[46] Figgener J, Stenzel P, Kairies K-P, Linßen J, Haberschusz D, Wessels O, et al. The development of stationary battery storage systems in Germany — A market review. J Energy Storage. 2020;29:101153.

[47] Figgener J, Stenzel P, Kairies K-P, Linßen J, Haberschusz D, Wessels O, et al. The development of stationary battery storage systems in Germany — Status 2020. J Energy Storage. 2021;33:101982.

[48] The Moblity House. Ein zweites Leben für Fahrzeugbatterien: Speicherprojekte von The Mobility House; 2018 [cited 2021 Feb 18]. Available from: https://www.mobilityhouse.com/de_de/magazin/Unternehmen/second-life-speicherprojekte.html

[49] Daimler AG. Weltweit größter 2nd-Use-Batteriespeicher geht ans Netz; 2018 [cited 2021 Feb 18]. Available from: https://media.daimler.com/marsMediaSite/de/instance/ko/Weltweit-groesster-2nd-Use-Batteriespeicher-geht-ans-Netz.xhtml?oid=13634457

[50] Vattenfall GmbH. Second Life Batterien: Potential für Energiespeicher; 2018 [cited 2021 Feb 18]. Available from: https://group.vattenfall.com/de/newsroom/blog/2018/september/second-life-batterien-energiespeicher

[51] BMW Group. BMW i Batterien werden als "Second Life Batteries" flexible Speicher für erneuerbare Energien und sichern die Stabilität des Stromnetzes. Hamburg; 2014 [cited 2021 Feb 18]. Available from: https://www.press.bmwgroup.com/deutschland/article/detail/T0193200DE/bmw-i-batterien-werden-als-"second-life-batteries"-flexible-speicher-fuer-erneuerbare-energien-und-sichern-die-stabilitaet-des-stromnetzes?language=de

[52] Werwitzke C. VW und E.ON: Gemeinsamer Rollout mobiler Schnellladesäulen; 2020 [cited 2021 Feb 18]. Available from: https://www.electrive.net/2020/02/12/vw-und-e-on-gemeinsamer-rollout-mobiler-schnellladesaeulen/

[53] Lambert F. VW deploys first electric car charging stations with giant integrated batteries; 2020. Available from: https://www.electrive.net/2020/02/12/vw-und-e-on-gemeinsamer-rollout-mobiler-schnellladesaeulen/

[54] BELECTRIC. BELECTRIC builds battery storage facility for Audi. Berlin; 2019 [cited 2021 Feb 18]. Available from: https://belectric.com/belectric-builds-battery-storage-facility-for-audi/

[55] Reintjes M. Audi batteries find second life in forklift trucks; 2019 [cited 2020 Nov 11]. Available from: https://recyclinginternational.com/batteries/audi-battery-recycling/18950/

[56] Green Car Congress. Audi testing second-life EV batteries in factory vehicles; 2019 [cited 2020 Oct 20]. Available from: https://www.greencarcongress.com/2019/03/20190307-audi2ndlife.html

[57] Energy2market GmbH. Auf dem Weg zur energiewirtschaftlichen Optimierung eines Automobilproduktionsstandortes: Wie die e2m mit der Speicherfarm der BMW Group am Standort Leipzig Flexibilitätspotenziale hebt; 2018 [cited 2021 Feb 18]. Available from: https://www.e2m.energy/de/newsbeitrag-anzeigen/auf-dem-weg-zur-energiewirtschaftlichen-

optimierung-eines-automobil-produktionsstandortes.html

[58] Still B, Busse J. Audi und EnBW kooperieren bei Batteriespeichern: Gemeinsame Pressemitteilung; 2020 [cited 2021 Feb 26]. Available from: https://www.enbw.com/media/presse/images/pressemitteilungen/2020/20200623__gempm_audi_enbw_2ndlife.pdf

[59] EUROBAT. Battery energy storage in the EU: services and technologies; 2020 [cited 2021 Feb 17]. Available from: https://www.eurobat.org/images/members/Battery_Energy_Storage_in_the_EU_report.pdf

[60] European Commission. The European Green Deal. Brussels; 2019 COM(2019) 640 final [cited 2021 Feb 17]. Available from: https://www.eea.europa.eu/policy-documents/com-2019-640-final

[61] Groening C, Inman J., William Jr. The role of carbon emissions in consumer purchase decisions. IJEPDM. 2015;1(4):261.

[62] Chen Q, Zhao T. Heat recovery and storage installation in large-scale battery systems for effective integration of renewable energy sources into power systems. Appl Therm Eng. 2017;122:194–203.

[63] Rust RT, Inman JJ, Jia J, Zahorik A. What you don't know about customer-perceived quality: the role of customer expectation distributions. Marketing Sci. 1999;18(1):77–92.

[64] Rallo H, Canals Casals L, La Torre D de, Reinhardt R, Marchante C, Amante B. Lithium-ion battery 2nd life used as a stationary energy storage system: ageing and economic analysis in two real cases. J Cleaner Prod. 2020;272:122584.

[65] Hussain A, Bui V-H, Baek J-W, Kim H-M. Stationary energy storage system for fast EV charging stations: simultaneous sizing of battery and converter. Energies. 2019;12(23):4516.

[66] Sbordone D, Bertini I, Di Pietra B, Falvo MC, Genovese A, Martirano L. EV fast charging stations and energy storage technologies: a real implementation in the smart micro grid paradigm. Electr Power Syst Res. 2015;120:96–108.

[67] Laws ND, Anderson K, DiOrio NA, Li X, McLaren J. Impacts of valuing resilience on cost-optimal PV and storage systems for commercial buildings. Renewable Energy. 2018;127:896–909.

[68] Lange B, Preisemann C, Geiss M, Lambrecht A. Promoting food security and safety via cold chains: technology options, cooling needs and energy requirements. Eschborn; 2016 [cited 2021 Feb 19]. Available from: https://www.giz.de/de/downloads/giz_2016_Food_Security_Cold_Chains.pdf

[69] Heymans C, Walker SB, Young SB, Fowler M. Economic analysis of second use electric vehicle batteries for residential energy storage and load-levelling. Energy Policy. 2014;71:22–30.

[70] Wankmüller F, Thimmapuram PR, Gallagher KG, Botterud A. Impact of battery degradation on energy arbitrage revenue of grid-level energy storage. J Energy Storage. 2017;10:56–66.

[71] Klausen M. Market opportunities and regulatory framework conditions for stationary battery storage systems in Germany. Energy Procedia. 2017;135:272–82.

[72] DeRousseau M, Gully B, Taylor C, Apelian D, Wang Y. Repurposing used electric car batteries: a review of options. JOM. 2017;69(9):1575–82.

[73] Hossain E, Murtaugh D, Mody J, Faruque HMR, Haque Sunny MS, Mohammad N. A comprehensive review on second-life batteries: current state, manufacturing considerations, applications, impacts, barriers & potential solutions, business strategies, and policies. IEEE Access. 2019;7:73215–52.

[74] Faessler B, Kepplinger P, Petrasch J. Decentralized price-driven grid balancing via repurposed electric vehicle batteries. Energy. 2017;118:446–55.

[75] Huang N, Wang W, Cai G, Qi J, Jiang Y. Economic analysis of household photovoltaic and reused-battery energy storage systems based on solar-load deep scenario generation under multi-tariff policies of China. J Energy Storage. 2021;33:102081.

[76] Mirzaei Omrani M, Jannesari H. Economic and environmental assessment of reusing electric vehicle lithium-ion batteries for load leveling in the residential, industrial and photovoltaic power plants sectors. Renewable Sustainable Energy Rev. 2019;116:109413.

[77] White C, Thompson B, Swan LG. Repurposed electric vehicle battery performance in second-life electricity grid frequency regulation service. J Energy Storage. 2020;28:101278.

[78] Wu W, Lin B, Xie C, Elliott RJ, Radcliffe J. Does energy storage provide a profitable second life for electric vehicle batteries? Energy Econ. 2020;92:105010.

[79] White C, Thompson B, Swan LG. Comparative performance study of electric vehicle batteries

[80] Wang T, Jiang Y, Kang L, Liu Y. Determination of retirement points by using a multi-objective optimization to compromise the first and second life of electric vehicle batteries. J Cleaner Prod. 2020;275:123128.

[81] You G, Park S, Oh D. Real-time state-of-health estimation for electric vehicle batteries: a data-driven approach. Appl Energy. 2016;176:92–103.

[82] Bobba S, Cusenza MA, Di Persio F, Eynard U, Mathieux F, Messagie M, *et al.* Sustainability Assessment of Second Life Application of Automotive Batteries (SASLAB): JRC exploratory research (2016-2017): final technical report, August 2018. Luxembourg: Publications Office of the European Union; 2018. (EUR, Scientific and technical research series; vol 29321) [cited 2021 Feb 25]. Available from: https://publications.jrc.ec.europa.eu/repository/bitstream/JRC112543/saslab_final_report_2018_2018-08-28.pdf

[83] Bobba S, Mathieux F, Ardente F, Blengini GA, Cusenza MA, Podias A, *et al.* Life Cycle Assessment of repurposed electric vehicle batteries: an adapted method based on modelling energy flows. J Energy Storage. 2018;19:213–25.

[84] Schulz M, Bey N, Niero M, Hauschild M. Circular economy considerations in choices of LCA methodology: how to handle EV battery repurposing? Procedia CIRP. 2020;90:182–6.

[85] Yang J, Gu F, Guo J. Environmental feasibility of secondary use of electric vehicle lithium-ion batteries in communication base stations. Resour Conserv Recycl. 2020;156:104713.

[86] Catton J, Walker SB, McInnis P, Fowler M, Fraser R, Young SB, *et al.* Comparative safety risk and the use of repurposed EV batteries for stationary energy storage. In: 2017 IEEE International Conference on Smart Energy Grid Engineering (SEGE). IEEE; 2017. pp. 200–9. Oshawa, ON, Canada.

[87] ANSI/CAN/UL. Standard for evaluation for repurposing batteries. 1st Ed; 2018 Oct 25.

[88] Di Persio F, Ruiz V. Standards for the performance and durability assessment of electric vehicle batteries: possible performance criteria for an Ecodesign Regulation. Luxembourg: Publications Office of the European Union; 2018. (EUR, Scientific and technical research series; vol 29371).

[89] Mongird K, Viswanathan V, Balducci P, Alam J, Fotedar V, Koritarov V, *et al.* An evaluation of energy storage cost and performance characteristics. Energies. 2020;13:1–51.

第六部分

展望

第 21 章
超越锂离子——全固态电池

电解质是电化学存储系统的关键组成部分，能提供电池正负极之间的离子传输。随着电池技术的不断发展，对更有效、更可靠和更环保的材料的需求也越来越大。固态锂离子电池（Solid-State Lithium-Ion Batteries，SSLIB）被认为是下一代储能系统，固态电解质是该系统的关键组成部分。与液态电解质相比，固态电解质具有热稳定性更好（更安全）、毒性更小的优点，并提供了一个更紧凑（更轻）的电池设计。然而，其主要问题是离子传导性差，特别是在低温下。本章介绍了最有效的固态电解质，并在性能和成本方面对其进行了比较，描述了与目前大规模 SSLIB 的制造有关的挑战及其商业化的潜力。

▼ 21.1 自上而下：为什么是固态电池

自从索尼在 1991 年最早提出并商业化锂离子电池（Li-Ion Battery，LIB）技术以来，LIB 得到了广泛的发展，现在已经出现在所有需要可充电电池的便携式设备（手机、笔记本电脑等）中。此外，锂离子电池较低的制造成本使其在电动汽车的应用方面也成为当今市场的领先技术。然而，随着电动汽车成为一个不断增长的市场，并且对数百万客户来说越来越有吸引力，因此需要更高能量密度的电池，并提高充放电和热稳定性能。此外，容量越大，续驶里程越长，然而充电时间也会按比例变长。

现有的传统锂离子电池技术正在达到其性能极限，因为在寿命和安全方面无法进一步提升。最新的"先进"硅负极锂离子系统在电池规模上预计不会超过 800W·h/L 或 300W·h/kg 的能量密度[1]。可以用锂金属代替石墨作为负极来实现更高的能量密度。金属锂的比能量（3860 mA·h/g）比石墨高 10 倍左右[2]，这可以大大减少电池的充电时间。

最初的锂电池已经基于"锂金属"技术，使用金属锂作为负极，理论上实现了最高的能量密度[3]。然而，使用金属形式的锂加上有机液体电解质会导致枝晶的形成，而传统的多孔隔膜不能防止正极的枝晶，致使内部短路，从而导致热失控。该系统严重的安全问题并没有阻碍其在市场上的发展。用固体电解质取代液体电解质，同时作为隔膜，将创造一个惰性的固体系统，可以解决上述问题。

对许多专家来说，所谓的全固态电池（All Solid-State Battery，ASSB）目前是在中期内为电动汽车配备更便宜、更轻、更安全和更持久的电池的最大希望。它的特点是使用固态电解质而不是液态和易燃的电解质。固态电解质提供了提高能量密度和减少对钴等关键材料依赖的前景。

近年来，许多大型企业和初创企业，如丰田、QuantumScape 和 Solid Power 宣布了他们在固态系统方面的项目和合作关系。2011 年，Bolloré 集团（Blue Solutions）在 Hovington 等人[6]的工作基础上，在 Autolib 项目框架内，将使用固态电池的电动车（Bluecar）商业化[4-5]。该电池由锂金属负极、磷酸铁锂正极和 PEO/LiTFSI 固态电解质组成。该电池在电池组水平上提供了 100W·h/kg 的能量密度，可以运行超过 1000 次循环。

这项技术之所以还没有进入市场，是因为研究人员还需要解决一个主要问题——固体电解质材料在环境温度下离子电导率低。为了实现快速充电，锂离子必须能够快速通过电解质，而不需要额外的复杂措施。

简而言之，对于一个成功的 ASSB，固体电解质必须满足几个关键标准，如高离子电导率、宽电化学稳定窗口和化学稳定性、电池组件之间的界面管理简单以及可负担的成本[7]。为了使 ASSB 与当今的锂离子技术竞争，已经进行了许多研究，以找到最合适的固体电解质。

21.2 粉末态固态电解质：界面接触挑战

最具挑战性的技术难题之一是固体电极和固体电解质之间的界面。当电解质是液体时，它可以像海绵一样被结构精细的电极所吸收。然而，两个相邻的固体不能如此没有间隙地轻易连接在一起。

与液体电解质不同，固体电解质的黏性太大，无法适应表面的形态变化。因此，电极/电解液接触面积可能会减少，从而导致接触电阻的增加。由于与多孔负极相比，锂金属负极具有更光滑和更致密的表面，因此负极和固体电解质之间的接触电阻更具挑战性[8]。

在设计固态电池时，正极在充放电过程中的体积变化是必须考虑的另一个问题。根据 Cheng 等人的研究[9]，$LiFePO_4$（LFP）正极的膨胀率高达 6.6%。由于固态电解质直接与正极相邻，它必须表现出足够的灵活性，以便在充电和放电过程中随着电极的体积变化而调整其形态。在固态电解质中，聚合物电解质具有更低的杨氏模量（E'_{PEO} = 70MPa），与 LGPS 电解质（E'_{LGPS} = 38GPa）相比，显示出更好的弹性[10-11]。然而，仅仅呈现低杨氏模量（E'）也是不够的。材料必须同时表现出良好的强度，以抵抗枝晶的生长。据报道，为了实现无枝晶的沉积，固态电解质的剪切模量（G'）至少应该是金属锂的两倍（G_{Li} = 3.4GPa，G_{LGPS} = 14.35GPa，G_{PEO} = 26.2MPa）[8, 10-11]。

不同固态电解质的组合可能是实现良好的全电池功能所必需的[12]。即使使用一小部分的液体电解质，也有可能减少接触阻抗（见第 21.5 节）。因此，近年来在复合电解质方面的工作越来越多，例如（凝胶）聚合物-氧化物或（凝胶）聚合物-硫磷复合材料，双层无机固态电解质，例如 $LGPS//Li_2S-P_2S_5$ 或 $LGPS//Li_2S-P_2O_5$[13-14]。

21.3 制造固态电池的五个主要方案

考虑到制造固态电池的思路,"最佳电接触"和能够满足大规模生产能力的准备顺序是制备共同的价值的合理化建议。在这方面,可能会出现以下五个方案[15]:

1)半壳中的粉末填充和压缩:这有点类似于制造纽扣式电池。受益于许多固体锂离子导体(例如硫化物、磷化物和碘化物)表现出固有的延展性这一事实,我们可以预期这种行为以一种有利的方式用于压缩含有此类延展性固体离子导体的离子传导膜和电极。在理想的情况下,不需要额外的黏结剂,或者至少可以明显地降低黏结剂的含量。由于金属半电池外壳与众所周知的纽扣式电池非常相似,能够实现刚性和机械完整性,这种简单的方法可以发展成为一种有趣的生产方法。然而,它在尺寸上可能受到限制,因为没有圆形外壳的大型纽扣式电池在制造上是非常具有挑战性的。

2)胶合:由于固体离子导体以及电极中的活性材料都是由粉末组成的,因此,我们可以主要按照前面的方法的基本思路,制造一些胶合电解质,例如通过加入具有胶合特性的惰性黏结剂,如 Oppanol(BASF)。这种方法的巨大优势可能是不需要额外的压力来维持接触。此外,表现出这种胶合特性的液体电解质中的电解质溶剂也是一种选择。液体电解质充当颗粒的黏结剂,因此是固定的。这种复合材料可以被认为是准固体。聚苯乙烯和柠檬烯可以作为这种胶合液体电解质的化合物。

3)层压:前面提到的胶水也可以以一种特殊的方式在层压(热+压力)上发生反应。同样,它可以是一些惰性黏结剂或增塑剂,当然,它必须是电化学稳定的,如果增塑剂不能完成该任务,则必须随后提取。这种提取后的独特孔可以被随后固定的液体或凝胶填充,使得成品再次成为准固体。

4)压制:这个方案类似于方案1),但没有任何稳定的半壳。它可以与压制的石墨箔相比,后者仅从石墨的独特机械性能中获得其特征。它们看起来像完美的薄膜,但没有任何黏结剂。同样,人们可以想象利用固体离子导体的延展性来达到类似的结果。

5)烧结:另一个解决方案是烧结。高温燃料电池膜(ZrO_2)被烧结得很薄、很柔韧,并且是气密的。但是在电池电芯中,不容易与气体和蒸汽接触。它需要是一个连接良好的固-固边界。然而,由于所需的高烧结温度,将电极和固体电解质一起烧结会导致副反应。

对所有这些方案进行自上而下的"鹰眼"视角可能会提出一个终极问题:这些选项中的哪一个可以在成本、大规模生产能力和节省能源密度方面与实际的锂离子电池千兆瓦时规模工厂竞争,而无须妥协电极中厚的电解质、极重的外壳和非常高的固体电解质含量会损失宝贵的能量密度?但是,这并不是唯一的(尽管是显而易见的)挑战。与水系系统相比,锂离子技术有一个巨大的缺点,即离子电导率。锂离子技术的解决方案很简单——通过减少厚度来补偿电导率,比如典型的电极和隔膜的厚度在微米级(例如,负电极 70~100μm,隔膜 20μm,正电极高达 150μm)。但现在,固体锂离子电解质的离子传导性能比锂离子电池更差。这意味着最好的想法是复制和调整目前的锂离子生产工艺,使用基于固体离子导体的锂金属电池,以尽可能地补偿较差的离子电导率。根据上述讨论,方案 2)~4)可能最接近这些总体需求。而且,作为这次讨论的初步结果,一些进一步发展的想法已经出现,以推动具有固体离子导体的锂金属电池成为传统锂离子技术的竞争对手。

21.4 混合方法

混合方法是一种众所周知的采用液态有机电解质的锂离子电池的形式,尽管许多人可能没有意识到这一点。在这里,有一个绝缘体,更确切地说,是一个由液体有机电解质填充空隙的绝缘聚合物。这些聚合物主要是以聚烯烃为基础的隔膜,如聚乙烯、聚丙烯或其序列。此外,其他复合材料如特氟龙、尼龙、聚酰胺(Aramid、Kevlar)和玻璃纤维也在研究之中[16-17],而且它们都有类似的绝缘行为。离子电导率由聚合物孔隙中的液态电解质提供。孔隙率的调整是为了使液态有机电解质的最佳填充效果与必要的绝缘性能相结合,如电子传输、短路和避免枝晶的形成。如今,"混合方法"已经复兴,在固体离子导体存在的情况下,这意味着固体离子导体和液体电解质的结合。从原理上讲,上述隔膜材料都是用固态电解质代替的,这种固态电解质的优势是能够提高离子电导率而非完全绝缘。

根据这个重要的论点,可以认为前面提到的隔膜材料(如聚烯烃)的固有缺点是完全绝缘,这意味着材料物理存在的地方会完全堵塞。相反,现代锂离子电池的电极具有活性材料颗粒的结构,如负极的石墨和正极的锂-镍-锰-钴-氧化物,其典型的晶粒尺寸在 10 ~ 30μm 之间,由黏结剂连接。正极还添加了高导电性的碳进行改性。即使在压延(致密化)步骤之后,残余的孔隙率仍然在 20% ~ 30% 的范围内,并在之后被用于容纳液态电解质。由于绝对晶粒尺寸较小,相对较差的锂扩散系数也足以保持这种电池所需的动力学。那么,为什么不把这个概念转移到电解质/隔膜上呢?代替完全阻塞的塑料状态,固体离子导体颗粒存在并且空隙吸收液态电解质,这使得离子传导区域的分布更加均匀。

但是,这种方法包括许多挑战。我们不知道在金属锂作为负极材料的情况下,液态电解质是如何发挥积极作用的。有机电解质部分仍保持可燃性,固态电解质颗粒通常对水分和二氧化碳高度敏感[12]。而且,与聚烯烃相反,没有组成由一种材料的连接均匀结构。固态电解质的颗粒只是被黏结剂粘在一起,但由此产生的结构通常对颗粒之间的针孔和金属枝晶的生长高度敏感。固态电解质的颗粒尺寸要小得多(<1μm),因为在理想情况下,膜必须变得像多线膜一样薄。然而,所需的小颗粒更容易与环境(水分)产生反应行为。小颗粒在制造上是一个挑战。为了弥补比聚烯烃更多的结构缺陷,电解质膜仍然变得更厚(30 ~ 100μm),以避免在大规模生产过程中失败。竞争对手是易于制造的廉价聚烯烃隔膜,其范围在 8 ~ 25μm 之间。许多有前途的固态电解质实际上比聚烯烃昂贵得多,而且即使以吨为单位交付,也可能会保持昂贵得多,并且由于厚度增加以及通常其固有重量,对能量密度平衡产生负面影响。然而,混合方法仍然有一定的意义,因为离子不是在通道中传导,而是可以更均匀地分布在该区域。这避免了高电流密度,并能抑制枝晶的形成。液体电解质部分与金属锂电极减小的接触面积是有利的。而且,如果聚合黏结剂使液态电解质固定或凝胶化,那么由此产生的"固体"复合材料将成为一种有趣的替代品。最重要的问题是"固体应该有多坚固?"这将在下一节中回答。

21.5　固体是什么

固体、固态电解质和固态电池的概念并不意味着轻量级，这些方法也不是为了解决所有可持续的问题，如安全和寿命，提供完美的"绿色电池"。相反，人们应该对这些定义的合理性进行质疑。对于先进的电池，实际需要的是什么？思考固态电解质确实有意义。对于锂离子电池或锂金属电池，固态电解质应该而且必须只满足这样一种情况：在电池的工作状态下，只有锂离子可以自由移动（当然，除了电极和外电路中的电子）。如果锂离子是唯一可移动的粒子，那么副反应就会被充分抑制，如果没有严重违反规定的操作条件（如温度限制），电池在很长一段时间内可以保持动力学稳定。然而，在这种情况下，"固体"意味着某种程度上的"固定"（就电池电芯中除了锂离子和电子以外的其他物质而言）。因此，它不需要陶瓷固体电解质。相反，这种方法部分地考虑了固体复合电解质中的胶凝状态，引入了锂离子导电聚合物，甚至考虑了固液混合方法。这些方法对提高锂离子电导率有巨大的好处。另一个简单但非常重要的问题是稳定性窗口。如果存在足够的固化，它可以高度有利于在负极和固态电解质（隔膜）之间以及正极和固态电解质之间形成有益的固态电解质界面。如果锂离子只是不流动，以保证良好的 SEI（例如，不重新溶解，对锂离子有良好的导电性），这是"固体应该有多坚固"的一个完美定义。最后但同样重要的是，提出了两个重要的物理问题：潜在的锂枝晶形成和大规模生产能力。固体电解质必须像固体一样，才能成功抑制金属枝晶的形成。这似乎仍然是使用锂金属而不采用溅射 LiPON 等薄膜方法的未解决挑战之一[18]，这对于具有足够容量和成本范围的商业化大规模生产电池是不可行的。此外，电解质必须显示出一致性，以统一枝晶的抑制和足够的薄度而没有针孔（这是一个重要的生产先决条件），以不损害能量密度。总而言之，原则上不需要真正的固态电池，但需要锂金属电池，因为锂金属（而不是任何固态电解质）会改变能量密度。但是，SSB 实际上似乎是提高锂金属能量密度的唯一也是最好的方法。

21.6　制造是固态电池的最大障碍

锂离子电池有一项固有的优势。人们可以通过公认的成本结构轻松制造吉瓦时级的锂离子电池，而这根本不是不言而喻的！如果可以将锂离子电池的制造步骤转移到所有固态变体上，那么为一个伟大的"全固态电池的未来"颁发证书将是很简单的。然而，一个不可或缺的先决条件（并非唯一）是避免在生产中对金属锂进行任何处理。没有办法将其放入卷绕生产中，也没有办法控制大气的影响（如水、二氧化碳、氮气和硫化合物）。除此之外，目前还没有厚度在 10～30μm 之间的锂箔的大规模制造技术，但这样厚度的锂箔是必需的。而且，在现阶段，根本没有讨论此类锂箔的制造和处理（例如重型干燥室）的伴随成本。因此，锂应该在第一次充电时（而不是之前）沉积到负极，负极的铜（或镍）集流体应该通过特殊的界面层以轻松实现这一目标。在这种情况下，锂金属固态电池可以在节省当前锂离子电池中昂贵的石墨负极方面表现出巨大的优势。第二个问题是在电池化成之前保持压力。如果化成时的体积变化导致固体单元中的任何接触损失，则此后无法再修复，并且一旦压力释放就会发生这种情况，并造成容量损失和阻抗增加。所以，不仅要在化成后保持压力，而且要更早地保持压力，并且永远不要中断这个压力！这可能会引起巨大的实际问题，因为如果电池在化成前后都需要保持在恒定的压力下，我们在运输途中如何保证压力的施加？第一个问题（金属锂的原位沉积）有一些解决方案，但第二个问题还没有。总而言之，基于金属锂的固态电池实际上没有吉瓦时规模的工厂解决方案，这可能发展成最终改变锂离子电池发展方向的关键因素。许多人似乎还没有意识到这个巨大的障碍！

21.7 固态电解质的成本影响产品的选择

尽管无机固态电解质显示出优良的离子导电性，并能与有机液态电解质竞争，但与SPE相比，它的成本要高得多。目前，无机固态电解质的高成本使ASSB无法成为经济高效制造的可行选择。必须指出的是，如果未来建立了大量的产能，硫化物基电解质的价格会下降。然而，就LGPS而言，锗的高成本仍然阻碍了其大规模生产的可能性。Li_2S、P_2S_5和GeS_2是原始材料，LGPS固态电解质的合成在500~600℃的惰性气氛中进行[19]。由于锗是一种昂贵的原料（1300美元/kg）[20]，关键元素Ge已被同价元素如Si或Sn（原始材料SiS_2和SnS_2）所取代，这两种元素的价格要便宜得多，而且对电导率性能的影响也不大[21]。

Schnell等人建立了一个计算模型来比较完整的ASSB的制造成本，并与传统的LIB制造进行了比较[22]。根据他们的计算，基于硫化物的ASSB的制造成本为86~132美元/kW·h，这甚至高于使用Si/C负极的LIB（约50美元/kg）。然而，较高的电池制造成本主要是由于在其过程中使用了锂金属箔。考虑到电解质部分，即使固态电解质的成本高于有机液态电解质，但由于消除了电解质的填充和形成过程，仍有可能节省成本。

21.8 固态电池制造如何实现数字化

回答上述问题还需要提前回答以下问题：锂离子电池制造的数字化程度如何？与许多其他情况相反，锂离子电池的生产明显受到不同制造步骤中结果的可重复性的影响。突出的例子是电极中的颗粒分布和接触，孔隙率和均匀的电解质渗透以及渗透次数。而且，之前也有类似的挑战。由于电极的活性材料呈现出粒度分布，因此根据生产批次的不同，活性材料会呈现出不同的颗粒形状。此外，许多活性电极材料与环境发生反应，特别是与水蒸气，但有时也与二氧化碳发生反应。回过头来看电极结构，每个电极都存在着局部偏差。然而，可测量的量是统计量，例如存储后的容量、阻抗和电压降。"统计"是指在实际电池生产中，上述单个电池偏差均未知且没有记录。这就提出了以下重要问题：在锂离子电池的生产线上，什么是合适的数字化方法？在进行数字化之前，必须确保结果的可重复性，这在目前典型的锂离子电池生产中是不可能完全实现的。但是，有两种方法可能有帮助。环境数据的收集对于完成至少一个重要的数字化步骤非常重要，例如，在生产过程中加热机器会改变公差。保持温度恒定对于避免最终产品的机械公差通常是非常重要的。这仅仅是一个例子。此外，它将有助于收集尽可能多的电池数据（如重量），并将它们与环境数据结合起来。在理想的情况下，每个电池的数字遗传指纹将作为结果。许多电池的这些数字遗传指纹可以被视为"大生产数据"，可能有助于改进机器及其连通性，以优化生产环境（例如干燥室的条件）。同时，更好的电池回溯也是可行的。而且，生产环境方面可以被更好地纳入和解释，为未来的工艺优化提供参考。最终的前景是什么？是在锂离子电池生产中，一部分而非所有过程和输出将保持随机性，因此否定数字化，并认为数字化可以改善随机和统计结果，必须解决过程的简化以及替代机器设计。数字化在这里只能帮助收集额外的数据而不能解决整个问题。现在，固态电池可以帮助简化一些制造过程。例如，固体金属锂负极不受粒度分布的影响，因此环境影响只存在于金属表面，而不像石墨负极那样存在于整个内部 3D 结构。由于使用固态电解质，液态电解质分布问题就被解决，固态电解质可以包含在电池内，并且不需要像液态电解质那样进入孔隙结构。

综上所述，如果制造过程本身没有改变，数字化本身不会减小由制造过程引起的偏差。简化是一个神奇的过程，其只能来自电池技术本身的变化。在这方面，数字化未来有望帮助大规模生产高质量的固态电池。

21.9　固态电池的进一步发展

先进电池要求固态电解质不应变质为"烟雾弹"。然而，固态电解质有一些固有的缺陷，需要针对关键问题进行研究改性。需要考虑的关键问题包括：能量密度、功率密度、预期寿命（周期性＋日历性）、安全性和成本（整体标尺）。

现在，如果技术可以应用于在吉瓦时规模的工厂生产，则需要提前进行 LCA（生命周期评估）和"虚拟试验台"的补充。然而，根据定义，固态电解质似乎不是一个良好电池不可或缺的一部分。因此文末提出一个问题进行展望：固态电解质能够成功解决哪些问题？或者是否存在固有的限制，最终阻碍了它在先进电池中的突破？

参 考 文 献

[1] Li C, Zhang H, Otaegui L, Singh G, Armand M, Rodriguez-Martinez LM. Estimation of energy density of Li-S batteries with liquid and solid electrolytes. J Power Sources. 2016;326:1–5. Available from: https://www.sciencedirect.com/science/article/pii/S0378775316308217

[2] Liu B, Zhang J-G, Xu W. Advancing lithium metal batteries. Joule. 2018; 2(5):833–45. Available from: http://www.sciencedirect.com/science/article/pii/S2542435118300977

[3] Whittingham MS. Electrical energy storage and intercalation chemistry. Science. 1976;192(4244):1126–7.

[4] Mauger A, Armand M, Julien CM, Zaghib K. Challenges and issues facing lithium metal for solid-state rechargeable batteries. J Power Sources. 2017;353:333–42. Available from: http://www.sciencedirect.com/science/article/pii/S0378775317304950

[5] Zhang B, Zhang Y, Zhang N, Liu J, Cong L, Liu J, et al. Synthesis and interface stability of polystyrene-poly(ethylene glycol)-polystyrene triblock copolymer as solid-state electrolyte for lithium-metal batteries. J Power Sources. 2019;428:93–104. Available from: https://www.sciencedirect.com/science/article/abs/pii/S0378775319304367

[6] Hovington P, Lagacé M, Guerfi A, Bouchard P, Mauger A, Julien CM, et al. New lithium metal polymer solid state battery for an ultrahigh energy: nano C-LiFePO$_4$ versus nano Li$_{1.2}$V$_3$O$_8$. Nano Lett. 2015;15(4):2671–8.

[7] Wanga L, Zhoua Z, Yan X, Hou F, Wen L, Luo W, Liang J, Xue Dou S. Engineering of lithium-metal anodes towards a safe and stable battery. Energy Storage Mater. 2018;14:22–48.

[8] Zhao Q, Stalin S, Zhao C-Z, Archer LA. Designing solid-state electrolytes for safe, energy-dense batteries. Nat Rev Mater. 2020;5(3):229–52. Available from: https://www.nature.com/articles/s41578-019-0165-5

[9] Cheng SH-S, He K-Q, Liu Y, Zha J-W, Kamruzzaman M, Ma RL-W, et al. Electrochemical

performance of all-solid-state lithium batteries using inorganic lithium garnets particulate reinforced PEO/LiClO4 electrolyte. Electrochimica Acta. 2017;253:430–8. Available from: http://www.sciencedirect.com/science/article/pii/S0013468617318224

[10] Barai P, Higa K, Srinivasan V. Lithium dendrite growth mechanisms in polymer electrolytes and prevention strategies. Phys Chem Chem Phys. 2017;19(31):20493–505. Available from: https://pubs.rsc.org/en/content/articlepdf/2017/cp/c7cp03304d

[11] Wang ZQ, Wu MS, Liu G, Lei XL, Xu B, Ouyang CY. Elastic properties of new solid state electrolyte material Li10GeP2S12: A study from first-principles calculations. Int J Electrochem Sci. 2014;9(2):562–8.

[12] Karabelli D, Birke KP, Weeber M. A performance and cost overview of selected solid-state electrolytes: Race between polymer electrolytes and inorganic sulfide electrolytes. Batteries. 2021;7(1):18. Available from: https://www.mdpi.com/2313-0105/7/1/18/pdf

[13] Yao X, Liu D, Wang C, Long P, Peng G, Hu Y-S, et al. High-energy all-solid-state lithium batteries with ultralong cycle life. Nano Lett. 2016;16(11):7148–54.

[14] Zhang Q, Peng G, Mwizerwa JP, Wan H, Cai L, Xu X, et al. Nickel sulfide anchored carbon nanotubes for all-solid-state lithium batteries with enhanced rate capability and cycling stability. J Mater Chem A. 2018;6(25):12098–105. Available from: https://doi.org/10.1039/C8TA03449D

[15] Chen A, Qu C, Shi Y, Shi F. Manufacturing strategies for solid electrolyte in batteries. Front Energy Res. 2020;8:226. Available from: https://www.frontiersin.org/articles/10.3389/fenrg.2020.571440/pdf

[16] Zhao Y, Li X, Shen J, Gao C, van der Bruggen B. The potential of Kevlar aramid nanofiber composite membranes. J Mater Chem A. 2020;8(16):7548–68. Available from: https://doi.org/10.1039/D0TA01654C

[17] Mao Y, Sun W, Qiao Y, Liu X, Xu C, Fang Li, et al. A high strength hybrid separator with fast ionic conductor for dendrite-free lithium metal batteries. Chem Eng J. 2021;416:129119. Available from: https://www.sciencedirect.com/science/article/pii/S1385894721007105

[18] Ko J, Cho DH, Kim DJ, Yoon YS. Suppression of formation of lithium dendrite via surface modification by 2-D lithium phosphorous oxynitride as a highly stable anode for metal lithium batteries. J Alloys Compd. 2020;845:156280. Available from: https://www.sciencedirect.com/science/article/abs/pii/S092583882032644X

[19] Kato Y, Hori S, Kanno R. Li10GeP2S12-type superionic conductors: Synthesis, structure, and ionic transportation. Adv Energy Mater. 2020;10(42). Available from: https://onlinelibrary.wiley.com/doi/pdf/10.1002/aenm.202002153

[20] Ruiz AG, Sola PC, Palmerola NM. Advanced material and device applications with germanium: germanium: Current and novel recovery processes; 2018.

[21] Kato Y, Saito R, Sakano M, Mitsui A, Hirayama M, Kanno R. Synthesis, structure and lithium ionic conductivity of solid solutions of Li10(Ge1−xMx)P2S12 (M = Si, Sn). J Power Sources. 2014;271:60–4. Available from: https://www.sciencedirect.com/science/article/abs/pii/S0378775314012130

[22] Schnell J, Knörzer H, Imbsweiler AJ, Reinhart G. Solid versus liquid — a bottom-up calculation model to analyze the manufacturing cost of future high-energy batteries. Energy Technol. 2020;8(3):1901237.